Somos así EN SUS MARCAS

Second Edition

James F. Funston
Alejandro Vargas Bonilla
Daphne Sherman

Contributing Writer
Rolando Castellanos

CONSULTANTS

Lourdes C. Adams
Niceville High School
Niceville, Florida

Sandra Martin Arnold
Palisades Charter High School
Palisades, California

Washington B. Collado
Broward County Public Schools
Ft. Lauderdale, Florida

Nancy S. Hernández
Simsbury High School
Simsbury, Connecticut

Paul J. Hoff
University of Wisconsin—Eau Claire
Eau Claire, Wisconsin

Emily S. Peel
Wethersfield High School
Wethersfield, Connecticut

Jane S. Stevens
Niceville High School
Niceville, Florida

EMC/Paradigm Publishing, Saint Paul, Minnesota

Credits

Assistant Editors
Amy Dorn-Fernández
Yuri M. Guerra Guerra

Editorial Consultants
Karin D. Fajardo
Christine Gensmer
Sharon O'Donnell
Steve Patterson
Isabel Picado
Rubi Borgia Pinger
Eliana Silva Premoli
David Thorstad
Michael A. Webb

Editorial Assistance
Glenndell Larry

Illustrators
Tune and Khet Insisiengmay

Photo Research
Jennifer Anderson

Design and Production
Joan D'Onofrio
Jennifer Wreisner

EMC/Paradigm World Language Consultants
Dana Cunningham
Robert Headrick
Sarah Vaillancourt

We have attempted to locate owners of copyright materials used in this book. If an error or omission has occurred, EMC/Paradigm Publishing will acknowledge the contribution in subsequent printings.

ISBN 0-8219-1887-7

Published by EMC/Paradigm Publishing
875 Montreal Way
St. Paul, Minnesota 55102
800-328-1452
www.emcp.com
E-mail: educate@emcp.com

Printed in the United States of America
4 5 6 7 8 9 10 X X X 05 04 03

About the Cover

How many familiar images can you recognize in the painting on the cover of *Somos así EN SUS MARCAS* by Kelly Stribling Sutherland? She created this original acrylic titled *Sun, Stars, Birds, Hearts and Figures* expressly for this textbook, taking her inspiration from the works of two Spanish-born painters of the twentieth century, Joan Miró and Pablo Picasso. On the front cover (right half of the painting) we see a scene reminiscent of the whimsical, light-hearted approach of Miró's art of pure imagination. At the top, the brilliant sun triumphs over the oppressive darkness of reality. The yellow bird perched on the man's head holds two scales, symbolizing how we subconsciously weigh our decisions.

Picasso's style, freed from the limitations of reality, can be seen on the back cover (left side of the painting). Similar to many of Picasso's subjects, the woman has unnatural physical proportions with larger-than-life feet that point in opposite directions. Characteristic of Picasso's cubism, two different views of her are represented simultaneously and fused into one. Unlike her male counterpart, the woman holds a symbol of happiness, a bluebird, and a blossoming flower. Through Ms. Sutherland's vivid use of vibrant, primary colors and darkly outlined figures, she recreates in a unified composition the surrealistic and cubist style of these two popular Spanish artists. You may want to compare this painting with those of the Mexicans Diego Rivera and Frida Kahlo presented in *Capítulo 3* of *Somos así EN SUS MARCAS*.

Table of Contents

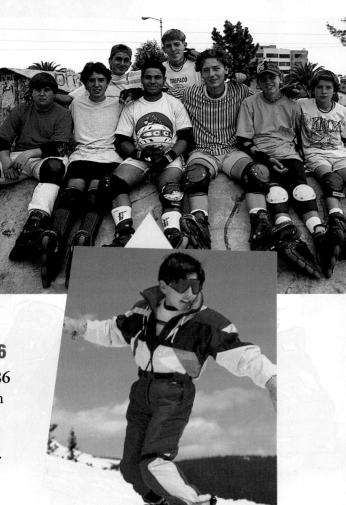

Groenlandia
(Din.)

ISLANDIA

NORUEGA

Alaska
(EE.UU.)

REINO UNIDO
DINAMARCA
IRLANDA
ALEMA

CANADÁ

FRANCIA

ANDORRA
PORTUGAL
ESPAÑA
Madrid

ESTADOS
Denver
Chicago
Nueva York

OCÉANO

MARRUECOS
TUNI

Los Ángeles
San Diego
UNIDOS

ATLÁNTICO

I. Canarias
ARGELIA

San Antonio

Sahara
Occidental

MÉXICO

MAURITANIA
MALI
NÍG

BAHAMAS
Trópico de Cáncer

La Habana
C. de México
CUBA
REPÚBLICA
DOMINICANA
Puerto Rico (EE. UU.)

CABO VERDE
SENEGAL
BURKINA
FASO
BÉLIZE
Belmopán
GUATEMALA
Tegucigalpa
HONDURAS
HAITÍ
JAMAICA
Santo
Domingo

1

GAMBIA
GUINEA-BISSAU
GUINEA
COSTA
DE
MARFIL
GHANA
TOGO
BENIN
NIGER
EL SALVADOR
San Salvador
NICARAGUA
Managua
2

3
SIERRA LEONA
COSTA RICA
PANAMÁ
San José
Caracas
TRINIDAD Y TOBAGO
Puerto España

4
LIBERIA

Malabo
CA

Santa Fé
de Bogotá
VENEZUELA
GUYANA
GUINEA ECUAT.
SANTO TOMÉ
Y PRÍNCIPE
GAB
OCÉANO
SURINAM
COLOMBIA
Guayana Francesa (Fr.)

Quito
ECUADOR

Ecuador
0°

Is.Galápagos
(Arch. de Colón)
(Ec.)
BRASIL
OCÉANO

160°
Is. Hawai
(EE. UU.)
Lima
ATLÁNTICO

20°
La Paz
BOLIVIA

PACÍFICO
Sucre
PARAGUAY

Asunción

ARGENTINA

Santiago
URUGUAY
Montevideo
Buenos Aires

MAP
La lengua esp

I. Malvinas

OCÉANO

Nº	PAIS	Nº	PAIS
1	ST. CRISTÓBAL Y NEVIS	20	ALBANIA
2	SAN VICENTE Y LAS GRANADINAS	21	LÍBANO
3	DOMINICA	22	JORDANIA
		23	LESOTHO
4	BARBADOS	24	SWAZILANDIA
5	PAÍSES BAJOS	25	BAHREIN
6	BÉLGICA	26	ESTONIA
7	LUXEMBURGO	27	LETONIA
8	REP. CHECA	28	LITUANIA
9	AUSTRIA	29	MOLDAVIA
10	SUIZA	30	GEORGIA
11	MÓNACO	31	ARMENIA
12	SAN MARINO	32	AZERBAIDZHAN
13	LIECHTENSTEIN	33	KIRGUIZISTAN
14	HUNGRÍA	34	TADZHIKISTÁN
15	ESLOVENIA	35	ESLOVAQUIA
16	CROACIA	36	DJIBOUTI
17	BOSNIA-HERZEGOVINA	37	RUANDA
18	YUGOSLAVIA	38	BURUNDI
19	MACEDONIA		

©edigol ediciones,s.a.

Oeste de Greenwich   0° Este d

OCÉANO GLACIAL ÁRTICO

R U S I A

Alaska
(EE.UU.)

KAZAJSTÁN

MONGOLIA

UZBEKISTÁN

TURKMENISTÁN

REP. POP. CHINA

COREA
DEL NORTE

COREA
DEL SUR

JAPÓN

OCÉANO

PACÍFICO

40°

URQUÍA

SIRIA

ISRAEL

IRAK

IRÁN

AFGANISTÁN

KUWAIT

PAKISTÁN

NEPAL

BUTÁN

TÁIWÁN

ARABIA
SAUDITA

QATAR

EMIRATOS
ÁRABES UNIDOS

OMÁN

INDIA

BANGLA
DESH

BIRMANIA

LAOS

VIETNAM

Manila

ERITREA

YEMEN

THAILANDIA

CAMBOYA

FILIPINAS

REP. DE PALAOS

ETIOPÍA

SOMALIA

SRI LANKA

MALDIVAS

BRUNEI

MALASIA

SINGAPUR

I N D O N E S I A

PÁPUA
NUEVA GUINEA

SALOMÓN

UGANDA

KENYA

SEYCHELLES

OCÉANO

ÍNDICO

TANZANIA

COMORES

MAURICIO

MALAWI

MOZAMBIQUE

MADAGASCAR

AUSTRALIA

Trópico de Capricornio

NUEVA

40°

ZELANDA

Línea internacional
de cambio de hora

MUNDI

a en el mundo

L ANTÁRTICO

RTIDA

	Países donde el español es la lengua oficial o co-oficial
	Zonas donde el español es hablado por una parte de la población

Madrid   Ciudad de más de 1 millón de hab.
Panamá   Ciudad de 100.000 a 1 millón de hab.
Malabo   Ciudad de menos de 100.000 hab.
    Límite de Estado
■▪■   Capital de Estado
●   Otras ciudades

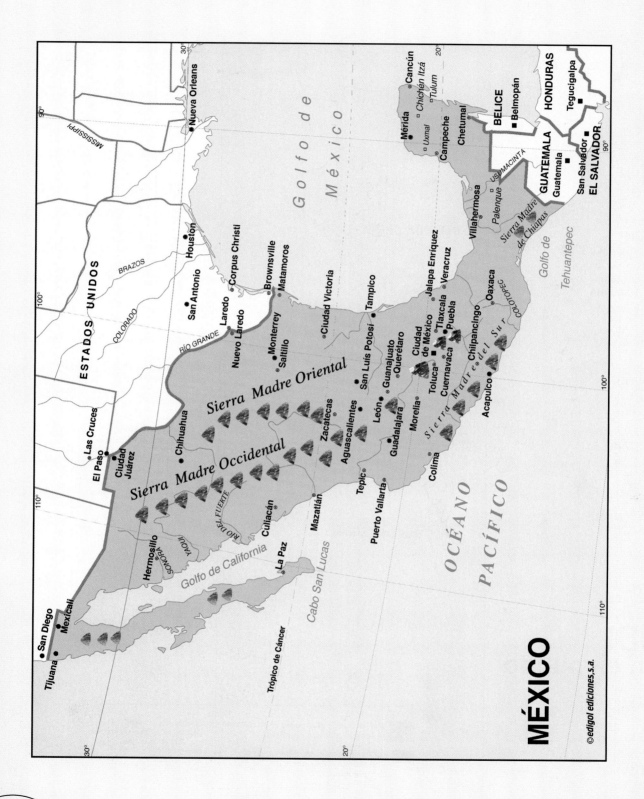

MÉXICO

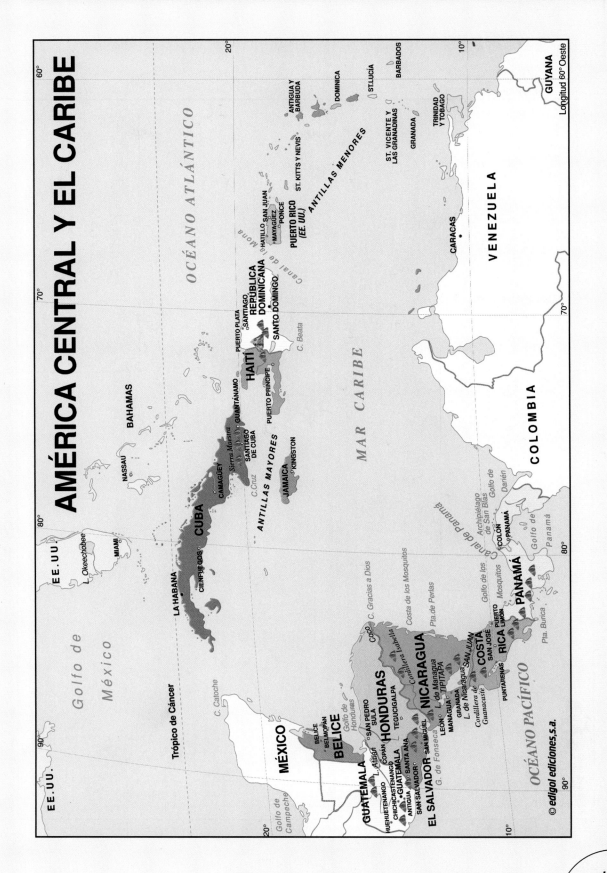

AMÉRICA CENTRAL Y EL CARIBE

OCÉANO ATLÁNTICO

BAHAMAS

NASSAU

CUBA

LA HABANA

CIENFUEGOS

CAMAGÜEY

Sierra Maestra

SANTIAGO DE CUBA

GUANTÁNAMO

ANTILLAS MAYORES

C. Cruz

JAMAICA

KINGSTON

MAR CARIBE

HAITÍ

PUERTO PRÍNCIPE

PUERTO PLATA

SANTIAGO

REPÚBLICA DOMINICANA

SANTO DOMINGO

C. Beata

Canal de la Mona

HATILLO SAN JUAN

MAYAGÜEZ

PONCE

PUERTO RICO (EE. UU.)

ANTILLAS MENORES

ST. KITTS Y NEVIS

ANTIGUA Y BARBUDA

DOMINICA

ST. LUCÍA

ST. VICENTE Y LAS GRANADINAS

BARBADOS

GRANADA

TRINIDAD Y TOBAGO

CARACAS

VENEZUELA

COLOMBIA

GUYANA

Golfo de Darién

Archipiélago de San Blas

COLÓN

PANAMÁ

PANAMÁ

Golfo de Panamá

Canal de Panamá

Golfo de los Mosquitos

Pta. Burica

Costa de los Mosquitos

Pta. de Perlas

C. Gracias a Dios

Coco

Cordillera Isabelia

PUERTO LIMÓN

COSTA RICA

SAN JOSÉ

PUNTARENAS

Cordillera de Guanacaste

SAN JUAN

L. de Nicaragua

GRANADA

L. de Managua

MANAGUA

LEÓN

NICARAGUA

TIPITAPA

HONDURAS

TEGUCIGALPA

SAN PEDRO SULA

Golfo de Honduras

BELICE

BELMOPÁN

BELICE

MÉXICO

C. Catoche

Golfo de Campeche

Trópico de Cáncer

Golfo de México

C. Okeechobee

MIAMI

EE.UU.

EE.UU.

OCÉANO PACÍFICO

GUATEMALA

HUEHUETENANGO

CHICHICASTENANGO

QUETZALTENANGO

GUATEMALA

L. Atitlán

ANTIGUA

SANTA ANA

SAN MIGUEL

SAN SALVADOR

EL SALVADOR

G. de Fonseca

COPÁN

© edigol ediciones, s.a.

Longitud 60º Oeste

60°

70°

80°

90°

20°

10°

20°

10°

70°

80°

90°

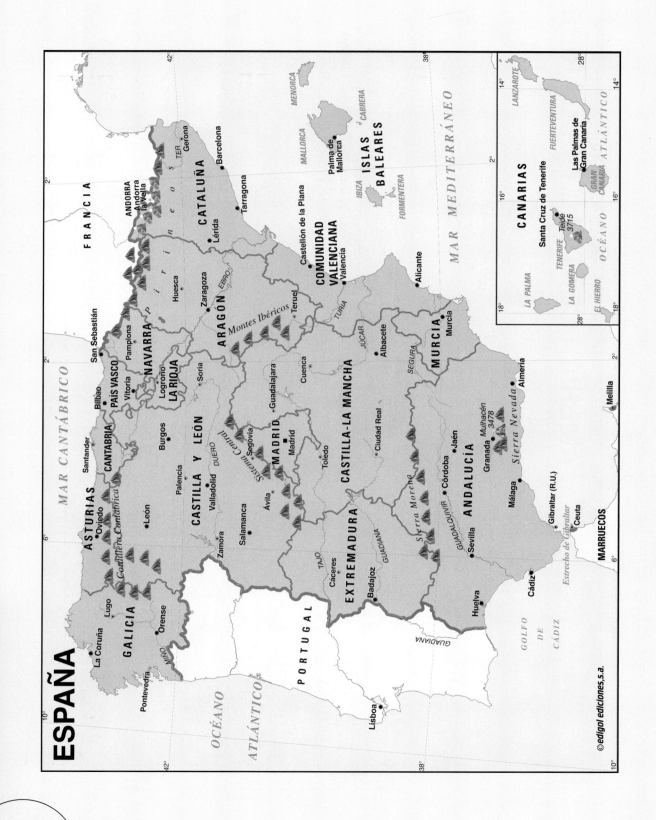

ESPAÑA

FRANCIA

MAR CANTÁBRICO

OCÉANO ATLÁNTICO

PORTUGAL

MARRUECOS

MAR MEDITERRÁNEO

GALICIA
La Coruña
Lugo
Pontevedra
Orense
MIÑO

ASTURIAS
Oviedo
Cordillera Cantábrica

CANTABRIA
Santander

PAÍS VASCO
Bilbao
San Sebastián
Vitoria

NAVARRA
Pamplona

LA RIOJA
Logroño

Pirineos
ANDORRA
Andorra la Vella

CATALUÑA
Gerona
Barcelona
Lérida
Tarragona
TER

CASTILLA Y LEÓN
León
Palencia
Burgos
Soria
Valladolid
Zamora
Salamanca
Ávila
Segovia
DUERO

ARAGÓN
Huesca
Zaragoza
Teruel
EBRO
Montes Ibéricos

MADRID
Madrid
Sistema Central

CASTILLA-LA MANCHA
Guadalajara
Cuenca
Toledo
Ciudad Real
Albacete
JÚCAR

COMUNIDAD VALENCIANA
Castellón de la Plana
Valencia
Alicante
TURIA

MURCIA
Murcia
SEGURA

EXTREMADURA
Cáceres
Badajoz
TAJO
GUADIANA

ANDALUCÍA
Sevilla
Córdoba
Jaén
Granada
Mulhacén 3478
Málaga
Almería
Huelva
Cádiz
Sierra Morena
GUADALQUIVIR
Sierra Nevada
GUADIANA

Gibraltar (R.U.)
Ceuta
Melilla
Estrecho de Gibraltar

GOLFO DE CÁDIZ

Lisboa

ISLAS BALEARES
MENORCA
MALLORCA
Palma de Mallorca
IBIZA
FORMENTERA
d CABRERA

CANARIAS
LANZAROTE
FUERTEVENTURA
Las Palmas de Gran Canaria
GRAN CANARIA
Santa Cruz de Tenerife
TENERIFE
Teide 3715
LA GOMERA
LA PALMA
EL HIERRO
OCÉANO ATLÁNTICO

©edigol ediciones, s.a.

XX

AMÉRICA DEL SUR

MAR CARIBE

BARRANQUILLA
CARTAGENA
MARACAIBO   CARACAS
G. de Venezuela
L. de
Maracaibo
MÉRIDA
VENEZUELA
Delta del
Orinoco

OCÉANO
ATLÁNTICO

BUCARAMANGA
ARAUCA
MEDELLÍN
SANTA FE
DE BOGOTÁ
CALI   VILLAVICENCIO
PASTO
COLOMBIA
QUITO
GEORGETOWN
PARAMARIBO
GUYANA
CAYENA
SURINAM
*GUAYANA
FRANCESA
(Fra.)*

ORINOCO

Estuario del
Amazonas
Ecuador

ECUADOR
Cotopaxi
5896
Chimborazo
6267
GUAYAQUIL
Golfo de
Guayaquil
CUENCA
IQUITOS
CAQUETÁ
AMAZONAS

AMAZONAS

B R A S I L

FORTALEZA

Pta.Negra
CHICLAYO
TRUJILLO
PERÚ
Los Andes

RECIFE

CALLAO
LIMA   ■ Machu Picchu
ICA   • CUZCO
JULIACA
L. Titicaca
LA PAZ   **BOLIVIA**
COCHABAMBA
L. de Poopó
SUCRE
POTOSÍ

SAN FRANCISCO

BRASILIA

SALVADOR

ARICA

OCÉANO

PACÍFICO

Trópico de Capricornio
ANTOFAGASTA
Gran Chaco
PARAGUAY
CONCEPCIÓN
PILCOMAYO
PARAGUAY
Itaipú
ASUNCIÓN
RESISTENCIA
Cataratas
del Iguazú

PARAGUAY
PARANÁ

BELO HORIZONTE

SÃO PAULO
RÍO DE JANEIRO

20°

C
H
I
L
E

SAN MIGUEL
DE TUCUMÁN
Los Andes
CORRIENTES
ARGENTINA
URUGUAY
URUGUAY

Aconcagua
6959
CÓRDOBA
SAN JUAN
MENDOZA
PARANÁ
ROSARIO
SALTO

IS. JUAN FERNÁNDEZ
(Chile)
VIÑA DEL MAR
VALPARAÍSO
**SANTIAGO
DE CHILE**
TALCA
SALADO
Pampas
BUENOS
AIRES
LA PLATA
RÍO DE LA PLATA
URUGUAY
MONTEVIDEO

OCÉANO

ATLÁNTICO

CONCEPCIÓN
COLORADO
BAHÍA BLANCA
Pta. Norte
MAR DEL PLATA
NEGRO
NEUQUÉN
VALDIVIA
PUERTO
MONTT
SAN CARLOS DE
BARILOCHE
Los Andes

40°

Patagonia

C. Tres Puntas

Golfo de Penas

Bahía
Grande
Estr. de Magallanes
ISLAS MALVINAS (R.U.)
PUERTO STANLEY

GEORGIA DEL SUR (R.U.)

PUNTA ARENAS
TIERRA DEL
FUEGO
USHUAIA
Cabo de Hornos

Estr. de Drake

©*edigol ediciones,s.a.*

¡Mucho gusto!

CAPÍTULO

1

In this chapter you will be able to:

- greet others and say good-bye
- ask for and give names
- recognize some common classroom expressions
- ask for and state place of origin
- ask for and state age
- ask how someone is and tell how you are
- ask for and tell what time it is
- express courtesy

Contexto cultural
EL MUNDO HISPANO

1 Los países de habla hispana

In groups of three or four, name as many Spanish-speaking countries as you can in two minutes. How many are there?

ECUADOR

Chile

cuba

ESPAÑA

2 Las capitales

Using a map, identify the capitals of the Spanish-speaking countries.

La Habana, Cuba.

VENEZUELA

REPÚBLICA DOMINICANA REPÚBLIC

3 Comparaciones

Have you ever visited a Spanish-speaking city? Which one(s)? What did you do while you were there? How was it like your hometown? How was it different from where you live? If you have never visited a Spanish-speaking city, try to name one. Then tell how you think it would be similar to or different from where you live.

4 En el futuro

What Spanish-speaking places in the world would you like to visit? Why?

Cuzco, Perú.

5 Comunidades

Is Spanish spoken in the community where you live? Can you name any family or friends who speak Spanish? Why do they know Spanish?

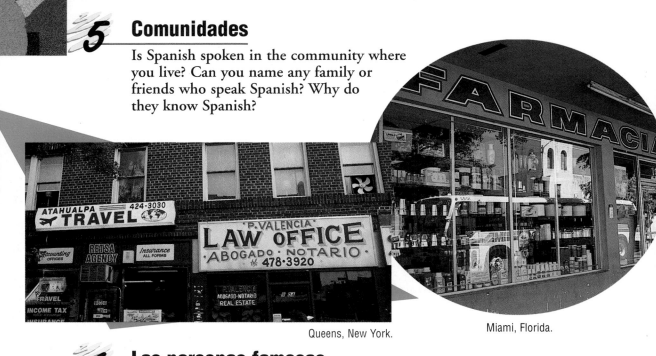

Queens, New York.

Miami, Florida.

6 Las personas famosas

Working in groups of three or four, prepare a list of several famous people who speak Spanish.

Gloria Estefan

Sammy Sosa

ANTONIO BANDERAS ★

Arantxa Sánchez Vicario. (España)

Gabriel García Márquez. (Colombia)

Jennifer López. (Estados Unidos)

7 Los empleos

Can you think of any jobs *(empleos)* that may require Spanish? Name as many as you can. How would you like to work at a job where knowledge of Spanish is a requirement?

8 En el futuro

Give five reasons why learning Spanish may help you in your life.

Oportunidades

El español y tu futuro

Did you know that learning Spanish...
- ✓ increases employment opportunities?
- ✓ helps you understand other cultures?
- ✓ helps you enhance English skills?
- ✓ offers you a new perspective on your own culture?

Can you recognize the following occupations? Can you guess how people in these professions might use Spanish?

actor   editora   médico   policía   programador   veterinaria

DENTISTAS
ODONTOPEDIATRAS
Especialistas en niños
y adolescentes.

Electricista

Soldador

EMPLEOS

¡DIRECTOR!

Carpintero

PROFESOR
DE AUTOESCUELA

¡Mucho gusto!

HÉCTOR:	¡Hola!
PAULA:	¡Hola! ¿Cómo te llamas?
HÉCTOR:	**Me llamo** Héctor. **¿Y tú?**
PAULA:	**Yo** me llamo Paula.
HÉCTOR:	**¡Mucho gusto**, Paula!
PAULA:	¡Mucho gusto, Héctor!

 9   **Me llamo....**

Look at the list of names in Spanish from a magazine. Can you recognize some of them? Do you know anyone with one of the names on the list? Can you find your own name or one that is similar to yours?

muchachas

Alicia	Inés	Paz
Amalia	Isabel	Pilar
Ana	Josefina	Raquel
Ángela	Juana	Rosa
Blanca	Julia	Sandra
Carlota	Laura	Sara
Carmen	Lucía	Silvia
Carolina	Luisa	Sofía
Catalina	Luz	Susana
Claudia	Margarita	Teresa
Cristina	María	Verónica
Diana	Marisol	Victoria
Dolores	Marta	Virginia
Elena	Mercedes	Yolanda
Elisa	Mónica	
Esperanza	Natalia	
Eva	Paloma	
Gabriela	Patricia	
Gloria	Paula	

muchachos

Alberto	Guillermo	Miguel
Alejandro	Gustavo	Nicolás
Andrés	Héctor	Pablo
Ángel	Hernán	Pedro
Antonio	Ignacio	Rafael
Armando	Jaime	Ramón
Benjamín	Javier	Raúl
Carlos	Jesús	Ricardo
Daniel	Joaquín	Roberto
David	Jorge	Rodrigo
Diego	José	Rogelio
Eduardo	Juan	Santiago
Enrique	Julio	Sergio
Ernesto	Lorenzo	Timoteo
Esteban	Luis	Tomás
Felipe	Manuel	Víctor
Fernando	Marcos	
Francisco	Mario	
Gerardo	Martín	
Gilberto	Mateo	

10 ¿Cómo te llamas?

Working with a classmate, take turns reading aloud names from the magazine clippings in activity 9 while your partner writes the names in Spanish without looking in the book. Each of you must say and write at least five Hispanic names for males and five Hispanic names for females.

¿Cómo te llamas?

Me llamo Ángela.

Conexión Cultural

Los saludos

Watch how people use their hands, eyes and bodies to communicate. Learning how to speak a language involves more than just learning vocabulary and grammar. For many people throughout the Spanish-speaking world, gestures *(gestos)* go hand in hand with speaking, which makes conversation in Spanish seem much more animated than in English.

To greet each other, Spanish-speaking people often shake hands. Men, and increasingly more women, commonly greet one another with a quick, relaxed handshake followed by a hug *(un abrazo)* as they pat each other on the back. Often women and young girls greet each other with a light kiss on the cheek. In some countries, men and women who know each other very well also greet each other with a kiss on the cheek.

¡Hola, Diego!

¡Mucho gusto!

11 ¡Mucho gusto!

Trabajando en parejas, haz el papel de una de las personas del diálogo anterior. *(Working in pairs, play the part of one of the people in the preceding dialog.)*

el alfabeto

a	a	h	hache	ñ	eñe	t	te
b	be	i	i	o	o	u	u
c	ce	j	jota	p	pe	v	ve
d	de	k	ka	q	cu	w	doble ve
e	e	l	ele	r	ere	x	equis
f	efe	m	eme	rr	erre	y	i griega
g	ge	n	ene	s	ese	z	zeta

De la A a la Z

¿Cómo se escribe?

hache mayúscula, e con acento, ce, te, o, ere

Héctor

i → minúscula
mayúscula ← I

PAULA: **¿Cómo se escribe** Héctor? **¿Con** hache?
HÉCTOR: **Sí**, con hache. Se escribe con hache **mayúscula**, e con **acento**, ce, te, o, ere.

Estrategia

¿yo?

¡Mucho gusto!

Para leer mejor: *punctuation*

Do you see anything different about the punctuation on this page? In Spanish, an upside-down question mark (¿) or exclamation point (¡) lets you know a question or an exclamation will follow. Looking for these handy cues in Spanish will help you understand what you are reading.

¡HOLA!

12 ¿Cómo se escribe...?

Imagine you are a bilingual secretary taking telephone messages from long-distance callers. Ask the caller how to spell his or her name and then repeat the spelling to confirm. Working with a partner, role-play the conversation and use your own name where appropriate.

A: ¿Cómo se escribe *(name of* B*)*?
B: Se escribe con *(spell name of* B *here).*
A: ¿*(Spell name of* B *here)*?
B: Sí.

Estrategia

Para aprender mejor: *classroom expressions*

Here are some common expressions in Spanish. You do not have to memorize them, but learning to recognize them will help you this year in class.

Abre/Abran (el libro).	Open (your book).
Cierra/Cierren (el libro).	Close (your book).
Escribe/Escriban....	Write....
Escucha/Escuchen.	Listen.
Habla/Hablen en español.	Speak in Spanish.
Lee/Lean....	Read....
Levanta/Levanten (la mano).	Raise (your hand).
Mira/Miren.	Look.
Pasa/Pasen a (la pizarra).	Go to (the board).
Saca/Saquen (una hoja de papel).	Take out (a sheet of paper).
Señala/Señalen (el mapa).	Point at (the map).
Siéntate/Siéntense.	Sit down.
Silencio, por favor.	Silence, please.

Tengo una pregunta.

You also may want to use the following common expressions.

¿Cómo se dice... (en español)?	How do you say... (in Spanish)?
¿Qué quiere decir...?	What does...mean?
No sé.	I don't know.
No comprendo.	I don't understand.
Tengo una pregunta.	I have a question.

¿De dónde eres?

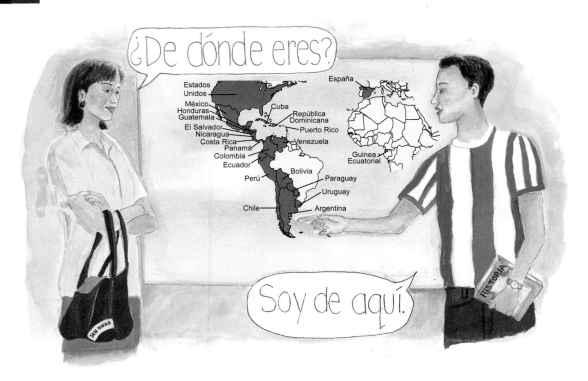

PAULA: **¿De dónde eres**, Héctor?

HÉCTOR: **Soy de** Buenos Aires, Argentina. ¿Y tú? **¿Eres tú de aquí?°**

PAULA: **No.** Yo soy de **Estados Unidos.**

¿Eres tú de aquí? *Are you from here?*

13 Mapa del mundo hispano

Draw your own map of the Spanish-speaking world. Include the names of the Spanish-speaking countries, capital cities, major bodies of water, large mountain chains, etc. Make the finished map attractive by adding color and any other details you wish.

14 Pronunciación

Now that you know how to say the letters of the alphabet in Spanish, practice reading aloud the names of places on a map of the Spanish-speaking countries of the world.

Algo más

Los países

You may notice slight variations in the names for countries in Spanish. For example, some people say *Argentina* whereas others may prefer to say ***la** Argentina*. Other examples:

el	Ecuador	→	Ecuador
los	Estados Unidos	→	Estados Unidos
el	Paraguay	→	Paraguay
el	Perú	→	Perú
la	República Dominicana	→	República Dominicana
el	Uruguay	→	Uruguay

15 ¿De dónde eres?

Answer the following questions with an appropriate response from the column on the right. There may be more than one correct answer.

1. ¿De dónde eres?
2. ¿Eres de Puerto Rico?
3. ¿Eres de España?
4. ¿Te llamas Elena?
5. ¿Cómo te llamas?

A. Me llamo David.
B. No, soy de Colombia.
C. Sí, soy de Madrid.
D. Yo soy de El Salvador.
E. No, me llamo Marta.

16 Soy de....

Working with a partner, take turns asking for and giving your names. Then ask where one another is from, choosing a city and country from one of the Spanish-speaking countries you have studied.

A: ¿Cómo te llamas?
B: Yo me llamo....
   ¿Y tú?
A: Me llamo....
B: ¿Eres tú de...?
A: No. Soy de.... ¿De dónde eres tú?
B: Soy de....

¿Eres tú de Costa Rica?

Los números del 0 al 20

0 cero
1 uno
2 dos
3 tres
4 cuatro
5 cinco
6 seis

7 siete
8 ocho
9 nueve
10 diez
11 once
12 doce
13 trece

14 catorce
15 quince
16 dieciséis
17 diecisiete
18 dieciocho
19 diecinueve
20 veinte

17 Del cero al veinte

Working in groups of three or four, practice counting aloud in Spanish from zero to ten, one number at a time. Continue until everyone has said each number at least once. Then practice the numbers through twenty in the same way.

Algo más

Los cognados

Many words in Spanish resemble English words you already know. For example, the number *cero* looks similar to the English word **zero**. Words that resemble one another and that have the same meaning in two languages are called **cognates**. Do you recognize these cognates?

   acento   *diálogo*   *persona*   *televisión*   *teléfono*   *vocabulario*

Words that look alike in Spanish and English but that have entirely different meanings are called **false cognates.** Here are a few examples: *colegio* (school), *éxito* (success), *lectura* (reading), *sin* (without).

18 Práctica de pronunciación

Listen as your teacher pronounces the following cognates. Then practice saying each, remembering what you have learned about Spanish pronunciation. Try to guess the meaning of the words as you say them.

1. cero
2. formal
3. favorito
4. el animal
5. la persona
6. el teléfono
7. el vocabulario
8. la televisión
9. el diálogo
10. la capital
11. el restaurante
12. la biología
13. la posibilidad
14. estudiar
15. comprender

19 De dos en dos

Working in pairs, start with *cero* and count by twos to *veinte*. Then start again, beginning with *uno,* and count by twos to *diecinueve.*

20 Los números

Spell out on paper any seven numbers from zero to twenty. Then working with a classmate, read the numbers aloud one at a time so your partner has time to write them down. Cover up the original list of numbers so neither of you can see them. Next, have your partner spell aloud the numbers from the list while you write them. Finally, compare the lists and make any needed corrections. Switch roles.

A: dieciséis, cuatro, trece, cero, quince, veinte, tres
B: *(Write dieciséis.)*
B: de, i, e, ce, i, ese, e con acento, i, ese
A: *(Write dieciséis.)*
   (Compare the numbers you have written.)

21 Cruzando fronteras

Contesta las siguientes preguntas. *(Answer the following questions.)*

1. Using the numbers you have learned in this lesson, how many Spanish-speaking countries are located in...
   a. South America?
   b. Europe?
   c. Africa?
2. How many other Spanish-speaking countries are there?

ÁFRICA

Europa

la América del Sur

Conexión *Cultural*

ONCE

You have just learned that the word *once* means the number eleven in Spanish. However, if you see ONCE in Spain, the letters stand for a national organization for blind and visually challenged people *(Organización Nacional de Ciegos Españoles)*. In addition to offering many social services, the organization also provides employment to people who are physically challenged, such as people who are blind. They sell the popular ONCE lottery ticket *(cupón)*. Each ticket costs about 200 *pesetas* for the daily drawings. Spaniards *(los españoles)* can purchase tickets only from ONCE employees who work at special ticket booths, or stand near shopping centers or street corners with sheets of tickets clipped to their clothing.

How much would a ticket from ONCE cost in American dollars? You can find out by looking in the newspaper or searching the Internet for the latest currency conversion rates.

Organización Nacional de
Ciegos Españoles

Madrid, España.

22 La lotería

Imagine you have purchased an ONCE lottery ticket and wish to know if you hold a winning ticket. Look at the newspaper clipping of the weekly winning lottery numbers. Working with a partner, take turns reading the daily winning numbers aloud while the other person writes them down. You will want to double-check each number to make sure it was correctly written in case you hold the winning ticket!

Número premiado ayer

ONCE

61159

Premio especial «SUELDAZOS»:
De la Serie 071 a la serie 080

SORTEOS DE LA SEMANA

LUNES, 4	**53.327**
Series de la 061 a la 070	
MARTES, 5	**55.108**
Series de la 071 a la 080	
MIERCOLES, 30	**72.776**
Series de la 011 a la 020	
JUEVES, 31	**32.523**
Series de la 051 a la 060	
VIERNES, 1	**53.419**
Serie 020	

¿Cuántos años tienes?

PAULA: **¿Cuántos años tienes,°** Héctor?
HÉCTOR: **Tengo** quince años. ¿Y tú?
PAULA: Yo tengo dieciséis años.

¿Cuántos años tienes? *How old are you?*

23 ¿Cuántos años tienes?

Conduct a survey to find out the ages of other students in your class. Begin by preparing a chart with some possible ages written across the top. Then ask ten classmates how old they are in Spanish, filling in a mark in the column for each person's age. Compare your findings with other students in the class.

Cuestionario								
11	12	13	14	15	16	17	18	19
		1	1,1,1	1,1				

La despedida

Conexión Cultural

Las despedidas

Do you remember which gestures (*gestos*) are common greetings for many Spanish-speaking people? Those same gestures are often repeated when saying good-bye.

Autoevaluación. As a review and self-check, respond to the following:
1. How would you greet someone in Spanish?
2. What can you say in Spanish to find out a person's name?
3. What would you say if someone asked you *¿Cómo te llamas?*
4. How can you tell someone in Spanish that you are pleased to meet them?
5. How do you spell your name in Spanish?
6. How do you tell someone in Spanish that you are from the United States?
7. What can you say in Spanish to find out how old someone is?
8. What would you say in Spanish if someone asked you how old you are?
9. How can you say good-bye in Spanish?
10. How will learning Spanish this year be beneficial to your future?

¡La práctica hace al maestro!

A Comunicación

Working in pairs, develop a dialog using the expressions you have learned in this lesson. Each person should prepare at least four lines. Practice the dialog and then present it in class. Remember to shake hands when appropriate.

B Conexión con la tecnología

Using the Internet, try to link up with someone who knows Spanish. If possible, become key pals (Internet pen pals) and contact the person throughout the year using electronic mail (e-mail) in order to practice your new Spanish language skills: *¿Cómo te llamas? ¿De dónde eres? ¿Cuántos años tienes?*

PARA ti

Proverbios y dichos

¡La práctica hace al maestro! is a proverb. Can you tell what it means? Look at the illustration above. Just like the archer who shoots arrows at a target, it takes practice to do something well. As you continue learning Spanish, you can expect to make mistakes, but if you keep trying, "Practice makes perfect!"—or as you will hear people say in Spanish, *"¡La práctica hace al maestro!"*

México, D.F.

VOCABULARIO

Estrategia

Para aprender mejor: *learning vocabulary*

Try to learn new vocabulary in a context (illustration, dialog, word groupings, etc.), since that will help you to use Spanish without having to translate word for word. Look at the words and expressions in the *Vocabulario* to see how many you remember. Say them aloud. If you have forgotten a word, return to where it was first introduced in order to check its meaning. Finally, use the Spanish/English dictionary at the back of this book to look up any words and expressions you cannot figure out.

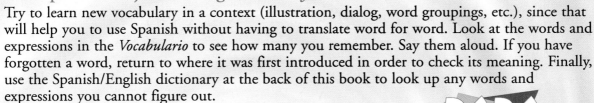

PARA ti

¡Ojo!
The *Vocabulario* consists of lesson vocabulary that you are responsible for knowing how to use. Words and expressions that are for recognition only are not included here.

Países
la Argentina
Bolivia
Chile
Colombia
Costa Rica
Cuba
el Ecuador
El Salvador
España
los Estados Unidos
Guatemala
Guinea Ecuatorial
Honduras
México
Nicaragua
Panamá
el Paraguay
el Perú
Puerto Rico
la República Dominicana
el Uruguay
Venezuela

Saludos
Hola.
¡Mucho gusto!

Despedidas
Adiós.
Hasta luego.

Palabras interrogativas
¿cómo?
¿(de) dónde?

Personas
tú
yo

Números
cero
uno
dos
tres
cuatro
cinco
seis
siete
ocho
nueve
diez
once
doce
trece
catorce
quince
dieciséis
diecisiete
dieciocho
diecinueve
veinte

Verbos
eres
me llamo
se escribe
soy
te llamas
tengo
tienes

Expresiones y otras palabras
el acento
aquí
¿Cómo te llamas?
con
¿Cuántos años tienes?
de
¿Eres (tú) de...?
mayúscula
no
sí
Tengo (*number*) años.
y

Saludos

> ¿Cómo estás?
>
> Mal, muy mal.
>
> ¿Cómo estás?
>
> Estoy muy bien, gracias.

MÓNICA: ¡Hola, Rafael! **¿Cómo estás?**
RAFAEL: **Mal, muy mal.** ¿Y tú?
MÓNICA: Yo estoy muy **bien, gracias.**

Algo más

Para hablar de la salud

to ask how someone is feeling (informal)
¿Cómo estás?
¿Qué tal?

to say how you feel
Estoy...
bien.
muy bien.
muy mal.
regular.

PARA ti

Expresiones adicionales

¿Por qué?	*Why?*
¡Qué lástima!	*Too bad!*
Me duele la cabeza.	*My head hurts.*
Me duele el estómago.	*My stomach hurts.*
Tengo catarro.	*I have a cold.*

Estoy muy mal.

1 ¿Qué tal?

Completa los siguientes diálogos de una manera lógica. *(Complete the following dialogs logically.)*

A: ¡Hola! ¿ (1) tal?
B: Muy bien, (2).

A: ¿Cómo (3)?
B: Estoy (4).

A: ¿Qué (5), María?
B: (6), muy (7).

A: ¿(8) estás, Jaime?
B: Estoy (9) mal, Felipe.

Estrategia

Para aprender mejor: *learning from mistakes*

Try to use Spanish daily and do not be afraid to make mistakes. They are a natural part of learning a language. By practicing Spanish every day and by completing assignments, gradually you will notice that you are able to say and understand more and more as the year continues. Of course there will be challenges throughout the year, but one result of your effort will be a profound sense of accomplishment as your skills and knowledge improve.

2 ¿Cómo estás?

Say hello to four or five students in class and ask how each one is. Your classmates then answer and ask how you are.

A: ¡Hola, *(name of student B)*! ¿Qué tal?
B: Mal. ¿Y tú?
A: Muy bien, gracias.

¿Qué tal?

¡Hola, Juan Carlos! ¿Cómo estás?

Buenos días

SRA. CASAS: **Buenos días, señorita.**
SRTA. PÉREZ: **Señora Casas, ¿cómo está usted?**
SRA. CASAS: Estoy regular.

Algo más

Informal o formal

There are several words for **you** in Spanish. Look at the following:

	singular	plural
informal	*tú*	*ustedes (Uds.)*
		vosotros (masculine)/*vosotras* (feminine)
formal	*usted (Ud.)*	*ustedes (Uds.)*

Use the informal *tú* when talking to someone you refer to by a first name. Use the more formal *usted* (abbreviated *Ud.*) when talking to someone you would address using a title *(señor García, señorita Aguilar)*.

In most of the Spanish-speaking world, the plural **you** is *ustedes* (abbreviated *Uds.*). However, you have two choices for **you** when speaking to more than one person in Spain: use the informal *vosotros,-as* for two or more friends, family members or younger people; use the polite *Uds.* when talking with two or more people you address using a title.

3 ¿Informal o formal?

How might you address these people? Choose *tú, Ud., Uds., vosotros* or *vosotras.*

1. your brother
2. a classmate (you are on a first-name basis)
3. your father's boss
4. your boyfriend or girlfriend
5. an elderly couple you have just met
6. a salesperson at a department store
7. two close female friends (Spain)
8. two close friends (Latin America)
9. two close male cousins (Spain)
10. your teacher

4 ¿Cómo está Ud.?

Look at these illustrations. How would you greet the people and ask how they are feeling?

1.

2.

3.

4.

¿Cómo está Ud.?

5 Buenos días

Select an appropriate response from the right to each of the greetings on the left. There may be more than one correct answer.

1. ¿Qué tal, Fernando?
2. Buenos días, señora.
3. ¿Cómo estás, Roberto?
4. ¡Hola, Esteban!
5. ¿Cómo está usted?

A. Muy bien, gracias.
B. ¡Hola! ¿Qué tal?
C. Buenos días, señorita.
D. Mal, muy mal.
E. Estoy regular. ¿Y tú?

Buenas tardes

Buenas tardes, señor Martínez.

SR. MARTÍNEZ:	**Buenas tardes.**
RAFAEL:	Buenas tardes, **señor** Martínez.
SR. MARTÍNEZ:	**¿Cómo están Uds.?**
MÓNICA:	Bien, gracias.
RAFAEL:	Sí, muy bien, gracias, señor Martínez.

ESPECIALIDADES DENTALES
CLINICA del Dr. A.M. Saavedra
Dra. Yolanda Centeno

Conexión Cultural

Los saludos en el mundo hispano

Nearly 400 million people use Spanish every day as their official language in Spain, in eighteen Latin American countries, in the African nation of Equatorial Guinea and in the Commonwealth of Puerto Rico. Countless others use Spanish for both business and pleasure in the United States, in Europe and elsewhere. Because so many people speak Spanish in so many places around the world, you can well imagine that the words and expressions used to greet one another vary a great deal. For example, the most common Spanish greetings are the informal *hola* and the more formal *buenos días* (which is used until around noon), *buenas tardes* (which is used until around dusk) and *buenas noches* (which can be used as an evening greeting or as another way to take leave of someone). However, *buenos* alone is sometimes used for *buenos días* and *buenas* may replace either *buenas tardes* or *buenas noches*. The word *muy* can be added to these expressions as in *muy buenos días* or *muy buenas*.

¡Buenos días!

BUeNOS

6 ¿Sí o no?

Are the following dialogs logical? Correct any that are not.

1. ¿Cómo estás, Diego?
   Estoy mal.
2. Buenos días, Srta. Torres.
   Regular, gracias.
3. Buenas tardes, Sr. Vargas.
   Buenas tardes, Sra. Rivera.
4. Estoy bien. ¿Y tú?
   Estoy muy bien, gracias.

7 ¿Cómo están?

Use the expressions you have learned to greet the following people in Spanish and ask how they are feeling.

Laura
¡Hola, Laura! ¿Cómo estás?/
¿Qué tal?

Sr. García
Buenas tardes, señor García.
¿Cómo está Ud.?

1. Sra. Montoya
2. Carmen
3. Juana y Marcos
4. Sr. Reyes

8 ¿Cómo están Uds.?

Working in groups of three, take turns practicing in Spanish each of the roles shown (A, B and C).

A: *(Greet two classmates and ask how they feel.)*
B: *(Say how you feel.)*
C: *(Say how you feel and ask how student A feels.)*
A: *(Say how you feel.)*

PARA ti

¿Cómo estás?
Just as you learned in *Lección 1*, gestures are an important aspect of communicating in Spanish. For example, turning your thumb up indicates you feel well. Similarly, turning your thumb down signals you do not feel well.

Bien.

Mal.

Despedidas

Buenas noches, señorita.

Hasta mañana.

Adiós, Lupe.

Adiós no, hasta pronto.

Conexión *cultural*

Los apodos

Nicknames *(apodos)* are common in Spanish. Just as in English, they can be associated with a name (**Bob**, for Robert) or they may be an abbreviated form of a name (**Joe**, for Joseph). Some common nicknames in Spanish include *Isa* (for *Isabel*), *Fina* or *Pepa* (for *Josefina*), *Lola* (for *Dolores*), *Lupe* (for Guadalupe), *Paco* or *Pancho* (for *Francisco*), *Pepe* (for *José*) and *Quique* (for *Enrique*). Personal characteristics are also used for nicknames in Spanish: *Flaco* (Slim).

Pepa y Lupe.

9 Las despedidas

Choose the appropriate good-bye for each of the following situations.

Hasta luego.	Buenas noches.	Hasta mañana.
Hasta pronto.		Adiós.

1. You are leaving for school in the morning.
2. It is Monday and school is over for the day.
3. Your cousins are going away to live in Venezuela.
4. It is Friday night and you are leaving your friends to go home after a basketball game.

Los números del 21 al 100

21	veintiuno	27	veintisiete	40	cuarenta
22	veintidós	28	veintiocho	50	cincuenta
23	veintitrés	29	veintinueve	60	sesenta
24	veinticuatro	30	treinta	70	setenta
25	veinticinco	31	treinta y uno	80	ochenta
26	veintiséis	32	treinta y dos	90	noventa
		100	cien		

10 Los números

Complete the following series of numbers, writing the remaining numbers that occur if you continue the same pattern to 100.

1. cero, siete, catorce...
2. cero, cinco, diez, quince...
3. cero, trece, veintiséis, treinta y nueve...
4. cero, once, veintidós...

11 Nombres y números

Read aloud the following list of names and telephone numbers of several people from a telephone directory in Bucaramanga, Colombia.

Sánchez Herrera, Guillermo   38 52 78
Say Guillermo Sánchez Herrera, treinta y ocho, cincuenta y dos, setenta y ocho

Saavedra Cordero, Carlos	36 12 55
Salamanca Velazco, Luis	39 81 20
Salas Ortiz, María	40 63 04
Salinas Morales, Alberto	31 05 17
Sánchez Herrera, Guillermo	38 52 78
Sandoval Taera, Luisa	45 27 10
Santos García, Gerardo	37 99 06
Sierra Díaz, Isabel	42 11 84
Silva Arenas, Jorge	35 01 28
Suárez Maldonado, Carmen	30 14 67

12 ¿Qué número es?

Prepare a list of the following numbers: your telephone number, street address, zip code and your age. Make up any of the information you wish. Then working in pairs, take turns reading numbers aloud from your list while your partner writes them down one at a time. Finally, compare the lists of numbers and make corrections.

¿Qué hora es?

 Es la una.

 Es la una y media.

 Son las cinco y cuarto.

 Son las tres y diez.

 Son las dos.

 Son las cuatro y media.

 Son las nueve menos cuarto.

 Son las cuatro menos diez.

 Son las seis.

 Son las ocho y media.

 Son las siete y veinte.

 Es la una menos veinte.

 Es mediodía.

 Es medianoche.

13 ¿Qué hora es?

Look at the watches shown and indicate what time it is.

 1.

 2.

 3.

 4.

 5.

 6.

 7.

Algo **más**

A.M. y P.M.

In Spanish the expression A.M. is equivalent to *de la mañana* (in the morning). The morning goes from midnight to noon. The expression P.M. is equivalent to *de la tarde* (in the afternoon) or to *de la noche* (at night). The afternoon goes from noon to around 6:00 P.M. and the night goes from 6:00 P.M. to midnight.

¿Qué hora es?

14 La hora

Working with a classmate, take turns asking for and stating the indicated time using complete sentences.

A: ¿Qué hora es?
B: Es la una menos cuarto de la tarde.

1.    2.    3.    4.

5.    6.    7.    8.

Algo más

Expresiones de cortesía

por favor	*please*
gracias	*thanks*
muchas gracias	*thank you very much*
de nada	*you are welcome*
perdón	*excuse me*
con permiso	*excuse me (with your permission)*
lo siento	*I am sorry*
con mucho gusto	*I would be glad to*

¡Muchas gracias!

Conexión Cultural

¿*Perdón* o *con permiso*?

Although *perdón* and *con permiso* can both be translated as "excuse me," they are used in different situations. *Perdón* is generally used to interrupt a conversation, to get someone's attention, to indicate you do not understand what someone said or to excuse yourself if you bump into someone. *Con permiso,* on the other hand, is used more specifically to ask someone to let you pass by or to take leave.

¿Perdón?

15 Comparaciones

What would you say in the following situations?

1. A friend asks you for help.
2. Someone thanks you for doing something.
3. Someone returns your pencil to you.
4. You politely ask for two movie tickets.
5. Someone speaks to you so quickly in Spanish that you cannot understand what the person is saying.
6. You want to politely refuse an offer to do something.
7. You wish to interrupt someone to ask for the time.
8. You step on someone's foot.
9. You are on an elevator standing behind other people and you want to exit.

A. Con permiso.
B. De nada.
C. Muchas gracias.
D. Perdón.
E. Con mucho gusto.
F. Perdón. Lo siento.
G. Dos, por favor.
H. No, gracias.
I. Perdón, ¿qué hora es?

16 Con cortesía, por favor

Choose the most appropriate response for the situations shown in the illustration.

Perdón, ¿qué hora es?   **Muchas gracias.**   De nada.
Dos, por favor.   **Con mucho gusto.**   Perdón. Lo siento.
Perdón.   Con permiso.

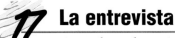

17 La entrevista

Completa el siguiente diálogo de una manera lógica. *(Complete the following dialog logically.)*

GUSTAVO:	Buenos <u>(1)</u>, Sr. Fernández.
SR. FERNÁNDEZ:	¡Hola! ¿Cómo <u>(2)</u>, Gustavo?
GUSTAVO:	Estoy bien, <u>(3)</u>. ¿Y <u>(4)</u>?
SR. FERNÁNDEZ:	<u>(5)</u> regular.
GUSTAVO:	<u>(6)</u>, ¿<u>(7)</u> hora es?
SR. FERNÁNDEZ:	<u>(8)</u> las dos y media de la <u>(9)</u>.
GUSTAVO:	<u>(10)</u> gracias.
SR. FERNÁNDEZ:	De <u>(11)</u>. Hasta <u>(12)</u>.
GUSTAVO:	Adiós, hasta <u>(13)</u>.

Autoevaluación. As a review and self-check, respond to the following:

1. How would you greet the principal when you first arrive at school in the morning?
2. What can you say in Spanish to ask how a friend is feeling?
3. What would you say if someone asked you *¿Qué tal?*
4. Imagine you see two classmates in the hall. How can you ask in Spanish how they feel?
5. What can you ask to find out what time it is in Spanish?
6. How do you say good-bye in Spanish?
7. How do you tell someone it is 7:30 at night in Spanish?
8. What expression can you use to ask for something politely in Spanish?
9. How do you thank someone in Spanish?
10. When someone thanks you for something in Spanish, what is a polite response?

Hola, Sra. Martínez.
¿Cómo está Ud.?

¡La práctica hace al maestro!

A Comunicación

Greet several people in your class, including the teacher. Find out how the person is feeling, obtain an answer (the person should ask how you are) and then say how you are feeling. Use as many new expressions from this lesson as you can.

B Conexión con la tecnología

Search the World Wide Web to find information about one of the countries where Spanish is the official language. You might surf the Web to try to find a home page that provides information on festivals, holidays, restaurants, maps and so forth. Then create your own travel brochure that features that country.

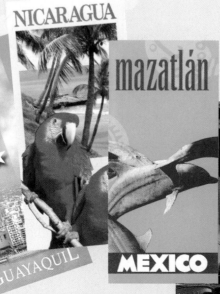

NICARAGUA

mazatlán

GUAYAQUIL

MEXICO

El Gran Hotel en Mérida, México.

VOCABULARIO

Números

veintiuno
veintidós
veintitrés
veinticuatro
veinticinco
veintiséis
veintisiete
veintiocho
veintinueve
treinta (y uno, etc.)
cuarenta
cincuenta
sesenta
setenta
ochenta
noventa
cien

Gente

el señor (Sr.)
la señora (Sra.)
la señorita (Srta.)
usted (Ud.)
ustedes (Uds.)
vosotros,-as

Saludos y despedidas

Buenas tardes/noches.
Buenos días.
Hasta mañana.
Hasta pronto.

La hora

de la mañana/tarde/noche
es la una
Es medianoche/mediodía.
la hora
la mañana
menos (cinco, cuarto, etc.)
la noche
¿Qué hora es?
son las (dos, tres, etc.)
la tarde
y cuarto/media

Verbos

es
estoy
son

Cortesía

con mucho gusto
con permiso
de nada

(muchas) gracias

lo siento
perdón
por favor

Expresiones y otras palabras

bien
¿Cómo está (Ud.)?
¿Cómo están (Uds.)?
¿Cómo estás (tú)?
mal
muy
pronto
¿Qué tal?
regular

Hasta mañana.

¿Cómo están Uds.?

a leer

Estrategia

Preparación

Estrategia para leer: *using cognates*

Not all Spanish words are different from their English counterparts. In fact, you will discover that many Spanish words look like English words with the same or similar meaning. You have already learned that these words are called **cognates**. A good strategy for making Spanish easier and more enjoyable to read is to learn to recognize cognates.

Cognates often have endings that make them easy to recognize. For example, many words that end in *-dad* have English counterparts that end in *-ty,* such as *personalidad* (meaning *personality*). Look at the endings in these words: *personal, revolución, biología.* Can you guess what they mean? What would be the endings of their English equivalents?

Contesta las siguientes preguntas como *(as)* preparación para la lectura.

1. What is a cognate?
2. Can you give five examples of cognates?
3. Do you see any cognates in the following book titles?

Libros nuevos

A ¿Qué comprendiste?

Suppose you have a part-time job at the library and you have opened a box containing these new books *(libros nuevos)*. How many of the titles would you understand? Working with a partner, find at least twenty cognates that appear in the book titles listed. Compare your results with those of others in the class.

B Charlando

Now imagine that the head librarian knows you are studying Spanish and has put you in charge of the Spanish books section. Your assignment is to sort the shipment of new books into categories in Spanish before shelving them. Look at the book titles and decide which of the categories listed is most appropriate for each book. Some books may belong in more than one category. Explain to a partner why you chose each category.

- Artes *(Art)*
- Ciencias *(Science)*
- Diversiones *(Entertainment)*
- Historia *(History)*
- Negocios *(Business)*
- Política *(Politics)*
- Turismo *(Tourism)*

C Comparando con el inglés

CIRCULACIÓN

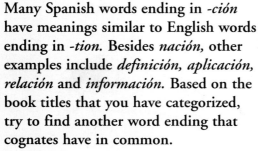

Many Spanish words ending in *-ción* have meanings similar to English words ending in *-tion.* Besides *nación,* other examples include *definición, aplicación, relación* and *información.* Based on the book titles that you have categorized, try to find another word ending that cognates have in common.

a escribir

Estrategia

Estrategia para escribir: *using the dictionary*

Knowing how to use a dictionary is an important skill that can prove to be very helpful when writing in Spanish. In addition to checking how words are spelled, you can use a dictionary to get a clearer and more accurate understanding of what words mean and avoid misunderstandings. For example, you have already learned the difference between cognates and false cognates. A good way to make sure that a word is not a false cognate is to look it up in a dictionary.

A. Look up these Spanish words and decide which are cognates and which are false cognates. How many words can you recognize before looking them up? Compare each guess with what the dictionary tells you.

dinero   lectura   PLATA   *primo*

ESTUDIANTE   metro   **practicar**

hamburguesa   *pariente*   programa

instrumento   parque   SOPA   ropA

largo   **pasaporte**   vaso

B. Make your own list of cognates. Use what you've learned about word endings to think of words that might have cognates in Spanish. Then check your guesses in the dictionary. Find at least three new cognates.

PARQUE DEL RETIRO
40

CONTROL DE VELOCIDAD POR RADAR

NO ENTRE
EXCEPTO TAXIS

repaso

Now that I have completed this chapter, I can...
- ✔ greet others and say good-bye.
- ✔ ask for and give names.
- ✔ recognize some common classroom expressions.
- ✔ ask for and state place of origin.
- ✔ ask for and state age.
- ✔ ask how someone is and tell how I am.
- ✔ ask for and tell what time it is.
- ✔ express courtesy.

Yo soy de Perú.

I can also...
- ✔ identify where Spanish is spoken.
- ✔ talk about how Spanish influences my community.
- ✔ name some personal benefits of learning Spanish.
- ✔ use correct punctuation in Spanish.
- ✔ identify some professions that use Spanish.
- ✔ use appropriate gestures to greet people.
- ✔ spell words in Spanish.
- ✔ use the numbers 0 to 100.
- ✔ make connections between Spanish and English words.
- ✔ recognize the importance of learning from mistakes.
- ✔ recognize the difference between informal and formal in Spanish.
- ✔ use some abbreviations in Spanish.
- ✔ read simple dialogs in Spanish.
- ✔ write phrases in Spanish.

¡Bienvenidos! (Mar del Plata, Argentina)

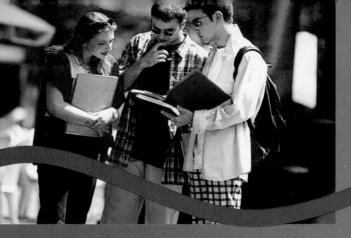

El colegio

2

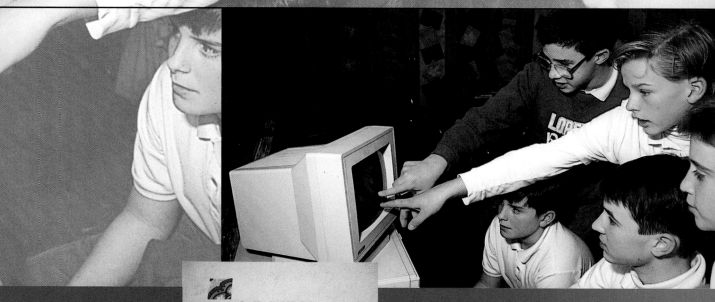

MARKET SQUARE
EL MERCADO
DE SAN ANTONIO

In this chapter you will be able to:

- ask for and give names
- ask for and state place of origin
- identify classroom objects
- discuss school schedules and daily activities
- ask for and provide information
- describe classroom objects
- state location
- make a telephone call

37

Lección 3

¿Cómo se llama?

MARIO: ¿Quién es?
DIANA: ¿Ella?
MARIO: No, él. ¿Cómo se llama él?
DIANA: Se llama Lorenzo.
MARIO: ¿De dónde es?
DIANA: Es de Los Ángeles.

1 ¿Cómo se llama?

Trabajando en parejas, haz el papel de
una de las personas del diálogo anterior.

Conexión Cultural

Se habla español en Estados Unidos

Many words in English have Spanish origins. For example, *Los Ángeles* is Spanish for "the Angels." Have you ever sat outside on a *patio* or taken a little *siesta* in your free time? If so, then you have enjoyed some of the rich Hispanic heritage that exists in the United States today. See if you can identify some other words that have been borrowed from the Hispanic culture.

rodeo

plaza tomate

mosquito chile

burro

adobe

chocolate

RODEO
DE MEDIANOCHE.

In reality, the Spanish already were exploring and settling parts of America years before the arrival of the pilgrims on the *Mayflower*. Thanks to these early settlers, many parts of the United States today reflect their rich Spanish colonial architecture, delicious foods and beautiful geographical names.

Today, Hispanics make up the second largest minority in the United States. Many American cities are becoming bilingual because of their large Spanish-speaking populations.

In these communities you will find Spanish television and radio stations, Spanish newspapers and magazines and bilingual signs in most public places. The Hispanic presence is increasing rapidly in the United States and influencing many aspects of the American culture and economy. Look around, you may find you may find you know more Spanish than you ever realized!

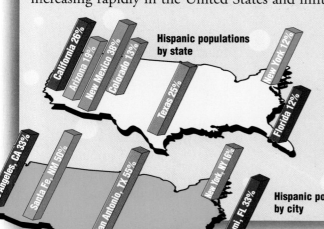

Hispanic populations by state

California 26%
Arizona 19%
New Mexico 38%
Colorado 13%
New York 12%
Texas 25%
Florida 12%

Hispanic populations by city

Los Angeles, CA 33%
Santa Fe, NM 50%
San Antonio, TX 55%
New York, NY 16%
Miami, FL 33%

Panadería
LA MEXICANA
BAKERY

2 Cruzando fronteras

Research the following words or geographical names that have come to the English language from the Hispanic culture, using a dictionary, encyclopedia or the Internet. Give a brief definition or the English equivalent for each word listed. Then locate each site on a map.

1. **Río Grande**

2. **Boca Ratón**

3. Colorado

4.  Montaña

5. NEVADA

6. Los Ángeles

7. Alcatraz

8. FLORIDA

9. Amarillo

¿Alcatraz?

3 Conexión con la comunidad

Identify several places where Spanish is used in your community or state. Are you aware of any other Hispanic influences in your community?

4 A completar

Complete the following short dialogs by choosing an appropriate answer from A for student A or from B for student B. The first one has been done for you. Some answers may be used more than once.

A		
eres	él	es
dónde	quién	te llamas

B		
me	es	él
ella	soy	se llama

1. **A:** ¿Cómo se llama _él_?   **B:** _Se llama_ Daniel.
2. **A:** ¿... es?   **B:** ¿Ella?
   A: No, ...no. ¿Quién es él?
3. **A:** ¿De...es Nicolás?   **B:** ...de Chicago.
4. **A:** Y, ¿cómo...tú?   **B:** Yo...llamo Carmen.
5. **A:** ¿De dónde...?   **B:** ...de San Antonio.
6. **A:** ¿Quién...él?   **B:** ...se llama Juan.

5 ¿De dónde es?

Working in pairs, practice asking for each other's name and where each of you is from *(Parte I)*. Then each of you must tell another pair of students what you found out *(Parte II)*. Follow the model below. Then change partners and start over again. Repeat the activity until you have met six or eight different people.

Parte I	Parte II
A: ¿Cómo te llamas?	Él/Ella se llama....
B: Me llamo.... ¿Y tú?	Es de....
A: Me llamo.... ¿De dónde eres?	
B: Soy de.... ¿Y tú?	
A: Soy de....	

Los pronombres personales

singular

 yo

 tú

 usted

 él / ella

plural

 nosotros

 nosotras

 vosotros

 vosotras

 ustedes

 ellos

 ellas

Algo más

Los pronombres personales

Subject pronouns (*pronombres personales*) are not always necessary in Spanish. Their use is optional since the accompanying verb denotes the subject of a sentence.

Yo tengo dieciséis años.	**I am** (have) sixteen (years old).
Él es de Los Ángeles.	**He is** from Los Angeles.

The plural forms *nosotras, vosotras* and *ellas* refer only to females, while the subject pronouns *nosotros, vosotros* and *ellos* are used to refer either to males only or to a mixed group of both males and females.

Ellos son de Charleston.	**They (the boys)** are from Charleston.
Ellas son de Orlando.	**They (the girls)** are from Orlando.

but:

Ellos son de los Estados Unidos.	**They (the boys and girls)** are from the United States.

Subject pronouns may be used with or without a verb. Sometimes subject pronouns are not needed if the subject is already known or if the verb form itself identifies the subject.

¿De dónde eres (tú)?	Where are you from?
Soy de Colorado.	I am from Colorado.
¿Y él?	And him?
(Él) Es de Florida.	He is from Florida.

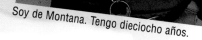

Soy de Montana. Tengo dieciocho años.

Somos de Florida.

6 ¿Quién habla español?

A group of diplomats from South America is visiting your school and you are reviewing with the principal a list of people who speak Spanish. Complete the following short dialogs.

Mary
Nicole
Juan
Diane Roberts
Cristina

 A: ¿Mary y Nicole?
B: No, ellas no.

1. **A:** ¿Yo?
   B: Sí, (1) sí.

2. **A:** ¿La Srta. Roberts?
   B: No, (2) no.

3. **A:** ¿Robert y Cristina?
   B: Sí, (3) sí.

4. **A:** ¿Juan y Ud.?
   B: Sí, (4) sí.

5. **A:** ¿El profesor de historia?
   B: No, (5) no.

6. **A:** ¿Uds.?
   B: Sí, (6) sí.

7. **A:** ¿Sara y yo?
   B: Sí, (7) sí.

8. **A:** ¿Carlos y David?
   B: Sí, (8) sí.

9. **A:** ¿Tú y yo?
   B: Sí, (9) sí.

7 En una fiesta

Imagine you are attending a Spanish Club dance and you are talking with your teacher, Sra. Rodríguez, about your classmates and the other faculty members. Look at the drawing and choose the appropriate subject pronoun.

  yo

IDIOMA

El presente del verbo *ser*

Ser is one of two verbs in Spanish that mean **to be**. It is probably the most commonly used verb in the language.

Ser is irregular, which means its six different forms do not follow the same predictable pattern that regular verbs do. The chart that follows shows all the present-tense forms of *ser*. You have already learned several of them.

ser					
yo	**soy**	*I am*	nosotros nosotras	**somos**	*we are*
tú	**eres**	*you are*	vosotros vosotras	**sois**	*you are*
Ud. él ella	**es**	*you are* *he (it) is* *she (it) is*	Uds. ellos ellas	**son**	*you are* *they are* *they are*

Soy de San Diego, California.

Soy de Colorado.   I **am** from Colorado.
¿De dónde eres tú?   Where **are** you from?
Carmen es de Atlanta.   Carmen **is** from Atlanta.
¿De dónde son ellos?   Where **are** they from?

Notice that even though the subjects *Ud.*, *él* and *ella* are different in meaning, they share the same verb form. Similarly, *Uds., ellos* and *ellas* share the same verb form.

8   ¿De dónde?

Completa las siguientes oraciones de una manera lógica con la forma correcta de *ser*. *(Complete the following sentences logically with the correct form of* ser.*)*

1. Tommy y Paula (1) de San Francisco, California.
2. Lorenzo (2) de Los Ángeles, California.
3. Yo (3) de *(name of your city and state)*.
4. ¿Tú (4) de Denver, Colorado?
5. Nosotros (5) de Seattle, Washington.
6. Alfonso y Ramón (6) de Las Vegas, Nevada.
7. Yo (7) de Orlando, Florida.
8. Ellas (8) de Austin, Texas.
9. Tú (9) de San Diego, California.
10. Y Ud., ¿(10) de Boston, Massachusetts?

Carolina y Pilar son de Boston.

9 ¿De dónde son?

Working with a partner, indicate where the following people are from, according to the illustration.

Roberto
A: ¿De dónde es Roberto?
B: Es de (los) Estados Unidos.

1. Silvia
2. Manuel
3. tú
4. Pilar y Luis
5. Lorenzo, tú y yo
6. la Srta. García
7. yo
8. el Sr. y la Sra. Vargas

Conexión Cultural

La influencia hispana

The culture of the United States is visible throughout the Spanish-speaking world. American food chains, clothing manufacturers, automobile makers and entertainment and technology industries are exporting products to Hispanic countries in rapidly increasing numbers. In addition, American actors, athletes, musicians, politicians and other famous people are known internationally.

How much influence do the countries of the Spanish-speaking world have on life in the United States? For example, have you been to a Mexican or Spanish restaurant? Perhaps you have studied art by a famous Spanish-speaking artist. What other influences can you name in your own community or state?

Novato, California.

PARA ti

EE.UU. y otras abreviaturas
You have already learned the term *Estados Unidos.* But do you know its abbreviation *(abreviatura)* in Spanish? It is *EE.UU.* As in English, some proper nouns are abbreviated in Spanish. Although most abbreviations will use only one letter, this Spanish abbreviation uses double letters because *Estados Unidos* is a plural noun.

San Antonio, Texas.

10 Personas famosas

Working with a partner, match these famous Spanish-speaking people with their fields of expertise. Then try to name something specific they are famous for.

1. Isabel Allende, Gabriel García Márquez, Octavio Paz
2. Salvador Dalí, Pablo Picasso, Diego Rivera
3. Javier López, Roberto Durán, Nancy López
4. Antonio Banderas, Lorenzo Lamas, Rosie Pérez, Edward James Olmos
5. Gloria Estefan, Ricky Martín, Enrique Iglesias

A. atletas *(athletes)*
B. actores *(actors)*
C. escritores *(writers)*
D. cantantes *(singers)*
E. políticos *(politicians)*
F. pintores *(painters)*

 CONEXIONES

11 Cruzando fronteras

Research the names that follow of famous Spanish-speaking people on the Internet or at the library to determine which ones are painters. Find out which country the artists are from and any additional information you can.

Sandra Cisneros   Carlos Vives   Fernando Botero
Tomás Rivera   FRIDA KAHLO   Jennifer López
Joan Miró   Felipe López   María Conchita Alonso
Miguel Induráin   Gloria Estefan   Oswaldo Guayasamín

12 ¿De dónde son estas personas famosas?

Imagine you and a friend are looking at magazines with pictures and stories about famous people. With a classmate, take turns asking and answering where several of these well-known people are from.

Daisy Fuentes/Cuba
A: ¿De dónde es Daisy Fuentes?
B: Ella es de Cuba.

1. Juan Luis Guerra/la República Dominicana
2. Antonio Banderas y Plácido Domingo/España
3. Salma Hayek/México
4. Rosie Pérez y Jimmy Smits/Estados Unidos
5. Isabel Allende/Chile
6. Edgar Rentería y Gabriel García Márquez/Colombia
7. Rubén Blades/Panamá
8. Gloria Estefan y Celia Cruz/Cuba

¿De dónde son Jimmy Smits y Daisy Fuentes?

La estudiante nueva

Más palabras de la clase

el tablero de anuncios	bulletin board
la computadora	computer
la pantalla	computer screen
el proyector	overhead projector
la grabadora	tape recorder
el globo	globe
la videocasetera	VCR
el televisor	television (set)

la pared

el reloj →

la pizarra

la ventana

el mapa

MÉXICO

la puerta

el sacapuntas

el profesor

el borrador

la tiza

la silla

la mochila

el lápiz

la profesora

el bolígrafo

el periódico

el borrador

la regla

el chico
el estudiante

la chica
la estudiante

el escritorio

el cesto de
papeles

el cuaderno

la revista

la página

el libro

el pupitre

el papel

CARLOS: ¿Quién es **la chica?**
DIANA: Es la **estudiante nueva°** de México.
DAVID: Se llama Silvia y es **mi amiga.°**
CARLOS: Y, ¿quién es **el chico** con **la mochila?**
DIANA: Es el estudiante nuevo de Los Ángeles.
DAVID: Se llama Lorenzo y es mi amigo.

nueva (nuevo) *new* **amiga (amigo)** *friend*

13 ¿Qué comprendiste?

¿Sí o no?

1. La chica es Lorenzo.
2. Silvia es de Bolivia.
3. El chico nuevo es Carlos.
4. Lorenzo es de Estados Unidos.
5. Lorenzo es el estudiante con la mochila.

14 Somos amigos

Imagine you and a cousin are looking at some photographs of school friends. Working with a partner, take turns asking who the people in the photographs are. Answer by giving the person's name and then say he or she is your friend.

A: ¿Quién es la chica con el borrador y la tiza?
B: Se llama Marta y es mi amiga.

Marta

1. Gerardo

2. Graciela

3. Julio

4. Andrea

5. Manuel

6. Sara

7. Víctor

8. Yolanda

9. Andrés

10. Luisa

¿Quién es el chico con el libro?

IDIOMA

Los sustantivos

Nouns *(sustantivos)* refer to people, places, things or concepts. In Spanish, all nouns are either masculine or feminine. Nouns in Spanish that end in *-o* are generally masculine and are often used with the definite article *el* (the).

-o	*el chico*	*el bolígrafo*

Spanish nouns that end in *-a, -ción, -sión* and *-dad* are generally feminine. They are often accompanied by the definite article *la* (the).

-a	*la chica*	*la puerta*
-ción	*la presentación*	*la pronunciación*
-sión	*la revisión*	*la misión*
-dad	*la posibilidad*	*la realidad*

The gender (masculine or feminine) of other Spanish nouns must be learned with the words themselves since they may not follow the above patterns.

masculino: el día   *femenino: la noche*

Also, some nouns that refer to people have only one form and the gender of the person being referred to is determined by the definite article.

masculino: el estudiante   *femenino: la estudiante*

15 Masculino o femenino

Look at the following school-related words. Decide which are masculine and which are feminine. Then give the correct definite article that would be used with each of the objects.

mochila
la

1. **pared**   2. **LIBRO**   3. **palabra**   4. **CUADERNO**

5. **papel**   6. *ventana*   7. **lección**

8. **periódico**   9. **mapa**   10. *actividad*

16 En las noticias

While looking at several magazines and newspapers in Spanish you run across the following headlines and titles. Can you identify any words that are nouns? Tell which nouns are masculine *(masculino)* and which are feminine *(femenino)*.

1.

¡Es la hora!

2.

LA REVISTA
SUMARIO/20 - DICIEMBRE
La Revista del año
Las mejores imágenes

3.
Así es el teléfono

4.

SU SUERTE, EL AMOR, LA SALUD

5.
LA GENTE DICE

6.
Que siga la diversión.

7.
El periódico de todos los días

8.
CULTURA
EXPOSICIÓN
Por la puerta grande

17 En la clase

Working with a classmate, prepare a list in Spanish of as many classroom items as you can name in three minutes. Be sure to include the definite article with each item you name.

la pared
el libro

18 Un estudiante nuevo

Imagine a student from a Spanish-speaking country just moved to your community. Make a list of classroom items the new student will need to bring to school.

19 Señala....

Working with a partner, take turns telling one another to point at an object in the classroom. Use the phrase *Señala....* and add any of the classroom objects you have learned. Be sure to include the appropriate definite article with each item. Check to be sure your partner has pointed at the correct object before continuing.

 Señala la puerta.

En la clase

CRISTINA:	Perdón, Sr. Cortés, **no comprendo una palabra.**
SR. CORTÉS:	**¿Qué°** palabra es?
CRISTINA:	**No sé qué quiere decir** la palabra *revista.*
SR. CORTÉS:	La palabra *revista* **quiere decir** *magazine.*
CRISTINA:	**Ay,** muchas gracias. Y, **¿cómo se dice** *newspaper?*
SR. CORTÉS:	**Se dice** *periódico.*

Qué *What*

20 ¿Cómo se dice?

Working with a partner, use *En la clase* as a model to create your own dialog. Use your own names, change the italicized words and make any other changes you feel are appropriate.

Algo más

El negativo

Make a sentence negative in Spanish by placing *no* before the verb.

Comprendo.	*No comprendo.*
Sé.	*No sé.*
Alicia es de Arizona.	*Alicia **no** es de Arizona.*

21 Practicando el negativo

Show that you disagree with the following statements by making each sentence negative.

1. Soy de Colorado.
2. La profesora Cabos es de Nueva York.
3. Ella es de aquí.
4. Es la estudiante nueva.
5. Se llama Luz.

22 A crear

Talk about some classroom objects with a classmate using words from each column and adding some of your own such as *¿cómo?, ¿qué?* and so on.

A: ¿Cómo se dice *clock?*
B: Se dice *reloj.*

A: ¿Qué quiere decir *mochila?*
B: Quiere decir *backpack.*

la ventana	se escribe
el lápiz	se dice
la silla	es
el pupitre	quiere decir

¿Qué quiere decir *mochila*?

IDIOMA

Los sustantivos plurales

Most nouns in Spanish are made plural by adding *-s*. Plural masculine nouns often are used with the definite article *los;* plural feminine nouns often are accompanied by the definite article *las.*

masculino	femenino
el amigo ➜ *los amigos* el libro ➜ *los libros*	la amiga ➜ *las amigas* la revista ➜ *las revistas*

Las revistas.

When referring to males and females as a group or to masculine and feminine objects simultaneously, use the masculine form of the noun.

los chicos	the boys the boys and the girls

Make nouns that end with a consonant plural by adding *-es.*

el papel ➜ *los papeles*   la actividad ➜ *las actividades*
el reloj ➜ *los relojes*   la pared ➜ *las paredes*

Nouns that end in *-z* change the *-z* to *-c* in the plural.

el lápiz ➜ *los lápices*

It sometimes may be necessary to add or remove an accent mark when making a noun plural.

el examen ➜ *los exámenes*   la nación ➜ *las naciones*

23 Inventario

Imagine your class is organizing a collection of supplies for a school that was destroyed in a natural disaster. Working in pairs, play the roles of two volunteers in charge of completing an inventory of what has been collected so far. First, each student prepares a list of four items, including appropriate definite articles. Next, one student reads the list aloud, one item at a time. The other student repeats each item for clarification and tells how many there are. Finally, the first student writes the number on the list. When you have finished counting four items, switch roles.

A: *(Write the name of the item and say* "Las reglas."*)*
B: *(Say* "¿Las reglas? Sí, cuarenta y cinco." *Then write the number 45.)*

24 ¿Qué son?

Tell what you see in the
following illustrations.

 Son dos estudiantes.

1.　　　2.　　　3.　　　4.　　　5.　　　6.

Algo más

Los artículos indefinidos

You have already learned the definite articles *el, la, los* and *las*, which are used to designate a specific person or thing. Spanish nouns also can be preceded by indefinite articles (*artículos indefinidos*). Where definite articles generally mean **the**, indefinite articles can be translated as **a**, **an** (singular forms) or **some, a few** (plural forms) and refer to nonspecific people or things.

Singular forms of the indefinite articles are *un* (masculine) and *una* (feminine).

el borrador	→	**un** *borrador*
la página	→	**una** *página*

Note that *un* and *una* can also mean **one** when used before a singular noun. *Uno* (the number **one**) is never used before a noun.

　　*dos cuadernos y **un** libro*　　　　　*tres chicos y **una** chica*

Plural forms of the indefinite articles are *unos* (masculine) and *unas* (feminine).

los lápices	→	**unos** *lápices*
las revistas	→	**unas** *revistas*

25 ¿Qué es?

Working with a classmate, take turns identifying people or objects in class using the expressions *¿Qué es?* and *Es un/una....* and adding any new words from this lesson. Point out where each person or object is located.

　　A:　*(Point to a pen.)* ¿Qué es?
　　B:　Es un bolígrafo.

26 Un regalo

Imagine your class is having a gift exchange at school. Before unwrapping your package, you would like to guess what it is. Make your guesses based on the clues shown. Be sure to include either *unos* or *unas* in your guesses.

1. ¿Son (1)?   2. ¿Son (2)?   3. ¿Son (3)?   4. ¿Son (4)?   5. ¿Son (5)?   6. ¿Son (6)?

CONEXIONES

27 Cruzando fronteras

The store *Papel y Más* is having a big school supply sale. You have $25.00 to buy things for school. Look at this advertisement and create a shopping list of what you plan to buy and how much each item will cost. Write the prices next to the items on your list. Then add up the total cost of your purchases and write a complete sentence, giving the total in dollars (*dólares*) and cents (*centavos*). Be careful not to spend more than you have!

una mochila "Carry-Rite"	$15.00
unos lápices "Point Perfect"	$1.79
unas reglas de plástico	$3.16
	$19.95

El total es diecinueve dólares con noventa y cinco centavos.

Mini Pizarra con tizas de colores
$4⁹⁵

Libro de mapas de GeoTravel
$12⁹⁵

¡Precio fenomenal!

¡Papel y Más!

Papel de cuaderno
$1⁰⁹

3/$1²⁹
Roli-Boli

Carry-Rite $15⁰⁰

Sacapuntas eléctrico de Eversharp
$11⁹⁹

Lápices Point Perfect
$1⁷⁹
.20

Reglas de plástico
3 colores
.79

$2⁵⁰
3 colores

Oportunidades

En el mercado

What personal advantages can learning Spanish have for you? In the United States there are over thirty million people who use Spanish daily for business or pleasure. In fact, Spanish is the second language of the United States.

Do you prefer to do business with a salesperson who speaks your language and understands your culture's codes of conduct? The same is true for anyone who speaks Spanish. That is why many American companies today are searching for bilingual employees who can expand their market and increase sales to the growing population of Spanish speakers in the United States.

Many U.S. companies have branch offices and manufacturing plants in Spanish-speaking countries, or simply sell their products there. Learning Spanish could offer you a career advantage with such a company. In addition, learning about the culture, literature, art and music of the Spanish-speaking world will enrich your personal life in countless ways.

Yo comprendo español.

Estrategia

Para leer mejor: *scanning*

Scanning is a good way to get the main idea of a piece of writing before reading it closely. You can greatly increase your understanding of an advertisement or a brief news story by first scanning the text for cognates (words with similar spelling and meaning in two languages). Also, by scanning headings, boldface words, lists and so forth you are focusing on the important information that will help you get the gist of the text you are about to read.

Before doing activity 28, scan the three want-ads and jot down all the cognates you recognize. Can you understand the ads more easily now?

Es un periódico en español.

28 A buscar trabajo

Read the following classified ads for different jobs around the United States and answer the questions below.

Se busca secretario/a bilingüe. Compañía multinacional en Miami. Bilingüe español-inglés o español-francés. Responsabilidades diversas.

Con experiencia (3 años). $28.000 anuales. Para más información llame al (305) 555-6600.

BANCO PEREGRINO, ubicado en San Antonio, Texas, necesita Director/a de Cuentas Extranjeras. Viajar entre EE. UU. y Monterrey, México. Se prefiere persona bilingüe, capaz de organización y gestión. Experiencia mínima de 5 años. $50K anuales + 401K. Enviar curriculum vitae con teléfono a: Banco Peregrino, Box 1217, San Antonio, TX 78296-1217.

Academia Las Cruces. Se buscan profesores y tutores en las materias de Español, Historia Norteamericana y Literatura para el semestre del otoño. Maestría (M.A.) necesaria. Buen salario, apartamento gratuito en nuestra residencia. 8–10 años exper. Enviar CV, 2 cartas de recomendación: Academia Las Cruces, Oficina del Decano, University Park, NM 87622.

1. Where is the company located that is looking for a bilingual secretary?
2. What type of business do you think *Banco Peregrino* is?
3. Do these jobs require experience? How much?
4. How do you find out about the *secretario/a bilingüe* job? About the other two jobs?
5. Which job includes travel? To where?
6. Which job requires a college degree? Is this important for choosing the best candidate? Why?

Proverbios y dichos
It is important to know the culture of a foreign country with whom you wish to establish business relations. Foreign business people are much more willing to do business with someone who respects their culture as well as their language. When doing business with someone in Spanish, remember the following: *La cortesía mucho vale y poco cuesta.* (Courtesy is worth a lot and costs little.)

Autoevaluación. As a review and self-check, respond to the following:
1. Imagine you are at a party. What can you ask your host in Spanish to find out about the other guests and where they are from?
2. Name several cities in the United States where Spanish is spoken.
3. Identify at least two examples of Hispanic influences in the United States.
4. Name several Spanish-speaking celebrities and tell where each is from.
5. Describe your classroom by naming in Spanish as many items around you as possible.
6. What can you say in Spanish to tell a friend that you do not understand something?
7. Ask someone how to say "computer" in Spanish.
8. Describe what personal advantages learning Spanish can have.

La cortesía mucho vale y poco cuesta.

¡La práctica hace al maestro!

A Comunicación

Working in pairs, create a dialog using the expressions in this lesson. Follow these guidelines, being certain to change roles.

A: *(Ask who the new student is.)*
B: *(Ask "Who?" for clarification.)*
A: *(Say "The student with…" and name a classroom object.)*
B: *(Say the person's name and ask where he or she is from.)*
A: *(Name the place or say you do not know.)*

B Conexión con la tecnología

Search the Internet for additional information about one of the famous Spanish speakers mentioned in this lesson. Where was the person born? Where does the person live now? Why is he or she famous? Prepare a short report about what you have learned about this person and share the information with your classmates.

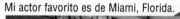

Mi actor favorito es de Miami, Florida.

VOCABULARIO

Objetos de la clase
el bolígrafo
el borrador
el cesto de papeles
el cuaderno
el escritorio
el lápiz
el libro
el mapa
la mochila
la página
el papel
la pared
el periódico
la pizarra
la puerta
el pupitre

la regla
el reloj
la revista
el sacapuntas
la silla
la tiza
la ventana

Gente
el amigo, la amiga
el chico, la chica
él
ella
ellas
ellos
el estudiante, la estudiante
nosotros,-as
el profesor, la profesora

Palabras interrogativas
¿qué?
¿quién?

Verbos
comprendo
se dice
sé
ser

Expresiones y otras palabras
ay
¿Cómo se dice...?
¿Cómo se llama
   (Ud./él/ella)?
¿De dónde es
   (Ud./él/ella)?
el, la
la palabra
los, las
mi
nuevo,-a
¿Qué quiere decir...?
quiere decir
(Ud./Él/Ella) se llama....
un, una
unos, unas

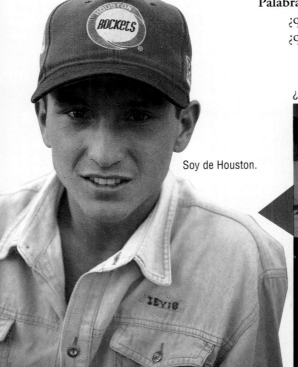

Soy de Houston.

¿Qué quiere decir...?

Lección 4

El horario

gris
rojo
amarillo
negro
azul
verde
blanco

Claudia Martínez • La Salle High School • Santa Fe, Nuevo México
Horario de clases

HORA	LUNES	MARTES	MIÉRCOLES	JUEVES	VIERNES
8:15	música	música	música	arte	arte
9:05	computación	computación	computación	computación	computación
9:55	matemáticas	matemáticas	matemáticas	matemáticas	matemáticas
10:45	biología	biología	biología	biología	biología
11:35	inglés	inglés	biología	inglés	inglés
12:25			ALMUERZO		
1:15	español	español	español	español	español
2:05	historia	historia	historia	historia	historia

VIERNES
8:15 clase de arte – necesito lápices nuevos
9:05 computación – libro rojo
9:55 matemáticas – calculadora
mediodía– almuerzo con Enrique
2:05 historia – el cuaderno verde

NOTAS
el miércoles – hablar con Jorge
sábado y domingo –Paula y yo estudiamos español

CLAUDIA: ¡**Aló!** ¿Jorge? Soy Claudia.

JORGE: ¿Perdón? **¿Cómo?**

CLAUDIA: ¡Jorge! Soy yo, Claudia.

JORGE: Hola, Claudia. Tengo **tu horario** nuevo aquí **en la pantalla.°** ¿En tu **colegio,°** **cuántas** clases **hay°** en un **día?** ¿Seis?

CLAUDIA: No, hay siete. Y **el almuerzo°** es a las doce y veinticinco.

JORGE: ¿A las doce y veinticinco? Aquí es a las dos.

CLAUDIA: **¿A qué hora terminan°** las clases en tu colegio?

JORGE: Terminan a las cinco **o** a las seis de la tarde.

la pantalla *(computer) screen* **colegio** *high school* **hay** *are there* **el almuerzo** *lunch* **terminan** *end*

1 ¿Qué comprendiste?

1. ¿De dónde es Claudia?
2. ¿Cómo se llama el colegio de Claudia?
3. ¿Cuántas clases hay en el horario de Claudia?
4. ¿A qué hora es el almuerzo de Claudia?
5. ¿A qué hora es el almuerzo de Jorge?
6. ¿Hay clase de arte los lunes?
7. ¿A qué hora terminan las clases en el colegio de Jorge?
8. ¿De qué color es el libro de computación? ¿El libro de español?

Algo más

La palabra *de*

The word *de* (of, from) has several different uses in Spanish. For example, *de* may be used to talk about where someone is from *(¿De dónde eres?/Soy de...)* or to describe someone or something *(la clase de español)*. Several expressions use *de (de nada, de la mañana)*. In addition, *de* takes the place of the English apostrophe and the letter *s (’s)* to indicate possession or relationships.

*Es la mochila **de** Marta.*	It is Marta's backpack.
*Son los amigos **de** Sara y **de** Rodrigo.*	They are Sara and Rodrigo's friends.

2 Charlando

1. ¿Cómo se llama tu colegio?
2. ¿Cuántas clases tienes los lunes?
3. ¿A qué hora tienes la clase de español?
4. ¿Tienes una clase de computación?
5. ¿Hay clase de biología en tu horario?

3 ¡Aló!

Trabajando en parejas, haz el papel de una de las personas del diálogo anterior.

Estudiamos biología.

Conexión Cultural

El colegio

After reading the dialog between Claudia and Jorge, in what ways do you think their school experience is different? One difference is that not all students in Spanish-speaking parts of the world attend secondary school (*el colegio*). Some teenagers decide to continue studying at a trade school or a technical institution instead. Secondary schools in Spanish-speaking countries can be rigorous. Students do not have many extracurricular activities such as clubs and varsity sports in which to participate, nor do they have a wide selection of elective courses to choose from. Instead, all students must follow the same demanding curriculum that includes courses such as chemistry, physics, calculus and philosophy.

The atmosphere is often different inside the classrooms too. In Spain, for example, courses are usually taught through lectures and students do not participate in class as much as in the United States. Courses consist of a single unit of nine months with fewer tests, more projects and a comprehensive exam at the end of the year to determine whether the student passes or fails. In South America, however, quizzes and exams are more common, and a student's grade is based upon his or her efforts over the course of the entire class. Many students in Spanish-speaking countries attend private schools (*colegios*) that frequently are run by the Catholic Church. These *colegios* usually are not coeducational and may require students to wear a uniform.

What do you consider to be the advantages and disadvantages of each educational system?

En otras palabras

There are several words in Spanish that mean **school.** You have already learned *el colegio*, but here are a few additional words you might hear Spanish speakers use to talk about school: *la academia, la escuela, el instituto, el liceo, la secundaria.*

Colegio San Luis Rey
Calle 43 S.E. 869
Reparto Metropolitano, Río Piedras, P.R.
Tel. 767-4006

MATRICULA

KINDER A OCTAVO GRADO
HORARIO ESCOLAR 7:45 AM- 1:15 PM

1. Acreditado por DIP.
2. Miembro: National Catholic Education Assoc. y Asociación Escuelas Católicas.
3. Grupos reducidos.
4. Uso computadora en clase de matemáticas.
5. Laboratorio de Inglés, Español y Ciencias.
6. Educación Física y Música.
7. Club de Drama.
8. Servicio de Cafetería.
9. Cuido y supervisión asignaciones para estudiantes 1-6 grado de 1:15 PM-5:00 PM.

Unos estudiantes de Querétaro, México.

4 En el colegio

The following quotes are taken from a conversation between Claudia (an American student) and Jorge (a Spanish student). Based on what you have learned so far about the differences in the educational systems of the United States and the Spanish-speaking world, decide whether each quote was said by *Claudia*, *Jorge* or if it could have been said by both of them, *Claudia y Jorge*.

¿Cómo es tu colegio?

1. *"We have a quiz almost every Friday in algebra."*

2. **"My friends and I have so many books to read!"**

3. *"There are 150 students in my history class."*

4. "I have to go to a French Club meeting tomorrow."

5. "My best friend and I are going to study for our chemistry final tonight."

6. "I like to participate in class. It makes me feel smart!"

7. *"Everything rides on this exam. It's either pass or take the class again next year."*

8. **"After band practice, I don't get home until almost six o'clock! When can I do my homework?"**

Repaso *rápido*

Los sustantivos

Unlike English, all nouns in Spanish are either masculine or feminine. Masculine nouns usually end in *-o* and feminine nouns often end in *-a*. Both masculine and feminine nouns usually are made plural by adding *-s*.

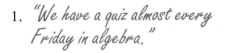

	masculino	femenino
singular **plural**	*un libro* *unos libros*	*una regla* *unas reglas*

IDIOMA

Los adjetivos

In Spanish, adjectives must match the gender (masculine or feminine) and number (singular or plural) of the nouns they modify. Singular masculine adjectives usually end in *-o (rojo)*, singular feminine adjectives usually end in *-a (roja)* and either form can be made plural by adding *-s (rojos, rojas)*.

Páginas Amarillas

La consulta que resulta

Hay un libro rojo.	There is one red book.
Hay una regla roja.	There is one red ruler.
Hay dos libros rojos.	There are two red books.
Hay dos reglas rojas.	There are two red rulers.

Adjectives that end in *-e* generally have only one singular form, which can be made plural by adding *-s*.

singular	plural
Hay un libro verde. Hay una puerta verde.	Hay dos libros verdes. Hay dos puertas verdes.

Adjectives that end with a consonant also usually have only one singular form, which can be made plural by adding *-es*.

singular	plural
Hay un libro azul. Hay una puerta azul.	Hay dos libros azules. Hay dos puertas azules.

As you can see, Spanish adjectives generally follow the nouns they modify. Adjectives of quantity such as numbers *(dos, tres)* and question-asking words are exceptions. They precede their nouns.

*Tengo **dos** cuadernos verdes.*	I have two green notebooks.
*¿**Cuántas** sillas hay?*	How many chairs are there?

Es un libro rojo.

Hay cuatro libros.

5 Contradicciones

As your friend makes the following observations, you notice a few mistakes. Correct these descriptions by replacing the underlined words with the new words in parentheses. Remember to make all the nouns and adjectives agree, and to change the verb form when necessary.

 Es un bolígrafo <u>azul</u>. (verde)
No, es un bolígrafo verde.

<u>Claudia</u> es la estudiante nueva. (Ana y Marisa)
No, Ana y Marisa son las estudiantes nuevas.

1. Hay <u>un cuaderno</u> blanco allí en el escritorio. (una tiza)
2. Es una pizarra <u>verde</u>. (negro)
3. Tú tienes <u>el papel</u> amarillo. (las páginas)
4. <u>El chico</u> nuevo se llama María. (la profesora)
5. <u>El lápiz</u> rojo es de Luisa. (los borradores)
6. Hay <u>dos ventanas</u> nuevas en la clase. (una revista)

6 Los colores

Describe the following classroom objects by combining words from the two columns and making the necessary changes.

 El periódico es blanco y negro.

1. la silla
2. el libro
3. la revista
4. el bolígrafo
5. la pizarra
6. el escritorio
7. la puerta
8. los lápices

A. rojo
B. azul
C. blanco
D. gris
E. verde
F. negro
G. amarillo

7 ¿De qué color es...?

With a partner, look at the following illustrations. Take turns asking each other what color these objects are. Use the adjectives of color listed below, and make sure every adjective agrees with the noun it is describing.

los colores

amarillo   blanco   **negro**   verde   azul   **gris**   rojo

A: ¿De qué color es el papel?
B: El papel es amarillo.

1. _la_   2. _el_   3. _la_   4. _la_   5. _el_   6. _el_

8 ¿De qué color es tu día?

This chart is part of a weekly newspaper horoscope. Imagine that it pertains to your sign, and answer the questions.

1. ¿Cuántas categorías hay?
2. ¿Qué quiere decir el color amarillo? ¿El color azul? ¿El color negro?
3. ¿Es el lunes un día excelente para la salud (for health)? ¿Para el romance?
4. ¿Qué día es fatal para el dinero? ¿Qué día es superior?
5. ¿El domingo es un día excelente en qué categorías?
6. En general, ¿de qué color es la profesión?
7. ¿Tienes energía física el martes? ¿Y el sábado?
8. En tu opinión, ¿qué día es el mejor (best)?

IDIOMA

El presente de los verbos regulares que terminan en *-ar*

Verbs are words that express action (to go) or a state of being (to be). The form of the verbs found in Spanish dictionaries is called an **infinitive.** In English, an infinitive generally occurs with the word **to** (to study, to eat, to live). Spanish infinitives end with *-ar, -er* or *-ir.*

Many verbs in Spanish are considered regular because their various forms follow a predictable pattern. To form the present tense of a regular *-ar* verb, such as *estudiar* (to study), remove the *-ar* ending.

Then attach the endings that correspond to each of the subject pronouns.

estudiar			
yo	estudi**o**	nosotros nosotras	estudi**amos**
tú	estudi**as**	vosotros vosotras	estudi**áis**
Ud. él ella	estudi**a**	Uds. ellos ellas	estudi**an**

Present-tense Spanish verbs can have several English equivalents. For example, the following Spanish expression may convey three different ideas in English.

Estudio español.   I study Spanish.
I do study Spanish.
I am studying Spanish.

Other useful *-ar* verbs that follow the same pattern are: *hablar* (to speak), *necesitar* (to need) and *terminar* (to end [terminate], to finish).

¿Qué estudias tú?

9 Buscar el infinitivo

Find the infinitives that end with *-ar* in this back-to-school poem.

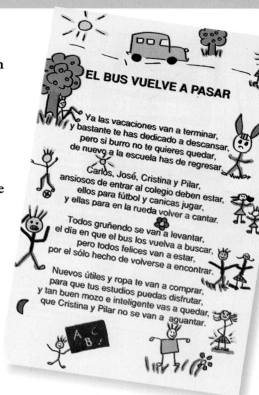

EL BUS VUELVE A PASAR

Ya las vacaciones van a terminar,
y bastante te has dedicado a descansar,
pero si burro no te quieres quedar,
de nuevo a la escuela has de regresar.

Carlos, José, Cristina y Pilar,
ansiosos de entrar al colegio deben estar,
ellos para fútbol y canicas jugar,
y ellas para en la rueda volver a cantar.

Todos gruñendo se van a levantar,
el día en que el bus los vuelva a buscar,
pero todos felices van a estar,
por el sólo hecho de volverse a encontrar.

Nuevos útiles y ropa te van a comprar,
para que tus estudios puedas disfrutar,
y tan buen mozo e inteligente vas a quedar,
que Cristina y Pilar no se van a aguantar.

10 ¿Quién estudia...?

Complete these sentences with the correct present-tense form of the verb *estudiar* to say what the following people study, when they study or where they study.

 Nosotros <u>estudiamos</u> historia.

1. Silvia <u>(1)</u> música.
2. Uds. <u>(2)</u> los sábados y los domingos.
3. Raúl y Roberto <u>(3)</u> con el estudiante nuevo.
4. Nosotras <u>(4)</u> computación.
5. Rosita <u>(5)</u> matemáticas.
6. ¿ <u>(6)</u> tú español?
7. Yo <u>(7)</u> en el Colegio Santa María.
8. Ellas <u>(8)</u> biología con la profesora Alba.

11 ¿Qué hacen ellos?

Create five logical sentences using words from the three columns. Try not to use any item from columns I and III more than once. When you finish, create two completely original sentences using *-ar* verbs and any vocabulary you have learned so far.

I	II	III
1. Mercedes	terminar	inglés y español
2. Roberto y yo	estudiar	un lápiz rojo
3. ellas	necesitar	a las dos y media
4. la clase de español	hablar	unos cuadernos nuevos
5. los estudiantes		los lunes y los jueves
6. tú		arte y computación
7. el profesor Ortiz		con Marisa y Paco
8. yo		el libro de Isabel Allende

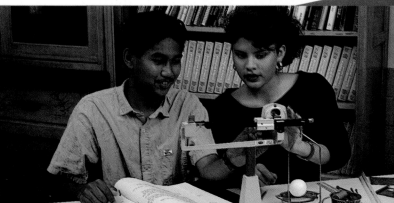

Estudiamos mucho en el colegio.

Algo más

¿A qué hora?

To find out at what time something will begin or occur use the question *¿A qué hora es...?* Answer using *Es a la/las....*

> *¿A qué hora es la clase de español?*
> *Es a las diez.*

> When (At what time) is Spanish class?
> It is at ten o'clock.

To talk about what time something ends use the question *¿A qué hora termina...?*, and the answer *Termina a la/las....*

> *Y, ¿a qué hora termina la clase?*
> *Termina a las once menos cuarto.*

> And (at) what time does the class end?
> It ends at a quarter to eleven.

---

12 Horario de televisión

Answer the following questions, based on the schedule for TV Doce.

1. ¿A qué hora es El fantasma?
2. ¿A qué hora termina Los picapiedras?
3. ¿Qué hay a las cinco de la tarde?
4. ¿A qué hora es Canción de amor?
5. ¿Cinema Nocturno 1 termina a las once y media de la noche?
6. En tu opinión, ¿es Cañaveral de Pasiones una telenovela *(soap opera)?* ¿Y Canción de amor?
7. ¿Cómo se dice Cinema Nocturno en inglés?

12:00	LOS PICAPIEDRAS
12:30	CHESPIRITO
1:00	TELE EN VIVO
1:30	Lazos de Amor
2:30	Canción de amor
3:30	BRAVESTARR
4:00	EXO SQUAD
4:30	CABALLEROS DEL ZODIACO
5:00	Luz Clarita
6:00	EL FANTASMA
6:25	TELE EN VIVO
7:00	Pacific BLUE
8:00	Cañaveral de Pasiones
9:00	Sentimientos Ajenos
10:00	Medias de Seda
11:00	TELE 2 (Reprisse)
11:30	CINEMA NOCTURNO I
1:30	CINEMA NOCTURNO II

¿A qué hora es el programa?

13 El horario de clases de Graciela

Graciela is a new student at Jefferson High School. She just got her new class schedule and notices that her morning classes are the most difficult. Look at Graciela's schedule and complete the sentences below with the appropriate information.

JEFFERSON HIGH SCHOOL

Graciela Sáenz
Horario de clases

HORA	LUNES	MARTES	MIÉRCOLES	JUEVES	VIERNES
8:05-9:00	historia	historia	historia	historia	historia
9:10 - 10:05	biología	biología	biología	biología	biología
10:05-11:05	matemáticas	matemáticas	matemáticas	matemáticas	matemáticas
11:15-12:05	computación	computación	computación	computación	computación
12:15-12:50	almuerzo	almuerzo	almuerzo	almuerzo	almuerzo
1:00-1:50	español	español	español	español	español
2:00-2:50	música	arte	música	arte	música

1. Graciela es una estudiante (1) en el Colegio Jefferson.
2. Hay seis (2) en el horario de Graciela.
3. La clase de (3) es a las once y cuarto.
4. (4) termina a las nueve de la mañana.
5. Ella estudia (5) a las nueve y diez de la mañana.
6. No hay clase de (6) los viernes.
7. El almuerzo (7) a la una menos diez de la tarde.

Conexión Cultural

PARA ti

El horario: un poco más

el álgebra	algebra
las asignaturas	subjects
alemán	German
ciencias naturales	earth sciences
economía	economics
educación física	physical education
física	physics
francés	French
geografía	geography
geometría	geometry
literatura	literature
química	chemistry

ESCALA:
10 Superior (S)
9 Excelente (EX)
8 Muy Bueno/ Muy Buena (MB)
7-6 Bueno/Buena (B)
5 Necesita Mejorar (NM)
4-0 Deficiente (D)

Las calificaciones

In many Spanish-speaking countries, *las calificaciones* (report card grades) are based on a numerical scale such as 1-10 and not the letters *A-F* as in the United States. These numbers also may have descriptive categories along with the scale at the bottom of the report that explain their values. In general, *cinco* or *seis* is the minimum passing grade, while *un/una estudiante de diez* (an *A* student) is a very difficult distinction to achieve.

If you were a student in Mexico or the Dominican Republic and your report card contained the grades *EX* and *MB* would you be pleased? Would the parents of a student from Chile or Honduras be happy with a *B?* Look at this grading scale found at the bottom of a report card and determine what grades they would relate to at your school.

Somos superiores, ¿no?

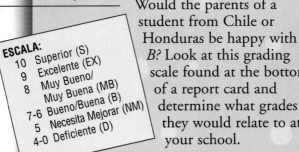

14 Las calificaciones

Read the comments below. Then assign each student an appropriate grade, using the scale from the *Conexión cultural* reading.

Chela scores 100 on every math test.
¡Diez! Es superior en matemáticas.

Paquito didn't turn in two English assignments.
Cinco. Necesita mejorar en inglés.

1. Marta is an average student in history.
2. The average of Alina's quizzes in Spanish is 84.
3. Esteban likes to draw. His artwork is good, but he does not pay attention to the instructor.
4. Ana is a good singer and enjoys music class.
5. Bill is a computer genius. He aces every assignment!
6. Claudia does okay in biology, but she does not study enough.

¿Dónde está?

LUIS: ¡Ay! ¿Dónde **está°** mi libro de español?
PILAR: ¿Está en el escritorio? ¿O en el cesto de papeles?
LUIS: No...no está en mi mochila **tampoco.°** No sé dónde está.
SILVIA: Hay un libro azul **sobre°** la **computadora.** ¿Es tu libro?
PILAR: **¡Mira!°** **Allí°** está.
LUIS: Muchas gracias, Silvia....Y, ¿dónde **están°** los cuadernos?

está *is* **tampoco** *either, neither* **sobre** *on, over* **¡Mira!** *Look!* **Allí** *There* **están** *are*

15 ¿Qué comprendiste?

1. ¿Con quién habla Luis?
2. ¿Qué necesita Luis?
3. ¿Está el libro de español sobre el escritorio? ¿En la mochila?
4. ¿Dónde está el libro de español?
5. ¿De qué color es el libro de español?

16 Charlando

1. ¿Dónde está tu libro de español? ¿De qué color es?
2. ¿Qué libros tienes en tu mochila?
3. ¿Cuántos cuadernos tienes?
4. ¿Hay una computadora en tu clase?
5. ¿Dónde está tu colegio?

17 No sé dónde está

Trabajando en parejas, haz el papel de uno de los estudiantes del diálogo anterior.

IDIOMA

El presente del verbo *estar*

The verb *estar* (to be) is irregular in the present tense. You already have seen several forms of this verb in the preceding dialog.

estar					
yo	estoy	*I am*	nosotros nosotras	estamos	*we are*
tú	estás	*you are*	vosotros vosotras	estáis	*you are*
Ud. él ella	está	*you are* *he (it) is* *she (it) is*	Uds. ellos ellas	están	*they are*

Estar indicates location.

> *¿Dónde **están** los estudiantes?*
> ***Están** en la clase.*

Estar also indicates a state of being or condition at a given moment.

> *¿Cómo **estás**?*
> ***Estoy** muy bien, gracias.*

18 Ciudades en EE.UU.

Claudia is sending several e-mail messages to friends and relatives around the United States. Indicate where she and her acquaintances are located according to the illustration.

 Alicia está en San Antonio.

1. Miguel
2. mi tía *(aunt)* Diana
3. Alberto y Felipe

4. Rosa y Teresa
5. Marité, Cindy y yo
6. Y tú, ¿dónde estás?

Marité, Cindy y yo   Alberto y Felipe   ? — Tú

Denver
Santa Fe
Los Ángeles
San Antonio
Atlanta
Rosa y Teresa
Miami
Miguel   Alicia   Mi tía Diana

19 Correo electrónico

Complete Claudia's e-mail message to Miguel with the appropriate words before she sends him the message.

estoy	termina	estamos
terminan	necesito	estás

A: Miguel
De: Claudia

¡Hola!
Mis amigos y yo **(1)** en la clase de español. ¿Cómo **(2)** tú? Yo **(3)** muy bien.
La clase **(4)** en cinco minutos y yo **(5)** hablar con la profesora.
Hasta pronto.
Claudia

CONEXIONES

Guadalajara está en México.

20 Cruzando fronteras

Jorge is studying for a geography quiz on the Americas. Help him out by indicating where each of the following Spanish-speaking cities is located.

 Quito/Ecuador
Quito está en Ecuador.

Ponce y San Juan/Puerto Rico
Ponce y San Juan están en Puerto Rico.

1. Guadalajara y Monterrey/México
2. Caracas/Venezuela
3. La Habana/Cuba
4. Santiago/Chile
5. Buenos Aires y Rosario/Argentina
6. San José/Costa Rica
7. Miami y San Antonio/Estados Unidos
8. San Salvador/El Salvador
9. La Paz y Sucre/Bolivia

21 ¿Dónde está?

Mira la ilustración y contesta las siguientes preguntas en español.

¿Dónde está el profesor García?
Está en la clase.

1. ¿Dónde está el mapa de México?
2. ¿Dónde está la revista *Teen?*
3. ¿Dónde están las sillas?
4. ¿Dónde está el periódico?
5. ¿Dónde están los libros de historia?
6. ¿Dónde está el reloj?
7. ¿Dónde está Lupe García?
8. ¿Dónde están los libros rojos?
9. ¿Dónde está el colegio La Salle?
10. ¿Dónde está Acapulco?

22 ¡Te toca a ti!

Here's your chance to be creative! Write three more questions (and the answers!) about the previous illustration. Use any of the verbs, vocabulary items and expressions you have learned so far. Then with a partner, ask and answer each other's questions.

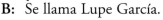

A: ¿Cómo se llama la chica?
B: Se llama Lupe García.

23 En contexto

Working with a partner, follow these suggestions to create a dialog in Spanish.

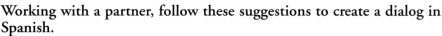

A: *(Ask where something or someone is. Be sure to use* por favor.*)*
B: *(Say where the object or person is.)*
A: *(Thank student* **B**.*)*
B: *(Say "You are welcome.")*

La computadora

la impresora (láser)

la pantalla

el ratón

los diskettes

los discos compactos

el teclado

La tecnología

la almohadilla (para el ratón)	*mouse pad*
el archivo	*file*
los audífonos	*headphones*
el disco duro	*hard drive*
el hardware	*hardware*
la Internet/la Red	*Internet*
el micrófono	*microphone*
el módem	*modem*
el monitor	*monitor*
navegar por Internet/ la Red	*to surf the Web*
los parlantes	*speakers*
el reproductor de CD-ROM	*CD-ROM drive*
el sitio en el Web	*Web site*
el software	*software*
el Web/la Red	*World Wide Web*

24 La computadora

Mira la ilustración y contesta las siguientes preguntas en español.

1. ¿Dónde está la computadora?
2. ¿Hay un ratón?
3. ¿Necesitas dos teclados?
4. ¿Cuántos diskettes hay en el escritorio?
5. ¿Dónde está el papel?
6. ¿De qué color es la pantalla?
7. ¿Necesitas un libro de computación?

25 ¿Cuántos hay?

Working with a partner, take inventory of the classroom items that are in the supply room. Ask questions and give appropriate answers, according to the information below. Follow the models.

> sacapuntas/3
> A: ¿Cuántos sacapuntas hay?
> B: Hay tres sacapuntas.

> revista/nuevo/25
> A: ¿Cuántas revistas nuevas hay?
> B: Hay veinticinco revistas nuevas.

1. computadora/4
2. libro de español/62
3. lápiz/rojo/35
4. mapa de Estados Unidos/2
5. ratón/nuevo/6
6. impresora láser/1
7. diskette/24
8. pizarra/verde/1
9. tiza/blanca/90
10. cesto de papeles/negro/3

Los acentos y los plurales
Notice the change in the word *ratón* when it becomes plural: *ratones*. The accent on the *o* "disappears." Words ending in *-ón, -ión, -és* and *-án* lose the accent when the plural ending *-es* is attached: *ratón → ratones; dirección → direcciones.*

El número de teléfono

Conexión *cultural*

La buena comunicación

Throughout the Spanish-speaking world people communicate by telephone, fax and computer. Telephone greetings vary greatly. For example, Spaniards answer the phone with *Diga* or *Dígame* (Tell me). In Mexico the usual telephone greeting is *Bueno* (Well or Okay), while Cubans say *Oigo* (I'm listening). In Colombia you may hear *A ver* (Let's see). However, *Aló* (Hello) is known internationally. If you dial a phone number incorrectly, most likely you will hear *Tienes el número equivocado* (You have the wrong number).

Technology affects our lives every day and communication across thousands of miles occurs in seconds. The following expressions can help you use technology to communicate with people throughout the Spanish-speaking world.

¡Aló!

¿Cuál es tu...	What is your...
número de teléfono?	telephone number?
número de fax?	fax number?
número de teléfono celular?	cellular phone number?
dirección de Internet?	Internet address?
dirección de correo electrónico?	e-mail address?

26 ¿Cuál es el número de...?

With a partner, ask for and give the telephone or fax numbers for each of the following people.

Enrique: (teléfono) 3-75-08-64
A: ¿Cuál es el número de teléfono de Enrique?
B: El número de teléfono de Enrique es el tres, setenta y cinco, cero ocho, sesenta y cuatro.

1. Elena: (teléfono) 2-52-98-16
2. Esteban Ochoa: (fax) 6-17-89-26
3. Ernesto: (teléfono celular) 4-31-72-99
4. la profesora Mercedes Martínez: (fax) 7-44-63-14
5. Teresa: (teléfono celular) 5-78-87-11
6. Información: (teléfono) (800) 555-1212
7. tu amigo/a: (teléfono)?
8. ¿Y tu número?

ME GUSTA
MEXICAN CUISINE
827~3256

¿Cuál es el número de teléfono?

27 ¡El número equivocado!

Working in pairs, take turns placing a phone call with the wrong number. Use the model below as a guide.

> José: 7-64-86-79 / 7-46-68-97
>
> **A:** *(Answer with a Spanish phone greeting.)*
> **B:** Aló, soy *(give your name).* Por favor, ¿está José?
> **A:** ¿Cómo?
> **B:** José. ¿Es el 7-64-86-79?
> **A:** No. Tienes el número equivocado. Es el 7-46-68-97.
> **B:** ¡Ay, perdón!

1. Alejandro: 4-58-94-66 / 4-85-94-66
2. Fernando: 9-44-87-15 / 9-44-78-15
3. Raquel: 7-83-58-99 / 7-83-85-99
4. Verónica: 6-32-22-04 / 6-32-22-40
5. *(Give the name of a famous person you want to speak to and invent a phone number.)*

Algo más

Palabras similares

Some of the words you have learned are so similar they may be confusing. Look carefully at the difference in spelling for the following pairs of words:

nueve	nine	*nuevo*	new
tú	you	*tu*	your (informal, singular)
¡ay!	oh!	*hay*	there is, there are
cuatro	four	*cuarto*	fifteen minutes, quarter of an hour

28 ¿Cuál es tu número de teléfono?

¿Cuál es tu dirección de correo electrónico?

In groups of four students, take turns asking for your classmates' phone numbers, fax numbers, e-mail addresses and so on. (You may invent any of the information you wish.)

Oportunidades

La comunicación en español

Why is it so important that Spanish be taught in U.S. schools? First, the Hispanic population is the fastest growing of any minority group in the United States. As we begin the new millennium, the Spanish-speaking population will become the largest minority with more than thirty million people. Secondly, people who speak Spanish will make up a larger part of the workforce and the consumer market. Knowing how to speak Spanish may make it easier for you to find a job. Why? Because your employer will know that you can work with other employees and with potential customers who may not speak English fluently. Being bilingual may be the advantage you need to compete in the job market of the 21st century.

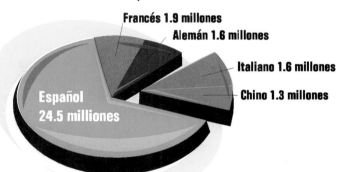

Francés 1.9 millones
Alemán 1.6 millones
Italiano 1.6 millones
Chino 1.3 millones
Español 24.5 millones

IDIOMAS EXTRANJEROS MÁS HABLADOS EN ESTADOS UNIDOS

San Francisco, California.

Autoevaluación. As a review and self-check, respond to the following:

1. How would you ask someone what time Spanish class meets?
2. How would you tell a friend in Spanish that math class ends at 9:15 A.M.?
3. How would you say in Spanish that you study history on Saturdays?
4. Name at least two differences between American high schools and those in Spanish-speaking countries.
5. Describe several objects around you by what color they are.
6. How would you ask a friend where the computer disks are?
7. How would you ask for someone's telephone number? Fax number? E-mail address?
8. If you incorrectly dialed a phone number, what might the person on the other end say to you in Spanish?
9. Do you think it is important to learn Spanish in school? Why?

¡La práctica hace al maestro!

A Comunicación

Imagine it is time to select your classes for next year. Make up a schedule of six classes and a lunch period. Each class should begin on the hour (from 8:00 A.M. to 2:00 P.M.). Then working in groups of three, have several telephone conversations with your two friends to discuss your schedules. Find out who has math, if all of you have the same lunch period, how many books each of you will need and so forth. After your conversation you may want to make some changes to create the "ideal" class schedule.

B Conexión con la tecnología

Imagine you are attending high school in a Spanish-speaking country and you wish to send a copy of your class schedule to your key pal in a different country. Create your class schedule based on what you have learned about the different systems of education. If you wish, refer to the list of additional classes in the *Para ti* from this lesson. Use a word processor and include tabs and columns. To make it more interesting, add color and computer-generated artwork or designs. Be prepared to discuss your schedule in class.

 El colegio se llama....
Tengo la clase de... a las dos y media.

JEFFERSON HIGH SCHOOL

Mi horario de clases

HORA	LUNES	MARTES	MIÉRCOLES	JUEVES	VIERNES
8:05-9:00	historia	historia	historia	historia	historia
9:10-10:05	biología	biología	biología	biología	biología

Clases

el almuerzo
el arte
la biología
la clase
el colegio
la computación
el español
la historia
el horario
el inglés
las matemáticas
la música

Tecnología

la computadora
el disco compacto
el diskette
la impresora (láser)
la pantalla

el ratón *(pl.* los ratones*)*
el teclado

Días

el día
el domingo
el jueves
el lunes
el martes
el miércoles
el sábado
el viernes

Por teléfono

aló
¿cuál? *(pl.* ¿cuáles?*)*
la dirección
    (de correo electrónico)
el número
    de teléfono/de fax/
    de teléfono celular/
    equivocado
el teléfono

Colores

amarillo,-a
azul
blanco,-a

el color
gris
negro,-a
rojo,-a
verde

Verbos

estar
estudiar
hablar
hay
necesitar
terminar

Expresiones y otras palabras

a
a la(s)...
allí
¿a qué hora?
¿Cómo?
¿cuánto,-a?
    (pl. ¿cuántos,-as?*)*
en
¡mira!
o
sobre
tampoco
tu

Austin, Texas.

Estudiamos el mapa en la clase de geografía.

81

a leer

Estrategia

Preparación

Estrategia para leer: *activating background knowledge*
Background knowledge is what you already know about a topic. Using your background knowledge when you read will prepare you for the type of information and vocabulary that will likely appear in the reading.

In this chapter, you have become more aware of several ways the Hispanic culture is evident in the United States. Do you know that the Hispanic culture also enriches American literature? For example, Chicano literature is commonly taught in states where there are large populations of immigrants with Hispanic ancestry and even elsewhere in colleges and universities across the United States. The themes of Chicano literature reflect the difficulties faced by Hispanics as they adjust to life in the United States.

For example, in her bilingual book of Chicano poetry, *Puentes y fronteras/Bridges and Borders*, Gina Valdés patterns her poems after one of the oldest styles of Spanish poetry, called a *copla*. The *coplas* were popular in medieval Spain (13th century) because they were composed of short lines of poetry that were easily memorized. Minstrels often sang *coplas* to villagers they encountered in their travels. This established an oral tradition that passed stories and information from one person to another for centuries.

Contesta las siguientes preguntas como preparación para la lectura.
1. What are some difficulties Hispanic immigrants might face when they come to the United States?
2. What key words in the following poems do you think most likely reflect some of the issues found in Chicano literature?
3. Where in the United States do you think courses on Chicano literature might be offered?

Puentes y fronteras / Bridges and Borders (selecciones)
por Gina Valdés

Hay tantísimas fronteras
que dividen a la gente,
pero por cada frontera
existe también un puente.

• • •

Entre las dos Californias
quiero construir un puente,
para que cuando tú quieras
te pases del sur al norte,
caminando libremente
no como liebre del monte.

There are so many borders
that divide people,
but for every border
there is also a bridge.

• • •

Between the two Californias
I want to build a bridge,
so whenever you wish
you can cross from south to north,
walking freely
not like a wild rabbit.

A ¿Qué comprendiste?

1. What are the "two Californias" the poet talks about in the second selection?
2. Whom is the author referring to that would cross the border "like a wild rabbit" *(como liebre del monte)*?
3. Which words rhyme in the two poems?

B Charlando

1. Why do you think the author uses the old style of *coplas* to express her modern poetry?
2. Besides the physical border, in what other ways are the Mexican and American cultures divided?
3. Themes found in poetry are based upon human experiences. What themes are depicted in these poems?

Mural en la frontera entre México y EE.UU.

a escribir

Estrategia

Estrategia para escribir: *writing a dialog journal*

A journal is a written means of recording your experiences, wishes, dreams and other thoughts. In addition, whether you write in a spiral notebook, a composition book or a looseleaf binder, keeping a journal offers a way for you as a student writer to respond personally to what you are reading or learning in class. You may even choose to create an electronic journal using a computer. Regardless of the format you may choose, writing down your thoughts regularly and expressing yourself freely in a dialog journal can increase your motivation to write as you look back and reflect upon where you have been and as you consider where you are going. Communicating your thoughts and feelings through journal writing allows you and your teacher to get to know each other more rapidly on a deeper, more personal level.

Choose one of the topics below and write at least a paragraph to your teacher to express how you feel about it.
1. How will learning Spanish benefit you personally?
2. How is the Hispanic culture evident in your community? What aspects of this culture would you like to learn more about?
3. If you could interview a famous Spanish-speaking person, whom would you choose and why?
4. If you were an exchange student attending a school in a Hispanic country, what would you like about the Hispanic school? What would you dislike?
5. Imagine you are a Mexican immigrant who has just entered the United States to live. What is going through your mind?

repaso

Now that I have completed this chapter, I can...
- ✓ ask for and give names.
- ✓ ask for and state place of origin.
- ✓ identify classroom objects.
- ✓ discuss school schedules and daily activities.
- ✓ ask for and provide information.
- ✓ describe classroom objects.
- ✓ state location.
- ✓ make a telephone call.

I can also...
- ✓ recognize places in the United States where Spanish is spoken.
- ✓ recognize Hispanic influences in the United States.
- ✓ identify some well-known people who speak Spanish.
- ✓ name some ways learning Spanish can enhance career opportunities.
- ✓ scan an article in Spanish for cognates.
- ✓ compare Hispanic and American school systems and grading scales.
- ✓ talk about technology.
- ✓ read a poem in Spanish.
- ✓ write in Spanish.

Hay una computadora y una impresora en mi clase.

La ciudad

Bienvenidos a
México, D.F.
Welcome   Bienvenue

MÉXICO

In this chapter you will be able to:
- make introductions and express courtesy
- talk about where to go
- ask and respond to questions
- discuss how to go somewhere
- seek and provide personal information
- talk about places in the city
- talk about the future
- order food and beverages
- extend, accept and refuse invitations

87

En la Ciudad de México

Tanto gusto. Mucho gusto. **Encantado.** Mucho gusto. **Por qué** *Why* **caminamos** *we walk*
tomamos *take* **camión** *bus (Mexico)* **Quiero** *I want* **¡Vamos!** *Let's go!*

 ¿Qué comprendiste?

¿Sí o no?

1. Ellos están en el parque de Chapultepec.
2. *Encantado* quiere decir *¿Cómo estás?*
3. Los chicos toman el camión.
4. ¿Hay un parque en tu ciudad *(city)*?
5. ¿Caminas al parque?

Conexión Cultural

Plaza de las Tres Culturas, México.

México

Mexico is located in North America. It shares borders with the United States, Guatemala and Belize, and lies between the Gulf of Mexico and the Pacific Ocean. The country's climate, beauty and location make it one of the most popular travel destinations for people from all over the world.

Mexico is also a land of extreme contrasts and rich history. For example, in the *Plaza de las Tres Culturas* in Mexico City, visitors will see an Aztec temple and a colonial church beside a modern building. Much of the country's history is reflected in the exhibits of one of the world's best museums of anthropology, which is located in the capital.

The people of Mexico reflect the country's history as well—part indigenous and part European. While the majority of the population reflects this mix of indigenous and Spanish heritage, some states like Chiapas, Guerrero and Oaxaca have a large population that has descended directly from the Mayans, Nahuas, Aztecs and other indigenous groups. In addition, immigrants have come in waves from throughout the world to populate this multicultural and multiethnic country.

Since Mexico lies between two large bodies of water, its coastlines feature beautiful cities and islands such as Acapulco, Veracruz, Zihuatanejo, Puerto Vallarta and Cancún. These popular tourist sites offer a variety of attractions to see and visit.

Look at the following list of things to do in Mexico. If you were planning a vacation to Mexico, which of the activities would you like to experience?

> How much do you know about Mexico? Take this culture quiz, indicating whether each statement is true *(verdad)* or false *(falso)*. Then look in the reading to see if your answers are correct.
>
> 1. Mexico is located in North America.
> 2. Mexico shares a border with the United States, Honduras and Belize.
> 3. You can go to a beach in Mexico on either the Gulf of Mexico or the Pacific Ocean.
> 4. Most of the Mexican people are a mixture of European and indigenous descent.
> 5. There are no people left today who have descended directly from the Mayans.

Ecotouring to see exotic animals

Mountain biking in Chihuahua

Visiting sacred Mayan ruins

Shopping in the *Zona Rosa* in Mexico City

Surfing in Puerto Vallarta

Visiting Chapultepec Park

El parque de Chapultepec.

Algo más

Presentaciones

Follow these guidelines when you wish to introduce people:

te (to one person, informal)	*Isabel, **te presento a** Ana.* *Miguel, **te presento a** Carmen y a David.*
le (to one person, formal)	*Sra. Díaz, **le presento a** Juan.* *Sr. Castillo, **le presento a** Paula y a Laura.*
les (to two or more people, informal and formal)	*Pilar y Sara, **les presento a** María.* *Sr. y Sra. Gómez, **les presento a** Raúl y a Javier.*

When you are introduced to someone, there are several ways you can respond in Spanish. For example: *Mucho gusto. Tanto gusto. El gusto es mío.* Also, males can respond with *Encantado,* while females can respond with *Encantada.*

2 A presentar

Completa los diálogos de una manera lógica.

LUISA: Jorge, te (1)___ a Inés y a Iván. Jorge es el estudiante nuevo de Cuernavaca.
JORGE: ¡(2)___ gusto! Me llamo Jorge Bonilla.
INÉS: (3)___.
IVÁN: ¿(4)___ estás?
JORGE: Bien, gracias.

SRA. GUZMÁN: Sra. Campos, (5)___ presento a Emilio, mi amigo de Guanajuato.
SRA. CAMPOS: (6)___, Emilio.
EMILIO: El (7)___ es mío, Sra. Campos.

JULIO: Sr. y Sra. Pérez, (8)___ presento (9)___ mi amiga Pilar.
SR. PÉREZ: Tanto (10)___, Pilar.
SRA. PÉREZ: Encantada, Pilar.
PILAR: Mucho (11)___. ¿Cómo (12)___ Uds.?
SR. PÉREZ: Muy (13)___, gracias.

Le presento a mis amigos Ana y Roberto.

3 En el parque de Chapultepec

Imagine you are a high school exchange student in Mexico City and you are spending the afternoon with friends at Chapultepec Park. In groups of three, role-play the following situations. Follow the model. When you finish, switch roles.

A: Hola *(student B).*
B: *(Greet student A),* te presento a *(student C).*
A: *(Greet student C.)*
C: *(Respond appropriately.)*
A: *(Ask how student C is.)*
C: *(Respond appropriately.)*

1. Your friend Guillermo meets your friend Sandra for the first time.
2. You are listening to the mariachis with your friend Eduardo when one of his teachers, la señorita Muñoz, stops to talk with him.
3. Your classmate Mario sees one of his neighbors, la señora Blanca, whom you do not know.
4. Two other students from the exchange program are also at the park.
5. The mother of one of your friends, la señora Fernández, runs into you and your friend Guillermo at the museum.

Restaurante DON CARLOS

CAFETERIA

Doña Pepa
C/. Marina, 1
Teléfono 287 26 83

Las palabras *al* y *del* con títulos de cortesía

When talking with a person directly, you have learned to use several titles of respect: *señorita, señora, señor, profesora, profesor.* When talking about someone, titles of respect are preceded by a definite article: *la, el, las, los.*

but: *Mucho gusto, **señor** Peña.*
*El **señor** Peña es mi profesor.*

The titles *don* (masculine) and *doña* (feminine), which are used with first names to denote respect when talking to adults you know very well, are exceptions since they do not require a definite article: ***Don** Roberto, le presento a **doña** Elena.*

Note: When the definite article *el* follows *a* or *de*, the two words combine to form *al* or *del*.

$a + el = al$	$de + el = del$

*Elisa y Felipe, les presento **al** señor Peña.*
*Es la clase **del** profesor Ortiz.*
*Te presento **al** amigo **del** estudiante nuevo.*

El señor López es mi profesor.

4 ¿Quiénes?

After a busy afternoon of touring Chapultepec, you attend a reception for new exchange students, teachers and chaperones. Complete the introductions with the appropriate word choices from the following list.

del	te	les	a la
al	le	a	de

 Ernesto y Mario, <u>les</u> presento <u>al</u> señor Herrera.

1. Profesor Rivera, <u>(1)</u> presento a doña Lucía.
2. Sr. y Sra. Barrera, <u>(2)</u> presento <u>(3)</u> profesora <u>(4)</u> biología.
3. Ana, <u>(5)</u> presento <u>(6)</u> don Sergio y <u>(7)</u> Juan.
4. Marta y Pedro, <u>(8)</u> presento <u>(9)</u> amigo <u>(10)</u> profesor Martínez.
5. Ay, perdón, Cristina, <u>(11)</u> presento a mi amigo Felipe.
6. José y Yolanda, <u>(12)</u> presento a Julia y a Claudia.
7. Daniel, <u>(13)</u> presento <u>(14)</u> señor Carlos Ramírez.

5 ¡Bienvenidos a México!

Imagine you and two classmates go to the airport to greet several friends and family members who have decided to visit Mexico City (and you!) before the exchange program ends. Introduce everyone by forming sentences from the following groups of words. Add words and use the contractions *al* and *del* where necessary.

 Pilar/presento a/el amigo de/el señor Reyes, don Jaime
Pilar, te presento al amigo del señor Reyes, don Jaime.

1. Pablo/presento a/el profesor de español, el señor Peña
2. Laura y Pedro/presento a/Jaime
3. Sra. Álvarez/presento a/la señora Fuentes
4. Miguel y Julio/presento a/el amigo de/el profesor Ardila, el señor Lagos
5. Sr. y Sra. Castillo/presento a/la amiga de Cecilia, Rosa
6. Marisa/presento a/mi amigo, Alfonso Rivera
7. doña Inés y don Miguel/presento a/la profesora de/la clase de español, la señorita Alba
8. Sr. y Sra. Vélez/presento a/el profesor de música de/el colegio, el señor Sánchez

Conexión Cultural

Más cerca

When talking to others, waiting in line or sitting in a public place, many Spanish-speaking people stand and sit much closer to one another than most people in the United States. This difference in the concept of personal space can cause some people from the United States to feel uncomfortable and respond by moving away a little. However, moving away from someone who is talking to you may be considered an insult in Spanish-speaking cultures. An awareness of this cultural difference will help you avoid offending others and will allow you to communicate more effectively in Spanish.

6 Cinco de mayo

Imagine you are attending a *Cinco de mayo* party at the home of the exchange program director. In groups of three or four, play the roles of various party guests and practice introducing one another in Spanish. Have a conversation with the other guests: ask how they are, if they speak Spanish and English and so on. Exchange phone numbers with at least one other person. Remember to use appropriate greetings, gestures and responses in your conversations.

Estrategia

Para leer mejor: *increasing your vocabulary*

When reading or learning new vocabulary in Spanish, you can figure out the meaning of a new word by relating it to your knowledge of other words that are spelled similarly. Such groups of similar words are called "word families." All the "members" of a word family share a common, easily recognizable root. For example, you have now learned the noun *estudiante* and the verb *estudiar*, which belong to the same word family. Imagine you encounter the adjective form *estudioso* in a reading. What do you think it means? Recognizing word families can help you expand your Spanish vocabulary and can make learning new words easier.

7 Comparaciones

Scan the following paragraph. Make a list of all new words that are similar to Spanish words you already know. In a separate column, list the cognates you recognize. Does this help you understand the article?

Una visita a México es una experiencia fantástica y memorable. En la Ciudad de México hay muchos monumentos impresionantes e históricos. Hay museos de arte con pinturas de artistas famosos como Frida Kahlo y Diego Rivera. No muy lejos están el Zócalo con la gran Catedral y el parque de Chapultepec donde caminan los estudiantes para visitar el castillo de Chapultepec, ver las atracciones o ver el zoológico. El turista típico debe hacer una excursión a las pirámides pre-colombinas de Teotihuacán y también pasar unos días en los pueblos que están cerca de la capital. Los mexicanos son muy amigables y también muy habladores. Hay muchos mexicanos que practican el inglés con los visitantes. Para unas vacaciones estupendas, ¡vamos a México!

CONEXIONES

8 Cruzando fronteras

Read about the artist Diego Rivera and then answer the questions that follow.

Sueño de una tarde dominical en la Alameda Central, Diego Rivera.

El arte y la política

Los artistas contemporáneos de México pintan murales en las paredes públicas para representar los ideales de la revolución mexicana. El muralista **más** famoso es Diego Rivera. Rivera usa **su** imaginación, creatividad y talento para combinar el arte y la **política**. En las paredes del Palacio Nacional en el Zócalo, los turistas y el público **pueden** admirar una serie de murales de Rivera que representa **toda** la historia de México. En una sección, Rivera glorifica el **pasado** de los aztecas. En otra sección representa los ideales y los líderes de la revolución. Rivera termina con una sección del futuro dónde la gente usa la tecnología para controlar las **fuerzas** de la **naturaleza.** La naturaleza es un elemento importante en el arte de Rivera. Sus colores representan los colores de la naturaleza—el verde, el azul, el amarillo, el blanco y el negro. También la influencia del **cubismo** es evidente por el uso de muchas formas geométricas. En todos sus murales, Rivera repite la filosofía de la revolución—los **ricos** no son más importantes que la gente común.

más *most* **su** *his* **política** *politics* **pueden** *they can* **toda** *all* **pasado** *past* **fuerzas** *forces* **la naturaleza** *nature* **cubismo** *cubist style of art* **ricos** *rich*

1. ¿Qué representan los murales en las paredes públicas de México?
2. ¿Qué combina Diego Rivera en sus murales?
3. ¿Dónde está el mural de la historia de México?
4. ¿Qué glorifica Rivera en una sección del mural?
5. ¿Qué usa la gente del futuro para controlar la naturaleza?
6. ¿Cuáles son dos características del arte de Rivera?
7. ¿Cuál es la filosofía de la revolución mexicana?

Vamos a la fiesta

NATALIA: **Sabes,**° hay una **fiesta fantástica** en el **Zócalo.**° **¿Vas tú?**°

TOMÁS: **¿Cuándo** es la fiesta?

NATALIA: Es mañana, a las nueve de la noche.

FELIPE: Sí, ¿por qué no **vamos?**°

TOMÁS: **¡Claro!**° ¡Vamos! Y...Elisa **va también,**° ¿no? Es una **muchacha simpática**° y...

NATALIA: No sé. ¿Tienes el número de teléfono de ella?

TOMÁS: No, ¿cuál es?

NATALIA: Es el 5-92-73-69.

Sabes *You know* **Zócalo** *main plaza* **¿Vas tú?** *Are you going?* **(no) vamos** *(don't) we go* **¡Claro!** *Of course!* **también** *too, also* **simpática** *nice*

9 ¿Qué comprendiste?

1. ¿Dónde hay una fiesta?
2. ¿Cómo se llama la amiga de Natalia? Y, ¿cómo es la muchacha?
3. ¿Cuándo hay una fiesta? ¿A qué hora es?
4. ¿Va Tomás al Zócalo?
5. ¿Cuál es el número de teléfono de Elisa?
6. ¿Sabes el número de Felipe?

10 Charlando

1. ¿Eres tú simpático/a? ¿Y tu amigo/a?
2. ¿Hay una fiesta mañana?
3. ¿Sabes a qué hora es la fiesta?
4. En tu opinión, ¿cuál es tu día favorito para una fiesta? ¿El lunes?

Conexión Cultural

La Ciudad de México (el D.F.)

If you are a tourist you may say you are visiting Mexico City, although according to Mexicans you are in *el D.F. (Distrito Federal)*, *la Ciudad de México* or just in *México*. To refer to their country, the Mexican people also use *México, La República* or *los Estados Unidos Mexicanos*.

You will want to start your sightseeing in the center of the city—the *Zócalo*—or main plaza. This was also the center of the ancient Aztec capital *Tenochtitlán* and there you can view the excavation of the *templo mayor* (main temple). Turn to the left and you are on the wide, elegant *Paseo de la Reforma*. This street was built by the emperor Maximilian to join his palace at Chapultepec with the National Palace on the *Zócalo*. Chapultepec is now a huge park where you can enjoy *el zoológico* (zoo), *las atracciones* (amusement center) or *el Castillo* (castle) *del emperador Maximiliano*. Transportation inside the park is limited to walking and biking, so many people come just to enjoy the outdoors. The park also includes the world-famous *Museo Nacional de Antropología,* which contains three miles of exhibits of art, architecture and culture of the ancient civilizations that existed in Mexico before Spanish colonization.

El Zócalo, México, D.F.

Repaso rápido

Las palabras interrogativas

You are already familiar with several words used for asking information questions:

¿Cómo estás?	**How** are you?
¿Cuál es tu mochila?	**Which (one)** is your backpack?
¿Cuáles son?	**Which (ones)** are they?
¿Cuándo es la fiesta?	**When** is the party?
¿Cuánto es?	**How much** is it?
¿Cuántos hay?	**How many** are there?
¿Dónde está ella?	**Where** is she?
¿Por qué está él allí?	**Why** is he there?
¿Qué es?	**What** is it?
¿Quién es de México?	**Who** is from México?
¿Quiénes son ellos?	**Who** are they?

¿Dónde está el Museo Nacional de Antropología, por favor?

IDIOMA

Las preguntas

There are several ways to ask a question in Spanish. One way is to place the subject after the verb.

> **Mario está** en la fiesta. → **¿Está Mario** en la fiesta?
>   1   2   2   1

Sometimes the written question marks and the rising tone of the speaker's voice may indicate the difference between a statement and a question.

> *Hay una fiesta en el parque.* → *¿Hay una fiesta en el parque?*

Another way to ask a question is to add a tag word such as *¿no?* or *¿verdad?* to the end of a sentence, much as you might add **right?**, **don't you?**, **isn't she?**, etc., in English.

Ella va a la fiesta, ¿no?	She is going to the party, **isn't she?**
Vas a la fiesta, ¿verdad?	You are going to the party, **right?**

When forming information questions with interrogative words (*¿cómo?*, *¿cuál?*, *¿cuáles?*, and so forth), the verb precedes the subject, just as in English (*¿Cuándo es la fiesta?*). The interrogative words may be used alone or in combination with various prepositions (*¿De dónde es Ud.? ¿A qué hora termina?*).

Vas a la fiesta, ¿verdad?

Note: Question words require a written accent mark, whether they are used in questions or in statements where a question is implied.

> *No sé dónde está.* I don't know where it is. (Where is it?)

11 ¿Cuál es la pregunta?

Change the following statements to questions by placing the subjects after the verbs.

 María es la amiga de Paloma.
¿Es María la amiga de Paloma?

1. Antonio es de Mérida.
2. Sara camina al Paseo de la Reforma.
3. Los muchachos hablan español con la señora Jiménez.
4. Hernán y Lorenzo estudian biología en Acapulco.
5. El señor Peña toma el camión a León.
6. La estudiante nueva es muy simpática.

¿Es ella de México?

12 ¿Sí o no?

Working with a partner, take turns reading aloud the questions you formed in the previous activity. Remember to answer each question with *Sí* or *No*.

> **A:** ¿Es María la amiga de Paloma?
> **B:** Sí, María es la amiga de Paloma./No, María no es la amiga de Paloma.

13 ¿Preguntas?

Complete the following sentences with a question word.

1. ¿De (1) es ella?
2. ¿(2) es ella? ¿Simpática?
3. ¿(3) se llama Ud.?
4. ¿(4) hay una fiesta fantástica?
5. ¿(5) va a la fiesta?
6. ¿(6) no vamos a la fiesta?
7. ¿A (7) hora es la fiesta?
8. ¿(8) es tu número de teléfono?
9. ¿(9) quiere decir la palabra *muchacha*?

14 ¿Cuántas preguntas?

Read the following answers. Then make as many different information questions as you can for each statement, using the appropriate interrogative words. Try to make at least two logical questions for each answer.

> El señor Lazarillo camina en el parque de Chapultepec.
> ¿Quién camina en el parque de Chapultepec? ¿Dónde está el señor Lazarillo?

1. Mañana hay una fiesta fantástica en el Zócalo.
2. El Paseo de la Reforma está en México.
3. Antonio, Enrique y Gustavo estudian en un colegio en León.
4. Doña Rosa necesita el horario de camiones.

15 ¿Qué sabes de México?

Prepare five questions in Spanish about Mexico. Use as many different question words and verbs as you can, and refer to the *Conexión cultural* notes and dialogs in this lesson for information. Then working with a partner, take turns asking and answering each question.

¿Vas a la fiesta?

ELISA: Bueno.

TOMÁS: Aló. Soy yo, Tomás. **Voy** a una fiesta mañana en el Zócalo con Felipe y Natalia. ¿Por qué no vas con nosotros?

ELISA: ¿Está el Zócalo **cerca de** aquí?

TOMÁS: No, está **lejos de** aquí. Tú vas, **¿verdad?**

ELISA: No, no voy.

TOMÁS: ¡Ay! ¿Por qué?

ELISA: No voy **porque°** no tengo **transporte.**

TOMÁS: Mmm... no hay **problema.** Mi amiga Marisa va **en carro**... ¡y tú vas con ella!

ELISA: ¡Fantástico!

porque *because*

16 ¿Qué comprendiste?

1. ¿Con quién habla Tomás?
2. ¿Va Tomás a una fiesta?
3. El Zócalo está cerca, ¿verdad?
4. ¿Con quiénes va Tomás?
5. ¿Elisa va con ellos también?
6. Marisa va a la fiesta en camión, ¿no?
7. En fin *(In the end)* Elisa va a la fiesta, ¿verdad?

17 Charlando

1. ¿Vas a fiestas?
2. ¿Con quiénes vas?
3. ¿Vas en carro? ¿Caminas?
4. ¿Vas en tu carro o en el carro de tu amigo/a?

IDIOMA

El presente del verbo *ir*

The verb *ir* (to go) is irregular in the present tense.

ir			
yo	**voy**	nosotros nosotras	**vamos**
tú	**vas**	vosotros vosotras	**vais**
Ud. él ella	**va**	Uds. ellos ellas	**van**

The verb *ir* is generally followed by the preposition *a* (or the contraction *al*) and a destination.

*¿Por qué no vamos **a** la fiesta?*

Why don't we go to the party?

*Yo no voy **a** la fiesta porque voy **al** parque con Ana.*

I'm not going to the party because I'm going to the park with Ana.

18 ¡Vamos!

¿Adónde van en México? Completa las siguientes oraciones con la forma correcta de *ir*.

¿Por qué no vamos al museo?

 Nosotros no <u>vamos</u> a Tampico tampoco.

1. El señor y la señora Del Valle <u>(1)</u> a Cuernavaca.
2. Tú no <u>(2)</u> a Cuernavaca con ellos.
3. Elisa y Natalia <u>(3)</u> al Museo Nacional de Antropología.
4. Felipe no <u>(4)</u> al parque mañana.
5. Él <u>(5)</u> a la fiesta en el Zócalo.
6. Anita y tú <u>(6)</u> en carro al D.F., ¿verdad?
7. ¡Claro! Anita y yo <u>(7)</u> con Jorge al Castillo de Chapultepec.
8. Yo no <u>(8)</u> a Morelia; yo <u>(9)</u> a *(give a location)*.

¿Adónde vamos?

C. la cafetería
H. el banco
E. el cine
Cine Rex
J. el hotel
Hotel San Lorenzo
I. la oficina
El Ejecutivo
D. la biblioteca
B. la escuela
el dentista
la dentista
Clínica San Luis
el médico
G.
la médica
Morelia
A. el parque
La ciudad de Morelia

19 ¿Adónde van?

Indicate where in Morelia the following people are going, according to the letter clue that corresponds to the preceding illustrations.

Paco (D)
Paco va a la biblioteca.

1. Carlota y yo (I)
2. don Pablo (J)
3. Ud. (H)
4. tú (E)

5. Isabel y Pepe (B)
6. la señora Cabos (F)
7. las muchachas (C)
8. yo (A)

20 Y tú, ¿adónde vas en Morelia?

Working with a partner, take turns asking and answering questions to find out where these tourists are going. You may answer either affirmatively or negatively. Follow the model.

Más palabras

el café	café
el hospital	hospital
la iglesia	church
la oficina de correos	post office
el restaurante	restaurant
el supermercado	supermarket

el Cine Rex/tú

A: ¿Adónde vas? Al Cine Rex, ¿no?
B: Sí, voy al Cine Rex./No, no voy al Cine Rex.

1. la biblioteca/Laura
2. la cafetería/Uds.
3. el parque/los muchachos
4. el Hotel San Lorenzo/nosotros
5. el banco/tú
6. la dentista/don Enrique

21 ¿Adónde vamos?

Imagine you are a guest at the Hotel San Gabriel in Mexico City. Look at this information card that was left in your room. Working with a partner, answer the following questions. When you finish, ask each other two original questions.

1. ¿Sabes la dirección del Hotel San Gabriel?
2. ¿La Cafetería Don Chang está cerca o lejos del hotel?
3. ¿Cuántos restaurantes hay cerca del hotel? ¿Vas al Restaurante La Azteca?
4. ¿Dónde está la Oficina de Turismo?
5. Necesitas transporte. ¿Cuál es el número de teléfono?
6. ¿Cómo se llama el banco? ¿Y el cine?
7. La Azteca es un restaurante fantástico. ¿Van Uds. allí?
8. ¿Adónde van Uds. mañana?

Hotel San Gabriel
Avenida de la Defensa, 23
MÉXICO, DF
294 87 86 / 294 87 42

DIRECCIONES Y TELÉFONOS DE URGENCIA Y DE INTERÉS

URGENCIA	TELÉFONO
POLICÍA	091
MÉDICO	297 33 33

INTERÉS

Recepcionista	97
Autobús	256 29 39
Taxi	299 43 01
Restaurante La Azteca	357 55 02
Calle Ponce, 75	
Cafetería Don Chang	291 77 86
Avenida de la Defensa, 99	
Banco Nacional	356 19 61
Calle Once, 50	
Oficina de Turismo	354 00 01
Avenida de la Defensa, 98	
Cine Máximo	459 78 03
Calle 23 y Calle Ponce	
Metro—Información y horario	290 10 16

PARA MÁS INFORMACIÓN, FAVOR LLAMAR
AL/A LA RECEPCIONISTA AL 97.

¿Cómo vamos?

A. en carro

B. en autobús

C. en bicicleta

D. en moto(cicleta)

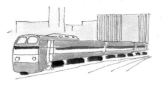
E. en tren

F. a pie

G. en avión

H. en metro

I. en barco

J. a caballo

K. en taxi

L. en camión

PARAti

En otras palabras

el carro	*el coche, el automóvil, el auto, la máquina*
el autobús	*el bus, el camión, el colectivo, la guagua, el micro, el ómnibus*
el metro	*el subterráneo (el subte)*
el barco	*el buque, la nave*

Capítulo 3 103

Conexión Cultural

El transporte en México

As in most big cities, owning a car and driving in Mexico can present several challenges. Furthermore, cars are expensive to purchase and maintain since taxes are steep. In addition, parking in the city is usually hard to find and is expensive when available. For these reasons, most people in Mexico prefer to use the excellent, inexpensive public transportation that is available.

Taxis are abundant and are a preferred means of transportation in cities. In Mexico City, fares are controlled by the government and are relatively inexpensive compared to the United States. The government also requires that taxi drivers be licensed and that each taxi operate with a working meter and a driver's picture identification placed in a visible location inside the cab.

Hay muchos carros en México, D.F.

The buses and trains in Mexico are very clean and also reasonably priced. The best public transportation bargain in Mexico City is undoubtedly its subway system *(el metro),* which allows a rider to travel from one area of the city to another with a single ticket. For this reason, the *metro* can be a little overcrowded during rush hours.

Ellas van en taxi.

 22 ¿Cómo vamos?

Indicate how the following people are going to arrive at their destination, according to the letter clue that corresponds to the illustrations on page 103.

Yolanda y Pedro/biblioteca (F)
Yolanda y Pedro van a la biblioteca a pie.

1. Luz y yo/escuela (A)
2. Paco/Veracruz (G)
3. Teresa y Luisa/cine (B)
4. tú/oficina (E)
5. nosotros/fiesta (K)
6. Uds./banco (D)
7. Mercedes/cafetería (C)
8. Ud./Zócalo (H)
9. yo/Isla Mujeres (I)
10. Andrés y Martín/parque (J)

23 Quiero ir a....

Imagine you are browsing through the magazine *El México Desconocido,* which gives tour and travel information. With a partner, look over these ads for transportation and answer the following questions.

¡TAXI YA! ....
Con servicio a toda la ciudad de México
- Conveniente
- Rápido
- Cómodo
- Y listo... ¡YA!
Llamar 24 horas... 577 36 79

CAMIONES TRANSMEX

Reservaciones, 965 99 88   Información, 965 43 21

HORARIO: LUNES A VIERNES

de: a:	DF	Guadalajara	Guanajuato	Morelia	Tampico	Veracruz
DF		6:40, 9:25	7:05, 11:20	7:35, 10:00	8:00, 11:00	8:15
Guadalajara	7:20, 10:05		7:55, 12:00	8:20, 11:05	8:35, 10:40	9:25
Guanajuato	7:05, 9:15	7:35, 11:25		8:25, 11:50	8:00	No hay servicio.
Morelia	8:20, 10:00	6:40, 8:00	6:30, 7:55		7:50, 11:10	9:00, 12:00
Tampico	7:35	7:05, 9:15	8:00, 10:50	8:35, 11:25		7:20, 10:00
Veracruz	7:55, 9:00	8:20, 10:00	No hay servicio.	7:35, 10:20	7:05, 11:40	

1. Uds. están en México, D.F., y necesitan estar en Morelia el jueves. ¿Cómo van Uds. a Morelia?
2. Los muchachos del Club Atlético van de Tampico a Guanajuato en camión. ¿A qué hora van?
3. La señora Alarcón no camina bien y necesita tomar un taxi. ¿Hay servicio de taxi en el D.F.? ¿Cómo se llama la compañía *(company)* de taxis? ¿Sabes el teléfono?
4. ¿A qué hora vamos de Guadalajara a Veracruz en camión?
5. Don Alfonso va de Monterrey a Nuevo Laredo en avión con la Aerolínea Yucatecas, ¿verdad? ¿Hay un problema? ¿Cuál es?
6. ¿Cómo es el servicio de *¡Taxi Ya!?*
7. El señor Chacón necesita ir de Veracruz a Guanajuato el domingo. ¿Cómo va él?
8. ¿Adónde vas en avión? ¿En camión? ¿En taxi?

Aerolínea Yucatecas - "Tu amigo en el aire"
Con servicio entre 12 ciudades mexicanas
- Acapulco
- Chihuahua
- Cuernavaca
- Distrito Federal (México)
- Guadalajara
- Guanajuato
- León
- Mérida
- Monterrey
- Morelia
- Tampico
- Veracruz

los lunes - los viernes • 8 vuelos los sábados y domingos • entre Acapulco, DF, Mérida y Veracruz
Para reservaciones e información llamar al **480 12 17/482 08 19**

Autoevaluación. As a review and self-check, respond to the following:

1. You are introduced to several new people. How would you respond in Spanish?
2. You wish to introduce the following people to your Spanish teacher: a classmate named Ramón, doña María and three of your friends. What would you say in Spanish?
3. Your friend is having a party on Saturday and you need to know some details. How would you ask your friend in Spanish what time the party is and who is going?
4. Another friend calls you to ask if you are going to the party Saturday. How would you answer?
5. How would you confirm that your friends are going to the park near the library?
6. There is a new girl in your neighborhood who speaks Spanish and does not know her way around the city. Tell her if the following places are near or far and what means of transportation you use to go to each place: *la escuela, la biblioteca, el cine, el parque.*
7. Imagine you are staying with friends in Mexico City and need to arrange for a taxi to take you to the airport the next day. How would you politely say that you need to take a taxi tomorrow and ask for the name and telephone number of the taxi service?
8. If you were able to travel to Mexico, what would you like to see and do?

¡La práctica hace al maestro!

A Comunicación

In groups of three or four, take turns playing the parts of several people making vacation travel plans. One of you should be the travel agent *(un/a agente de viajes)* who is making some arrangements for a group of tourists, played by your classmates. First, greet each other and introduce yourselves. Next, the travel agent asks where each person (couple, family, etc.) wants to go. Finally, the agent tells the tourists how (and when) they can arrive at their desired destinations. Add details and ask additional questions if possible. Be sure each student in the group plays the role of the travel agent at least once.

> **A (agente):** Buenos días, señora.
> **B:** Buenos días. Me llamo Graciela Barrera.
> **A:** Mucho gusto. ¿Adónde va Ud.?
> **B:** Voy a (Quiero ir a) Guadalajara (el lunes).
> **A:** Claro (Sí, Fantástico). Ud. toma el camión a Guadalajara el lunes a las dos y media.
> **B:** Perdón, no quiero ir en camión. ¿Voy en tren?

B Conexión con la tecnología

Using the Internet, search for a Web site of one of the Mexican airlines serving the United States. Find flight schedules to and from various destinations, including Mexico City. Next, search for a list of hotels, addresses and rates. Using the information you have found on the Internet and information you have learned in this chapter, plan an itinerary for a trip to the *Distrito Federal*. Include in your travel plans several sites along with why each interests you (i.e., *el Palacio Nacional*—to see Diego Rivera's artwork in person).

VOCABULARIO

Gente
- don, doña *respect*
- el muchacho, la muchacha *boy, girl*

Palabras interrogativas
- ¿adónde? *where*
- ¿cuándo? *when*
- ¿por qué? *why*
- ¿quiénes? *who's*

Transporte
- a caballo *by horse*
- a pie *by car*
- el autobús
- el avión
- el barco *boat*
- la bicicleta
- el caballo
- el camión *truck*
- el carro
- en carro
- en *(means of transportation)*
- el metro
- la moto(cicleta)
- el taxi
- el transporte
- el tren

Lugares en la ciudad
- el banco
- la biblioteca
- la cafetería
- el cine *theater*
- el dentista, la dentista
- la escuela
- el hotel
- el médico, la médica
- la oficina
- el parque

Expresiones y otras palabras
- al
- cerca (de)
- ¡claro!
- del
- El gusto es mío.
- encantado,-a
- fantástico,-a
- la fiesta
- le/les/te presento a
- lejos (de)
- porque
- el problema
- simpático,-a
- también
- Tanto gusto.
- ¿verdad?

Verbos
- caminar
- ir
- presento
- quiero
- sabes
- tomar
- ¡vamos!

Quiero ir en taxi.

Cozumel, México.

107

Lección 6

Contexto cultural
MEXICO

¡Vamos a ir al centro!

el teatro · el restaurante · el metro · el edificio · el museo · Avenida de la Independencia · las tiendas · calle Constitución · la plaza

Mariana   Esteban   Julia

Rogelio

MARIANA: ¿Qué voy a **hacer**° en el **centro**?° Voy a las **tiendas** de la **calle** Constitución, ¡claro!

ESTEBAN: Voy a tomar el autobús a la **ciudad**, y voy a ir al **museo**.

JULIA: Voy al centro con mi amiga María en metro. Vamos a ir a un **restaurante** y al **concierto** de mi **cantante**° favorito, ¡Luis Miguel!

ROGELIO: Hay **muchos edificios grandes** en el centro—**teatros,** museos, tiendas. No sé qué voy a hacer…¿**leer** ° una revista en el parque?

hacer *to do* **centro** *downtown* **cantante** *singer* **leer** *to read*

1 ¿Qué comprendiste?

1. ¿Quiénes van a ir al centro?
2. ¿Cuántos edificios hay en el centro? ¿Cuáles son?
3. ¿Qué van a hacer Julia y María?
4. ¿Quién es Luis Miguel?
5. Esteban va a la ciudad en metro, ¿verdad? Y, ¿qué va a hacer él?

2 Charlando

1. ¿Quién es tu cantante favorito/a? ¿Vas a conciertos?
2. ¿Vas a ir a México? ¿A qué ciudad? ¿Cuándo vas a ir?
3. ¿Cómo se llama tu ciudad? ¿Tienes una ciudad favorita?
4. ¿Dónde está tu restaurante favorito?
5. ¿Qué vas a hacer el sábado?

Conexión Cultural

¡Vamos al centro!

As the capital of Mexico, Mexico City has a cosmopolitan atmosphere and is at the center of the country's politics, economy and culture. If you visit downtown Mexico City, you can see Aztec ruins, beautiful parks, many museums and art galleries, as well as beautiful colonial buildings.

However, as the largest North American city it is also faced with twentieth-century problems. Early Spanish colonists constructed Mexico City on top of the original Aztec capital, Tenochtitlán, which had been built on an island in the middle of Lake Texcoco. Consequently, parts of the city are now sinking because of this soft land, and this creates problems providing fresh drinking water to millions of residents. In addition, downtown streets are crowded, noisy and frequently congested with traffic jams, causing air pollution problems. As in Los Angeles, for example, the pollution is trapped by the surrounding mountains and made worse by factories, cars and buses. In recent years, the Mexican government has taken measures to improve this situation.

Yet, *el D.F.* continues to flourish. If you visit the capital, notice the large number of Mexicans who also are touring the museums, art galleries, parks and historical sites. This is proof of the pride that Mexicans feel for their culture and history. Similarly, because family is valued above all else, it is common to see children accompanying their parents and learning about the heritage of Mexico City, which began over 12,000 years ago.

En el centro de México, D.F.

Contesta las siguientes preguntas.

1. What is there to see in downtown Mexico City?
2. Why are parts of Mexico City sinking?
3. Why is the air polluted?
4. What do the Mexican people value most?
5. How can you tell that the Mexican people are proud of their heritage?

3 En la ciudad

Name the place that is shown in each of the following illustrations.

 Es un restaurante.

1.

2.

3.

5.

6.

7.

8.

4.

IDIOMA

El futuro con *ir a* + infinitivo

You have practiced using the present tense to express what is occurring. To refer to what **is going to** happen, Spanish often uses the present tense of *ir,* followed by *a* and an infinitive *(infinitivo).*

subject	+	*ir*	+	*a*	+	infinitive

*Carolina **va a ser** dentista.*   Carolina is going to be a dentist.
*Nosotros **vamos a estudiar***   We are going to study tomorrow,
mañana, ¿verdad?   aren't we?

4 ¿Adónde van a ir?

It appears that everyone is going in a different direction tomorrow. Reconfirm where the following people are going to go by writing complete sentences and adding a question word. You may add or change the form of words, as necessary.

 Silvia/banco
Silvia va a ir al banco, ¿verdad?

1. Fernando/fiesta
2. tú/escuela a estudiar
3. doña Angelina/dentista
4. las chicas/concierto de rock
5. nosotros/tiendas de la calle Juárez

6. Uds./museo de historia
7. Julia y Rogelio/teatro
8. Ricardo/restaurante Las Estrellas
9. Ud./oficina
10. tú y yo/*(choose a place)*

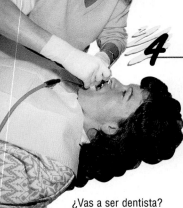

¿Vas a ser dentista?

5 ¿Adónde van en la ciudad?

Today is another busy day in the city. Combine words and expressions from the three columns to form complete sentences telling where and when these people are going to go. Add words and make the necessary changes.

   Nosotros vamos a ir al teatro al mediodía.

I	II	III
don Fernando	teatro	9:00 P.M.
Claudia Pérez	museo	mañana
Esteban y Clara Bonilla	cine	al mediodía
yo	plaza	un día
los muchachos del colegio	edificio nuevo	el sábado
la señora Albán	concierto	a las cinco
tú	tienda	
nosotros	centro	
	restaurante	

¿Adónde voy en la Ciudad de México?

Imagine you have completed high school. You enroll at *la UNAM*, the national university of Mexico. One of your new classmates has prepared this list to help you find your way around the city. With a partner, take turns asking and answering the following questions. When you finish, ask each other two original questions.

1. ¿Dónde está el restaurante con "el mejor mole de la ciudad"?
2. ¿Cuántos museos hay en Chapultepec? ¿Cómo vas a ir a los museos?
3. ¿Qué museo de arte está en Chapultepec?
4. Tomas un taxi a la calle 16 de septiembre. ¿De qué vas a estar cerca?
5. ¿Dónde está el Palacio de Bellas Artes? ¿Cómo vas a ir allí?
6. Quiero ir al Museo de Arte Moderno. ¿Sabes el número de teléfono del museo?

La Universidad Nacional Autónoma de México.

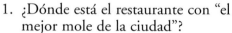

Adónde ir en D.F.

Restaurantes:
El Jorullo (¡el mejor mole de la ciudad!)
Avenida de la Libertad, n° 100
Cafetería Reforma, Paseo de la Reforma, n° 80   525 59 05
                                                       705 15 15

En Chapultepec (ir en metro):
Museo Nacional de Antropología
Museo Nacional de Historia (en el Castillo)
Casa del Lago–parque de atracciones

Teatro: Palacio de Bellas Artes (Centro Histórico)
en la Alameda Central y la avenida Juárez
(camiones n° 16 o 52)
                              información 683 48 05

Museo de Arte Moderno
Reforma (en Chapultepec)
                              776 83 41

El Zócalo–la calle 16 de septiembre (cerca de calle Seminario)

Teatro

VIERNES 2 Y SÁBADO 3
20:00 hrs.
DOMINGO 4
18:00 hrs.
La enfermedad del amor
Autor y director: Fernando de Ita
Sólo Adultos

VIERNES 30 Y SÁBADO 31
20:00 hrs.
DOMINGO 1
18:00 hrs.
Insultos al Público
Dirección: Armando Vidal Estrada

Foro chico
Teatro Ocampo
Cooperación general: $ 30.00
Estudiantes, maestros, empleados públicos,
Causa Joven e Insen: $ 15.00

TEATRO CAMPESINO
DEL DOMINGO 18 AL JUEVES 22
12:00 hrs.
Rcto: Los doce pares de Francia
Atrio de la Iglesia de Tlalnepantla
Entrada Libre

7 ¿Al centro?

Working in groups of three, talk about going downtown tomorrow. Ask each other where you are going to go and how you are going to get there. Use a variety of expressions and as many new words as you can. Answer in complete sentences.

A: ¿Adónde vamos a ir mañana?
B: Vamos al centro.
C: Voy a ir al museo.
B: ¿Cómo vas a ir al museo?
C: Voy a ir al museo en bicicleta.

Oportunidades

¿Qué vas a ser?

When there is a lot of competition for jobs, knowing how to read, write and speak a world language can be very useful. This is especially true in cities with bilingual populations. Choose one of the following professions and give at least two reasons why knowing Spanish would be helpful in securing a job.

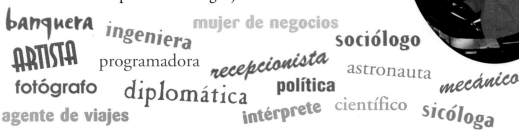

banquera ingeniera mujer de negocios sociólogo
ARTISTA programadora recepcionista astronauta mecánico
fotógrafo diplomática política científico sicóloga
agente de viajes intérprete

Chances are you may work with Spanish-speaking customers or coworkers. How can understanding the differences between the two cultures assist you? What are some work-related problems that may be avoided if each understands the other's culture?

PROGRAMADOR (A)

Requerimos Tecnólogo en Sistemas, 25 a 35 años. Conocimientos de Clipper 5.2, Fox, Btrieve, mantenimiento de computadoras. Experiencia mínima de 2 años.
Presentarse lunes 23 y martes 24 en Versalles 829 y Av. Pérez Guerrero, Edf. Torres Profesionales, Of. 307   086258

«Ser astronauta es mi sueño, lo intentaré a la primera oportunidad»

INGENIERO AGRONOMO

Importante empresa florícola ubicada en Cayambe, requiere contratar profesionales sin experiencia en la actividad florícola, dispuesto a residir en la zona y cumplir trabajos de campo con responsabilidad. La empresa ofrece: excelente paquete de remuneraciones, estabilidad, buen ambiente de trabajo y capacitación permanente. Enviar currículum casilla 1716294.
(086250)

repaso

Now that I have completed this chapter, I can...
- ✔ make introductions and express courtesy.
- ✔ talk about where to go.
- ✔ ask and respond to questions.
- ✔ discuss how to go somewhere.
- ✔ seek and provide personal information.
- ✔ talk about places in the city.
- ✔ talk about the future.
- ✔ order food and beverages.
- ✔ extend, accept and refuse invitations.

I can also...
- ✔ identify some things to do in Mexico.
- ✔ read new words in context and identify word families.
- ✔ read about Mexican art.
- ✔ identify places in the city.
- ✔ identify forms of transportation.
- ✔ name some professions.
- ✔ use pause words in conversation.
- ✔ talk about foods in Mexico.
- ✔ read in Spanish about Mexican artists.
- ✔ write a simple poem in Spanish.

Luis Miguel es un cantante mexicano muy famoso.

Relaciones

PUERTO RICO
BEJ 251
Isla Del Encanto

Vamos a ir al restaurante

JULIA: ¿Por qué no vamos a **comer°** en el restaurante Los Tres Caballeros?

MARÍA: **Pues,° ¡cómo no!°** ¡Vamos!

En el restaurante...

MESERO: **Aquí** está el **menú**.

JULIA: **Gracias. Oye,°** María, ¿qué vas a comer?

MARÍA: **Bueno,° siempre°** como pollo en mole, **pero° hoy°** voy a comer **pescado**.

JULIA: Yo voy a comer una **ensalada** verde. También quiero un **refresco**, por favor.

MARÍA: Y yo voy a **tomar** un **jugo de naranja**.

comer *to eat* **Pues** *Well* **¡cómo no!** *of course!* **Oye** *Hey* **Bueno** *Well* **siempre** *always* **pero** *but* **hoy** *today*

 ## ¿Qué comprendiste?

Answer the following statements with *sí* **or** *no*. **If the statement is not true, correct it to make it true.**

1. Julia y María van a comer en el restaurante Los Tres Caballeros.
2. María siempre come pescado.
3. Hoy María va a comer el pescado del día.
4. Las muchachas van a tomar agua mineral.
5. El mesero va a comer una ensalada verde.

Conexión *cultural*

La comida mexicana

Are you familiar with dishes such as *enchiladas, tacos, tamales, quesadillas* and *burritos?* Mexican cuisine consists of much more, however, and Mexican spices give even familiar foods a more exciting, distinctive taste.

Van a comer tortillas.

The indigenous people of Mexico enjoyed foods such as tomatoes, bell peppers, chile peppers, avocados, chocolate and turkey. But, the most common ingredients in recipes today include beans *(frijoles)* or rice *(arroz)* combined with spices, vegetables, meats or fish. Corn also is a main ingredient in the Mexican diet. The corn *tortilla,* a thin pancake made of cornmeal, is used in *tacos, quesadillas, enchiladas* and other dishes.

Each region of Mexico has its own particular type of food and regional specialties abound. One of the most popular dishes is *el mole*, a thick, spicy, dark brown sauce of various chiles, sesame seeds, chocolate, herbs and spices. Served over chicken *(pollo)* or turkey *(pavo),* it is called *mole poblano.*

¿Quieres un taco?

In Mexico City, eating out is a favorite pastime. Restaurants, cafés and food stands are everywhere. To eat well at reasonable prices, you should imitate the Mexicans and make your main meal a big, láte lunch. You can eat crispy chicken in a *rostícería,* order standard Mexican cuisine such as *tacos* or *enchiladas* at a *taquería,* or try fruit shakes, sodas, ice cream or fruit salads at a juice *(jugo)* shop. Other choices range from inexpensive coffee houses and pastry shops to international Chinese, Japanese, French and North American restaurants.

When traveling in Mexico, just as when you travel to any new place, you may wish to check with the hotel or establishment where you are staying to determine that the tap water is safe to drink. Bottled mineral water *(agua mineral)* is widely available. In addition, you may wish to order sodas without ice *(sin hielo)* and do not eat the corn husks of *tamales.*

Contesta las siguientes preguntas.

1. What foods originated from the indigenous cultures of Mexico?
2. What are the three basic ingredients of the Mexican diet?
3. What is *mole?* What is *mole poblano?*
4. Where would you go in Mexico City if you would like to eat *tacos* and *enchiladas?*

¿Hay jugo de naranja?

9 Charlando

1. ¿Tomas agua mineral?
2. ¿Cómo se llama tu refresco favorito?
3. ¿Cuál es tu comida favorita?
4. Tienes cincuenta dólares. ¿Vas a un restaurante, a una tienda o a un concierto?

En el restaurante
10 Los Tres Caballeros

Imagine you and a friend are having lunch at *el restaurante Los Tres Caballeros*. Read the menu, and ask each other what you are going to have to eat and drink. When you decide, your server will take down the order. Role-play the scene in groups of three. Then switch roles.

A: *(Student B)*, ¿qué vas a comer?
B: Voy a comer…y quiero tomar…. ¿Y tú?
A: No sé…. Pues, voy a comer….
C: Buenos días, señoritas (señores). ¿Qué van a comer Uds. hoy?

Comparaciones
Natural conversation does not always consist of well-phrased sentences. People often use words to fill gaps or pauses in conversation, or interjections to introduce a new thought. Just as in English, several words may be used in Spanish to make your speech sound more natural. Here are a few you should begin to include in your conversations:

bueno	*okay, well*
este	*well, so*
mira	*look, hey*
oye	*hey, listen*
pues	*thus, well, so, then*
es que…	*well, it's just that…*

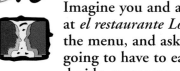
Menú del día $18/persona

Ensalada verde con tomate

Ensalada de frutas

Pollo en mole
Pescado del día
Burrito de frijoles
Arroz con pollo y frijoles negros
Tacos de pollo (tortillas de maíz blanco)
Tacos de pescado

Jugo de naranja
Agua mineral
Refrescos

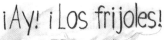
¡Ay! ¡Los frijoles!

A la mejor cocinera se le queman los frijoles.

Proverbios y dichos
Every day presents a new challenge, a new question or a problem to be solved. As you know, you will not always do well when you try something for the first time. Do not get discouraged! Mistakes are part of the learning process, whether it means making an error while practicing Spanish or getting lost in a strange city. Remember, everyone makes mistakes—*A la mejor cocinera se le queman los frijoles*. (Even the best cook can burn the beans.)

IDIOMA

El presente de los verbos regulares que terminan en *-er*

To form the present tense of a regular *-er* verb, such as *comer* (to eat), begin by removing the *-er* ending.

Then attach endings that correspond to each of the subject pronouns.

comer			
yo	com**o**	nosotros nosotras	com**emos**
tú	com**es**	vosotros vosotras	com**éis**
Ud. él ella	com**e**	Uds. ellos ellas	com**en**

Other regular *-er* verbs you have already seen include *comprender* and *leer*.

> Mi profesora **comprende** inglés y español.
> ¿Qué **leemos**? ¿La lección 6?

11 ¿Qué hacen?

Tell what the following people are doing according to the illustrations using the verbs *comer*, *comprender* and *leer*.

 Don Javier come pollo.

Don Javier

1. Catalina

2. los muchachos

3. Gloria y Lupe

4. la mesera

5. el Sr. Velasco

12 ¡Yo también!

You and your friends have a lot in common. Read each statement and say that you or another friend does the same thing. Add an expression such as *pues* or *bueno* before your comments. Follow the model.

> Víctor come tacos en el restaurante Mexicali. (Sandra y Mercedes)
> Pues, Sandra y Mercedes comen tacos en el restaurante Mexicali también.

1. Paco toma agua mineral. (tú)
2. El señor Ugarte lee la revista *Hoy en la ciudad*. (nosotros)
3. La profesora comprende el arte de Frida Kahlo. (yo)
4. Comemos pollo y frijoles en el centro hoy. (los García)
5. Leo periódicos en español y comprendo mucho. (Alberto)

13 Unos cambios

Imagine you and a friend decide it is time to make some changes in your daily routines. Working in pairs, make a statement using the group of words listed. Your partner should then say how this is going to change tomorrow. Follow the model. Then switch roles.

> nosotros: siempre/ir al centro/metro
> **A:** Nosotros siempre vamos al centro en metro.
> **B:** Bueno, mañana vamos a ir al centro en taxi.

1. nosotros: siempre/comer/ensalada
2. yo: siempre/tomar/jugo de naranja
3. tú y yo: siempre/comer/cafetería de la escuela
4. nosotros: siempre/leer/periódico *El Diario*
5. tú: siempre/ir al teatro/calle San Rafael

$9.50

Jugo **BEBERE**
De 3 Lts.
Sabores surtidos

Nosotras siempre tomamos refrescos.

Son buenas.

Para hablar mejor: *extend, accept or refuse an invitation or suggestion*

Although the word *vamos* may be used by itself, you can use the phrase *vamos a* with an infinitive or the name of a place to make a suggestion or extend an invitation to do some activity. The question *¿Por qué no vamos a...?* can also be used.

¡Vamos!	**Let's go!**
¡Vamos a tomar el autobús!	**Let's take** the bus!
¿Por qué no vamos a comer pescado?	**Why don't we go eat** fish?
¡Vamos a un concierto hoy!	**Let's go** to a concert today!

You can use several familiar phrases to either accept or turn down an invitation. If refusing an invitation, it is more polite to give a reason or suggest another time or place. Also, in many Spanish-speaking countries, it is generally assumed that the person extending the invitation will pay for everyone.

—*¿Por qué no vamos al museo hoy?*
—*Con mucho gusto. Gracias.*

—*¡Vamos al restaurante Los Tres Caballeros mañana!*
—*Lo siento, pero mañana voy al dentista. ¿Por qué no vamos el viernes?*
—*Bueno, vamos el viernes.*

14 Una invitación

Working in pairs, take turns inviting your partner to go with you to the following places or do the following things. Your partner will either accept or turn down your offer. If an invitation is refused, either give a reason for refusing or suggest a different activity.

estudiar en la biblioteca
A: ¿Por qué no vamos a estudiar en la biblioteca?
B: Sí. ¡Vamos!/Lo siento, pero voy al dentista. ¿Vamos mañana?
A: Bueno, vamos mañana.

1. comer en tu restaurante favorito
2. Museo Nacional de Antropología
3. caminar en la Plaza de la Constitución
4. concierto de rock
5. teatro
6. tienda grande de la avenida San Miguel

15 Por teléfono

Working in pairs, create a telephone dialog in which one person invites the other out to a restaurant. Each one should make suggestions about where to go, what to do before or after the meal and even how to get there. Discuss what time you will leave. Continue the phone call until the plans are set. Be creative.

¿Qué hacemos?

ROGELIO: Oye, el D.F. es una ciudad muy grande. Mariana, ¿sabes dónde estamos?
MARIANA: No, no sé, pero voy a **preguntar** ° a la señora de la tienda, **¿de acuerdo?**°
ROGELIO: Bueno, y yo voy a **hacer unas preguntas** en el restaurante cerca de la plaza.
ESTEBAN: Un **momento, veo**° un edificio grande. Es el Palacio de Bellas Artes, ¿no?
MARIANA: Sí... ¡fantástico! **Ahora,**° sabemos dónde estamos.
ESTEBAN: Sí, estamos cerca de la Alameda Central, ¡pero estamos lejos de Chapultepec!

El Palacio de Bellas Artes, México, D.F.

preguntar *to ask* **de acuerdo** *agreed* **veo** *I see* **Ahora** *Now*

 16 ¿Qué comprendiste?

Completa las oraciones de una manera lógica.

1. Los muchachos están en....
2. Mariana va a preguntar....
3. Esteban ve un....
4. El edificio es....
5. Ahora, saben....
6. Los chicos están cerca...,
   pero están....

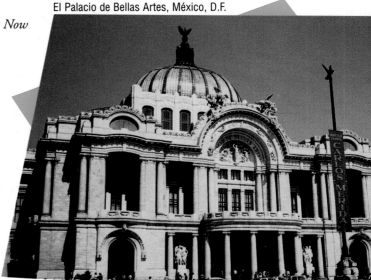

 17 Charlando

1. ¿Qué ves en el centro de tu ciudad?
2. ¿Haces una pregunta cuando necesitas información?
3. Si no comprendes una palabra, ¿qué haces?
4. En tu clase de español, ¿quién hace muchas preguntas?
5. ¿Qué sabes de México, D.F.? ¿Qué hay en la ciudad?

Algo más

Verbos con el *yo* irregular

You have just learned three more verbs that end in *-er: hacer* (to do, to make), *saber* (to know information) and *ver* (to see). These verbs follow the same pattern as *comer*, except they are irregular in the *yo* forms.

hacer → *yo* **hago**   *saber* → *yo* **sé**   *ver* → *yo* **veo**

In addition, the *vosotros* form of *ver* does not require an accent mark: *vosotros* **veis**.

> *Hago una pregunta.*
> *Miguel hace la comida.*
> *Veo la calle Independencia.*
> *¿Veis vosotros la Ciudad de México en el mapa?*
> *No sé qué voy a hacer. ¿Saben Uds.?*

No sé qué voy a hacer. ¿Quieren ir al cine?

18 ¿Qué pasa?

Describe what the people in each illustration do, see or know with a complete sentence in Spanish.

1. Enrique

2. la señora Jiménez

3. los Téllez

4. Laura

5. Sara y Daniel

6. ellos

7. Carlos

19 ¿Y tú?

Imagine you have a cousin, Roberto, who lives in Mexico City. Working with a partner, read the following statements about Roberto and his friends. Tell your partner that you do the same things as Roberto, and then ask what your partner does. Each response should be different.

A: Roberto siempre lee la revista *Hoy en la ciudad.*
B: Pues, yo también leo *Hoy en la ciudad.* ¿Y tú?
A: No, yo leo el periódico.

1. Roberto y Tomás hacen muchas preguntas en la clase de historia.
2. Roberto comprende español.
3. Roberto va a un colegio grande en el centro.
4. Roberto siempre pregunta *"¿Cómo está Ud.?"*
5. Los domingos Roberto y Teresa hacen enchiladas de pollo.
6. Roberto sabe mucho de computación.

20 Cruzando fronteras

Imagine you were just elected mayor *(el alcalde/la alcaldesa)* of a city in Mexico. Your first duty is to create a plan for a new park and business district to be located in the heart of the city. As a good mayor, you want the new area to have a balance of business, culture and green space. How would you design one of the new neighborhoods? What would you name the streets and avenues? The buildings? What sort of transportation services the area? Draw a proposed plan of your project and write a brief paragraph to give an overview of what you included.

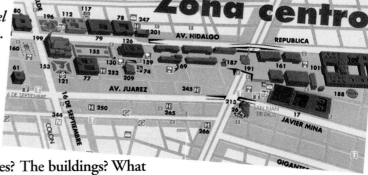

Autoevaluación. As a review and self-check, respond to the following:

1. Imagine you are in Mexico City. In Spanish, tell what buildings and places you might see.
2. How would you say in Spanish that you are going to go to a concert tomorrow?
3. Tell a friend what you are going to do this week: go to school at 8:00 A.M. on Monday, study in the library on Tuesday, go to the movie theater on Wednesday, go to eat in your favorite restaurant on Thursday, go downtown on Friday, walk in the park on Saturday, go to the museum on Sunday.
4. Name three basic ingredients in Mexican foods. What two dishes can you name?
5. How would you invite a friend to eat at a restaurant downtown?
6. How would you tell your friend the address of the restaurant is 100 Muñoz Avenue?
7. How could you refuse an invitation politely, saying you are going to a movie theater, and suggest going tomorrow?

¡La práctica hace al maestro!

A Comunicación

In groups of four, play the part of tourists who just got off a bus in Mexico City. The group is undecided as to what to do next! Introduce yourself to the others and say what your occupation is. Make suggestions for an afternoon activity or a place to go for lunch. Ask the others if they know the addresses or phone numbers of some places of interest. Continue the conversation until everyone has a plan for the afternoon.

B Conexión con la tecnología

Working in pairs or in groups of three, search the Internet to find a map and a restaurant guide for Mexico City. Then select one of the following activities:

1. Find out everything you can about a restaurant in Mexico City (name of the restaurant, address, location on the map, menu selection and prices, etc.).
2. Research Mexican food and then describe a dish that sounds good to you (ingredients, appearance, preparation and state/region of Mexico the dish is from).
3. Using the map of Mexico City, locate major landmarks (*el Zócalo, el Palacio Nacional, la Catedral, el Palacio de Bellas Artes, la Zona Rosa, el parque de Chapultepec, etc.*).

El restaurante La Misión está en Cozumel, México.

VOCABULARIO

En la ciudad
la avenida
la calle
el centro
la ciudad
el edificio
el museo
la plaza
el restaurante
el teatro
la tienda

En un restaurante
el agua (mineral)
la comida
la ensalada
los frijoles
el jugo
el menú
el mesero, la mesera
la naranja
el pescado
el pollo
el refresco

Expresiones y otras palabras
ahora
bueno
el cantante, la cantante
¡cómo no!
el concierto
de acuerdo
favorito,-a
grande
hacer una pregunta
hoy
el momento
mucho,-a
oye
pero
pues
siempre

Verbos
comer
comprender
hacer
ir a *(+ infinitive)*
leer
preguntar
saber
tomar
¡vamos a *(+ infinitive)*!
ver

¡Vamos a comer tacos! (Plaza Gertrudis Bocanegra, Patzcuaro, México)

Los Adobes
RESTAURANTE
Cocina Internacional
Blvd. Harold R. Pape 503 Col. Guadalupe
Monclova, Coah. Tels. 35 21 31, 35 24 44 y 34 01 00

El Teatro Juárez está en la ciudad de Guanajuato, México.

a leer

Estrategia

Preparación

Estrategia para leer: *anticipating special vocabulary*

To prepare yourself for reading about a specialized topic, it helps to anticipate words and expressions you may encounter. When you identify specialized vocabulary beforehand, it is easier to understand a related reading.

In this chapter, you have read about the Mexican Muralist movement and the famous muralist, Diego Rivera. To understand the upcoming reading about another contemporary Mexican artist, look at the following:

Selecciona las palabras de la columna I que van con las palabras en inglés de la columna II.

I	II
1. un cuadro/una pintura	A. a theme
2. un tema	B. an artistic work
3. un autorretrato	C. a style
4. una escena	D. a painting
5. un estilo	E. a self-portrait
6. una obra	F. a scene

Frida Kahlo, una artista universal

Muchos críticos del arte contemporáneo consideran que Frida Kahlo, **como** pintora, es **más** importante **que su esposo**, Diego Rivera, porque los cuadros de Kahlo expresan temas humanos y universales. Como Rivera, ella **comprendió** el impacto social de combinar el arte y la política, pero sus temas son más universales. **Por ejemplo,** ella **trató** los aspectos negativos de la industrialización, la contaminación del aire y de la **naturaleza.**

Otros temas en los cuadros de Frida son los problemas de la **vida.** Frida siempre **tuvo** problemas físicos. De muchacha, ella tuvo polio. A los dieciocho años, tuvo un accidente terrible de tráfico en la Ciudad de México. **Después** del accidente, **sufrió** mucho **dolor** porque tuvo muchas operaciones. En su

Autorretrato con chango, Frida Kahlo.

cuadro, *Sin esperanza (Without Hope),* las bacterias simbolizan las **enfermedades** que Frida tuvo. El uso del color rojo expresa sus emociones y su gran dolor.

Un tema que Frida y Diego **tienen en común** es el **orgullo** de la cultura **indígena** de México. Frida **tenía raíces** indígenas y **adoptó** el estilo de la **ropa** y del **pelo** de una india para expresar su orgullo indígena. **Además,** sus autorretratos representan la cultura indígena **mediante** el uso de plantas, animales exóticos y colores de la naturaleza.

como *as, like* **más** *more* **que** *than* **su** *her* **esposo** *spouse* **comprendió** *understood*
Por ejemplo *For example* **trató** *dealt with* **naturaleza** *nature* **vida** *life* **tuvo** *had*
Después *After* **sufrió** *she suffered* **dolor** *pain* **enfermedades** *illnesses* **tienen en común**
have in common **orgullo** *pride* **indígena** *native* **tenía** *had* **raíces** *roots* **adoptó** *adopted*
ropa *clothing* **pelo** *hair* **Además** *In addition* **mediante** *by means of*

¿Qué comprendiste?

1. ¿Por qué consideran muchos críticos el arte de Frida Kahlo más importante que el arte de su esposo?
2. ¿Qué aspectos de la industrialización trató Frida?
3. ¿Por qué sufrió Frida mucho dolor físico?
4. ¿Qué simbolizan las bacterias en su cuadro *Sin esperanza* (*Without Hope*)?
5. ¿Por qué usa el color rojo?
6. ¿Qué adoptó para expresar su orgullo de los indígenas en su autorretrato?

Sin esperanza, Frida Kahlo.

Charlando

1. ¿Qué cuadro de Frida Kahlo es tu favorito?
2. ¿Cuál de los temas universales de Frida Kahlo es tu favorito?

a escribir

Estrategia

Estrategia para escribir: *combining images to build word pictures*

Poems capture a part of your world in words. They make pictures out of your words that can be seen by the mind's eye. They can be about any theme and can appear in any form.

A stair poem is one in which the ideas build on each other following a stair pattern. Much like the Spanish built Mexico City on top of the original Aztec capital, you can construct a poem in the shape of stairs using your knowledge of Spanish, following these steps:

Step 1: State the main idea (usually composed of just one word).
Step 2: List three words that describe the topic. (Use adjectives or nouns.)
Step 3: Name a place or time connected with the topic.
Step 4: Summarize the main idea with a phrase that expresses your feelings about the topic.

Write a stair poem about any topic you choose, such as school, a class, a city, a person, etc. Follow the "steps" to build your poem. When you finish constructing your stair poem, add artwork or graphics to make it visually appealing.

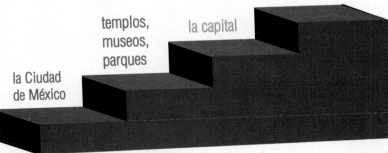

4

In this chapter you will be able to:

- talk about family and friends
- describe people
- state possession
- seek and provide personal information
- express opinions
- express likes and dislikes
- report information
- write about family and friends

129

Lección 7

En casa de mi abuela

Es una **foto** de unos **parientes**, mi **tío**, Héctor, su **esposa**, Ana, y mi **abuela**.

Mi **prima**, Adela, la **hija única** de Héctor y Ana, es **bonita°** y muy **popular. Sale°** mucho con **sus** amigos.

bonita *pretty* **Sale** *She goes out*

Es mi **hermana**, Hilda, con **mis otros°** primos, Eduardo y Carlos. ¡Ellos son muy **divertidos!°**

otros *other* **divertidos** *fun*

Aquí está **papá** en la **playa.°** **Quiero°** mucho a mi papá.

playa *beach* **Quiero** *I love*

Me llamo Humberto Hernández Solís, pero **para** mi **familia** soy Beto. Estoy en San Juan, Puerto Rico, **por todo°** el **verano°** en **casa** de mi abuela. Ella es muy **amable°** y **cariñosa,°** ¡y yo soy **su°** **nieto** favorito! **Mis padres** y yo **vivimos°** en Nueva York. Aquí en Puerto Rico hacemos **mucho,°** y **nunca°** estamos mucho **tiempo** en casa.

todo *all, (the) entire* **verano** *summer* **amable** *kind, nice* **cariñosa** *affectionate* **su** *her* **vivimos** *we live* **mucho** *much, a lot* **nunca** *never*

Mi familia

abuela — María

abuelo — Héctor

hijos

abuela — Graciela

abuelo — Alberto

hijos

nietos

esposos

Ana (mi tía)

Héctor (mi tío)

Ramón (mi padre)

Susana (mi madre)

hermanos

Andrés

Lola

hija única

hijos

hijos (mis primos)

Adela (mi prima)

Soy yo, Humberto, ¡nieto favorito de la abuela Graciela!

Hilda (mi hermana)

Eduardo

Rosita

Carlos

PARA ti

Otros parientes

el bisabuelo, la bisabuela	great-grandfather, great-grandmother
el padrino, la madrina	godfather, godmother
el padrastro, la madrastra	stepfather, stepmother
el hermanastro, la hermanastra	stepbrother, stepsister
el hijastro, la hijastra	stepson, stepdaughter

1 La familia de Beto

Complete the following paragraph about Beto's family.

Me llamo Humberto Hernández Solís y mi (1) se llama Hilda. Mi (2) favorito es Eduardo porque es muy divertido. Mi (3) Adela es la (4) de mi (5) Héctor y mi (6) Ana. Ella es muy popular. El (7) Andrés es el (8) de mi (9). Mi (10) se llama Ramón. Quiero mucho a papá. También quiero mucho a mi (11), Graciela. ¡Soy el (12) favorito de ella!

2 Charlando

1. ¿Cuántos parientes tienes? ¿Quiénes son?
2. ¿Cuántos hermanos tienes? ¿Cómo son ellos? O, ¿eres hijo/a único/a?
3. ¿Dónde está tu casa? ¿Estás en casa mucho tiempo?
4. ¿Quiénes viven en tu casa?
5. ¿Adónde vas en el verano? ¿Vas a la playa?
6. Para la familia de Humberto, él es Beto. ¿Cómo te llamas para tu familia?

Conexión *Cultural*

Los apellidos

Throughout the Spanish-speaking world children grow up having two last names. The father's family name is used first and the mother's family name follows: *Humberto (Beto) Hernández Solís.* For that reason, if you were to look up Beto's name in a phone book, you would need to look under *H* for *Hernández,* since directories list names according to a person's father's name.

Traditionally, when a woman married she did not lose her maiden name. In most Spanish-speaking countries she simply added *de* and her husband's family name after her father's family name: *Susana Solís de Hernández.* The equivalent of Mrs. Hernández would be *(la) señora de Hernández.* Today, however, an increasing number of women are opting to keep the same name they had before marriage.

IDIOMA

El presente de los verbos regulares que terminan en -ir

To form the present tense of a regular -ir verb, such as *vivir* (to live), begin by removing the -ir ending.

Then attach endings that correspond to each of the subject pronouns. Note that except for -imos and -ís, the endings are the same as those of the -er verbs.

vivir			
yo	viv**o**	nosotros nosotras	viv**imos**
tú	viv**es**	vosotros vosotras	viv**ís**
Ud. él ella	viv**e**	Uds. ellos ellas	viv**en**

Another useful -ir verb is *salir* (to go out, to leave). Like the verbs *hacer* and *saber, salir* is regular in all forms except the first-person singular: *yo **salgo**.*

*Yo **salgo** a las siete.*   I am leaving at seven.
*Mi hermano **sale** a las ocho.*   My brother leaves at eight.

Ponce, Puerto Rico.

3 ¿Dónde viven los parientes de Adela?

Adela is throwing a birthday party for her mother. As she writes out the invitations with her cousin, Beto, they realize their relatives and friends will be coming from all over the island. Complete this paragraph with the appropriate forms of the verb *vivir*.

Pues, nosotros (1)____ aquí en Bayamón. Los abuelos (2)____ muy cerca en la capital, San Juan. No hay problema con ellos. Pero los tíos José y Nata (3)____ en Ponce, muy lejos de aquí. La amiga de mi madre, doña María, también (4)____ en Ponce. Clara y Rafael (5)____ en Arecibo, pero van a estar en Nueva York el día de la fiesta. ¡Ay! Y mi tía Yoli (6)____ en Orlando pero va a estar en casa de Mona y Jorge. Ellos (7)____ en Caguas. Y tú, ¿dónde (8)____? ¿Vas a ir a la fiesta?

Algo más

Los papás o los padres

You have learned the words *padre* and *madre*. To refer to both parents simultaneously, use the masculine plural form: *padres*. Some people prefer to say *mamá y papá* (mom and dad) or *papás* (parents).

el padre + la madre = los padres
el papá + la mamá = los papás

As with *ellos*, when referring to a mixed group of both males and females, always use the masculine plural form.

los hermanos	brothers and sisters
los tíos	uncles and aunts
los abuelos	grandparents
los primos	cousins

BONITA FAMILIA • Lorena de Páez, Natalia Vallejo, Rafaela Páez, Fernando Páez y Daniela Páez. Muy divertidos.

Día de La Familia en el Tomás Moro

La directora de la sección pre-escolar del colegio Tomás Moro, María Esther de Zevallos, organizó una mañana familiar para los alumnos de pre-kínder y kínder y sus papás. Se realizaron juegos, concursos con simpáticos premios para los más pequeñños. Los niños participaron en un acto artístico con canciones y coreografías. Una soleada mañana que todos disfrutaron plenamente.

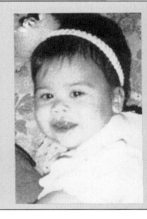

Primer año

Keily Michelle Cátala Cintrón cumplió su primer año. Sus padres Taty y Eddie, sus abuelos maternos Eneida y José Cintrón y abuelos paternos Sonia y Junior Cátala, la felicitan.

¿Dónde están? ¿Adónde van?

Use words from each column to create original sentences telling where in Puerto Rico the following people live, and then say where they are going to or leaving from. Add other information to make your sentences more interesting.

Los primos de Paloma viven en Caguas. Van a vivir en Arecibo.
Mi tío Paco vive cerca de Mayagüez, pero sale de allí en dos días.

I	II	III	IV
tu tía Ana	vivir	en	Arecibo
los primos de Paloma	salir	cerca de	Ponce
yo	ir	lejos de	Mayagüez
nosotras		de	el Yunque
mi tío Paco		allí en	el Morro
los hermanos de Gilberto		aquí en	San Juan
tú			Caguas
mamá y papá			la playa

5 Chismes y noticias

Imagine you and a friend are exchanging news about your families. With a classmate, form questions using the following groups of words. Then answer each question, using the cue if you wish.

tu prima María/salir de/Puerto Rico (no, nunca)
A: Oye, tu prima María sale de Puerto Rico, ¿verdad?
B: ¡Ay, no! Ella nunca sale de aquí.

1. Ernesto/salir/con/amiga de/tu hermana (¡claro!)
2. nosotros/vivir/casa grande y nueva (sí, y también...)
3. tu abuelo/ir a/vivir/París (no, Ponce)
4. tu tía Anita y tu tío Rolando/salir de/San Juan/el verano (no, hoy)
5. el hijo único/de tu tío Alonso/vivir/con/unos parientes (sí, los abuelos)
6. tu hermano/salir/con/*(name of a celebrity)* (bueno, no)
7. tú/vivir/ciudad grande (sí/no, yo...)

Repaso *rápido*

Bella, romántica, sensible, talentosa, divertida y muy sensual-como buena brasileña-

HOGAR MODERNO

DESLUMBRANTE
ADMIRABLE
FASCINANTE
FANTASTICA
ATRACTIVA

Los adjetivos

You have already learned several adjectives, such as colors. Remember that adjectives can be masculine or feminine and singular or plural. Match the gender (masculine or feminine) and number (singular or plural) of an adjective to the noun it describes. To make either form plural, add *-s* if the adjective ends in a vowel or *-es* if the adjective ends in a consonant. Although most adjectives follow the nouns they modify, adjectives of quantity such as *tres, mucho (mucha), otro (otra)* and question-asking words precede their nouns.

Algo más

La palabra *todo*

The word *todo* (and its variations *toda*, *todos* and *todas*) may be used several different ways. Compare the following examples:

*Estoy aquí por **todo el día**.*	I am here for **the whole (entire) day**.
*Estoy aquí por **toda la mañana**.*	I am here for **the whole (entire) morning**.
*Voy a la casa de mis abuelos **todos los veranos**.*	I go to my grandparents' house **every summer**.
*Estoy con **todas mis primas**.*	I am with **all my cousins**.
***Todos** estamos en la foto.*	**All (of us)** are in the photo.

6 ¿Cómo es la familia?

Complete the following sentences with the correct form of the adjectives shown in parentheses.

¡PIENSA EN LA FAMILIA!

Tengo <u>muchos</u> parientes. (mucho)

La familia con la que usted sí puede contar...

1. Tengo <u>(1)</u> abuela en Miami. (uno)
2. Mi <u>(2)</u> abuela vive en Mayagüez. (otro)
3. Las dos son muy <u>(3)</u>. (cariñoso)
4. Mi prima <u>(4)</u>, Marta, vive en Mayagüez también. (favorito)
5. Las amigas de Marta son unas chicas muy <u>(5)</u>. (popular)
6. Mi hermano es <u>(6)</u>. (amable)
7. Vivimos en una casa muy <u>(7)</u>. (bonito)
8. <u>(8)</u> la familia está en casa hoy. (todo)
9. Tengo una familia <u>(9)</u>. (divertido)

7 Mi familia

With a partner, ask and answer questions about each other's relatives. Tell where they live and add any other interesting information you wish. Use each of the following adjectives in your questions and answers: *amable, cariñoso, divertido, favorito, popular, bonito, simpático, fantástico.*

A: ¿Quién es tu tía favorita?
B: Mi tía favorita es Amalia. Es médica y es muy cariñosa. Vive en Chicago.

Nuestra abuela es muy cariñosa.

IDIOMA

Los adjetivos posesivos

You have already learned to show possession by using *de, del, de la, de los* and *de las*. You also can indicate possession by using possessive adjectives such as *mi, tu* and *su*. Possessive adjectives precede the noun they modify and, like other adjectives, they must agree in number and in gender with that noun.

mi(s)	hermano(s) hermana(s)	my	brother(s) sister(s)
tu(s)	tío(s) tía(s)	your (informal)	uncle(s) aunt(s)
su(s)	sobrino(s) sobrina(s)	your (formal)	nephew(s) niece(s)
su(s)	sobrino(s) sobrina(s)	his	nephew(s) niece(s)
su(s)	sobrino(s) sobrina(s)	her	nephew(s) niece(s)
nuestro(s) nuestra(s)	hermano(s) hermana(s)	our	brother(s) sister(s)
vuestro(s) vuestra(s)	tío(s) tía(s)	your (informal)	uncle(s) aunt(s)
su(s)	sobrino(s) sobrina(s)	your (formal)	nephew(s) niece(s)
su(s)	sobrino(s) sobrina(s)	their	nephew(s) niece(s)

Possessive adjectives have both singular and plural forms. Although the masculine and feminine forms for *mi, mis, tu, tus, su* and *sus* appear the same (i.e., *su primo* and *su prima*), notice that *nuestro/nuestra, nuestros/nuestras* and *vuestro/vuestra, vuestros/vuestras* have recognizably different masculine and feminine forms.

> *Adolfo es **nuestro** amigo.*   Adolfo is **our** friend.
> *Eva también es **nuestra** amiga.*   Eva is **our** friend also.

Note that the number and the gender of the possessive adjective must match what is possessed, not the possessor. For example, the *s* on *tus* is not necessary unless the noun that follows is plural.

> *¿Es **tu tío** de Nueva York?*   Is **your uncle** from New York?
> *¿Son **tus primos** de Puerto Rico?*   Are **your cousins** from Puerto Rico?

8 El álbum de familia

Imagine you are at a family reunion looking at a photo album with two of your cousins. Indicate what you might say about the people in the photographs, using the possessive adjective indicated by the cue in parentheses.

 Es <u>mi</u> madre en la casa. (yo)

1. ¿Son <u>(1)</u> abuelos? (nosotros)
2. Es <u>(2)</u> tía, doña Carmen. (Uds.)
3. Son <u>(3)</u> padres en el Yunque, un parque nacional en Puerto Rico. (ella)
4. Marta, ¿es el muchacho grande <u>(4)</u> hermano? (tú)
5. Aquí está una foto de <u>(5)</u> abuela. (nosotros)
6. Son todos <u>(6)</u> primos en una fiesta. (él)
7. Aquí están doña Carmen y don Alfredo en <u>(7)</u> casa nueva. (ellos)
8. Javier, ¿son todas las muchachas en la foto <u>(8)</u> hermanas? (tú)
9. Son mi madre y tu madre con <u>(9)</u> padres. (ellas)
10. Somos <u>(10)</u> padres y yo en la playa en Fajardo. (yo)

Estrategia

Para leer mejor: *reading words in context*

If you are having trouble determining the meaning of *su* and *sus,* look at the context (the surrounding words and the conditions in which *su* and *sus* are used) of the sentence. For example, if you are referring to a man, *su* or *sus* may mean **his**; if you are referring to a woman, *su* or *sus* may mean **her**; similarly, *su* and *sus* can mean **your, its** or **their,** depending on whom or what you are discussing. In Spanish, the context of the sentence will frequently determine the meaning of the possessive pronouns.

9 Lista de invitaciones

Imagine your uncle, Luis, is having a beach party at his new house in Arecibo. Complete his guest list with the appropriate possessive adjectives.

Los invitados

1. la doctora Adela Medina y <u>(1)</u> esposo Enrique
2. Ramón Hernández y <u>(2)</u> familia
3. Ud. y <u>(3)</u> amigos Paco y Ricky
4. doña Lucía y <u>(4)</u> hija Elena
5. los González y <u>(5)</u> sobrino de Santurce
6. Pedro Morales y <u>(6)</u> padres
7. Rosario y Juana Castillo y <u>(7)</u> madre

¿Cómo son Marité y sus hermanos?

Soy María Teresa… bueno, Marité para mis amigos y parientes. ¿Cómo soy yo? Pues, soy divertida y muy buena estudiante, pero estoy **cansada°** hoy.

cansada *tired*

Mi hermana, Sandi, es simpática. Y muy **guapa,°** ¿no? Pero está **triste°** porque su amigo Alex sale de Puerto Rico para vivir en México.

guapa *good-looking, attractive* **triste** *no está contenta*

Mi hermano, Jesús, está **enfermo°** hoy. Claro, ¡no está **contento**! Pero él es cariñoso y muy amable.

enfermo *sick*

10 ¿Qué comprendiste?

1. ¿Quién es Sandi? ¿Cómo es?
2. ¿Quién es Jesús? ¿Cómo está hoy? Él va a una fiesta hoy, ¿no?
3. ¿Adónde va a vivir Alex?
4. Marité está triste, ¿verdad?
5. ¿Son simpáticos los hermanos de Marité?

Conexión *cultural*

¿Qué es la familia?

When describing your family, whom do you include? Many Americans might mention only their parents, brothers and sisters—their nuclear family. When talking about family in Puerto Rico, and in most Spanish-speaking countries, people talk about an extended family that includes grandparents, aunts, uncles and cousins. In fact, it is not uncommon for grandparents to live with their children or even their grandchildren.

Young adults often continue living with their parents until they are married. Shortly after the marriage, everyone excitedly anticipates the arrival of children, although many couples are deciding to wait to have children until they are more financially secure. When children do arrive, they will be protected and nurtured by the entire family. Because they spend so much time together, aunts, uncles and cousins often are best friends and are included in all family social functions.

Traditionally, mothers usually stayed at home and ran the household. Fathers were often authority figures and responsible for the family's financial support. However, middle-class mothers are becoming increasingly independent and working outside the home. Other aspects of family life are changing more slowly. Even today, grandparents and unmarried aunts and uncles continue to live in the family home and help share the parenting duties. All the adults consider it their responsibility to be personally involved in the decision-making processes of the children.

Toda la familia vive en San Juan, Puerto Rico.

Vivo con mi abuelo.

FAMILY LIFE

- When do you plan to move into your own house or apartment?
- With whom do the elderly members of your family live?
- Do you plan to have children as soon as you marry?
- When you do have children, how will you divide the parenting duties?
- How will you divide the household chores?
- How much does your family influence your personal decisions?

11 Charlando

1. En tu familia, ¿quién es guapo/a?
2. ¿Quién está enfermo/a hoy en tu casa?
3. ¿Siempre estás contento/a?
4. ¿Tienes mucho tiempo libre? ¿Qué haces?

12 Fotos de parientes y amigos

Marité and Sandi are looking at photographs of their family and friends. Marité is not certain she knows everybody, but her older sister Sandi assures her she does. Play Sandi's part answering Marité's questions. Be certain to use the correct possessive adjectives in your answers.

 El señor amable es el padre de Ana y Carlos, ¿verdad?
Sí, es su padre.

1. ¿Quién es el muchacho guapo? ¿El primo Rafael?
2. ¿Es el abuelo de mamá?
3. ¿Las tías de Luisa y Fernando están aquí con ellos?
4. ¿Quién es el chico muy contento? ¿Es Jesús?
5. ¿Son los hijos de tía Cristina?
6. Las chicas bonitas aquí en la playa, ¿son tus amigas de Santurce?

¿Quieres ver unas fotos de mi familia?

13 ¡Somos familia!

Look at this branch of your family tree. Form groups of five and have each person play the role of one family member. Then take turns expressing your relationship to at least three other members of your family. Add one or two descriptive phrases about yourself or your relatives.

 Soy Rosita. Guadalupe es mi abuela. Es muy cariñosa. Y Marcos es....

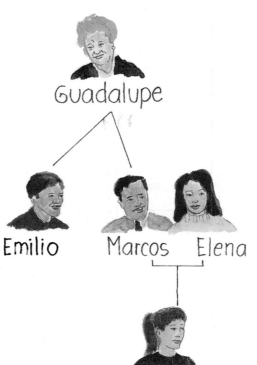

Guadalupe

Emilio   Marcos   Elena

Rosita

Algo más

Más expresiones con *estar*

asustado/a	frightened
enojado/a	angry
feliz	happy
confundido/a	confused

Para describir: *estar*

While many adjectives are used with the verb *ser*, some adjectives also can be used with *estar*. Notice that, like other adjectives, these descriptive adjectives must agree with the person they describe.

> Marité está **cansada**. Jesús y Tomás están **enfermos**.

Note that *estar* is used for describing conditions that are likely to change *(cansado, triste)*, that are temporary or variable in nature *(frío, caliente)* or that are observations or opinions at a given moment *(guapo, feo)*.

Estoy **cansado/a**.	I am tired.
¡Estás **loco/a**!	You are crazy!
Mamá está muy **bonita** hoy.	Mom looks very pretty today.
¿Estás **nervioso/a**?	Are you nervous?
No, pero estoy **apurado/a**.	No, but I am in a hurry.
Estoy **contento/a**	I am very content, happy,
(con)....	glad, satisfied with....

Objects can also be described according to their state or condition.

La puerta está **abierta/cerrada**.	The door is open/closed.
El refresco está **frío/caliente**.	The soft drink is cold/hot.
La casa está **limpia/sucia**.	The house is clean/dirty.
El teléfono está **libre/ocupado**.	The phone is free/busy.

Adjectives that describe appearance or personality can be used with either *ser* or *estar*, but with a difference in meaning.

Carlota **está** muy **guapa** hoy.	Carlota looks very nice today.
Mariana **es** una muchacha **guapa**.	Mariana is a pretty girl.

Los refrescos están fríos.

14 La cita

Lisa and José are going on a date *(cita)*. Complete their conversation with the appropriate adjective.

popular	guapa	abierto	bonita	amable
otro	ocupados	todos	libre	cerrado

JOSÉ: Lisa, estás muy (1) hoy.

LISA: Ay, José, eres muy (2). ¿Adónde vamos?

JOSÉ: Vamos a un restaurante (3) en Bayamón. Se llama Las Palmas.

LISA: ¡Ay, no! El restaurante Las Palmas no está (4) los lunes. Los lunes sé que está (5).

JOSÉ: Bueno, vamos a (6) restaurante. Pero necesitamos un taxi.

LISA: Hay unos teléfonos, pero (7) los teléfonos están (8).

JOSÉ: Un momento, hay uno (9) allí.

15 ¿Cómo están?

Describe how these people or things look at this moment.

Norma

 Norma está enferma.

Elsa

1.

2.

3.

4.

los Chávez

Eduardo

5.

6.

7.

8.

16 ¿Cómo está tu familia?

Describe how several members of your family are feeling today. Try to include at least four or five people and yourself. If possible, give a reason for each person's condition. Use the following words or others you have learned: *cansado, nervioso, triste, contento, enfermo.*

 Hoy mi hermana está nerviosa porque va a San Francisco en avión.

17 Reunión de familia

Imagine a friend invited you to a family reunion. Working in pairs, ask your partner questions about family members at the reunion by using the following groups of words. Your partner should then answer each question according to the cues shown. Follow the model.

estar cansado/tu tía Pilar (hijos)
A: ¿Está cansada tu tía Pilar?
B: No, no está cansada, pero sus hijos están cansados.

1. estar muy nervioso/tus padres (tías)
2. estar enfermo/tu sobrino (abuela)
3. estar muy contento/tu prima (doña Antonia)
4. estar apurado/tú y tu hermano (hermana y padres)
5. estar muy frío/los refrescos de tus primos (comida de mi madre)
6. estar libre mañana/Uds. (prima Rosa)
7. estar loco/tú (Diego)
8. estar abierto/la puerta de la casa de tu abuelo (ventanas)
9. estar triste/tu tía (los primos de Ponce)
10. estar sucio/el carro de tu tío (el carro de mi prima)

18 ¿Cómo están Uds.?

Form groups with three or four students in an inside circle facing the same number of students in an outside circle. Students who are facing each other pretend to meet on the street and exchange greetings and ask about one another's health or emotional condition. Then students in the outer circle move one to the right and begin a similar conversation with the new partner. Continue until you have greeted each person in the opposing circle. Be creative!

A: ¡Hola, Cristina! ¿Cómo estás?
B: Ah, estoy contenta pero muy ocupada. Y tú, Diego, ¿qué tal?
A: Yo estoy apurado. Hasta luego.

Proverbios y dichos

How many times have you or one of your siblings been compared to a parent or another close relative? Hearing someone say, "You are just like your mother (or father)" can be embarrassing or irritating, but the comparison might be more accurate than you realize—or want to admit! As the saying goes: *Cual es el padre, así salen los hijos* (Like father, like son).

Cual es el padre, así salen los hijos.

Los muchachos no están apurados.

¡Qué divertido!

MARITÉ: ¡Qué divertido! ¿Tienes más fotos?
BETO: Sí, tengo muchas más. Tengo unas fotos de Puerto Rico.

Ponce es una ciudad interesante.

Ellos son unos parientes en Arecibo.

La Playa Luquillo. ¡Qué divertido!

La playa de Condado en San Juan.
¡Qué bonita!

Algo más

Exclamaciones

There are times when you may wish to express strong feelings about something you are experiencing. One way to do this is with the word *qué*, followed by an adjective or a descriptive phrase, which is equivalent to **How...!**

> ¡*Qué* + description!

¡Qué divertido! How fun! ¡Qué frío! How cold!

19 ¡Qué...!

Create a suitable caption for each of the following photographs, using *qué* plus an adjective.

 ¡Qué divertido!

1.

2.

3.

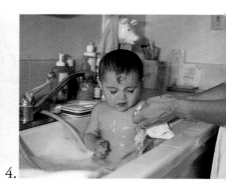

4.

5.

6.

7.

Conexión Cultural

Puerto Rico

In 1493 Christopher Columbus *(Cristóbal Colón)* landed on a small, rectangular-shaped tropical island paradise that inhabitants called *Borinquén* (originally *Boriquén*). Columbus claimed the land for Spain and named the island *San Juan Bautista* (Saint John the Baptist). In 1508, the famous explorer Juan Ponce de León founded the first Spanish village on the island, *Villa de Caparra,* which the king of Spain renamed *San Juan de Puerto Rico.* A year later Ponce de León was named the first governor. (The city of Ponce was named after him.) After a slow but continuous colonization, the island became known as Puerto Rico, and its capital was called San Juan.

As a result of the Spanish-American War, Spain ceded the island to the United States in 1898, beginning Puerto Rico's continuous affiliation with the United States. The island became a Commonwealth *(Estado Libre Asociado)* of the United States in 1952, which means residents are United States citizens but the main governmental functions remain independent. Although Puerto Ricans are American citizens, they remain fiercely proud of their Hispanic and Caribbean identity. Both Spanish and English are official languages. While Spanish is most commonly spoken, English is a required course from kindergarten to high school.

Puerto Rico has a rich and varied past. Today the island attracts tourists year-round. Visitors can enjoy Caribbean music *(salsa* is popular in Puerto Rico and throughout all of Latin America), beautiful beaches, the colonial buildings in Old San Juan *(el Viejo San Juan)* and the only tropical rain forest *(el Yunque)* found in the U.S. National Forest System. More than 100 billion gallons of rain fall in *el Yunque* each year! The island also has some of the finest and most accessible hiking trails in the Caribbean, and surfers claim the finest waves are along Puerto Rico's Atlantic coastline where the best season is October through April.

El Yunque.

El coquí vive en el Yunque.

Una calle en el Viejo San Juan.

20 Cruzando fronteras

Read the following incomplete statements about Puerto Rico. There may be some words that you do not know. Then try to complete each statement logically, using one of the answer choices shown in the column on the right.

1. Cristóbal Colón llegó a la isla en...
2. La capital de Puerto Rico se llama...
3. Más de cien billones de galones de lluvia caen cada año en...
4. Los puertorriqueños son ciudadanos de...
5. Las lenguas oficiales de Puerto Rico son...
6. Hacer surfing es excelente en Puerto Rico desde octubre...
7. Un tipo de música popular de los puertorriqueños es...

A. hasta abril.
B. el inglés y el español.
C. 1493.
D. la salsa.
E. el Yunque.
F. San Juan.
G. los EE.UU.

21 ¡Qué familia!

Working in groups of three or four, describe what you see in the illustration using a minimum of seven sentences. Say how things are at this moment and describe the emotional state of the whole family, including the pets.

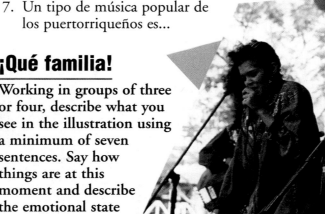

La salsa es muy popular en Puerto Rico.

 La familia está en casa.

22 ¿Y tu familia?

Working in pairs, make a list of five questions to find out about your
classmates' families. Then take turns asking and answering your
questions. If you wish, react to your partner's questions or answers.

A: ¿Cuántos hermanos tienes?
B: Tengo dos hermanos y una hermana.
A: ¿Cómo son tus padres?
B: Son divertidos.

23 Tu familia

Create an imaginary family for yourself using
photos from magazines. Include some well-
known Spanish-speaking people, if possible,
or make up Hispanic first names for your
imaginary family. Then in groups of three
to five students, show your family and tell
who the family members are. Try to use
adjectives you have learned in this lesson
in your description. Be creative!

Es mi tío/a. *(Show a photo of a
famous Spanish-speaker such as
Antonio Banderas,
Gloria Estefan or Jimmy Smits,
for example.)*
¡Qué simpático/a!, ¿verdad?

¿Antonio Banderas es tu tío?

Autoevaluación. **As a review and self-check, respond to the following:**
1. Name at least four family members and say what their relationship is to you
   in Spanish.
2. How would you describe several of your family members in Spanish to a friend?
3. Lydia Castillo lives in San Juan, Puerto Rico, and is married to Francisco Rivera.
   How would you say her full name and where she lives in Spanish?
4. Imagine you have a picture of your best friend's family. Explain to a classmate
   in Spanish who are the grandparents, parents, brother, sisters and cousins of
   your friend.
5. How would you say in Spanish that your friend, Marco, is an only child and has
   no sisters or brothers?
6. What could you ask someone in Spanish who looks sick? Rushed? Nervous?
7. Imagine you are at a restaurant and wish to complain to the server in Spanish
   about several problems such as the food being cold, the window being open, your
   soft drink being hot and you feeling sick.
8. What do you know about Puerto Rico?

¡La práctica hace al maestro!

A Comunicación

Working in groups of five or six students, decide among yourselves who will play the roles of various members of a family. Try to include brothers, sisters, parents, grandparents, etc. Working with another group, form two concentric circles. The inside circle should contain members of your family and the outside circle should contain members of the other group's family. Then try the following: A) Each person in the circles takes a turn telling the partner from the other family the names of his or her family; B) the family in the inner circle rotates one person to the left and you begin the activity again. Try to see how many people you can introduce your family to in five minutes.

 Aquí está mi hermano, Pedro.
Allí está mi tía favorita, Carmen.

B Conexión con la tecnología

Research your own family's history using the resources available through the Internet. If you prefer, make up an identity or pretend to be someone famous (preferably someone who speaks Spanish). Do you have any Spanish-speaking ancestors? Where did your ancestors come from? Investigate the life of one relative who was born and lived in another country. Find out the name of the country (and city) where the person was born, where the country (and city) is located on a map and details about the country (population, principal attractions, capital, holidays, etc.). Share your research with the class.

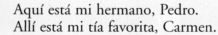

File Edit View Go Communicator Help

Back Forward Reload Home Search Guide Print Security Stop COQUI.NET

Welcome to coqui.net

Bookmarks Location: http://www.coqui.net

Internet Lookup New&Cool Netcaster

http://el mejor servicio de acceso al internet en Puerto Rico

ES IGUAL A:

http://www.coqui.net

 ¡Conéctate Ya! LLAMA AL 753-1771 HOY

Ahora en:
- Aguadilla • Arecibo
- Cabo Rojo • Caguas • Cidra
- Humacao • Lajas • Mayagüez
- Ponce • San Juan • San Germán

Pronto en:
- Cayey • Canovanas
- Dorado • Fajardo • Loiza
- Manatí • Rincón • Río Grande
- San Sebastian • Utuado

VOCABULARIO

Para describir

abierto,-a
amable
apurado,-a
bonito,-a
caliente
cansado,-a
cariñoso,-a
cerrado,-a
contento,-a
divertido,-a
enfermo,-a
frío,-a
guapo,-a
libre
limpio,-a
loco,-a
más
mis
nervioso,-a
nuestro,-a
ocupado,-a
otro,-a
popular
su, sus
sucio,-a
todo,-a
triste
tus
único,-a

Familia

el abuelo, la abuela
el esposo, la esposa
la familia
el hermano, la hermana
el hijo, la hija

la madre
el nieto, la nieta
el padre
los padres
el pariente, la pariente
el primo, la prima
el sobrino, la sobrina
el tío, la tía

Expresiones y otras palabras

la casa
la foto(grafía)
mucho
nunca
para
la playa
por
¡qué *(+ description)*!
el tiempo
el verano

Verbos

quiero
salir
vivir

¿Cómo está tu familia?

¡Qué divertido!

Lección 8

Mis amigos

PEDRO: ¿Por qué no vamos ahora a la playa de El Dorado? Mónica, la hermana de Miguel, va también.

SERGIO: Ah, claro... ¡te **gusta** la muchacha!

PEDRO: Sí, **me gusta** mucho.

SERGIO: Bueno. Y, ¿cómo es ella?

PEDRO: Es **morena,** no muy **alta,** muy amable, muy **inteligente** y con una **voz°** muy **dulce.°**

SERGIO: Ah, sí. Pues, Mónica siempre va a El Dorado. Bueno, chico, ¿por qué no vamos a la playa mañana? Hoy quiero ir a ver el **partido°** de **béisbol.**

voz *voice* **dulce** *sweet* **partido** *game*

 1 ¿Qué comprendiste?

1. ¿Quién es Sergio?
2. ¿Cómo se llama la hermana de Miguel? ¿Adónde va ella ahora?
3. ¿Cómo es ella? Y, ¿cómo es su voz?
4. Mónica nunca va a la playa de El Dorado, ¿verdad?
5. ¿Adónde van los muchachos hoy?

2 Charlando

1. ¿Te gusta ir a la playa? ¿Te gusta ver un partido de béisbol?
2. ¿Eres alto/a?
3. ¿Cómo eres tú? Eres inteligente, ¿verdad?
4. ¿Qué te gusta hacer con tus amigos?

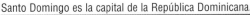
Santo Domingo es la capital de la República Dominicana.

Conexión cultural

La República Dominicana

In December of 1492, Christopher Columbus landed on the Caribbean island of Hispaniola *(La Española)* and claimed it for Spain. Today the island is shared by the Dominican Republic, which occupies the eastern majority of this tropical island, and Haiti, which is located on the remaining western portion of the island.

The capital of the Dominican Republic, Santo Domingo, was the first capital in the Americas. It was founded by Christopher Columbus' brother Bartholomew *(Bartolomé)* in 1496. Many notable explorers set out from this base, including Ponce de León (to Puerto Rico), Hernán Cortés (to Cuba and Mexico), Vasco Núñez de Balboa (to the Pacific) and Diego de Velázquez (to Cuba). Today the capital is a city with over two million inhabitants in a central valley on this mountainous island.

Tourism is important to the Dominican Republic's economy. Visitors may choose to explore colonial towns and beautiful beaches, such as *Boca Chica* and *El Dorado*. These are wonderful places to visit for snorkeling and other water sports. Dominican music, particularly the *merengue*, a unique, fast-paced Caribbean music style, is popular all over Latin America. In addition, did you know more foreign-born U.S. professional baseball players originate from the Dominican Republic than from any other country?

La playa es muy popular en la República Dominicana.

CONEXIONES

3 Cruzando fronteras

Read the following statements about *la República Dominicana*. There may be some words that you do not know. Then tell whether the statements are true *(verdad)* or false *(falso)*.

1. La Española es una isla en el Caribe.
2. La República Dominicana está en la isla La Española.
3. San Juan es la capital dominicana.
4. Cortés, Balboa y Velázquez fueron exploradores.
5. La lengua oficial de la República Dominicana es el inglés.
6. El merengue es muy popular en la República Dominicana.
7. Muchos beisbolistas profesionales son de la República Dominicana.

Chico, ¿qué tal?

Estrategia

Para hablar mejor: *using words in context*

As you have seen before, many words change their meaning depending upon the context in which they are used. For example, *chico* can mean **boy** as a noun, or **small** as an adjective. However, *chico* can also be used in a more general sense as a term of friendship when talking to someone and should not be taken literally, much like the words **buddy, pal,** etc. Other similarly used terms include *chica, hombre, guapa* (used among female friends) and *cuadro* (used along the Caribbean coast of Colombia). Some of these terms have masculine and feminine forms; others may have only a masculine form or a feminine form. In any case, keep your eyes and ears open to how a word is used because learning to do so will improve your ability to understand and speak authentic Spanish.

4 Te gusta el muchacho, ¿verdad?

Completa el siguiente diálogo de una manera lógica con las siguientes palabras: *ahora, alta, alto, amable, chica, dulce, excelentes, gusta, inteligente, me, morena, simpática.*

ANA: ¿Por qué no vamos (1) a la casa de Manolo?

PEPE: Pues, (2), ¿por qué? Un momento, te (3) el muchacho, ¿verdad?

ANA: Sí, (4) gusta mucho. Y, ¿por qué no? Él es muy (5).

PEPE: Su hermana, Beatriz, es (6) también. Ella es (7), no muy (8) y con una voz muy (9).

ANA: Bueno, él es (10) y muy (11). ¡Habla inglés y español!

PEPE: Sí. Manolo y su hermana son estudiantes (12).

5 Parientes y amigos

Write the names of three relatives or friends and state each person's relationship to you. Then under each name write words that describe each person, categorizing the words according to whether they refer to physical characteristics *(características físicas)* or personality characteristics *(características de personalidad)*. Be sure to use the correct form of the adjectives.

 Susan Jackson (hermana)

características físicas	**características de personalidad**
alta y morena	*inteligente, amable y divertida*

IDIOMA

El verbo *gustar* con *me, te* y *nos*

Spanish has no exact equivalent for **to like.** To express the idea of liking, Spanish-speaking people use the verb *gustar,* which is roughly equivalent to the English expression **to be pleasing.** The most commonly used forms of this verb are *gusta* and *gustan.*

Use *me, te* or *nos* and *gusta* with a singular noun or an infinitive to say **I like...** *(Me gusta...),* **You (informal) like...** *(Te gusta...)* or **We like...** *(Nos gusta...).*

me	*Me gusta la playa.*	I like the beach.
	Me gusta caminar en el parque.	I like to walk in the park.
te	*¿Te gusta el restaurante?*	Do you like the restaurant?
	Te gusta comer en casa, ¿verdad?	You like to eat at home, right?
nos	*Nos gusta la comida.*	We like the food.
	Nos gusta salir con amigos.	We like to go out with friends.

Use *me, te* or *nos* and *gustan* with a plural noun.

Me gustan las fotos.	I like photos.
Te gustan las fotos, ¿verdad?	You like photos, right?
Nos gustan las fotos.	We like photos.

To make the preceding expressions negative, add *no* before *me, te* or *nos.*

No me/te/nos gusta la música.	I/You/We do not like the music.
No me/te/nos gusta estar en casa.	I/You/We do not like to be at home.
No me/te/nos gustan las motos.	I/You/We do not like motorcycles.

Nos gusta la comida.

6 Me gusta....

Indicate whether or not you like to do the following things.

 hablar español en casa
 Me gusta hablar español en casa./No me gusta hablar español en casa.

1. ir a partidos de béisbol
2. leer revistas
3. caminar en la playa
4. tomar el autobús
5. salir con amigos
6. estar en casa los sábados
7. ir a conciertos de rock

7 ¿Te gusta(n)...?

Working with a partner, take turns asking and saying whether or not you like what is shown in the following illustrations.

A: ¿Te gustan los museos?
B: Sí, me gustan los museos./No, no me gustan los museos.

B: ¿Te gusta la música dominicana?
A: Sí, me gusta la música dominicana./No, no me gusta la música dominicana.

1. 2. 3. 4.

5. 6.

Conexión Cultural

El béisbol

America's favorite pastime—baseball—is growing. It is becoming more popular in countries outside the United States as well. More than 30 percent of professional baseball players are from countries other than the United States. There are already highly developed leagues in Latin America and Asia. In the Dominican Republic, baseball is a passion. There is even a Dominican professional winter league in which most U.S. clubs participate.

Una Herencia Deportiva
Los Beisbolistas de la República Dominicana.

Cruzando las lluvias tropicales que con frecuencia caen sobre la República Dominicana, una bola de béisbol surca el cielo para consagrar nuevos ídolos de este deporte en los Estados Unidos. Desde principios de siglo la República Dominicana ha sido una verdadera fábrica de beisbolistas talentosos, tanto que hoy 17 de los 26 equipos de las Ligas Mayores tienen academias de béisbol en este país. Desde ahí se desarrolla el talento de algunos de los mejores jugadores. En 1990, más de 50 beisbolistas dominicanos brillaron por su vitalidad y estilo en las grandes ligas. Y la lista de nuevas figuras se hace mayor cada año.

UNA HERENCIA VIVA

Can you identify the following Spanish baseball vocabulary?

1. el bate
2. el bateador
3. el receptor
4. el lanzador
5. el trofeo
6. el campo/diamante de béisbol
7. el campo interior
8. el campo exterior
9. el jonrón
10. la primera/segunda/tercera base

¿Qué te gusta hacer?

jugar al béisbol

bailar

cantar

ver (la) televisión

jugar al tenis

tocar el piano

nadar

ir de compras

oír (la) radio

hacer la tarea

mirar fotos

comprar

patinar sobre ruedas

preguntar y contestar

¿Dónde está?

En Santo Domingo

8 Nos gusta(n)....

Working with a partner, find out four things that both of you like. Write down your findings, using *Nos gusta(n)....* Keep asking questions until you find four things you like in common.

A: ¿Te gusta ir a la playa?
B: No, no me gusta. ¿Te gusta jugar al tenis?
A: ¡Sí, claro! Me gusta mucho.
A y B: (*Write* Nos gusta jugar al tenis.)

Algo más

¿*Mirar* o *ver* (la) televisión?

Although both *mirar* (to look at) and *ver* (to see) are used to say that someone watches television, *ver* is the more common expression of the two. In the same way, you will hear *oír* (to hear) more often than *escuchar* (to listen to) when referring to the radio.

¿Miras o ves televisión?

¿Oyes o escuchas música?

9 ¿Qué te gusta hacer?

Look at the following survey about pastime activities and write your response to each question. Then, working in pairs, take turns asking one another if you like to do the things listed.

ir de compras
A: ¿Te gusta ir de compras?
B: Sí, me gusta./No, no me gusta.

ENCUESTA: ¿Cuáles son tus pasatiempos favoritos?

¿Te gusta...?

	SÍ	NO
1. ir de compras	☐	☐
2. ir al cine	☐	☐
3. tocar el piano	☐	☐
4. oír la radio	☐	☐
5. ver (la) televisión	☐	☐
6. jugar al tenis	☐	☐
7. nadar	☐	☐
8. cantar	☐	☐
9. bailar	☐	☐
10. salir los viernes/sábados	☐	☐
11. mirar fotos	☐	☐
12. ir a conciertos	☐	☐
13. hacer la tarea	☐	☐

Oportunidades

El español en tu comunidad

It is not always necessary to travel great distances in order to be able to use Spanish. Whether you speak with someone, read a newspaper, watch a program on television or connect with someone on the World Wide Web, there are opportunities in every community in the United States to apply the skills you are learning this year in Spanish class. How have you been able to use Spanish where you live?

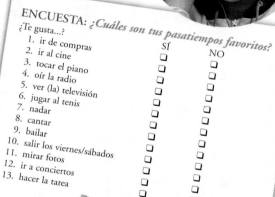

IDIOMA

El verbo *gustar* con *le* y *les*

Sometimes *gusta* and *gustan* are used with *le* or *les* instead of *me, te* or *nos.* Use *le* before *gusta* or *gustan* when speaking formally (using *Ud.*) with someone about what that person likes or dislikes, or when asking about or reporting what another person *(él* or *ella)* likes or dislikes.

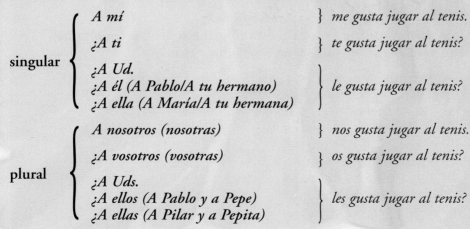

¿**A USTED?** LE GUSTA VIAJAR A GUSTO O... ¡SUFRIR DEL SUSTO!

¿**Le gusta** ir de compras?	Do you *(Ud.)* like to go shopping? Does he like to go shopping? Does she like to go shopping?
¿**Le gustan** las fotos?	Do you *(Ud.)* like the photos? Does he like the photos? Does she like the photos?

Use *les* before *gusta* and *gustan* when speaking with more than one person *(Uds.)* about what they like or dislike, or when asking about or reporting what other people *(ellos* or *ellas)* like or dislike.

¿**Les gusta** cantar en español?	Do you *(Uds.)* like to sing in Spanish? Do they *(ellos* or *ellas)* like to sing in Spanish?
¿**Les gustan** las playas?	Do you *(Uds.)* like the beaches? Do they *(ellos* or *ellas)* like the beaches?

Algo más

Para aclarar o para dar énfasis

Sometimes words can be added to clarify an otherwise confusing sentence or to add emphasis. Look at the following:

¿Les gusta ir de compras?

singular	*A mí*	}	*me gusta jugar al tenis.*
	¿*A ti*	}	*te gusta jugar al tenis?*
	¿*A Ud.* ¿*A él (A Pablo/A tu hermano)* ¿*A ella (A María/A tu hermana)*	}	*le gusta jugar al tenis?*
plural	*A nosotros (nosotras)*	}	*nos gusta jugar al tenis.*
	¿*A vosotros (vosotras)*	}	*os gusta jugar al tenis?*
	¿*A Uds.* ¿*A ellos (A Pablo y a Pepe)* ¿*A ellas (A Pilar y a Pepita)*	}	*les gusta jugar al tenis?*

10 ¿A quién le gusta?

Working with a partner, read the following sentences that are not clear. Then look at the illustration to be certain who likes or does not like the things being discussed.

la señora Durán

A: Le gusta ir a Santo Domingo.
B: ¿A quién?
A: A la señora Durán le gusta ir a Santo Domingo.

B: Les gusta hacer la tarea en casa.
A: ¿A quiénes?
B: A sus hijos les gusta hacer la tarea en casa.

sus hijos

Rodolfo

los Álvarez

Emilio

Susana

1. Le gusta tocar el piano.

2. Les gustan los libros de Stephen King.

3. Le gusta ver el partido de béisbol en la televisión.

4. Le gustan las naranjas.

Tony y Alfredo

la mesera

Carmen y Lola

doña Tere

5. Les gusta nadar.

6. Le gusta ir a casa.

7. Les gusta oír la radio y bailar.

8. Le gusta ir de compras a las tiendas grandes.

11 ¿Qué te gusta?

Combine words from each column to make at least seven original sentences. Some of your sentences can be negative.

I	II	III	IV
a nosotros	me	gusta	la música dominicana
a ti	te	gustan	los abuelos
a mis hermanos	le		el verano
a mi padre	nos		jugar al béisbol
a mi tía	les		los partidos de tenis
a mí			las fotos de familia y de amigos
a Ud.			hablar
			oír la radio
			tocar el piano
			patinar (sobre ruedas)

12 ¿A mí? ¡No!

Working with a classmate, take turns asking and answering questions using the cues below. Make your responses clear and emphatic.

tú/bailar/cantar

A: ¿A ti te gusta bailar?
B: ¡No! ¡A mí no me gusta bailar! Me gusta cantar.

ella/estudiar/tocar el piano

B: ¿A ella le gusta estudiar?
A: ¡No! ¡A ella no le gusta estudiar! Le gusta tocar el piano.

1. ellas/estar en casa/ir de compras
2. Ud./hablar español/hablar inglés
3. tú/ver (la) televisión/ir al cine
4. él/tocar el piano/oír (la) radio
5. Uds./jugar al tenis/jugar al béisbol
6. los estudiantes/contestar preguntas/hacer preguntas
7. Eva/las playas de Puerto Rico/las playas de la República Dominicana

¿Qué más te gusta hacer?

Me gusta jugar....	Me gusta tocar....
al golf	el violín
al básquetbol	la trompeta
al fútbol	la guitarra
al fútbol americano	el tambor
al hockey	la flauta
	el trombón
	el saxofón
	la tuba
	la marimba

13 Los gustos

Tell at least two things that two of your family members or friends like to do and at least one thing that each person does not like to do.

A mis hermanos, Kyle y John, les gustan las fiestas.
A Kyle no le gusta bailar.

14 Lista de gustos

Working in groups of three, take turns asking and telling one another what you like or do not like to do. Each person then makes a list of two things the other group members do and do not like to do. Then one member for each group reports the information to the class.

A: A mí me gusta cantar.
B: A mí me gusta bailar.
C: A mí me gusta tocar el piano.
B: A (él/ella) le gusta cantar, a (él/ella) le gusta tocar el piano y a mí me gusta bailar.

A ella le gusta tocar la trompeta.

15 ¿A ti te gusta...?

Try the following four-part activity: *Parte 1:* Make up a list of eight items and activities that people like and dislike. *Parte 2:* Try to find someone who matches each category in your list. When you find someone for a category, ask the person to sign his or her name *(Firma aquí, por favor.)* next to the appropriate item. Try to complete your survey in ten minutes. *Parte 3:* Write several complete sentences to summarize your findings. *Parte 4:* Report your results to the class.

Parte 1

Le gustan los partidos de tenis.

¿Le gusta/Le gustan?	Sí	No	Firma
1. los partidos de tenis	X		María A.
2. jugar al béisbol			
3. ...			

Parte 2

A: María, ¿te gustan los partidos de tenis?

MARÍA: Sí, me gustan los partidos de tenis.

A: Firma aquí, por favor.

Parte 3 y Parte 4

A: *(Writes and says* A María le gustan los partidos de tenis.*)*

Algo más

Para describir a las personas

Many adjectives that you can use to describe your friends and family are easy-to-learn cognates. Do you know what the following cognates mean?

generoso/a
fantástico/a
egoísta
horrible
interesante
cómico/a
ideal
importante

¿Eres una persona interesante?

¿Cómo son?

fea

guapa

delgado

gordo

pelirrojo

difícil

fácil

canosa

alto

bajo

calvo

rubia

moreno

divertido

aburrido

bueno

malo

tonta

inteligente

rápido

lenta

16 Palabras antónimas

Give the opposite meaning of each word shown below. Be sure to match gender and number.

1. abiertas
2. difícil
3. fríos
4. feo
5. aburrido
6. contenta
7. buena
8. ocupadas
9. bajos
10. inteligente
11. rápida
12. delgados

ABIERTO

CERRADO

17 ¿Te gusta ver (la) televisión?

How might you react if you were to see the following people or events on television? Use an expression with *¡qué!* and an adjective.

 ¡Qué horrible!/¡Qué malo!

1.　　　　2.　　　　3.　　　　4.

5.　　　　6.　　　　7.　　　　8.

18 ¿Es calvo tu abuelo?

Describe the following people, being as creative as you can. Invent descriptions if you wish. Use at least two adjectives per description.

 mi amiga favorita
Es muy amable y guapa.

1. mi amigo favorito
2. mis primos
3. mi abuela
4. mi dentista
5. mis tíos
6. el profesor/la profesora de matemáticas
7. el amigo de mi hermana
8. mi tía *(name)*

¿Cómo son Uds.?

19 ¿Cómo es tu novio/a ideal?

Look at the following survey about the ideal mate *(pareja)*. With a partner, discuss what your ideal boyfriend *(novio)* or girlfriend *(novia)* would be like. Then explain how important several of those qualities are to you in a relationship.

A: ¿Es tu novia ideal guapa?

B: No, no es importante. ¿Es tu novio ideal generoso?

A: ¡Claro! Es importante.

¿Cómo es tu pareja ideal?

	Es muy importante	Es importante	No es importante
generosa		✓	
guapa		✓	
interesante			
divertida			
delgada			✓
cómica			
amable			
inteligente			
honesta			
egoísta			

20 Nuestros amigos

Working in groups of three to five, select one student as the group leader. Make a list of the qualities *(las cualidades)* that students most appreciate in a friend. The leaders take notes and report to the class on the conclusions of each group.

A: ¿Qué cualidades te gustan en un(a) amigo/a?

B: Me gustan los amigos amables.

C: Me gustan los amigos simpáticos.

A: A nosotros nos gustan los amigos amables y simpáticos.

Datos Personales

NOMBRE: Joaquín.
NACIÓ EL: 16-3-73.
EN: Palma de Mallorca.
SIGNO: Piscis.
ESTATURA: 1,84.
COLOR DE OJOS: Entre azules, verdes y grises.
AFICIONES: Pintar, dibujar, bailar, tocar el violín, practicar el esquí, la fotografía, jugar al billar, regalar una rosa, salir a cenar... ¡Y todo lo que resulte divertido!
PROFESIÓN: Estudiante.
ADORA: La femineidad natural, la inteligencia, la seguridad en uno/a mismo/a y las personas con estilo propio.
DETESTA: La idiotez, las limitaciones personales y la arrogancia.

ANTES.
HOMBRE SOLTERO
Bien educado, buen mozo, muy cariñoso. Busca linda chica para contraer matrimonio Tel: 8 69 12 00

AHORA.
HOMBRE SOLTERO CON CASA PROPIA. Busca linda chica para contraer matrimonio. Tel: 8 69 12 00

AHORA COMPRE SU VIVIENDA, LOCAL, OFICINA O CONSULTORIO USADO CON DAVIVIENDA.

DAVIVIENDA
donde está el ahorrador feliz.

21 ¿Cómo es...?

Bring to class two magazine cutouts of sports figures, musicians or television/film stars. Working in groups of three or four, one student holds up a picture, while the others each contribute a sentence to describe the person shown. Continue until each group member's cutouts have been described by the group. Be creative!

A: ¿Cómo es Gloria Estefan?

B: Es morena.

C: Es una cantante popular.

Gloria Estefan es una cantante muy popular.

IDIOMA

Ser vs. estar

As you have seen, the English verb **to be** has two equivalents in Spanish: *ser* and *estar*. The two verbs, however, are used for very different situations.

Mi casa es blanca, pero no es la Casa Blanca.

- *Ser* may express origin.

Soy de (los) Estados Unidos.	I am from the United States.
Ellas son de Santo Domingo.	They are from Santo Domingo.

- *Ser* expresses a characteristic or basic trait that distinguishes people or objects from one another.

Eduardo es amable.	Eduardo is nice.
Tu casa es blanca.	Your house is white.

- *Estar* is used to express the temporary condition of someone or something.

Estoy bien.	I am fine.
¡Qué bonita estás hoy!	How pretty you are (look) today!

- *Estar* may also refer to the location of someone or something.

¿Dónde está el banco?	Where is the bank?

Note: Although *estar* is generally used to express location, *ser* can refer to the location of an event. In these cases it means **to take place.**

¿Dónde es el concierto?	Where is the concert (taking place)?

22 ¿Ser o estar?

Selecciona *(Select)* **la forma correcta de los verbos *ser* o *estar* para completar las siguientes oraciones.**

1. ¿Dónde <u>(1)</u> el partido de béisbol?
2. El Teatro Nacional <u>(2)</u> en Santo Domingo.
3. Miguel <u>(3)</u> el hermano de Mónica.
4. No <u>(4)</u> cansado.... ¡Estoy aburrido!
5. Óscar de la Renta <u>(5)</u> de la República Dominicana.
6. El piano <u>(6)</u> de Ana y Raquel.
7. Las playas de Puerto Plata <u>(7)</u> en la República Dominicana.
8. ¡Qué interesante <u>(8)</u> tú!
9. Nosotros <u>(9)</u> contentos de estar en San Pedro de Macorís.
10. ¿Tienes un momento o <u>(10)</u> apurada?

Ellos están en la playa en la República Dominicana.

23 ¿Quién es?

Write a description of a famous person. Then, working with a partner, describe the person as your classmate draws a picture of the person from your description. Give information such as where the person is from and why the person is famous. Your partner should conclude the activity by guessing the name of the person. Then switch roles.

24 ¿Cómo es?

Working in small groups, each person writes a paragraph about someone else in the class, without giving the person's name. Write at least four sentences. Include the person's likes, personality and physical description. Keep the descriptions positive! Others then guess the identity of the person described.

Autoevaluación. As a review and self-check, respond to the following:

1. Describe your best friend in Spanish.
2. Name in Spanish three things or activities that you like.
3. Name two things or activities that you do not like.
4. How would you ask a friend about three things he or she likes? How would you ask your teacher?
5. Imagine your cousin tells you he likes to study. How would you respond, adding emphasis, to say you like to go to the beach?
6. What expression can you use in Spanish to say something is funny? Boring? Interesting? Sad?
7. How would you say Marta is a good student, but she is bored today?
8. What do you know about the Dominican Republic?

¿Qué te gusta hacer?

¡La práctica hace al maestro!

A Comunicación

Prepare a list of seven to ten interview questions. Next, interview a classmate you do not know very well. Ask your partner about likes and dislikes, personality, family, age, favorite pastimes and so forth, while taking notes. Then switch roles. Return to your desk to prepare a summary *(resumen)* of your findings, adding adjectives that describe the person. Finally, include how you are alike and how you are different, making positive statements only. Present your findings to the class.

B Conexión con la tecnología

Working in groups of three or four, prepare a travel brochure on Puerto Rico or the Dominican Republic. Search the Internet for information to include in your brochure such as: capital city, population, major tourist attractions, calendar of events, merengue, salsa, baseball. Helpful sites might include on-line newspapers and tourism offices from Puerto Rico or the Dominican Republic. Finally, present your group's travel brochure to the rest of the class.

El castillo del Morro, Puerto Rico.

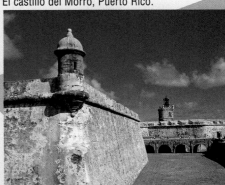

VOCABULARIO

Para describir

aburrido,-a
alto,-a
bajo,-a
bueno,-a
calvo,-a
canoso,-a
cómico,-a
delgado,-a
difícil
dulce
egoísta
fácil
feo,-a
generoso,-a
gordo,-a
horrible
ideal
importante
inteligente
interesante
lento,-a
malo,-a
moreno,-a
pelirrojo,-a
rápido,-a
rubio,-a
tonto,-a

Expresiones y otras palabras

el béisbol
la compra
me
mí
nos
el partido
el piano
la radio
la tarea
la televisión
el tenis
ti
la voz

Verbos

bailar
cantar
comprar
contestar
gustar
ir de compras
jugar (ue)
jugar a *(+ sport/game)*
mirar
nadar
oír
patinar sobre ruedas
tocar

Ella es pelirroja.

Nos gusta jugar al béisbol.

¿Te gusta la música salsa?

a leer

~~Estrategia~~

Preparación

Estrategia para leer: *skimming*

Before beginning to read an article, glance at the contents quickly. Skimming through the reading in this way will help you identify what the article is about and will provide information that will determine whether the content interests you or not. To skim the article that follows, read the title, the first line or two of each paragraph, note highlighted words and look for supportive visuals such as photographs or illustrations.

Contesta las siguientes preguntas como preparación para la lectura.

1. ¿Cuál es la idea básica de la lectura?
2. ¿Qué equipo de béisbol está en los siguientes lugares *(places)*? Selecciona los equipos de la columna II que van con las ciudades de la columna I.

I	II
A. Boston	los Indios
B. Los Ángeles	los Medias Rojas
C. Atlanta	los Rancheros
D. Cincinnati	los Dodgers
E. Pittsburgh	los Atléticos
F. Texas	los Piratas
G. San Francisco	los Gigantes
H. Cleveland	los Bravos
I. Philadelphia	los Rojos
J. Oakland	los Filis

Los Martínez, una familia de beisbolistas

El béisbol no **sólo** es un **deporte** muy popular en los EE.UU., también es muy popular en muchos países hispanos. A la **gente** de Puerto Rico, de Cuba y de la República Dominicana les gusta mucho jugar al béisbol. Y muchos beisbolistas profesionales son hispanos.

Por ejemplo, la familia Martínez de la República Dominicana tiene tres hijos que son beisbolistas en las ligas profesionales de los EE.UU. Su hijo **mayor**, Ramón Martínez, es un **lanzador** para los Dodgers de Los Ángeles. Pedro Martínez, que es el hermano **menor**, es un lanzador para los Medias Rojas de Boston. En adición, Jesús Martínez, el hijo menor de la familia, es un lanzador en las ligas menores de los Dodgers.

Ramón es el ídolo de sus hermanos menores. Pero Pedro es **el más** famoso de los tres porque es el **primer** dominicano que **ganó** el **premio** de Cy Young de la liga nacional. Los tres hermanos no juegan al béisbol todo el tiempo. También les gusta nadar, oír música y pasar tiempo en la República Dominicana con sus padres. Los Martínez—una familia **unida** por el béisbol.

Pedro Martínez es un famoso beisbolista.

sólo *only* **deporte** *sport* **gente** *people* **mayor** *older* **lanzador** *pitcher* **menor** *younger* **el más** *the most* **primer** *first* **ganó** *won* **premio** *award* **unida** *united*

A ¿Qué comprendiste?

1. ¿Dónde es popular el béisbol?
2. ¿Qué son los tres hijos de la familia Martínez?
3. ¿En qué posición juegan ellos?
4. ¿Para qué equipo juega Ramón?
5. ¿Por qué es muy famoso Pedro?
6. ¿Qué hacen los hermanos Martínez además de jugar al béisbol?

B Charlando

1. ¿Te gusta más jugar o ver el béisbol?
2. ¿Tienes un equipo profesional favorito? ¿Cuál es?
3. ¿Tienes un beisbolista favorito? ¿Quién es?
4. ¿Vas a los partidos profesionales? ¿A cuáles?

a escribir

Estrategia

Estrategia para escribir: *creating an outline*

One of the best ways to generate ideas about a writing theme is to visually map out or outline your ideas on paper. This will help you organize your thoughts before you begin to write. It may also allow you to discover connections about the theme that you had not considered before.

A. Map out the members of your family on a family tree. Then cluster related ideas around the members of your family to tell their ages and interests, to describe them and to express your opinions about them.

B. Organize your ideas into a complete paragraph in Spanish that describes your family. Be sure to give your paragraph a title. You may wish to attach a family photograph or add original artwork and graphics to make your paragraph more visually appealing.

> ### Mi Familia
>
> En mi familia somos cinco personas.
> Mis padres son simpáticos y divertidos.

repaso

Now that I have completed this chapter, I can...
- ✓ talk about family and friends.
- ✓ describe people.
- ✓ state possession.
- ✓ seek and provide personal information.
- ✓ express opinions.
- ✓ express likes and dislikes.
- ✓ report information.
- ✓ write about family and friends.

I can also...
- ✓ identify members of my family in Spanish.
- ✓ talk about life in Puerto Rico and the Dominican Republic.
- ✓ read and use Spanish words in context.
- ✓ read in Spanish about baseball in Spanish-speaking countries.
- ✓ write a paragraph in Spanish.

Una familia puertorriqueña.

La vida diaria

POSADA DE DON RODRIGO

In this chapter you will be able to:

* talk about the future
* express likes and dislikes
* talk about everyday activities
* express opinions
* ask for and state ages
* write about everyday life
* state when things are done
* talk about dates and special days
* seek and provide personal information
* use the numbers 101-999,999

175

Lección 9

Un día en Puerto Limón

COSTA RICA

el estéreo

Playa Bonita

la mandolina

la guitarra

el gato

los casetes

el dinero

el disco compacto

amor

el perro

el tocadiscos

la grabadora

MERCEDES:	¡Ah! Aquí está la tienda de música. Voy a ver **si°** **tienen** el **disco compacto** con la **canción°** *Loco amor,* **que°** es de la **película°** *¡Estás loco, Miguel!*
NORA:	¿Otra tienda? **¡Caramba,°** Meche! No **tenemos** mucho tiempo en Puerto Limón y quiero comer unos tamales y **pasar°** unas horas en Playa Bonita.
MERCEDES:	**¡Qué lástima!°** Pues, sí, ¡vamos a la playa! Pero ahora necesito **buscar°** el CD. **Entro** en la tienda, **lo°** compro y en un momento salimos. ¿De acuerdo?
RAÚL:	¿En un momento?
MERCEDES:	Sí, no voy a comprar mucho. ¡No tengo mucho **dinero**!
RAÚL:	¡Qué **sorpresa**!

si *if* **canción** *song* **que** *that, which* **película** *movie* **Caramba** *Wow* **pasar** *to spend (time)* **lástima** *shame* **buscar** *to look for* **lo** *it*

¿Qué comprendiste?

1. ¿En qué ciudad están los chicos?
2. ¿Qué va a comprar Mercedes?
3. ¿Cómo se llama el disco compacto? ¿Y la película?
4. ¿Qué va a comer Nora? ¿Adónde van a ir?
5. ¿En qué tienda entra Mercedes?
6. ¿Va a comprar mucho Mercedes?

¡Haz el papel!

Trabajando en grupos de tres, haz el papel de una de las personas del diálogo anterior.

Charlando

1. ¿Te gusta la música? ¿De qué tipo?
2. ¿Tienes casetes o discos compactos? ¿Cuántos?
3. ¿Qué canciones son populares ahora? ¿Cómo se llaman los cantantes?
4. ¿Tienes una grabadora, un tocadiscos o un estéreo?
5. ¿Entras en las tiendas para mirar o comprar?

¿Qué tipo de música te gusta?

popular	jazz	rap
rock	clásica	tejana (Tex-Mex)
romántica	disco	mariachi
merengue	flamenca	salsa

Conexión Cultural

Costa Rica

In 1502, Christopher Columbus visited Cariari (now *Puerto Limón*) on his fourth voyage to America and named the country Costa Rica (rich coast) for what he perceived was a land that offered a wealth of gold and silver.

Costa Rica has had a long tradition of democratic changes in government and noninterference in the foreign affairs of other countries. One of Costa Rica's presidents, Oscar Arias, was awarded a Nobel Peace Prize for his efforts to bring peace to the region.

Costa Rica has other noteworthy features. It is a small, Spanish-speaking country with only about three million people. The majority of Costa Ricans live in the capital and industrial center of San José. As a democratic country, it holds a popular election every four years to elect a president, spends more money on education than many of its Latin American neighbors and has had no army for more than fifty years. For these reasons, the country has the highest standard of living in Central America.

Among the people of Costa Rica, as well as several other Latin American nations, a popular form of music is taking root. The *nueva canción* (new song) music originated in a grassroots youth movement whose main philosophy is to return the power to the people. Guitars and mandolins accompany vocalists as they sing about social unrest, improving living conditions for everyone, preserving nature and uniting all Latin Americans in peace and autonomy.

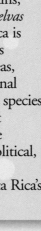

Una selva tropical en Costa Rica.

Situated at the center of the American continent, this beautiful country features a diverse landscape of beaches, mountains, volcanos (like the *Irazú*) and rain forests *(selvas tropicales* or *bosques lluviosos)*. In fact, Costa Rica is world famous for its ecological tourism and has dedicated over 25% of its land as protected areas, national parks and reserves which are the seasonal home for 10% of the world's birds, over 9,000 species of plants and 1,200 species of orchids. Current ecological concerns about global warming have produced an awareness in Costa Rica of the political, social and environmental ramifications of the destruction of the world's rain forests and Costa Rica's role in resolving this critical issue.

Áreas silvestres protegidas de Costa Rica

Según el Sistema Nacional de Áreas de Conservación (SINAC), Costa Rica posee 123 áreas silvestres distribuidas en las siguientes categorías de manejo: parques nacionales, reservas biológicas, reservas forestales, zonas protectoras, refugios nacionales de vida silvestre, humedales y monumento nacional. A su vez, dichas áreas se agrupan en áreas de conservación, concebidas como unidades territoriales reguladas por una misma estrategia de desarrollo y administración, donde deben coexistir, tanto actividades estatales como privadas, en materia de manejo y conservación de los recursos naturales. El Sistema Nacional de Áreas de Conservación está conformado por diez áreas: Guanacaste, Tempisque, Arenal, Tortuguero, Pacífico Central, Cordillera Volcánica Central, Amistad Caribe, Amistad Pacífico, Osa e isla del Coco.

Resumen de las áreas silvestres protegidas del país:

Categoría	Cantidad	No de hectáreas
Parques Nacionales	23	837.492,32
Reservas Biológicas	10	43.804,30
Monumento Nacional	1	217,90
Reservas Forestales	12	291.191,00
Zonas Protectoras	30	190.960,00
Refugios de Vida Silvestre	34	97.401,66
Humedales	14	50.465,00
Total	123	1.611.532,16

Fuente: Sistema Nacional de Áreas de Conservación (SINAC).

Áreas silvestres más visitadas

Área	Visitantes
Parque Nacional Volcán Poás	174630
Parque Nacional Manuel Antonio	104807
Parque Nacional Volcán Irazú	104347
Parque Nacional Santa Rosa	54.001
Reserva Biológica Carara	28234
Parque Nacional Tapantí	26243
Parque Nacional Rincón de la Vieja	22173
Parque Nacional Corcovado	18947
Monumento Nacional Guayabo	15868
Parque Nacional Cahuita	15387

4 Viaje a Costa Rica

Plan a trip to Costa Rica. Begin by finding out more about the country. Visit the library or use sources from the Internet to find information. Then prepare a summary of places and points of interest you are going to visit *(visitar)* during a trip there, using a dictionary to find words you do not know.

 Voy a visitar las playas bonitas y la ciudad fantástica de San José.

Oportunidades

¡Trabajar y viajar!

The travel industry employs hundreds of thousands of people, many of whom are bilingual. Since tourism is one of the top industries in most of the Spanish-speaking countries in the Western Hemisphere, the job prospects are nearly limitless. Travel agencies, hotels, cruise lines and airlines all need employees who can speak two (or more) languages. Additionally, the ability to speak Spanish makes it easier for you to travel for pleasure. For example, in Costa Rica you can experience unusual vacations like camping on the side of a volcano *(Poás* or *Irazú)* or spending a week in a wildlife sanctuary or government-protected rain forest with 850 species of birds!

¡Hay muchas oportunidades para usar el español!

CONEXIONES 5 Cruzando fronteras

Working with a partner, create a brochure or travel poster in Spanish on Costa Rica. Include photos, magazine clippings or illustrations to make your brochure or poster more colorful. The Internet offers a wealth of places to contact for additional information.

Algo más

Las exclamaciones: un poco más

You learned in *Lección 7* that the word *qué* can be combined with an adjective to express strong feelings about something you are experiencing. It is also possible to express strong feelings—both positive and negative—with *qué*, followed by a person, place or thing, which is equivalent to *What a...!*

¡Qué película!	What a movie!
¡Qué ciudad!	What a city!
¡Qué lástima!	What a shame!

6 ¡Qué...!

Express your reactions to the following situations, using *qué* plus a noun.

¡Qué película!

1.

2.

3.

4.

5.

6.

7.

IDIOMA

El presente del verbo *tener*

The verb *tener* (to have) is an irregular verb.

tener			
yo	**tengo**	nosotros nosotras	**tenemos**
tú	**tienes**	vosotros vosotras	**tenéis**
Ud. él ella	**tiene**	Uds. ellos ellas	**tienen**

Tengo un amigo de San José.
David tiene diecisiete casetes.

I have a friend from San José.
David **has** seventeen cassettes.

Note: Sometimes forms of *tener* are used in Spanish expressions where the verb **to be** is used in English. One such expression is *tener* (+ number) *años,* which you have already used to talk about someone's age.

¿Cuántos años tienes?
Tengo quince años.

How old **are you?**
I **am** fifteen (years old).

7 En la tienda de música

Completa el siguiente diálogo con las formas correctas de *tener*.

ADELA: Entramos en la tienda de música, ¿de acuerdo?

MARIO: Sí. Quiero saber si la tienda (1) un disco compacto para mi hermana. Ella no (2) el disco compacto del grupo Inti Illimani de la nueva canción.

ADELA: Aquí está un señor de la tienda para preguntar.

MARIO: Perdón, señor. ¿(3) Uds. discos compactos de la nueva canción?

SEÑOR: Nosotros (4) muchos discos compactos, pero no (5) discos compactos de la nueva canción.

MARIO: ¡Qué lástima!

ADELA: Mario, nosotros (6) una hora. ¿Lo buscamos en otra tienda?

MARIO: Sí, pero yo (7) un problema. No (8) mucho dinero. ¿Cuánto (9) tú?

ADELA: Ay, Mario, no (10) dinero tampoco.

¿Tienes muchos discos compactos?

8 ¿Qué tienen?

Working in pairs, look at the following illustrations. Ask your partner what each person has according to the cue given, and your partner should answer. Use the verb *tener* and add details about the items if you wish. Then switch roles.

> A: ¿Qué tiene Carolina?
> B: Carolina tiene un disco compacto nuevo.

Carolina

1. Marta y Raquel

2. nosotros

3. Ud.

4. yo

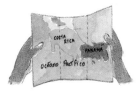

5. don Pedro

6. tú

7. Teresa y su hermano

9 ¿Qué te gusta?

Working in small groups, take turns asking questions about your classmates' ages, their likes and dislikes and things you have in common *(en común)*. Use various forms of *tener* and as much new vocabulary as you can. Each person should take notes. Select a representative from the group to report your findings to the class. Be creative!

¿Cuántos años tienes?
¿Te gusta la música jazz?
¿Tienes discos compactos?

Proverbios y dichos

You may sometimes wonder why you practice your Spanish skills every day. By reading, writing, speaking and hearing Spanish over and over this year, you are learning skills that will stay with you forever. As the saying goes, *Al buen músico el compás le queda* (A good musician never loses the beat). Once you learn something well it will stay with you always.

Al buen músico el compás le queda.

IDIOMA

El complemento directo

A direct object is the person or thing in a sentence that receives the action of the verb directly and answers the question **what?** or **whom?**

They see **the store.** (They see **what?**)
Diego sees **Carla.** (Diego sees **whom?**)

Sometimes a direct object pronoun *(pronombre de complemento directo)* is used instead of a noun to refer to a direct object that was mentioned previously (They see **it.** Diego sees **her**).

Te veo.

los pronombres de complemento directo			
me	*me*	**nos**	*us*
te	*you* (tú)	**os**	*you* (vosotros,-as)
lo	*him, it, you* (Ud.)	**los**	*them, you* (Uds.)
la	*her, it, you* (Ud.)	**las**	*them, you* (Uds.)

In Spanish, the direct object pronouns usually precede the conjugated form of the verb. Any negative expressions (such as *no* or *nunca*) are placed before the object pronouns. In addition, the direct object pronouns *lo, la, los* and *las* can refer to either people or objects. Compare how they are used in the following sentences.

*No **la** veo.*	I do not see **her** *(Carla).* I do not see **it** *(la tienda).*
*Nunca **lo** veo.*	I never see **him** *(Diego).* I never see **it** *(el periódico).*

Note: Sometimes the direct object pronoun *lo* is used to refer to a nonspecific direct object or a direct object that is expressed as an idea or a phrase (instead of a person or object).

¿Sabes dónde está el casete?	Do you know where the cassette is?
*Sí, **lo** sé.*	Yes, I do (know it).

 10 ¿Qué ves?

 Working in pairs, take turns asking and answering whether or not you see what is asked for from where you are sitting.

A: ¿Ves la ventana?
B: Sí, (No, no) la veo.

A: ¿Ves el tocadiscos?
B: Sí, (No, no) lo veo.

1. ¿Ves la computadora?
2. ¿Ves el carro?
3. ¿Ves los discos compactos?
4. ¿Ves la grabadora?

5. ¿Ves el libro de español?
6. ¿Ves el reloj?
7. ¿Ves las revistas de música?
8. ¿Me ves?

¿Lo ves?

Repaso *rápido*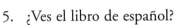

El negativo

Do you remember how to make a sentence negative in Spanish? Look at these sentences.

*Mis amigos **no** están en la tienda.*	My friends are **not** in the store.
***No** tengo muchas cintas.*	I do **not** have a lot of cassettes.
*Elena **no** las tiene tampoco.*	Elena does **not** have them either.
***Nunca** cantas.*	You **never** sing.

Remember: Make a sentence negative by placing a negative word like *no* or *nunca* before the verb and also before the direct object pronoun (if there is one).

11 ¿Los o las?

Trabajando en parejas, contesta las siguientes preguntas con *los* o *las*.

> **A:** ¿Tienes los libros para tus clases?
> **B:** Sí, (No, no) los tengo.

1. ¿Necesitas los mapas de Puerto Limón?
2. ¿Pasas las horas libres en la playa?
3. ¿Lees las revistas en español?
4. ¿Compras los discos compactos de tu cantante favorito/a?
5. ¿Entras los números en la computadora?
6. ¿Cantas las canciones de amor?

CAPÍTULO II

¿QUÉ TENEMOS?
DIVERSIDAD DE ESPECIES EN COSTA RICA

En Costa Rica se estima que existen 505,664 especies, de las cuales alrededor de 350,000 son antrópodos: arañas, insectos, ciempiés, entre otros. De las 505,664 especies, que se esperan existan en el país, solamente 84,399 han sido descritas (esto es, que los científicos las han podido conocer y clasificar), más del 79% de ellas son artrópodos. El otro grupo mayoritario es el de las plantas. Se han descrito alrededor de 10,353 especies. Se ilustra el tema con un cuadro que es tomado del Estudio Nacional de Biodiversidad y está organizado y resumido por reinos. Además incluye al grupo de los virus.

En el cuadro, se entiende por especies esperadas, las que se estima que hay en el país, de acuerdo con estudios realizados previamente y por especies descritas las que los investigadores han localizado, estudiado y clasificado.

12 ¿Qué tenemos?

Imagine you are part of a tour group that is visiting Cartago, Costa Rica. Working in pairs, ask your partner questions based on the cues given to find out if each person has the item indicated. Your partner should answer each question affirmatively or negatively using a direct object pronoun. Follow the model.

> tú/tener/tamales de pollo
> **A:** ¿Tienes los tamales de pollo?
> **B:** Sí, los tengo./No, no los tengo.

1. nosotros/tener/dinero
2. la señora García/tener/mapa de Cartago
3. yo/tener/comida del almuerzo
4. Pedro/tener/libro de la Basílica de Los Ángeles
5. tú/tener/casetes de la nueva canción
6. Juan y Marta/tener/grabadoras

¿Tienes discos compactos de la nueva canción?

13 Una visita

Completa el siguiente párrafo *(paragraph)* de una manera lógica, escogiendo de las siguientes palabras: *lo, la, los, las, me, nos.*

Mañana voy a San José para estar con mis parientes. No (1)___ veo mucho porque mis padres y yo vivimos en Puerto Limón. Pero mis tíos (2)___ ven en el verano porque les gusta ir a Playa Bonita. A mí me gusta pasar tiempo en San José porque mi tío Paco (3)___ comprende. A él le gusta mucho la música. (4)___ toca también. Sus canciones favoritas son las canciones de amor. Siempre (5)___ canta. También compra muchos discos compactos y (6)___ tiene en casa. Mi tío Paco es simpático. ¡(7)___ quiero mucho!

Para aprender mejor: *avoiding interference with English*

Take care to avoid letting English interfere with new structures and vocabulary that you are learning in Spanish. For example, the pronouns *lo* and *la* are the Spanish equivalents of the English pronoun **it** only when **it** functions as a direct object of the verb. When **it** is the subject of a sentence, the Spanish subject pronoun is omitted.

¿Lo ves?	Do you see **it**?
No, no lo veo.	No, I do not see **it**.

but:

No está aquí.	**It** is not here.
Es interesante.	**It** is interesting.

Algo más

La *a* personal

In Spanish it is necessary to use the word *a* before any direct object that refers to a person. (In addition, some people place an *a* in front of a direct object that refers to a pet they consider part of the family.)

Veo a la profesora y a Mercedes.	I see the teacher and Mercedes.
Veo al gato.	I see the cat. (personalized)

It is not necessary to use the *a personal* with the verb *tener*.

Nora tiene dos primas en Cartago.	Nora has two cousins in Cartago.

14 ¿Qué hago?

¿Cuáles de las siguientes oraciones necesitan una *a personal*?

1. Veo <u>(1)</u> mi amiga en la tienda de música.
2. Mañana voy a ver <u>(2)</u> la televisión.
3. Sí, comprendo <u>(3)</u> mamá.
4. No comprendo <u>(4)</u> la película.
5. Voy a ver <u>(5)</u> mi abuela en Puerto Limón.
6. Me gusta mirar <u>(6)</u> los artistas de cine.
7. ¿Te gusta oír <u>(7)</u> la radio?
8. ¿Tienes <u>(8)</u> tres hermanos?

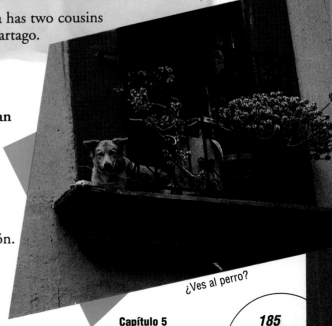

¿Ves al perro?

15 ¡Sí, claro!

Trabajando en parejas, alterna *(alternate)* con tu compañero/a *(classmate)* para preguntar y contestar las siguientes preguntas.

1. ¿Ves a tus amigos los viernes?
2. ¿Comprendes al profesor(a) la profesora de español?
3. ¿Hablas a tu profesor(a) en español?
4. ¿Ves a los cantantes populares en la televisión?
5. ¿Buscas a tus amigos en el cine?
6. ¿A quién ves ahora?

16 Juego de adivinanzas

Working with a partner, play this guessing game *(juego de adivinanzas)*. Ask and answer questions about people around you. See if your partner can guess whom you are describing. Follow the model, using the verbs *ver, mirar* and *buscar*. Remember to use the *a personal* when necessary. Then switch roles.

A: ¿A quién ves?
B: Veo a una chica alta y rubia.
A: ¿Ves a Julia?
B: No. Veo a Yolanda.

El horario de Mercedes

Las actividades de la semana que viene°

EL LUNES	*Biblioteca (estudiar para el examen)*
EL MARTES	*Librería (comprar libro nuevo)* *Ir al partido de fútbol con Raúl 4:00*
EL MIÉRCOLES	*Práctica de tenis 2:30*
EL JUEVES	*Clase de guitarra 3:30 / Llamar° a mi tía*
EL VIERNES	*Fiesta sorpresa–casa de Nora* *(buscar el CD de G. Estefan)*
EL SÁBADO	*Tienda de música (abre° a las 10:00)* *Hacer la maleta° para hacer un viaje*
EL DOMINGO	*Salir para Alajuela 9:00* *Comer con mis amigos 2:30*

el fin de semana

Mercedes siempre está muy ocupada. Tiene muchas actividades **todos los días.**

semana que viene *coming week* **Llamar** *Call* **abre** *opens* **maleta** *suitcase*

El Estadio del Norte
Alajuela II
vs
San José IV
El martes 20
16.00 horas
Sección 12 Azul
Asiento 45

17 ¿Qué comprendiste?

¿Sí o No? If the answer is *No*, make corrections so the statement is true.

1. Mercedes pasa mucho tiempo libre en la playa.
2. Va a la librería para buscar el nuevo disco compacto de Gloria Estefan.
3. Ella hace la maleta para un viaje.
4. Hace un viaje para ver a sus amigos en San José.
5. No va a estudiar la semana que viene.
6. Le gusta tocar la guitarra.
7. Mercedes está ocupada todos los días.
8. La tienda de música no abre los sábados.

18 Charlando

¿Te gusta pasar tiempo en la librería?

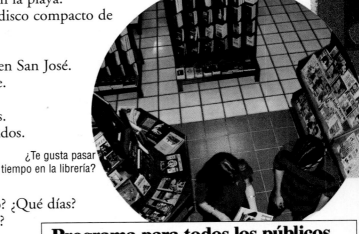

1. Si vas a una librería, ¿qué compras?
2. ¿Tienes clases de guitarra? ¿De piano? ¿Qué días?
3. ¿Tienes práctica de tenis? ¿De fútbol? ¿Cuándo?
4. ¿Qué actividades haces la semana que viene?
5. ¿Vas a hacer un viaje? ¿Adónde? ¿Necesitas hacer la maleta?
6. ¿A quién vas a llamar hoy? ¿Mañana?
7. ¿Abres los libros para estudiar todos los días? Y, ¿si tienes un examen?

Algo más

Los días de la semana hispana

On calendars in Spanish-speaking countries, the first day of the week usually is *lunes* and days of the week are not capitalized. Only *sábado* and *domingo* have different plural forms (*sábados, domingos*). Additionally, use *el* or *los* with the days of the week when referring to when activities or events take place. Spanish does not use *en* as English uses **on**. However, never use *el* or *los* after a form of the verb *ser*.

Programa para todos los públicos.

DEPORTES — LUNES
TOROS — MARTES
CUADERNOS — MIÉRCOLES
LIBROS — JUEVES
CIENCIA — VIERNES
CULTURAS — SÁBADO
AUTOMÓVIL / GENTE — DOMINGO

Cada semana, Diario 16 le ofrece una programación muy completa. Una programación para todos los públicos. A gusto de todos. Con suplementos sobre toros, deportes, negocios del automóvil, libros, educación... Cada día, un suplemento. Y los domingos, además, le entregamos la revista Gente del Fin de Semana. Sí, sobre todo, quiere estar bien informado, durante toda la semana, cuente con el programa más completo. Los suplementos diarios de Diario 16.

Diario 16
Cada día más cerca.

*Mercedes estudia **el** lunes.*	Mercedes is studying **on** Monday.
*Tiene práctica de tenis **los** miércoles.*	She has tennis practice **on** Wednesdays.
Mañana es sábado.	Tomorrow is Saturday.

La vida cultural

Read the following announcements from the entertainment section of *La Nación*, Costa Rica's most popular newspaper. Then answer the questions that follow, using direct object pronouns in your answers if possible. When you finish, create two new questions based on the information given. Finally, with a partner, ask and answer each other's questions.

Cita con el jazz

Este domingo Ud. tiene una cita a las cuatro de la tarde con el primer Festival Internacional de Jazz, en el estadio del Costa Rica Country Club.

Los grupos nacionales son Jazzee y Manuel Obregón & Sus Amigos. También estarán presentes los extranjeros Roberto Perera y su Grupo y el conjunto Spyro Gyra.

Las entradas se pueden comprar en las discotecas Auco Disco en Pavas y San José y en el Costa Rica Country Club. Si necesita más información, favor llamar al 239–8812.

BIENVENIDA: LA NOCHE CULTURAL

Teatro, danza, ballet y música te esperan el sábado en la Esplanada de la Universidad Nacional.

El Departamento de Promoción Estudiantil y la Federación de Estudiantes de la Universidad Nacional han programado actividades culturales para todos los gustos: teatro, danza, ballet, música y la oportunidad de pasar tiempo con los compañeros universitarios y con la comunidad de Heredia.

La bienvenida se iniciará a las tres de la tarde con el Grupo de Teatro "Niños Explosivos," que presentan la obra *Creando vida*. También van a tocar James Maikel y su Ensamble de Jazz. A las ocho termina la Noche Cultural con la música de los grupos Marimba UNA, Rondalla y Kioro.

1. ¿Qué día de la semana es el Festival Internacional de Jazz? ¿Dónde es?
2. De los cantantes de jazz, ¿quiénes son de Costa Rica?
3. Si vas al festival, ¿dónde compras las entradas?
4. ¿A qué número llamas para información?
5. ¿Qué actividades hay en la Noche Cultural?
6. ¿Hay música jazz en la Noche Cultural? ¿Quién la toca?
7. ¿Cómo termina la Noche Cultural?

Mi plan de la semana

Write your agenda for a whole week, beginning with Monday. Include which activities you have planned for each day. You may make up activities if you wish.

El lunes tengo práctica de fútbol.
El martes paso unas horas en casa de mi abuela.

Con tu compañero/a

With a partner, ask each other questions about the agenda you prepared in activity 20. Find out if you both have similar plans, or if you are doing completely different things. If possible, invite your partner to do something fun.

A: ¿Cómo pasas la tarde el viernes?
B: ¡Estudio para un examen!
A: ¿Estudias los viernes? ¡Caramba! ¿Por qué no vamos a un concierto?

Otra semana, ¡más actividades!

MERCEDES: ¡Caramba, tico! Siempre estoy **tan°** ocupada y hoy estoy **un poco°** cansada.

RAÚL: Pues, macha, te gusta hacer muchas actividades.

MERCEDES: Sí, porque San José es tan interesante: museos, **deportes**, música. Mañana voy **primero°** al Museo de Arte Contemporáneo y luego a **montar** en bicicleta con Nora por el parque Braulio Carrillo. El viernes Nora no tiene mucho tiempo, **entonces°** otra **compañera** y yo vamos a un partido de fútbol, y el sábado a un concierto de la nueva canción en el Teatro Nacional.

RAÚL: ¡Qué semana! No quiero oír más. ¡Ahora yo estoy cansado!

tan *so* **un poco** *a little* **primero** *first* **entonces** *then*

Conexión Cultural

Ticos y ticas

Costa Ricans call themselves *ticos* and *ticas,* which is a typical ending they add to ordinary words *(chico—chiquitico).* They are courteous and respectful (except to pedestrians, who do not have the right of way!) and do not use *tú* as freely as people from other Spanish-speaking countries.

Los *ticos* also have their own regional words and expressions that give their Spanish a Costa Rican flavor. For example, the phrase *pura vida* (pure life) is very popular as a positive response or reaction to almost any situation. Some other expressions that are popular in Costa Rica include the following:

Productos ticos se afianzan en el mercado exterior

Costa Rica es uno de los 5 principales suplidores para el mercado europeo de plantas ornamentales, y la piña cubre más del 60% de la demanda de los Estados Unidos.

Dentro del sector pecuario, la exportación de pescado fresco, refrigerado o congelado registra en el último año un incremento del 115%.

expresión	equivalente
macho/macha	refers to anyone with blonde hair
maje	buddy, pal (among friends)
¡Buena nota!	Okay!
el chunche	thing (or whatchamacallit)

Me gusta la música de los ticos.

22 ¿Qué comprendiste?

Completa las siguientes oraciones de una manera lógica.

1. Mercedes siempre está....
2. A ella le gusta hacer....
3. Va primero....
4. Mercedes y Nora....
5. Hay un concierto....

23 Charlando

1. ¿Te gustan los deportes? ¿Cuáles?
2. ¿Estás un poco cansado/a hoy? ¿Por qué?
3. Si no estás tan ocupado/a, ¿qué te gusta hacer?
4. ¿Te gusta montar en bicicleta? ¿En motocicleta?
5. Los fines de semana, ¿qué haces primero? ¿Y entonces?

24 En San José

Unscramble the following sentences to summarize what you know about Mercedes and Raúl.

 que viene ocupada Mercedes tan está la semana
Mercedes está tan ocupada la semana que viene.

1. hacer muchas actividades le gusta a ella San José en
2. Mercedes al Museo de Arte Contemporáneo mañana va
3. por el parque Braulio Carrillo en bicicleta va a montar ella
4. de fútbol el viernes a un partido Mercedes y una compañera van
5. el sábado a un concierto va de "la nueva canción"
6. en el Teatro Nacional están mis amigos para un concierto oír
7. ahora está Raúl cansado

El Teatro Nacional, San José, Costa Rica.

25 Oraciones originales

Write at least three original sentences about one of the topics from this lesson, which are listed below. (You may choose more than one topic if you wish.) Then, on a separate sheet of paper, scramble the words to each sentence. In groups of three or four, exchange papers and see if you can unscramble your classmates' sentences.

 A ellos les gusta pasar la tarde en playa Bonita.

bonita en a ellos tarde la playa pasar les gusta

Tengo partidos de fútbol los viernes.

Topics:
- Costa Rica: places of interest and culture
- Music
- Your weekly activities
- Your cat or dog

Repaso *rápido*

Gustar

Do you remember how to use the verb *gustar*? Review the following:

- The most commonly used present-tense forms of *gustar* are *gusta* and *gustan*.
- *Gustar* must always be used with an indirect object pronoun.

No me gusta el disco compacto.

los pronombres indirectos	
me	nos
te	os
le	les

- It may sometimes be useful to emphasize or clarify what you are saying by adding one of the following: *a mí, a ti, a Ud., a él, a ella, a nosotros, a nosotras, a Uds., a ellos* or *a ellas.*
- The word order of a sentence containing a form of *gustar* may vary at times.

| *La música me gusta.* | ➜ | *Me gusta la música.* |
| *Las canciones de amor nos gustan.* | ➜ | *Nos gustan las canciones de amor.* |

26 ¿Qué te gusta y qué no te gusta?

Working in pairs, take turns asking and answering which of the following things you like and do not like.

A: ¿Te gusta la música de la radio?
B: Sí, la música de la radio me gusta./No, la música de la radio no me gusta.

or

B: Sí, me gusta la música de la radio./No, no me gusta la música de la radio.

 yo   compañeros

1.

2.

3.

4.

5.

6.

27 Encuesta

In groups of four to six, prepare a survey *(encuesta)* asking what kind of music your classmates enjoy. Ask if they are familiar with and like Latin American music *(música latinoamericana)* such as *salsa* and *merengue* or Spanish music *(música española).* Then find out if someone sees musical performances in Spanish on television and, if so, when. Report your findings to the class.

A muchos estudiantes les gusta Gloria Estefan. A mí me gusta Enrique Iglesias y a la profesora le gusta su papá Julio Iglesias. Los sábados a las seis en la televisión, veo a varios cantantes latinos en *Sábado Gigante.*

Autoevaluación. As a review and self-check, respond to the following:

1. What expressions in Spanish could you use to give your reaction in the following situations: your favorite song is on the radio; you are watching an interesting, funny movie; the president of the United States visits your home.
2. Say three things in Spanish that you have or own. Then say at least two items you need or want to buy.
3. Ask if a friend sees the following items: the music store, the new compact discs, a famous singer.
4. How would you answer the questions you asked in number 3?
5. Name several people you see in class.
6. What is your agenda for this week? Name two of your activities for next week.
7. Which activities do you like to do? Which activities do you dislike?
8. Name two things you have learned about Costa Rica.

¡La práctica hace al maestro!

A Comunicación

Working in pairs, talk about a typical week *(una semana típica)* in your lives. Use as many of the following verbs as you can: *abrir, bailar, buscar, cantar, comer, comprar, entrar, estudiar, gustar, hablar, hacer, ir, llamar, mirar, salir, tener, tocar, tomar, ver.* Ask questions to find out more about your classmates' daily activities, likes and dislikes.

B Conexión con la tecnología

Imagine you will soon be taking a trip to Costa Rica. Gather current information from sources on the Internet to help you plan your vacation. Some useful information might include attractions, important events, cities to visit, food, geography, climate, government, means of transportation, hotel accommodations and cost. Prepare an itinerary for each day of your vacation and present it to the class.

Sán José, Costa Rica.

Quiero hacer un viaje a Costa Rica.

VOCABULARIO

Música
el amor
la canción
el casete
el disco compacto
el estéreo
la grabadora
la guitarra
el tocadiscos

Montamos a caballo en Costa Rica.

Actividades
la actividad
el deporte
el examen
el fútbol
la librería
la película
la práctica
el viaje

Pronombres
la
las
lo
los
me
nos
te

Expresiones y otras palabras
¡caramba!
el compañero, la compañera
el dinero
entonces
el fin (de semana)
el gato, la gata
la lástima
la maleta
el perro, la perra
un poco
primero
que
¡qué *(+ noun)!*
que viene
la semana
si
la sorpresa
tan
tener *(+ number)* años
todos los días
el viaje

Verbos
abrir
buscar
entrar
hacer
llamar
montar
pasar
tener

¿Te gustan los gatos?

Tengo un nuevo amigo de Costa Rica.

Lección 10

La carta de Laura

Managua, martes 13 de **noviembre**

Querida Isabel,

¿Cómo estás? Yo estoy muy bien. **Ayer**° **fue**° mi cumpleaños.
Fue un día fantástico. Mañana, miércoles, mis padres, mi
hermano **mayor**, mi hermana **menor** y yo vamos a Granada a
ver a mis tíos. Vamos a estar allí hasta el domingo.

El jueves vamos a comer todos en casa de mi tío para
celebrar su cumpleaños. Mi tía y todos los primos van a
estar allí también. ¡Qué fiesta! El viernes tengo otra fiesta
en casa de mis amigos y el sábado muy **temprano**° mi tía y
yo vamos de compras. El domingo voy a un partido de
béisbol (los Tiburones de Managua van a jugar).

Y tú, ¿cuándo **vienes?**° ¿El fin de semana que viene o
en diciembre, para la **Navidad?**

Bueno, amiga, es **tarde**.° ¡No **escribo** más!

Tu amiga de siempre,

Laura

el cumpleaños de
mi tío, el 15 de noviembre

mi cumpleaños, el 12 de noviembre

hermano menor

hermano mayor

la Navidad, el 25 de diciembre

Ayer *Yesterday* **fue** *was* **temprano** *early* **vienes** *(will you) come* **tarde** no es temprano

1 ¿Qué comprendiste?

1. ¿Qué escribe Laura?
2. ¿Cuándo fue el cumpleaños de Laura?
3. ¿Adónde van Laura y su familia el miércoles? ¿Hasta cuándo van a estar allí?
4. ¿Cuántos hermanos tiene Laura?
5. ¿Qué hace Laura el jueves? ¿Qué celebran?
6. ¿Qué hace Laura el sábado y el domingo?
7. ¿Cuándo es la Navidad?

2 Charlando

1. ¿Cuáles son tus actividades de fin de semana?
2. Cuando vas a ver a tus parientes, ¿qué haces?
3. ¿Qué día fue ayer?
4. ¿Escribes muchas cartas? ¿A quién le escribes?
5. ¿Tienes un(a) hermano/a mayor? ¿Menor?

Hay playas muy bonitas en Nicaragua.

El lago de Nicaragua es muy grande.

Conexión Cultural

Nicaragua

Nicaragua, Costa Rica's Spanish-speaking neighbor to the north, is the largest country of Central America. It is a beautiful country of lakes, mountains, volcanoes, forests and friendly people. The lowlands (known as *Costa de los Mosquitos*) on the western shore were occupied by the British for almost 100 years. The capital, Managua, is the largest city and commercial center with almost a million people. It is located on the shores of Lake Managua and is connected by the river Tipitapa to Lake Nicaragua, which was once an ocean bay and today is one of the largest lakes in the world. In fact, it is the only freshwater lake in the world to have swordfish and sharks *(tiburones)*.

Although Nicaragua has the potential for economic growth, a long civil war and a U.S. trade embargo during the 1980s hurt the economy. Many roads are damaged or unpaved and communication systems do not extend to the rural areas. Education is free and mandatory, although students must pay for their own supplies, uniforms and expenses.

¿Verdad o falso?

1. Nicaragua is the smallest country in Central America. F
2. The capital of Nicaragua is Managua. ✓
3. Lake Nicaragua is a freshwater lake that has sharks living in it. ✓
4. Since the civil war, Nicaragua has enjoyed a strong economy. F
5. Students must buy their own books and supplies when they attend ✓ public school in Nicaragua.

3 Cruzando fronteras

Find out more about Nicaragua. Then prepare a map (in Spanish if you can) that shows major cities, lakes, rivers, mountains, surrounding countries and oceans. Include in your map any other pertinent information that you encounter during your research.

4 Otra carta

Laura escribe a su amigo Raúl. Completa la carta de una manera lógica.

> Managua, viernes 16 de noviembre
>
> (1) Raúl,
>
> ¿Qué tal? Yo estoy (2). El lunes (3) mi cumpleaños. Fue un día (4). Ahora estoy en Granada con mi familia y mis tíos. Mañana, (5), voy de compras muy (6) con mi tía y mi hermana (7). A mi hermano (8) no le gusta ir de compras. El domingo voy a un partido de béisbol. Van a jugar los Tiburones de Managua.
>
> Y tú, ¿cuándo (9) a Managua? ¿En (10), para Navidad?
>
> Pues, ahora no (11) más porque necesito escribir otra (12) a mi abuela en León.
>
> Hasta pronto,
>
> Laura

5 Me gusta escribir

Write a letter to a friend or family member, telling the person about your activities for the next few days or for the weekend. Include as many details as you can. Say what kind of day yesterday was. Use Laura's letters as models.

6 Práctica de pronunciación

Working in groups of three, read aloud to the members of your group the letter you wrote for activity 5, practicing what you have learned about correct pronunciation.

Querida amiga....

IDIOMA

El presente del verbo *venir*

The conjugation (formation) of the irregular verb *venir* (to come) is very similar to the conjugation of *tener*. Review the following and learn the forms of this new verb.

venir			
yo	**vengo**	nosotros nosotras	**venimos**
tú	**vienes**	vosotros vosotras	**venís**
Ud. él ella	**viene**	Uds. ellos ellas	**vienen**

¿Vienen Uds. a mi fiesta de cumpleaños?
¡Claro, venimos! María también viene.

Are you coming to my birthday party?
Of course **we are coming**! María **is coming** too.

7 La fiesta de cumpleaños

Completa el siguiente párrafo con las formas correctas de *venir*.

Hoy es el cumpleaños de mi prima, Pilar, y hay una fiesta grande en casa de mi abuela en Granada. Pero, ¿cómo (1) todos a la fiesta? Bueno, mis padres y yo (2) en carro de Managua. ¡Siempre celebramos los cumpleaños de nuestros parientes! Claro, yo (3) a pie. Marta, la tía favorita de Pilar, (4) en avión de Costa Rica. Rosana y Paco (5) de la Universidad Nacional en León el día de la fiesta. El tío, Rafael, (6) en bicicleta porque vive muy, muy cerca. Y tú, ¿cómo (7)?

Todos mis amigos vienen a mi fiesta.

¡Feliz Cumpleaños!

Repaso *rápido*

¿Vienen Uds. a la fiesta el sábado?

El presente para indicar el futuro

You have seen that the present tense of a verb is generally used to say what people are doing now or what they do frequently. Remember that the present tense of a verb can also be used to refer to the not-too-distant future as long as a future time expression is used. Look at the following:

Ellos **vienen** a la fiesta el viernes.
Mañana **escribo** una carta a mi abuela.
¿Tú **estás** en casa mañana?
Elena **va** a celebrar su cumpleaños mañana.

They **are coming** to the party on Friday.
Tomorrow I **will write** a letter to my grandmother.
Will you be home tomorrow?
Elena **is going** to celebrate her birthday tomorrow.

8 Invitaciones para el concierto

Imagine you and a classmate are in charge of the invitations for the holiday concert at your school and your partner is asking you when certain people will attend. Look at this incomplete invitation list to determine who is attending on Friday night and who is attending on Saturday night. Then report the requested information to your partner.

A: ¿Tú?
B: Vengo el viernes y el sábado.

1. ¿El padre de María Sánchez?
2. ¿Rafael?
3. ¿La señorita Ruiz y tu hermano?
4. ¿El primo de Rafael?
5. ¿Mis padres?
6. ¿El padre y la madre de Guillermo?
7. ¿Yo?
8. ¿Tú y yo?

viernes
Rosita Ruiz
tu hermano
yo
tú
los padres de Guillermo

sábado
Rafael y su primo
padre de María Sánchez
yo
tú
mis padres

9 ¿Cómo vienen al concierto?

Working with a partner, ask how each of the guests will arrive for the concert. Your partner should answer with a means of transportation.

A: ¿Cómo vienen tus padres al concierto?
B: Mis padres vienen en su carro.

1. el padre de María Sánchez
2. Rosita y tu hermano
3. Rafael
4. el primo de Rafael
5. los padres de Guillermo Fernández
6. yo
7. tú
8. mis padres

A. en su carro
B. en el carro de mi madre
C. a pie
D. en taxi
E. en metro
F. en autobús
G. en bicicleta

Ella viene en moto.

¿Cómo vienes tú?

¿En coche?

¿En taxi?

Metro

Ciudad Universitaria

¿En metro?

¿En autobús?

¿En bicicleta?

201

¿Cuál es la fecha?°

DICIEMBRE

lunes	martes	miércoles	jueves	viernes	sábado	domingo
	1 el primero de diciembre	2	3	4	5	6
7 anteayer	8 ayer	⑨ hoy	10 mañana	11 pasado mañana	12	13
14	15	16	17	18	19	20

Hoy es miércoles. Es el nueve de diciembre.
Mañana es jueves y **pasado mañana** es viernes.
Ayer fue martes y **anteayer** fue lunes. El **primero**
de diciembre fue el martes **pasado.**

fecha *date*

¿Qué comprendiste?

1. ¿Qué día es hoy? ¿Cuál es la fecha?
2. ¿Qué día fue ayer? ¿Y anteayer?
3. ¿Qué día de la semana fue el primero de diciembre? ¿Y el dos?
4. ¿Cuándo es el diez? ¿Y el once?
5. ¿Qué día fue el cinco?
6. La Navidad es el veinticinco de diciembre. ¿Qué día de la semana es?

El pretérito de *ser*
You already have learned how to use the present tense of several verbs in Spanish. Here are the past-tense forms of the verb *ser* if you wish to use them. Other past-tense verbs can be found in the Appendices at the back of this textbook.

ser			
yo	**fui**	nosotros nosotras	**fuimos**
tú	**fuiste**	vosotros vosotras	**fuisteis**
Ud. él ella	**fue**	Uds. ellos ellas	**fueron**

¿Cuál es la fecha?

Algo más

Para hablar de los días

¿Qué día es hoy?	*What day is today?*
Hoy es (viernes).	*Today is (Friday).*
Ayer fue (jueves).	*Yesterday was (Thursday).*
Mañana es (sábado).	*Tomorrow is (Saturday).*
Camino todos los días.	*I walk every day.*
(Los lunes) tengo clases.	*I have classes (on Mondays).*
No voy (el domingo).	*I am not going (on Sunday).*
Voy (el domingo) que viene.	*I am going next/the coming (Sunday).*

11 ¿Cuándo es?

Imagine that today is *el jueves 12* and you and your friend are talking about different activities that happened or will happen this month. Answer the questions that your friend asks you about when the activities happened or will happen. Use the calendar as a guide.

A: ¿Cuándo fue el concierto?/6
B: El concierto fue el viernes pasado.

L	M	M	J	V	S	D
						1
2	3	4	5	6	7	8
9	10	11	⑫	13	14	15
16	17	18	19	20	21	22
23	24	25	26	27	28	29

1. ¿Qué día es mañana?/13
2. Y, ¿qué día es hoy?/12
3. Y, ¿cuándo es el otro concierto?/14
4. ¿Cuándo fue el cumpleaños de Diego?/10
5. ¿Cuándo fue la fiesta de sorpresa para Marta?/1
6. ¿Cuándo vas a la playa?/15

¿Cuándo fue el concierto?

¿Qué día es?

Contesta las siguientes preguntas.

¿Qué día es hoy?
Hoy es martes.

1. Si hoy es martes, ¿qué día fue ayer?
2. Si hoy es martes, ¿qué día fue anteayer?
3. Si hoy es martes, ¿qué día es mañana?
4. Si hoy es martes, ¿qué día es pasado mañana?
5. Si mañana es sábado, ¿qué día fue ayer?
6. Si ayer fue jueves, ¿qué día es hoy?
7. Si hoy es sábado, ¿qué día es mañana?
8. ¿En qué mes estamos?
9. ¿Qué día es hoy?
10. ¿Cuál es la fecha?

PARAti

El tiempo
Here are some phrases in Spanish for talking about the weather *(el tiempo)*.

Hace (mucho) frío.	*It is (very) cold.*
Hace (mucho) calor.	*It is (very) hot.*
Hace sol.	*It is sunny.*
Está fresco.	*It is cool.*
Está nublado.	*It is cloudy.*
Llueve mucho.	*It rains a lot.*
Nieva mucho.	*It snows a lot.*
Está lloviendo (nevando).	*It is raining (snowing).*

Los meses del año

Note: The names of the months are not usually capitalized in Spanish.

DURANTE LOS MESES DE VERANO, JULIO, AGOSTO Y SEPTIEMBRE, NO ABRIMOS LOS DOMINGOS

Conexión *Cultural*

Los días especiales

The culture and people of Nicaragua strongly reflect their Spanish heritage. Family life includes Catholic traditions such as baptisms, communions and weddings. Numerous holidays honoring local patron saints, as well as important Catholic holidays, are main events throughout the country. The Nicaraguan people are very sociable and on *días especiales* they enjoy being with their family and friends and perhaps listening to marimba music, dancing the salsa and sharing good food.

La Semana Santa en España.

The following is a list of important holidays celebrated throughout the Spanish-speaking world. Can you match them with their English equivalents?

H 1. el Día de **Año Nuevo** (el primero de enero)
E 2. el Día de los Reyes Magos (el 6 de enero)
G 3. el Día de San Valentín (el 14 de febrero)
B 4. la Semana Santa *(variable date, usually April)*
J 5. el Viernes Santo *(variable date, usually April)*
N 6. el Domingo de Pascua *(variable date, usually April)*
I 7. el Día del Trabajo (el primero de mayo)
L 8. el Día de la Raza (el 12 de octubre)
D 9. el Día de Todos los Santos (el primero de noviembre)
M 10. la Nochebuena (el 24 de diciembre)
K 11. la Navidad (el 25 de diciembre)
A 12. el Día de los Inocentes (el 28 de diciembre)
C 13. la Noche Vieja (el 31 de diciembre)
F 14. el cumpleaños (?)

A. Fools' Day
B. Holy Week
C. New Year's Eve
D. All Saints' Day
E. Epiphany
F. Birthday
G. Valentine's Day
H. New Year's Day
I. Labor Day
J. Good Friday
K. Christmas
L. Columbus Day
M. Christmas Eve
N. Easter Sunday

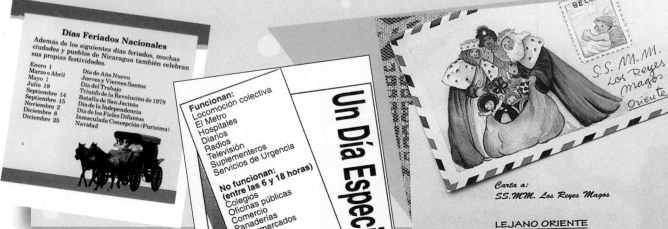

Días Feriados Nacionales

Además de los siguientes días feriados, muchas ciudades y pueblos de Nicaragua también celebran sus propias festividades.

Enero 1	Día de Año Nuevo
Marzo o Abril	Jueves y Viernes Santos
Mayo 1	Día del Trabajo
Julio 19	Triunfo de la Revolución de 1979
Septiembre 14	Batalla de San Jacinto
Septiembre 15	Día de la Independencia
Noviembre 2	Día de los Fieles Difuntos
Diciembre 8	Inmaculada Concepción (Purísima)
Diciembre 25	Navidad

Un Día Especial

Funcionan:
Locomoción colectiva
El Metro
Hospitales
Diarios
Radios
Televisión
Suplementeros
Servicios de Urgencia

No funcionan:
(entre las 6 y 18 horas)
Colegios
Oficinas públicas
Comercio
Panaderías
Supermercados
Empresas
Cines
Teatros

BELEN

S.S. M.M.
Los Reyes
Magos
Oriente

Carta a:
SS.MM. Los Reyes Magos

LEJANO ORIENTE

13 ¿En qué mes?

Working in pairs, figure out in what month the following events take place. Try to guess the meaning of any words you do not know.

> el Día de Año Nuevo
> **A:** ¿En qué mes es el Día de Año Nuevo?
> **B:** Es en enero.

1. el Día de Acción de Gracias
2. las vacaciones de verano
3. el Día de la Independencia de los Estados Unidos
4. el Día de la Madre
5. las vacaciones de primavera en tu colegio
6. el Día de San Valentín
7. el cumpleaños de Martin Luther King, Jr.
8. el Día de San Patricio
9. el Día de la Raza
10. el Día del Padre
11. tu cumpleaños

3 de mayo. **DÍA** DE LA **MADRE**

Un beso y un regalo. Te lo has ganad

El Corte Inglés

ESPECIALISTAS EN TI.

¿Cuándo es el Día de la Madre?

14 Días de fiesta

Make a list of five holidays or birthdays you celebrate each year. Exchange your list with a partner. Then take turns asking each other when these special days occur or when you celebrate them. Write the date your partner tells you. When you have finished, switch lists again and check your partner's work.

> **A:** ¿Cuál es la fecha de tu cumpleaños?
> **B:** Es el veinte de junio.
> **A:** *(Write* Celebra su cumpleaños el 20 de junio.*)*
> **B:** ¿Cuándo es el Domingo de Pascua?
> *(Compare what each of you has written.)*

¿Te gusta mi piñata de Navidad?

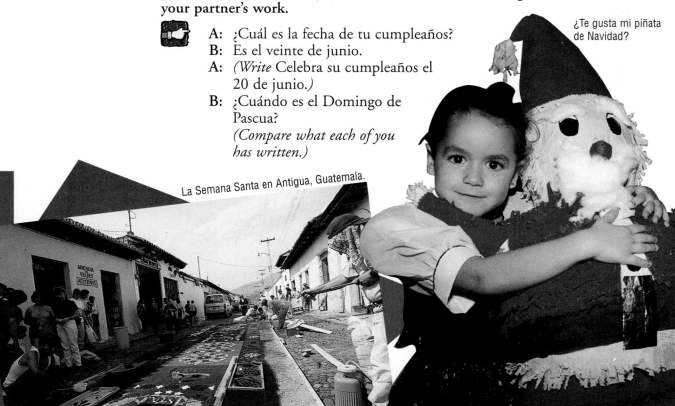

La Semana Santa en Antigua, Guatemala.

¡A mí tampoco!

GLORIA: ¿Sabes que el viernes que viene es mi cumpleaños?

ISABEL: **¿De veras?°** **¡Feliz cumpleaños!** ¿Cuántos años tienes ahora?

GLORIA: Tengo quince años y voy a **cumplir** dieciséis el viernes cuatro de febrero.

ISABEL: Eres muy **joven. A veces°** los años **pasan rápidamente.°**

GLORIA: Sí. Pronto vamos a tener veinte años y vamos a ser **viejas.** No me gusta la **idea ni un poquito.°**

ISABEL: Ay, a mí tampoco.

¿De veras? *Really?* **A veces** *Sometimes* **rápidamente** *rapidly, quickly* **ni un poquito** *not even a very little bit*

Conexión Cultural

El día de tu santo

In Spanish-speaking countries, there are two different ways to wish someone a happy birthday. This is because a Spanish-speaking person's first name *(nombre)* is often the name of a saint of the Catholic Church such as Pedro (Saint Peter) or Teresa (Saint Teresa). When this is the case, people bearing a saint's name celebrate on two occasions—the day they were born and the day on which the Catholic Church honors the saint they were named after. So, to wish someone a happy birthday, you may say, *¡Feliz cumpleaños!* and *¡Feliz día de tu santo!* (Happy Saint's Day!).

15 ¿Qué comprendiste?

1. ¿Cuántos años va a cumplir Gloria?
2. ¿Cuál es la fecha de su cumpleaños? ¿Qué día es?
3. ¿Es vieja Gloria?
4. ¿Qué pasan rápidamente para Isabel?
5. ¿Qué no les gusta ni un poquito a las dos chicas?

16 Charlando

1. ¿Sabes en qué meses son los cumpleaños de tus amigos?
2. ¿Cuál es la fecha de tu cumpleaños?
3. ¿Cuántos años vas a cumplir?
4. Para ti, ¿pasan rápidamente los años? ¿Los veranos?
5. ¿Te gusta la idea de ser joven? Explica.
6. En tu opinión, ¿cuántos años tiene una persona vieja?

17 ¿Cuántos años cumples?

Working in pairs, imagine you and your classmate are cousins. Since it is a custom in your family to celebrate birthdays together, you have decided to plan this year's birthday celebration schedule. Discuss when the people indicated have birthdays and how old each will be, according to the information provided. Dates for birthdays are given in parentheses.

Tu hermana y mi hermano tienen dieciocho años. (26.3)

A: ¿Cuándo cumplen años tu hermana y mi hermano?
B: Cumplen años el veintiséis de marzo.
A: ¿Cuántos años cumplen?
B: Cumplen diecinueve años.

1. Tu madre tiene cuarenta años. (14.2)
2. Nuestra abuela tiene sesenta y nueve años. (1.6)
3. Tu padre tiene treinta y nueve años y mi primo tiene quince años. (2.11)
4. Tú tienes (?) años y yo tengo (?) años. (?/?)

¡Que pases un buen día!

felicidades

HOY FELICITAMOS A
JAVIER ARRANZ JIMENEZ
"Muchas felicidades".
Javier cumplió ayer 4 años

"Muchas felicidades en el día de tu cumpleaños de tus papás y hermana María.".
Paula cumplió ayer 4 años.

Algo más

¿Cuánto te gusta?

Me gusta.	*I like it.*
Me gusta mucho.	*I like it a lot.*
Me gusta un poco (poquito).	*I like it a little (very little).*
No me gusta.	*I do not like it.*
No me gusta ni un poco (poquito).	*I do not like it, not even a little (very little bit).*

18 ¿Cuánto te gusta a ti?

Express how much you like or dislike the following situations, using *gustar* and any expressions you have learned.

> Hoy es mi cumpleaños.
> ¡Qué bueno! Me gusta mucho./No me gusta ni un poquito.

1. El mes que viene es junio. ¡No hay clases!
2. Tengo una fiesta, pero mis amigos no vienen.
3. No tengo discos ni estéreo.
4. A veces celebro mi cumpleaños con mis primos.
5. Las horas de clase no pasan rápidamente.
6. Mi cumpleaños fue en septiembre.
7. Soy joven.
8. Un día vamos a ser viejos.

19 Diálogo original

Working with a partner, write a dialog of six to ten lines. Use one of the topics below if you wish. Mention at least two specific dates and use the following vocabulary words: *venir, tener, cumplir... años, joven, viejo, gustar.* Be prepared to read (or perform!) your dialog in class.

Topics
- a birthday celebration
- a party for two special occasions
- what you like or dislike about being young

Tenemos diecisiete años. ¿Somos jóvenes?

Los números del 101 al 999.999

Algo más

Los números: un poco más

You have already learned to use *cien* (100) before a noun. Use *ciento* in place of *cien* for the numbers 101 to 199: *Tengo **cien** casetes y **ciento** veinte discos compactos.* The numbers from 200 to 999 have masculine and feminine forms that agree with the noun they describe: *Hay quinientos ochenta chicos y seiscientas cincuenta chicas en el colegio. Mil* (1,000) has only one form. Numbers beginning with *mil* are written with a period in Spanish instead of a comma: *1.000.*

2.000	=	*dos mil*
102.500	=	*ciento dos mil, quinientos*
999.999	=	*novecientos noventa y nueve mil, novecientos noventa y nueve*

When the year is written in Spanish it appears without a period. When it is spoken it is read like any other four-digit number, **not** grouped two numbers at a time, as is done in English.

1492	=	*mil cuatrocientos noventa y dos*

Premios del cupón de lunes a jueves

5.000.000 ptas. a las 5 cifras
25.000 ptas. a las 4 últimas cifras
2.500 ptas. a las 3 últimas cifras
500 ptas. a las 2 últimas cifras
200 ptas. a la última cifra
200 ptas. a la primera cifra
(decenas de millar)

Premios del cupón de viernes al número

6.000.000 ptas. a las 5 cifras
100.000 ptas. a las 4 últimas cifras
10.000 ptas. a las 3 últimas cifras
1.000 ptas. a las 2 últimas cifras
250 ptas. a la última cifra

Premios del cupón de viernes al Nº y serie

250.000.000 ptas. a las 5 cifras
5.000.000 ptas. a las 4 últimas cifras
500.000 ptas. a las 3 últimas cifras
50.000 ptas. a las 2 últimas cifras
5.000 ptas. a la última cifra

En un mismo cupón no son acumulables dos o más premios

20 Los números

Find the pattern in the following sets of numbers and continue to the number shown in parentheses.

 veinte, cuarenta, sesenta... (100)
veinte, cuarenta, sesenta, ochenta, cien

1. cien, doscientos, trescientos... (1.000)
2. sesenta, ciento veinte, ciento ochenta... (600)
3. ciento once, doscientos veintidós, trescientos treinta y tres... (999)
4. trescientos, seiscientos, novecientos... (2.100)
5. nueve mil novecientos noventa y nueve, ocho mil ochocientos ochenta y ocho, siete mil setecientos setenta y siete... (1.111)
6. mil, novecientos, ochocientos... (100)
7. noventa mil ochenta, ochenta mil setenta, setenta mil sesenta... (20.010)

21 De compras en Managua

Imagine you are on a shopping excursion while visiting friends in Managua. Look at the prices of the following items. How would you write out the numbers in Spanish? Remember that the prices are given in *córdobas*.

 cinco mil setecientos setenta y cinco córdobas

1.

2.

3.

4.

5.

6.

IDIOMA

Las fechas en español

Use the question *¿Cuál es la fecha de hoy?* to ask for the date in Spanish.
Answer these questions using the following pattern:

> **form of *ser* + *el* + number for day of month (or *primero*)**
> **+ *de* + month + *de/del* + year**

Note: The word *primero* (abbreviated *1º*) is used for the first day of a month instead of *uno*.

> *Es el cuatro de julio de mil novecientos noventa y nueve.*
> *Es el primero de enero del dos mil.*

In written form the date may appear as follows:

> *4 de julio del 2002*   or   *4.7.02 (or 4/7/02)*

Additional expressions regarding days and dates include the following:

> *¿Qué día es hoy?*   *Hoy es martes.*
> *¿En qué mes estamos?*   *Estamos en junio.*

When you want to express **on** in Spanish, use the definite articles *el* or *los*.

> *No voy el lunes.*
> *Tengo práctica de piano los jueves.*

22 Eventos importantes

Give the following dates, first in numbers and then in words.

> *(year the United States declared independence)*
> 1776: mil setecientos setenta y seis

1. *(day, month and year you were born)*
2. *(year of your high school graduation)*
3. *(date you obtained or plan to obtain your driver's license)*
4. *(year you will be able to vote)*
5. *(year you plan to buy a car)*
6. *(date for some other important future event in your life)*

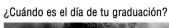
¿Cuándo es el día de tu graduación?

23 Cruzando fronteras

With a partner, talk about several important events in Nicaragua's history.
Follow the model.

Nicaragua/declarar/la independencia de España: 1821
A: ¿Cuándo declara Nicaragua la independencia de España?
B: Nicaragua declara la independencia de España en mil
ochocientos veintiuno.

1. Rubén Darío/escribir/su libro famoso, *Azul:* 1888
2. En Nicaragua/hay/una revolución: 1979
3. Nicaragua/tener/su primera mujer presidenta, Violeta Barrios de
   Chamorro: 1990
4. Los nicaragüenses/celebrar/175 años de independencia: 1996

Los nicaragüenses celebran el día de independencia.

Violeta Barrios de Chamorro.

Autoevaluación. As a review and self-check, respond to the following:
1. Imagine you are celebrating your birthday. In Spanish, say who is coming
   to your party.
2. How would you wish someone a happy birthday in Spanish? How would
   you ask how old the person is?
3. Imagine you are making plans for next weekend with a friend. Write a short
   letter or e-mail to your friend and talk about your plans. Where would you go?
   What would you do?
4. Say that you will see your classmates the day after tomorrow.
5. If today is Monday, what day was yesterday? What day was Saturday?
6. What is today's date (day, month, year)?
7. What are your favorite months of the year?
8. Name at least three special holidays celebrated in Spanish-speaking countries.
9. How would you express in Spanish that you like something? That you like it
   a lot? That you do not like it? That you do not like it even a little bit?
10. Give the following dates in Spanish: March 1, 2004; September 20, 1999;
    your birth date.

¡La práctica hace al maestro!

A   Comunicación

Working with a classmate, take turns asking one another about the special days and events each of you celebrates or observes during a year. In your discussion include the dates for events (name the day of the week, if possible) and whether or not you like each event. Tell what you do to make the day special. If possible, bring a photo of one of the events to make your discussion more interesting.

¿Qué celebras en marzo?
¿Te gusta ir a la playa en agosto?
¿Cuál es la fecha del Día de Acción de Gracias?

B   Conexión con la tecnología

Write an e-mail in Spanish to a key pal or a classmate, telling how you celebrate your birthday. Describe what your family or friends do to make the day special. Tell about your favorite birthday present. Finish by asking the key pal or classmate about his or her birthday.

La Navidad es un día especial.

Celebramos mi cumpleaños en mi restaurante favorito.

¿Cómo celebras tu cumpleaños?

VOCABULARIO

Celebro mi cumpleaños con mi familia.

Para describir
feliz
joven
mayor
menor
pasado,-a
poquito
primero,-a
querido,-a
rápidamente
viejo,-a

Números
ciento
doscientos,-as
trescientos,-as
cuatrocientos,-as
quinientos,-as
seiscientos,-as
setecientos,-as
ochocientos,-as
novecientos,-as
mil

Fechas
abril
agosto
el año
el Año Nuevo
anteayer
ayer
el cumpleaños
diciembre
enero
febrero
la fecha
julio
junio
marzo
mayo
el mes
la Navidad

noviembre
octubre
pasado mañana
septiembre

Verbos
celebrar
cumplir (años)
fue
venir

Expresiones y otras palabras
a veces
¿de veras?
¡Feliz cumpleaños!
la idea
ni
temprano
la vez (*pl.* veces)

La Navidad es el 25 de diciembre.

¡Feliz cumpleaños!

a leer

Estrategía

Preparación

Estrategia para leer: *reading for details*
Sometimes when you read, you just look for specific details. For example, you scan newspaper advertisements to decide if there is something you would like to buy or an event you would like to attend. When you scan, look for specific details and do not worry about reading the text word for word.

Busca estos detalles como preparación para la lectura.
1. Safaris Corobicí hace viajes por....
2. En los viajes, los turistas pueden observar....

Hacer un viaje a Costa Rica

SAFARIS COROBICI

Viajes por Costa Rica en Bote

Especializado en tours escénicos en el **Río** Corobicí para naturalistas y observadores de **aves**
Viajes en bote diarios—desde las 7 a.m. hasta las 4 p.m.
Viajes desde 2 horas hasta mediodía

Los viajes **pueden ser arreglados** para su **comodidad**—familias con **niños** o personas con requerimientos especiales. Hacemos grupos grandes (21 hasta 100 personas) o grupos **pequeños** (1 hasta 20 personas). Nuestros **guías reman** el bote y Uds. **sólo disfrutan** del río. Excepto por **algunas** pequeñas partes, este río no tiene aguas turbulentas. En el Río Corobicí, hay varias zonas para nadar. Este es un **paraíso** donde los turistas pueden observar muchas aves tropicales, **monos** con **caras** blancas, tres **especies** de iguanas y cocodrilos en las **orillas** del Río Corobicí. Uds. sólo necesitan **traer** un **traje de baño**, un **sombrero**, una cámara, unos binoculares y **loción bronceadora** para el **sol**.

Río *River* **aves** *birds* **pueden ser arreglados** *can be arranged* **comodidad** *comfort* **niños** *children* **pequeños** *small* **guías** *guides* **reman** *row* **sólo** *only* **disfrutan** *enjoy* **algunas** *some* **paraíso** *paradise* **monos** *monkeys* **caras** *faces* **especies** *species* **orillas** *riverbank* **traer** *to bring* **traje de baño** *bathing suit* **sombrero** *hat* **loción bronceadora** *suntan lotion* **sol** *sun*

¿Qué comprendiste?

1. ¿Para quiénes son interesantes los viajes en bote?
2. ¿Por cuánto tiempo es el viaje más corto?
3. ¿A qué hora son los viajes?
4. ¿De cuántas personas es un grupo grande?
5. ¿Quiénes reman los botes?
6. ¿Qué necesitan traer los turistas?

Charlando

1. ¿Haces viajes en bote? ¿Dónde?
2. ¿Qué te gusta más, un viaje en agua turbulenta o en agua tranquila?
3. ¿Qué te gusta de los safaris Corobicí?

Un mono con cara blanca.

Vamos a hacer un viaje por Costa Rica en bote.

En Costa Rica hay tres especies de iguanas.

a escribir

Estrategia

Estrategia para escribir: *brainstorming*

One of the best ways to begin to write is to brainstorm all the ideas you can think of that relate to a theme. Then focus on one or two of the ideas that came to mind. Once you decide on your topic, you may use brainstorming again to provide the information you will need to develop your ideas.

A. Brainstorm all the *días especiales* that typically occur during the year that you celebrate. Pick one that you like a lot and one that you do not like and then think about as many topics as you can that relate to both of them—people, location, activities and so on.

B. Write several paragraphs in Spanish that contrast the two holidays you have chosen. In one paragraph write about the *día especial* that you like and in another paragraph write about the one you do not like. Develop each contrasting theme of your paper with information such as when it occurs, who participates, what activities go on, where it takes place, how you feel about the holiday and anything else you wish to include. Finally, add graphics or artwork to make the paper visually appealing.

repaso

Now that I have completed this chapter, I can...

✓ talk about the future.
✓ express likes and dislikes.
✓ talk about everyday activities.
✓ express opinions.
✓ ask for and state ages.
✓ write about everyday life.
✓ state when things are done.
✓ talk about dates and special days.
✓ seek and provide personal information.
✓ use the numbers 101-999,999.

I also can...

✓ talk about music in Spanish.
✓ talk about life in Costa Rica and Nicaragua.
✓ identify opportunities to use Spanish in the travel industry.
✓ express strong feelings by using exclamations in Spanish.
✓ recognize how my English can interfere with learning Spanish.
✓ talk about the days of the week.
✓ write a letter in Spanish.
✓ talk about the months.
✓ identify and discuss special days.
✓ read in Spanish about things to do in Costa Rica.
✓ write in Spanish about holidays I celebrate.

San José, Costa Rica.

El hogar

6

VIVA Venezuela

QUE LINDA ES COLOMBIA

In this chapter you will be able to:
- talk about everyday activities
- talk about the future
- express opinions
- state wishes and preferences
- identify items in the kitchen and at the dinner table
- express quantity
- state location
- write a letter
- describe a household
- express feelings

En la cocina

la luz

viajar

la lámpara

el comedor

el refrigerador

el fregadero

el vaso

la mesa

el lavaplatos

la estufa

las servilletas

la cocina

MARISOL:	Hola, mamá. ¿Qué haces?
SRA. VEGA:	Hago un almuerzo **especial** porque Uds. **viajan** mañana **otra vez°** a ver a su primo en Colombia.
JORGE:	¡Qué bueno, mamá! Te **queremos °** ayudar.°
SRA. VEGA:	¿Sí? Pues, hay muchas **cosas°** que **tienen que°** hacer.
MARISOL:	¿Qué tenemos que hacer?
SRA. VEGA:	Para **empezar,°** Marisol, **debes°** **cerrar°** la puerta del refrigerador y **después°** **encender°** las **luces** del **comedor.**
MARISOL:	De acuerdo, mamá. ¿Qué más quieres?
SRA. VEGA:	**Pienso°** hacer más arepas porque no hay muchas.
MARISOL:	Muy bien, yo las hago. Y, Jorge, ¿por qué no ayudas a **poner la mesa?°**
JORGE:	¿La debo poner con **estos°** platos y **esas°** **servilletas?**
SRA. VEGA:	No, esos platos son **de todos los días.°** Prefiero **aquellos°** platos que están **allá.°**
JORGE:	¡Ah, **ya°** los veo!

otra vez *again* **queremos** *we want* **ayudar** *to help* **cosas** *things* **tienen que** *you have to* **empezar** *to start* **debes** *you should* **cerrar** *close* **después** *más tarde, luego* **encender** *turn on* **Pienso** *I am thinking* **poner la mesa** *to set the table* **estos** *these* **esas** *those* **de todos los días** *everyday* **aquellos** *those* **allá** *over there* **ya** *already*

¿Qué comprendiste?

1. ¿Dónde están la Sra. Vega, Jorge y Marisol?
2. ¿Por qué hay un almuerzo especial?
3. ¿Quiénes van a ayudar a la Sra. Vega?
4. Para empezar, ¿qué debe hacer Marisol? ¿Y después?
5. ¿Qué tiene que hacer Jorge?
6. ¿Qué platos prefiere la Sra. Vega?
7. ¿Qué ves en la cocina?

Charlando

1. ¿Ayudas mucho en la cocina?
2. ¿Qué cosas haces para ayudar en la cocina?
3. ¿Tiene tu familia platos para días especiales? Explica.
4. ¿Qué hay en la cocina de tu casa?

Más cosas de la cocina

el horno	*oven*
la licuadora	*blender*
el microondas	*microwave oven*
la sartén	*frying pan*

MICROONDAS
MOD. ZMJ-18 MG

- Sistema exclusivo Jet Wave.
- Grill de cuarzo.
- Plato giratorio integrado.

PVP recomendado **29.500 pts.**

cocinas rústicas c.a.
FORMICA marca productos
IDEAS QUE SE VUELVEN REALIDAD

cocinas rústicas c.a.
IDEAS QUE SE VUELVEN REALIDAD
Horario corrido:
Lunes a Sábado de 8:30 am. a 6:30 pm. Domingo de 9:30 am. a 5:00 pm.
Prolongación Av. Principal de Boleíta Norte, Calle Libel, Edf. Santa Clara.
Telfs.: 234.5163 - 237.4381 - 237.4291

3 En la cocina

Look at these classified ads for kitchen appliance repair from the Venezuelan newspaper *El nacional.* Then answer these questions.

ATENCION, FRIOMAX garantizado a domicilio, reparamos refrigeradores, lavadoras, secadoras, estufas, cualquier marca, precio solidario. Información: 443.7695 Sr. Luis Manzano.

REFRIGERACION LOS RUICES Reparamos todo tipo de refrigeradores, lavaplatos y microondas. Venta de repuestos filtros de campanas. Más de 20 años de experiencia. Atendemos emergencias. Telf. 682.1746, 24 horas al día.

REFRICOM reparación a domicilio: lavaplatos, fregaderos, hornos. Garantía, fiel cumplimiento conforme Ley Protección Consumidor, Avenida Sucre, cerca del Banco Provincial, Caracas. Teléfono: 284.1087

1. What phone numbers could you call to have your refrigerator repaired?
2. Whom would you speak to for information about repairing your stove?
3. What does Refrigeración Los Ruices repair?
4. What does Refricom repair?
5. Where is Refricom located?
6. Which company would you call in an emergency?
7. Which company repairs dishwashers?
8. Which repair company has a consumer protection guarantee?

¿Cómo es la cocina donde vives?

Conexión Cultural

Venezuela

Venezuela has an extensive coastline along the Atlantic Ocean and borders Colombia, Brazil and Guyana. European explorers were inspired to name the area Venezuela (Little Venice) because the homes that were located along the shores of Lake Maracaibo reminded them of Venice, Italy. The country's capital and largest city, Caracas, is a fast-growing, modern city that was named after the Caracas Indians who originally inhabited the land.

At one time Venezuela had one of the highest standards of living in South America due to its many natural resources, especially the vast abundance of oil found near Lake Maracaibo. The country is one of the world's major producers of oil and an important member of OPEC (in Spanish, *OPEP*, or *Organización de Países Exportadores de Petróleo*). In more recent years, fluctuating oil prices have caused increased inflation and political instability.

Simón Bolívar, a native of Venezuela, was an important figure in attaining Venezuela's independence, as well as the independence of Bolivia, Colombia, Ecuador and Peru. Bolívar is considered a national hero throughout Latin America, and most Venezuelan cities have a plaza named after him.

In addition to their national hero, the Venezuelan people are also very proud of the beauty of their country. One of the most sensational attractions is Angel Falls *(el Salto del Ángel),* the highest waterfall in the world. When Venezuelans gather, they enjoy talking, laughing and sharing good food, such as *arepas, ropa vieja* and *cachapas.*

Find out more about this South American country. What you learn may surprise you.

En el lago Maracaibo hay petróleo.

La Plaza Bolívar en Mérida, Venezuela.

4 Venezuela

Complete the following statements about Venezuela. There may be some words that you do not know.

1. El nombre *Venezuela* quiere decir....
2. La capital y ciudad más grande es....
3. El héroe nacional de Venezuela se llama....
4. El producto principal de exportación de Venezuela es....
5. Una de las atracciones más importantes de Venezuela es....
6. Tres platos de comida famosos de Venezuela son ropa vieja, cachapas y....

Algo más

Tener que y deber

The expressions *tener que* (+ infinitive) and *deber* (+ infinitive) have similar uses. However, *tener que* (+ infinitive) indicates a need to do something, whereas *deber* (+ infinitive) implies more of a moral obligation or what someone should do.

***Tengo que** poner la mesa.*	I have to set the table.
***Debo** ayudar a mi madre.*	I should help my mother.

5 ¿Debo o tengo que?

Decide whether a form of *deber* or a form of *tener que* would be more appropriate in a sentence that contains the following phrases. Then use each phrase in a sentence, according to the indicated cues.

poner la mesa todos los días (Ana)
Ana tiene que poner la mesa todos los días.

hacer la tarea primero y ver televisión después (los estudiantes)
Los estudiantes deben hacer la tarea primero y ver televisión después.

1. poner los platos sucios en el lavaplatos (yo)
2. leer el periódico todos los días (Uds.)
3. llamar a nuestra abuela (mi hermana)
4. viajar a Caracas mañana a las diez (nosotros)
5. cerrar siempre la puerta del refrigerador (tú)
6. ayudar a su madre (ellos)

Debo ayudar a mi abuela.

6 Estamos ocupados

In groups of three or four, discuss what you have to do or ought to do today, tomorrow and next week. List at least two things you must do and two things you should do. Compare your busy schedule with members of your group.

A: Mañana tengo que ayudar a mi padre.

B: La semana que viene yo debo llamar a mi abuela.

IDIOMA

El presente de los verbos con el cambio *e* → *ie*

Some verbs in Spanish may require the spelling change *e* → *ie* in all forms of their present-tense stem except for *nosotros* and *vosotros*. The verb *pensar (ie)* is one example of this type of verb. (The letters in parentheses after the infinitive are to help you identify these verbs and to indicate the change that occurs in the stem.)
Note: The stem changes do not affect the regular verb endings.

pensar			
yo	pienso	nosotros nosotras	pensamos
tú	piensas	vosotros vosotras	pensáis
Ud. él ella	piensa	Uds. ellos ellas	piensan

Other *e* → *ie* stem-changing verbs you have already seen include *cerrar (ie)*, *empezar (ie)*, *encender (ie)*, *preferir (ie)*, *querer (ie)* and *sentir (ie)*. The verbs *tener* and *venir* have this same change except for the *yo* irregular forms of these two verbs *(tener: tengo; venir: vengo)*.

> ¿Qué **piensas?**
> Jorge no **cierra** la puerta del refrigerador.
> Yo **empiezo** a hacer las tareas en casa a las tres.
> ¿**Enciendo** la luz?
> ¿Qué platos **prefieres?**
> **Quieren** las servilletas blancas.
> Lo **siento** mucho.

but:

> **Tengo** una casa bonita.
> **Vengo** mañana.

Note: The verb *empezar* is used with *a* when an infinitive follows, as in *Empiezo a estudiar* (I am beginning to study).

Pienso poner la mesa.

Empiezo a estudiar.

7 ¿Qué piensas?

Create at least six sentences to say what the following people are planning to do, trying to use all the words in each column. Verb forms may be repeated.

I	II	III
Marisol	pensamos	buscar los platos de todos los días
tú	piensan	ayudar en la cocina después de llamar a un amigo
las chicas	pienso	comer en el comedor
Jorge y Pepe	piensas	tener arepas para un almuerzo especial
yo	piensa	viajar a Caracas otra vez
mi amiga y yo		encender la luz de la cocina
		hacer unas cosas especiales para tu fiesta

8 Los padres son diferentes

Marisol and Jorge realize how different their tastes are from those of their parents. Use the cues that follow to create sentences that compare and contrast how they differ from Sr. and Sra. Vega. Follow the model.

querer ir al cine/querer ver una película en casa
Si nosotros queremos ir al cine, ellos quieren ver una película en casa.

1. tener que hacer la tarea/tener que ver televisión
2. empezar a oír música/empezar a leer
3. encender el estéreo/encender el tocadiscos viejo
4. preferir salir a bailar/preferir salir a caminar
5. querer comer en un restaurante/querer comer en casa otra vez
6. pensar viajar a otra ciudad/pensar ir a un museo
7. cerrar la puerta/abrir las ventanas

Antes de hablar es bueno pensar.

Algo más

Pensar: un poco más

The verb *pensar* has several different uses when combined with other words.

- When followed immediately by an infinitive, *pensar* indicates what someone plans or intends to do.

Pienso hacer un viaje a Caracas.	I plan to take a trip to Caracas.
¿Cuándo piensas ir?	When do you intend to go?

- When combined with *en*, *pensar* is used to indicate whom or what someone is thinking about.

¿En qué piensas?	What are you thinking about?
Pienso en estudiar español en Venezuela.	I am thinking about studying Spanish in Venezuela.

- *Pensar* may be combined with *de* to ask for an opinion. As a response, *pensar* is used with *que* to express an opinion or thought.

¿Qué piensas de la lámpara nueva?	What do you think of the new lamp?
Pienso que es muy bonita.	I think it is very pretty.
Mamá piensa que debes poner la mesa.	Mom thinks you ought to set the table.

9 ¿En qué piensan?

Imagine you are planning a party and have asked several friends to help. Everyone will be responsible for different tasks. Working with a partner, take turns asking and answering questions about what your friends are thinking about as they prepare for the party, according to the illustrations.

A: ¿En qué piensa tu amiga Rosa?
B: Piensa en los amigos que vienen a la fiesta.

tu amiga Rosa

1. Marta y Carmen   2. nosotros   3. otros amigos que vienen a la fiesta

4. Jorge   5. yo   6. tu madre   7. tú

10 Piensan tener una fiesta

Hay una fiesta de despedida para Marisol y Jorge porque van a pasar el verano en Colombia con su primo Martín. Completa el siguiente párrafo con la forma correcta de los verbos.

Hoy los amigos de Marisol y Jorge *1. (pensar)* tener una fiesta porque ellos van a pasar el verano en Colombia con su primo. La fiesta *2. (empezar)* a las siete. Ana y Lucía *3. (venir)* y Paco *4. (pensar)* venir también. Marisol lo *5. (sentir)* mucho, pero no *6. (querer)* ir a la fiesta porque está muy cansada. Jorge *7. (pensar)* que Marisol *8. (deber)* venir a la fiesta también. Javier y Ana *9. (preferir)* venir a las cuatro porque *10. (querer)* estar más tiempo con Marisol y con Jorge. Y tú, ¿qué *11. (pensar)* de tener una fiesta? ¿Es una buena idea?

11 ¿Qué piensan Uds.?

Working in groups of three, say what each of you is thinking about doing after school tonight or next weekend. The student with the funniest or most imaginative answer will report to the class what the three of you think you will be doing.

A: Pienso ir a mi casa a comer.
B: Yo también pienso ir a mi casa a comer.
C: Pienso cantar con Enrique Iglesias en un concierto.

Pienso cantar con Enrique Iglesias.

¿Piensas viajar a otro país?

Have you ever thought about traveling to another country? Where would you like to go? Do you have relatives that live in a different country? Have you ever visited them? What opportunities do you think there might be to use your language skills while traveling?

En el comedor

MARISOL: Papá, **pásame** las arepas, por favor.
SR. VEGA: Cómo no. Aquí las tienes.
SRA. VEGA: Jorge, ¿cómo está **la sopa**? ¿Te gusta?
JORGE: No sé, mamá. ¡No tengo **cuchara**! Mari, una
            cuchara, por favor.
SRA. VEGA: Lo siento, Jorge. Yo tengo dos. Aquí está.

12 ¿Qué comprendiste?

1. ¿Qué quiere Marisol?
2. ¿Le gusta a Jorge la sopa? ¿Por qué?
3. ¿Qué hay sobre la mesa?
4. ¿Piensas que van a comer postre?
5. ¿Tiene comedor tu casa?

13 ¡Pásame el pan, por favor!

Working in pairs, take turns asking what your
partner needs while pointing at an item shown in
the illustration titled *En el comedor*. Your partner
then must ask you to pass the item to him or her.

A: ¿Qué necesitas? ¿Qué quieres?
B: Pásame el pan, por favor.

Más sobre la comida

el arroz	*rice*
el café	*coffee*
la carne	*meat*
el flan	*caramel custard*
la leche	*milk*
el panecillo	*roll*
el pastel (la torta)	*cake*
el té	*tea*
las verduras	*vegetables*

Conexión Cultural

La comida venezolana

Venezuela has a variety of traditional dishes. One of them, the *hallaca,* is prepared in nearly every Venezuelan home during Christmas. This is a popular dish that consists of a corn-flour pie filled with pork, chicken, vegetables and spices. It is cooked wrapped in plantain leaves from a variety of banana called *plátano.* Plantains are used often in Venezuelan kitchens and are common ingredients for many national foods.

The *arepas* are perhaps the most popular food in Venezuela. They can be eaten alone or as a kind of bread to accompany a meal. They can also be stuffed with meat, cheese, scrambled eggs or other fillings. *Arepas* are easy to make and have only three ingredients: corn flour, salt and water. Originally *arepas* were prepared from freshly husked and ground corn, but today, using precooked white corn flour can save time.

Mamá hace buenas arepas.

14 Cruzando fronteras

Look at the following recipe for *arepas* and answer the questions. Then prepare the recipe at home for a taste of this typical Venezuelan food.

1. ¿Cuáles son los tres ingredientes para hacer arepas?
2. ¿Cuánta sal, harina y agua necesitas para la receta?
3. ¿Qué debes hacer para empezar?
4. ¿Por cuánto tiempo tienes que dejar la masa en reposo?
5. Después de hacer rollos con la masa, ¿qué debes hacer?
6. ¿Por cuánto tiempo deben estar las arepas en el horno?

LAS AREPAS

2	tazas de harina de maíz	2	cucharitas de sal
2	tazas de agua caliente		

Preparación

Para empezar, poner la harina de maíz en una taza grande y poco a poco poner el agua con sal. Luego, **mezclar** el agua con la harina hasta que se convierta en masa. Después, **dejar** la masa **en reposo** por cinco minutos. Ahora, hacer con la masa unos **rollos** de 3" de diámetro y de 1" a 2" de **ancho**. En una **sartén** con un poquito de aceite, **cocinar** las arepas hasta ver los rollos **dorados**. Después, poner las arepas en el horno a 350 grados para cocinar por aproximadamente 30 minutos, hasta tener arepas **crujientes**.

mezclar *mix* **dejar** *leave* **en reposo** *rest* **rollos** *rolls*
ancho *thick* **sartén** *frying pan* **cocinar** *cook* **dorados** *golden*
crujiente *crunchy*

15 En la mesa

Completa las siguientes oraciones, según las ilustraciones.

 Necesito la <u>sal</u>.

1. 2. 3. 4. 5.

6. 7. 8. 9. 10.

1. Necesito un <u>(1)</u>.
2. Pásame el <u>(2)</u>, por favor.
3. Son las <u>(3)</u> de todos los días.
4. Quiero un <u>(4)</u> de agua muy fría.
5. Estos <u>(5)</u> están sucios.
6. Prefiero la <u>(6)</u> bien caliente.
7. Quiero más <u>(7)</u> para la ensalada.
8. Necesitan unas <u>(8)</u> para el postre.
9. El <u>(9)</u> es de nuestra abuela.
10. Pásame la <u>(10)</u>, por favor.

16 En el comedor

Find the phrase that completes or describes the idea. Some answers may be used more than once.

1. Necesito la pimienta y la...
2. Me gusta el pan...
3. Quiero tener...
4. Quiero un plato...
5. Por favor, pásame...
6. No quiero café, gracias. Prefiero un vaso...
7. Para la sopa necesito...
8. Por favor, pásame un...

A. una taza limpia.
B. de agua mineral.
C. caliente.
D. un plato de sopa y una cuchara.
E. sal.
F. tenedor.
G. de sopa.
H. el postre.

17 ¿Qué no hay en mi ilustración?

Create a sketch of a table place setting that is similar to the one in the illustration titled *En el comedor*, but with three items missing. Then working with a partner, take turns asking one another what is not in your illustration and write in Spanish the name of each missing object you find in your partner's illustration. Finally, check to see if you guessed which objects were missing and whether you spelled them correctly.

18 Tienes que buscar

With a partner, look at the following illustration and decide what seems wrong or makes no sense. Then prepare a list in Spanish of all the things you discover.

El gato está sobre la lámpara.

Una clave
In addition to the model there are at least fourteen more things that are wrong with the illustration. How many did you find?

¿Cómo es el comedor de tu casa?

19 En casa de los Vega

The following questions and statements are part of a conversation the Vega family had during lunch. Match each question or statement to the most appropriate response. Then in pairs, play the roles of two members of the Vega family. Take turns reading the questions and responses from their conversation.

¿Qué hay de postre?

1. ¿Quién necesita la pimienta?
2. ¿Te gusta el pan?
3. ¿Por qué no abres la puerta?
4. ¿Qué hay de postre?
5. Por favor, pásame el azúcar.
6. ¿Quieres un vaso de agua mineral?
7. ¿Dónde debo poner estos cubiertos?
8. ¿El mantel está sucio?
9. ¿La luz del refrigerador no se enciende?
10. ¿La comida está caliente?

A. Ensalada de frutas.
B. Sí, y también está muy buena.
C. Sí, me gusta con mantequilla.
D. No, prefiero jugo.
E. No debe estar sucio. Es nuevo.
F. Porque ya está abierta.
G. No. Tengo que comprar otra.
H. Yo la necesito para la sopa.
I. En el fregadero, por favor.
J. Cómo no. Aquí lo tienes.

¿Quieres un poquito más?

Para hablar de cantidades

¿Cuánto?

Uno. (Una.)	One.
Más./Menos.	More./Less.
Mucho. (Mucha.)/Poco. (Poca.)	A lot./A little.
Un poco de (sal, etc.).	A little (salt, etc.).
Un poquito.	A very little.
Un poco más/menos.	A little more/less.

¿Cuántos?

Unos. (Unas.)	Some.
Muchos. (Muchas.)/Pocos. (Pocas.)	Many./Few.

Note: Whereas *uno, mucho* and *poco* have masculine, feminine, singular and plural forms, *más, menos, un poco (de)* and *(ni) un poquito* require no additional changes in their forms.

20 ¿Cuánto quieres?

Working with a partner, imagine you are in the kitchen preparing a meal. Take turns asking and answering questions based upon the information given.

sal
    A: ¿Cuánta sal quieres?
    B: Un poquito.

agua
    B: ¿Cuántos vasos de agua necesitamos?
    A: Un vaso de agua.

1. platos de sopa
2. cucharitas
3. pan
4. azúcar para el postre

5. servilletas de papel
6. mantequilla
7. aceite para la ensalada
8. pimienta

21 ¿Qué comes hoy?

With a classmate, prepare a dialog that occurs at the dinner table. Include at least five questions or statements each. You may wish to include any of the following: requests for items at the table (Pass me the salt and pepper.), questions about what your partner thinks (What do you think of the *arepas*?), questions about your partner's needs (Do you want more soup?), comments about the food (The salad needs more oil.) and so on. Be sure to be polite (use *por favor* and *gracias*).

IDIOMA

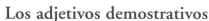

Los adjetivos demostrativos

Place a demonstrative adjective *(adjetivo demostrativo)* before a noun to draw attention to where someone or something is located in relation to yourself ("this house," "that car," etc.). Demonstrative adjectives, like the other adjectives you have learned, must agree in gender and number with the nouns they modify.

los adjetivos demostrativos			
singular		**plural**	
masculino	femenino	masculino	femenino
este	esta	estos	estas
ese	esa	esos	esas
aquel	aquella	aquellos	aquellas

When pointing out people or objects that are nearby, use *este, esta, estos* or *estas* (this/these).

> *Pienso comprar uno de **estos** platos.*
> *Pues, **este** plato es bonito.*

Use *ese, esa, esos* or *esas* (that/those) to call attention to people or objects that are farther away.

> *¿Qué piensas de **esas** casas?*
> ***Esas** casas que están allí son grandes.*

Draw attention to people or objects that are even farther away ("over there") by using *aquel, aquella, aquellos* or *aquellas* (that/those over there).

> ***Aquellas** casas que están allá son bonitas.*
> *Mi amiga vive en **aquella** casa grande.*

¿Qué piensas de estos platos?

22 ¡Quiero otra casa!

Completa las siguientes oraciones con la forma apropiada de *este*.

Quiero otra casa porque (1) casa tiene pocas ventanas y hay muy poca luz. (2) ventanas no cierran muy bien. No me gusta (3) cocina. ¿Por qué? Pues, (4) fregadero no tiene agua caliente. La puerta de (5) refrigerador no abre bien y la puerta de (6) lavaplatos no cierra. (7) luces no encienden y el comedor está tan lejos de la cocina. No me gusta (8) mesa del comedor y (9) sillas son pequeñas. (10) tarde quiero empezar a buscar otra casa.

23 Ponemos la mesa

Imagine you are preparing the table for dinner guests. Working in pairs, take turns asking if your partner needs the items you are offering. Your classmate must answer each question negatively. Follow the model.

> plato
> **A:** ¿Quieres este plato?
> **B:** No, no quiero ese plato.

1. mantel amarillo
2. cucharitas
3. tazas
4. servilletas azules

5. vaso nuevo
6. tenedores
7. silla
8. platos de postre

24 ¿Pienso ir...?

Imagine you and a friend are looking out an observatory window from which you can see several places in Caracas, Venezuela. Point out where you intend to go this week, using the given cues. Follow the model.

restaurante venezolano
Pienso ir a aquel restaurante venezolano.

1. casa amarilla
2. museo de arte
3. parques interesantes
4. calles con muchas tiendas
5. cine allá cerca del teatro
6. plaza grande

Pienso ir de compras al centro de Caracas.

25 ¿Este, ese o aquel?

Use the appropriate form of *este, ese* or *aquel* to answer the following questions, based upon the cues shown in the illustration.

¿Qué vaso prefieres?
Prefiero este vaso.

1. ¿Qué lámpara prefieres?

2. ¿Qué plato prefieres?

3. ¿Qué tazas prefieres?

4. ¿Qué pan prefieres?

5. ¿Qué servilletas prefieres?

6. ¿Qué postre prefieres?

26 De compras

Imagine you have rented your first apartment and you are at a store with a friend buying various items for the kitchen and dining room. Working with a partner, create a dialog in which you choose items to purchase from the illustration below. Express your preferences, ask each other's opinion and try to decide which things you want to, have to or ought to buy.

A: ¿Qué piensas de aquella mesa?
B: Prefiero esa mesa porque es más grande.

Autoevaluación. As a review and self-check, respond to the following:
1. Imagine you are preparing dinner for your family. How can you tell a sister and brother five things they have to do or should do to help you get ready?
2. What should they do first to start? After that?
3. How would you ask a friend what he or she is thinking about?
4. Ask two classmates what they are thinking about doing this Saturday.
5. Your aunt has prepared a special dessert and wants to know how much you would like. How do you respond?
6. Imagine you are seated at the diningroom table and the glass and silverware you need are far away from you, near your brother. How can you ask your brother politely to pass you that glass and that silverware?
7. Imagine you are eating lunch at *La Estancia,* one of Caracas' best restaurants. Name some of the items you might see on the table when the server seats you.
8. Name two typical Venezuelan dishes that you read about.

¡La práctica hace al maestro!

A Comunicación

Imagine you and two friends are having lunch at the restaurant *La Vía Emilia* in Caracas, Venezuela. You are discussing your plans for the week and talking about what you want to do, ought to do, have to do or prefer to do in the next seven days. As you converse, you may politely interrupt each other to ask for the things you need passed to you. You may also comment on things and people around the restaurant. Make the conversation as realistic as you can.

A: Tengo que ir a la biblioteca mañana.
B: Yo también. Perdón, por favor, pásame....

B Conexión con la tecnología

Using the Internet, do research about Venezuela. Find out what you can about the following: the history of Venezuela; important cities (attractions, population and so forth); food; lodging; customs; transportation to Venezuela and within the country; and attractions that a visitor might be interested in seeing. Prepare a summary of your research. Present some of the more interesting findings to the class, including maps or pictures you were able to download and print, information about airfares and any other details you think the class may find appealing.

VOCABULARIO

En la cocina

el aceite
el azúcar
la cocina
los cubiertos
la cuchara
la cucharita
el cuchillo
la estufa
el fregadero
el lavaplatos
la luz
el mantel
la mantequilla
la mesa
el pan
la pimienta
el plato
el plato de sopa
el postre
el refrigerador
la sal
la servilleta
la sopa
la taza
el tenedor
el vaso

Expresiones y otras palabras

allá
aquel, aquella (aquellos, aquellas)
el comedor
la cosa
de todos los días
después
ese, esa (esos, esas)
especial
este, esta (estos, estas)
la lámpara
menos
otra vez
pensar de/en/que
un poco (poquito) de
poner la mesa
ya

Verbos

ayudar
cerrar (ie)
deber
empezar (ie)
encender (ie)
pásame
pensar (ie)
poner
preferir (ie)
querer (ie)
sentir (ie)
tener que
viajar

¿Te gusta el flan de postre?

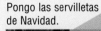

Pongo las servilletas de Navidad.

Papá hace la comida en la estufa.

Lección 12

Una carta de Jorge

escribir

el abrazo

grande

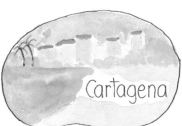

Cartagena

Queridos papás,

Cartagena, 2 de junio

Estamos aquí en Cartagena **desde**° el jueves. Esta ciudad es muy bonita **e** interesante, ¿saben? **Cada**° día a Marisol le gusta más la idea de pasar el verano aquí, pero a mí **me gustaría** estar con Uds. en Caracas.

La casa del primo Martín es grande y **cómoda.**° Voy a hacer un **dibujo**° para Uds. Sus amigos son simpáticos y muy divertidos. El mes que viene, **dicen que**° vamos a pasar siete **u** ocho días en Bucaramanga con la tía Bárbara y allá vamos a nadar en su **piscina**° y **aprender a**° montar a caballo.

Marisol y yo **tenemos ganas de**° ir. Saben que a Marisol no le gusta **escribir cartas.**° Entonces, el viernes que viene ella los quiere llamar **por** teléfono a las nueve de la noche.

Un **abrazo** de su hijo,

Jorge

desde *since* **Cada** *Each* **cómoda** *comfortable* **dibujo** *drawing* **dicen que** *they say that* **piscina** *swimming pool* **aprender a** *to learn to* **tenemos ganas de** *want* **escribir cartas** *to write letters*

1 ¿Qué comprendiste?

1. ¿Dónde están Marisol y Jorge desde el jueves?
2. ¿Cómo es la ciudad?
3. ¿A quién escribe Jorge esta carta?
4. ¿Cómo es la casa en Cartagena?
5. ¿Cuánto tiempo piensan pasar en Bucaramanga?
6. ¿Qué van a hacer los muchachos allá?

2 Charlando

1. ¿Te gusta estar lejos de tu casa? ¿Por qué?
2. ¿Cómo es tu casa?
3. ¿Qué te gustaría hacer cada verano?
4. ¿Qué tienes ganas de hacer este fin de semana?
5. ¿A quién llamas mucho por teléfono?

Cartagena, Colombia.

Conexión Cultural

Colombia

Colombia is located at the juncture between Central and South America. This Spanish-speaking country contains some of the most spectacular and varied terrain in the world including mountains, plains, lowlands, tropical jungles and an extensive coastline that touches on both the Atlantic and the Pacific Oceans. Also, its climate does not change with the seasons but rather is determined by Colombia's elevations. For example, the lowlands and the coastal areas offer a tropical climate such as you might experience if you travel to the beautiful city of _Cartagena. Santa Fe de Bogotá,_ the capital, and other parts of the country that are located in mountainous regions of Colombia have a mild climate all year long.

The Spaniards founded _Cartagena de Indias_ on Colombia's northwest coast in 1533. Pirates frequently attacked the port seeking gold and other valuables, so a wall was constructed around the city as a means of defense. The wall _(muralla)_ remains today, along with the entire city, a symbol of colonial times in Colombia.

La muralla de Cartagena.

Santa Fe de Bogotá was founded in 1538. The city is vibrant and modern. However, you may catch a glimpse into Colombia's past by visiting the exceptional and unique _Museo del Oro_ (Gold Museum), which holds over 30,000 pieces of pre-Columbian gold.

Everyone knows Colombia produces large quantities of excellent coffee, but not everyone knows it is the world's major source of emeralds. Colombia is also famous for its music, including the distinctive dance rhythms of _la cumbia, el porro, el merecumbé_ and the accordion accompaniment of songs known as _vallenatos._ Colombia is indeed one of the jewels of South America.

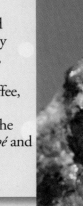

Colombia

Las esmeraldas son importantes en Colombia.

3 ¿Qué sabes de Colombia?

Read the following statements about Colombia. There may be some words that you do not know. Then tell whether the statements are *verdad* or *falso*.

1. Colombia está en la América Central.
2. Hablan español en Colombia.
3. Colombia no tiene costas en el Pacífico.
4. Cartagena es un símbolo del período colonial español.
5. El clima es determinado por la elevación.
6. Santa Fe de Bogotá es la capital del país.
7. Colombia es famosa por el café, las esmeraldas y la música.

¿Te gustaría viajar a Santa Fe de Bogotá?

Algo más

Para expresar deseos

To express your wishes you may use *quiero* or the more polite and less emphatic *me gustaría* plus an infinitive. Compare the following:

Quiero viajar a Colombia. I want to travel to Colombia.
Me gustaría viajar a Colombia. I would like to travel to Colombia.

4 ¿Qué te gustaría hacer?

Completa lógicamente las siguientes oraciones de una manera original.

 Me gustaría viajar....
Me gustaría viajar a Cartagena, Colombia.

1. Me gustaría ir....
2. Me gustaría comprar....
3. Me gustaría vivir....
4. No me gustaría vivir....
5. Me gustaría tener....
6. No me gustaría ir....

5 Comparaciones

Compare and contrast the wishes, intentions and obligations of various people you know, using the following verbs: *gustaría, pensar, preferir* and *querer*. Use a variety of subjects and write at least one sentence for each verb. Then exchange your paper with a partner and take turns asking and answering questions about what each of you wrote.

A mis padres les gustaría ir a Venezuela cada verano. Yo prefiero ir a Colombia. Un día pienso hacer un viaje a Santa Fe de Bogotá.

A: ¿Adónde les gustaría ir a tus padres?
B: A mis padres les gustaría ir a Venezuela.

6 ¡A escribir!

Help Jorge's parents write him a short note, including the following information: They are pleased to hear from their dear son; they know that he is far from home in Caracas, but not far from his family; they would like to see the photos of the trip to Bucaramanga when he and his sister are home again. Be sure to include the city and the date and use appropriate greetings and farewells, such as *Querido Jorge, hasta pronto* or *un abrazo*.

IDIOMA

El presente del verbo *decir*

The present tense of *decir* has an irregular *yo* form and requires a stem change for all forms except *nosotros/as* and *vosotros/as*. Use *decir* for reporting what is said.

decir	
digo	decimos
dices	decís
dice	dicen

Yo digo "Hola".

¿Qué dices tú?

7 ¿Qué dicen?

What would the people indicated say in reaction to the corresponding illustrations?

Marisol

 Marisol dice "Aló".

1.   tú

2.   mi amigo

3.   ellas

4.   nosotros

5.   yo

6.   Uds.

Algo más

Usando *que* para reportar

You have already used the word *que* to connect two parts of a sentence: *Pienso que Jorge quiere estar en Caracas.* When you summarize what someone says, it is necessary to use *que* between *decir* and the expression or phrase that follows:

¿Qué dicen los amigos de Martín? Dicen que van a pasar una semana en Bucaramanga.

What do Martín's friends say? They say (**that**) they are going to spend a week in Bucaramanga.

¿Qué dice Ud.?

8 ¿Reportando los resultados?

Imagine you are reporting the results of a poll about whether students from your school would like to participate in an exchange program with a high school in Santa Fe de Bogotá, Colombia, that would require them to be away from home for the school year. Report your findings based upon the following information.

 Isabel
Isabel dice que no.

1. Eva
2. Miguel y yo
3. la señora Barrera e Isabel
4. Pedro y la señorita Alba
5. Ud.
6. el señor Sánchez y Daniel

9 ¿Qué hacen?

Trabajando en parejas, haz mini-diálogos usando la forma apropiada del verbo *decir*.

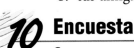 tú/escribir cartas a la familia
A: ¿Qué dices?
B: Digo que escribo cartas a la familia.

1. Jorge y Marisol/aprender a montar a caballo
2. Uds./pensar viajar a Colombia
3. tú/estudiar español e inglés
4. ellas/empezar a comprender
5. Ud./salir a comer ahora
6. tus amigas/llamar por teléfono a las siete

¿Dices que piensas visitar a Colombia?

10 Encuesta

Survey your classmates about activities they enjoy and places they want to visit. In groups of three, compare the information each of you has obtained. Finally, select one person in your group to present a summary of your survey results to the class.

A: ¿Te gusta estar lejos de tu casa?
B: Sí, me gusta estar lejos de mi casa porque me gusta viajar.
C: No, no me gusta estar lejos de mi casa. Prefiero estar cómodo/a en mi casa.
A: *B* dice que le gusta estar lejos de su casa pero *C* dice que prefiere estar cómodo/a en su casa.

El dibujo de Jorge

Aquí tienes el dibujo de la casa **donde** vive el primo Martín. No tiene **primer piso°** y, claro, no hay **escalera.°** Todo está en la **planta baja.°** Entramos en la casa **por°** una puerta en el **patio**, donde hay una mesa, sillas y muchas **plantas.** El **cuarto** de Marisol está **al lado de°** la cocina. Tiene unas ventanas **pequeñas.°** Yo estoy en el cuarto de Martín que está al lado del cuarto de sus padres. **Cuando** Martín y yo estamos aburridos, vamos a la **sala** a ver televisión u oír música. A veces, nos gusta jugar en la computadora. **Por las noches°** comemos en el comedor, pero los domingos comemos en el patio. Y claro, cada tarde a las cuatro vamos a la playa de Bocagrande.

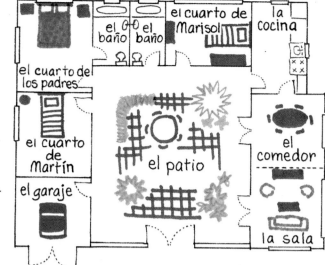

primer piso *first floor above (the main floor)* **escalera** *stairs* **planta baja** *main floor* **por** *through* **al lado de** *next to* **pequeñas** *small* **Por las noches** *At night*

11 ¿Qué comprendiste?

1. ¿De quién es la casa?
2. ¿El cuarto de Jorge está en el primer piso?
3. ¿Qué hay en el patio?
4. ¿Qué hacen Jorge y Martín cuando están aburridos?
5. ¿Tiene una escalera la casa? ¿Un baño?
6. ¿Qué cuarto está al lado del garaje?

PARAti

La planta baja y el primer piso
Some people refer to *la planta baja* as *los bajos* (downstairs). The expression *los altos* is roughly equivalent to the English **upstairs** or **upper floor(s)**. The term *primer piso* (first floor) often identifies the second floor of a building, although many people also use the term to refer to the main floor.

*Yo vivo en **los bajos** y mis padres viven en **los altos**.*
*Yo vivo en **la planta baja** y mis padres viven en **el primer piso**.*

Here are several more words to talk about your home:

el apartamento	apartment
el condominio	condominium
el jardín	garden, yard
el sótano	basement, cellar
el ático/el desván	attic
el techo	roof

12 Charlando

1. ¿Cómo es la casa donde vives? ¿Hay una escalera? ¿Hay un patio?
2. ¿Cuántos pisos tiene la casa?
3. ¿Dónde está tu cuarto? ¿Es grande o pequeño?
4. ¿Tienes plantas en tu casa? ¿Dónde?
5. ¿Qué haces por las noches? ¿Comes? ¿Estudias? ¿Sales con amigos?

Estrategia

Para hablar mejor: *recognizing words in context*

You may notice how differently people express themselves in Spanish. Words and expressions you hear may be different from those you have learned. For example, *cuarto, habitación* and *pieza* are all used for **room.** For the word **bedroom** you may encounter the Spanish words *alcoba, dormitorio, habitación, pieza, recámara* and *cuarto de dormir* (literally, a **room for sleeping**), which is sometimes shortened to *cuarto.* However, do not confuse this shortened form of *cuarto* for the expression *cuarto de baño* (bathroom), which is usually shortened to *baño.*

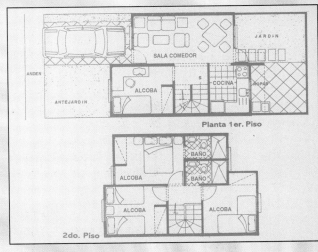

Planta 1er. Piso

2do. Piso

Knowing that these differences exist will be invaluable in your effort to communicate with others. Remember that the important result of your effort is communication, which depends upon the people involved, the place and the context. Use the words and expressions you have learned and take note of new expressions along the way that will help you understand others while you express yourself in Spanish.

13 ¿Adónde necesitan ir en la casa?

¿Hablas por teléfono en tu cuarto?

Tell where in the house each of these people need to go, based upon the following statements.

 Estoy muy cansada.
Necesitas ir a tu cuarto.

1. Mi mamá tiene ganas de mirar fotos y oír la radio.
2. Mi hermana viene de jugar al tenis.
3. Mis tíos están aquí para comer con nosotros.
4. Mi hermano está aburrido y va a ver televisión.
5. Mi papá necesita el carro.
6. Quiero un vaso de agua.
7. Voy a leer un libro muy interesante.

14 En la casa del primo Martín

Relatives of Jorge and Marisol in Cartagena, Colombia, are involved in various activities this morning somewhere in their house. Tell what everyone is doing, and where, according to the illustrations.

su tío

[icon] Su tío lee un libro en la sala.

1. su primo Martín

2. su tía

3. su abuela

4. su abuelo

5. su prima pequeña

CONEXIONES 15 Cruzando fronteras

Imagine you are studying to be an architect. Your first major assignment is to draw a blueprint of the floor plan of your house or apartment (you may even choose to make a pop-up version of the home if you like) and label the rooms in Spanish. Make the plan as detailed as you can. Then write at least five statements in Spanish that summarize the architectural plan you have created. For example, state whether the blueprint is of a house *(casa)* or an apartment *(apartamento)*, how large it is, the number and type of rooms, where the rooms are located, how many doors, windows and floors there are and any other information you can give. Make up any details you wish.

Planta apartamento tres alcobas

16 Habla de tu casa

Working in pairs, talk with your classmate about your house and some of the things that members of your family do during the week. Discuss similarities and differences in your lives at home *(casa* or *apartamento)*, your weekly routines and your lives in general. Discuss at least seven activities, including some of the following: *caminar, comer, escribir cartas, ir en autobús, leer* and *ver televisión.* You can make up the information if you wish. Write down what your partner says and report what you discussed to the class.

A: ¿A qué hora come tu familia?

B: Bueno, comemos muchas veces a las siete.

A: Pues, en mi casa comemos a las seis o a las siete, pero no los domingos. Los domingos comemos a las tres o a las cuatro. ¿Ven televisión en tu casa por la mañana o por la noche?

No quiero salir de casa

MARISOL: Jorge, ¿por qué no vas al parque a **correr?°** Estás con tu música desde las ocho y quiero leer el periódico.

JORGE: La **verdad°** es que no quiero salir de casa y no quiero correr. ¿Por qué no vas tú al patio?

MARISOL: Porque Martín está allí con unos amigos. Y, ¿por qué no **pides prestado°** el carro al tío Paco y vas a la playa? ¡Es divertido!

JORGE: Marisol, lo voy a **repetir** por última vez: no quiero salir de casa.

MARISOL: **Lo que° quieres decir°** es que tú prefieres estar aquí en la sala donde estoy yo y oír tu música.

JORGE: No, eso es una **mentira.°** Lo que yo digo es que si no te gusta mi música, tienes que ir a otro cuarto de la casa.

MARISOL: Pues, bien, voy a leer el periódico en mi cuarto.

correr *to run* **verdad** *truth* **pides prestado** *(ask to) borrow* **Lo que** *What* **quieres decir** *you mean (to say)* **mentira** *lie*

1. ¿Qué quiere hacer Marisol?
2. ¿Desde qué hora está Jorge con la música?
3. ¿Qué es la verdad para Jorge?
4. ¿Por qué no va Marisol al patio?
5. ¿Por qué no pide prestado Jorge el carro al tío Paco?
6. ¿Qué repite Jorge por última vez?
7. ¿Es verdad o es mentira que cuando Jorge dice que no quiere salir de casa, quiere decir que prefiere estar en la sala con Marisol y oír su música?
8. ¿Qué va a hacer Marisol?

18 **Charlando**

1. ¿Te gusta pedir favores? Explica.
2. ¿Qué te gusta hacer cuando estás en casa?
3. ¿Sales a correr al parque? ¿A la playa?
4. ¿Siempre dices la verdad o a veces dices mentiras?

IDIOMA

El presente de los verbos con el cambio *e → i*

You have seen that some verbs require the spelling change *e → ie* for some of their present-tense forms: *yo cierro, nosotros cerramos.* Similarly, some verbs in Spanish may require the spelling change *e → i* in all forms of their present-tense stem except for *nosotros* and *vosotros.* The verbs *pedir (i, i)* and *repetir (i, i)* are two examples of this type of verb.

Pedimos ayuda al profesor.

pedir		repetir	
pido	pedimos	repito	repetimos
pides	pedís	repites	repetís
pide	piden	repite	repiten

Note: With the exception of the irregular *yo* form *(digo),* the verb *decir* follows the same pattern: *dices, dice, decimos, decís, dicen.*

19 ¿Quién pide mucho?

Completa el siguiente párrafo con la forma apropiada de los verbos *pedir, repetir* o *decir.*

Carlos siempre (1) cosas. Un día (2) prestado un bolígrafo; otro día (3) un libro. A veces tiene que (4) prestado unos pesos para el almuerzo y siempre (5) ver mis tareas. Sabes, es porque él nunca las hace. A mí no me gusta cuando otros estudiantes me (6) la tarea. Claro, no debo (7) esas cosas, ¡pero (8) la verdad! Nunca (9) una cosa que es mentira. Mmm, ¿qué opinas si nosotros le (10) unas cosas a Carlos? ¿Qué va a decir?

Algo más

Pedir y preguntar

The equivalent of *pedir* in English is "to ask for, to request, to order (in a restaurant)." For asking a question, use *preguntar* or *hacer una pregunta. Pedir permiso (para)* is "to ask for permission (to do something)," although sometimes people use the abbreviated expression *con permiso,* which is "excuse me" or "with your permission." Use *pedir perdón* to excuse yourself and to ask for forgiveness for having done something wrong; however, the word *Perdón* can be used for "Excuse me" or "Pardon me." *Pedir prestado/a* is "to ask for a loan" or "to borrow something."

20 ¿Pedir o preguntar?

Estas personas están en casa. Completa lo que dicen con la forma apropiada de *pedir* o *preguntar.*

1. ¿Siempre (1) Uds. ayuda con su tarea a su mamá?
2. David siempre (2) dónde está su mochila.
3. Mi amigo y yo (3): ¿cuándo vamos a viajar a otro país?
4. ¿Siempre (4) tú quiénes son?
5. Mis padres siempre (5) ayuda en la cocina.
6. ¿Siempre (6) tú permiso para nadar en la piscina?
7. Siempre (7) perdón cuando no comprendemos lo que dice nuestro abuelo.
8. A veces tengo que (8) dinero a mi papá.

Pido ayuda a mi mamá.

¿Qué debes decir o hacer en las siguientes circunstancias?

21

Match the circumstances in column A with the most appropriate response in column B.

A	B
1. No comprendes a tu mamá.	A. Pido ayuda.
2. Quieres salir del cuarto.	B. Pido perdón.
3. Necesitas diez dólares para ir al cine.	C. Digo "con permiso".
4. Dices lo que no debes decir a tu papá.	D. Hago una pregunta.
5. Necesitas ayuda con la tarea.	E. Pido prestado el dinero.

En nuestra casa....

22

¿Qué dices o haces en estas situaciones? Sigue el modelo.

 Sales para ir al colegio y ves que no tienes dinero.
   Pido prestado dinero.

1. Repites lo que no es verdad.
2. Necesitas hacer una pregunta a tu abuelo/a, pero está en su cuarto con la puerta cerrada.
3. Quieres ir a nadar en la piscina de tu primo/a.
4. Vas al cine con tu hermana. Hay un grupo de personas en la puerta y no pueden pasar.
5. No tienes un bolígrafo para escribir una carta a tu amiga. Tu hermana tiene un bolígrafo.

El médico dice que no debo caminar.

Ella pide prestado el teléfono.

¿Qué tienen?

23 ¿Qué tienen?

Working with a partner, take turns asking and answering the following questions, according to the preceding illustration.

> **A:** ¿Qué tiene Raúl?
> **B:** Raúl tiene sueño.

1. ¿Qué tiene Mario?
2. ¿Quién tiene mucha hambre?
3. ¿Quiénes tienen mucho calor?
4. ¿Quién tiene mucha sed?
5. ¿Quién tiene frío?

6. ¿Qué tiene Marta?
7. ¿Qué tiene Jaime?
8. ¿Quién tiene miedo?
9. ¿Qué tienes tú?

Repaso rápido

Adjetivos y expresiones con *tener*

The verb *tener* may be combined with a noun *(sustantivo)* to ask about or to express physical or emotional conditions. As you have already learned, any accompanying adjectives must agree with the noun they modify. Thus, masculine adjectives such as *mucho* and *poco* are used with the masculine nouns *miedo, frío, calor* and *sueño,* whereas feminine adjectives such as *mucha* and *poca* accompany the feminine nouns *hambre, prisa* and *sed.*

24 ¿Mucho o poco?

Working with a partner, take turns asking and answering the following questions.

> **A:** ¿Cuánto sueño tienes?
> **B:** Tengo mucho (poco) sueño.

1. ¿Cuánto calor tienes?
2. ¿Cuánta hambre tienes?
3. ¿Cuánto miedo tienes?
4. ¿Cuánta prisa tienes?

5. ¿Cuánta sed tienes?
6. ¿Cuánto frío tienes?
7. ¿De qué tienes muchas ganas?
8. ¿De qué tienes pocas ganas?

25 De vacaciones en Cartagena

Imagine you are going to go on vacation in Cartagena. Use the library or the Internet to investigate tourist attractions in Cartagena. Then working in pairs, tell one another three things you feel like doing during the weekend.

> **A:** El viernes por la noche tengo ganas de ir a bailar a la Ciudad Vieja.
> **B:** El viernes por la noche tengo ganas de visitar el Castillo San Felipe.

Repaso *rápido*

Los verbos regulares

You have recently seen verbs with spelling changes *(e → ie, e → i)*. Earlier you saw many regular verbs. Do you remember which endings to use for them?

hablar	
hablo	hablamos
hablas	habláis
habla	hablan

comer	
como	comemos
comes	coméis
come	comen

vivir	
vivo	vivimos
vives	vivís
vive	viven

26 Una prima vive en la capital

Completa el siguiente párrafo con las formas apropiadas de los verbos indicados.

Me llamo Mónica y soy otra prima de Jorge y Marisol. *1. (vivir)* con mis padres en Santa Fe de Bogotá, la capital de Colombia. Nosotros *2. (tener)* una casa cómoda. Mi cuarto es pequeño pero *3. (preferir)* estudiar allí. El año que viene *4. (querer)* estudiar en la Universidad Javeriana. Mi madre *5. (ser)* colombiana y es una profesora en la universidad. Mi padre es de Newark, New Jersey, pero él también *6. (saber)* español. Entonces, en nuestra casa, nosotros *7. (hablar)* español e inglés. Mis padres *8. (decir)* que yo hablo muy bien el inglés y ahora mis amigos *9. (tener)* ganas de aprender el inglés también. Tengo más familia en Estados Unidos—un hermano, Alejandro, dos tíos, dos tías y cuatro primos. Yo les *10. (escribir)* muchas cartas a ellos. Mi hermano Alejandro *11. (escribir)* muy poco y *12. (deber)* escribir más. Él *13. (pensar)* que no necesito saber de él porque estoy muy lejos, pero no es verdad. *14. (Querer)* a mi hermano.

Autoevaluación. As a review and self-check, respond to the following:
1. How can you greet someone in Spanish when you write a letter?
2. Tell a friend one thing you would like to learn to do in the future.
3. Imagine you are telling a friend about various things that others say. Tell your friend five things that five different people say, including yourself.
4. Describe your house by listing the rooms, floors and location of as many items as you can in Spanish.
5. Imagine that your brother or sister needs to borrow a pen and paper to write a letter. How can you say that they should ask to borrow the items from someone else because you do not have them?
6. How can you politely ask someone to repeat what they say?
7. Say how you feel in the following situations: you have not eaten anything all day, it is very hot and your mouth is dry, you studied all night long for an exam and did not sleep, you are late for school.

¡La práctica hace al maestro!

¿Cómo es tu cuarto?

A Comunicación

Working in groups of three, talk in Spanish about your home. (Make up any details you wish.) Each student must describe his or her home *(tiene una sala grande)*, say why he or she does or does not like the home *(no me gusta porque mi cuarto es pequeño)* and then mention who lives there *(vivo con...)*. Members of the group should try to add any details necessary to complete the description *(comemos en la mesa grande del comedor)*, mentioning any items the person would like to buy for his or her home *(me gustaría comprar...)*. *¡Sean tan creativos como sea posible!* (Be as creative as possible!)

B Conexión con la tecnología

Write a short e-mail in Spanish to someone you know about your home and family. Use Jorge's letter as a model, if necessary.

¿Tiene tu casa una sala como esta sala?

VOCABULARIO

La casa
el baño
el cuarto
la escalera
el garaje
el patio
la piscina
el piso
la planta
la planta baja
el primer piso
la sala

¿Vas a la sala a ver televisión?

Para describir
al lado de
cada
cómodo,-a
cuando
desde
donde
el lado
pequeño,-a
poco,-a
por
por la noche
primer

¿Cómo estás?
el calor
el frío
la gana
el hambre *(f.)*
el miedo
la prisa
¿Qué *(+ tener)?*
la sed
el sueño
tener (calor, frío, ganas de,
    hambre, miedo de, prisa,
    sed, sueño)

Expresiones y otras palabras
el abrazo
la carta
el dibujo
e
lo que
me/te/le/nos/les gustaría
la mentira
pedir (perdón, permiso,
    prestado,-a)
el permiso
por teléfono
querer decir
u
la verdad

¿Te gustaría tener
una piscina?

Verbos
aprender a
correr
decir *(+ que)*
escribir
gustaría
pedir
repetir

Ella tiene mucha sed.

a leer

Estrategia

Preparación

Estrategia para leer: *using graphics to understand a reading*

Before reading a selection, it is helpful to look over any graphics, artwork, photographs and so forth that accompany what you are about to read. These visuals can help you predict the content or main idea of the reading.

Mira el dibujo para contestar las siguientes preguntas como preparación para la lectura.

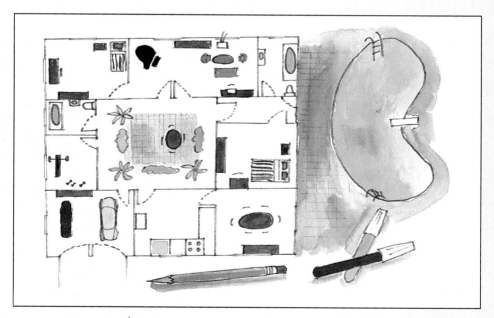

1. ¿De qué es el dibujo?
2. ¿Cuántos pisos tiene la casa?
3. ¿Qué hay en el centro de la casa?
4. ¿Qué piensas que vas a leer?

La casa ideal de Jorge

Este dibujo es de mi casa ideal. Aquí está la sala, donde está el piano, y en este cuarto yo pienso ver televisión y escribir en la computadora. Pienso que este cuarto va a ser mi cuarto favorito. Al lado de la sala están mi cuarto y el cuarto de mis padres. Yo sé que mis padres prefieren tener un cuarto lejos de la sala, pero en mi casa ideal su cuarto está un poquito más cerca de la sala.

Entro a esta casa por la puerta principal o por la puerta del garaje. Camino por el patio hasta el comedor y al lado está la cocina. Mi madre piensa tener los platos en la cocina, pues a ella no le gusta tener los platos en el comedor. Aquí hay un cuarto grande donde tengo mi gimnasio y ese cuarto que ves al lado es un cuarto de baño.... Ah, y hay una piscina también. Es una casa grande y cómoda. Me gustan las casas cómodas y bonitas, con muchas ventanas.

¿Cómo es tu casa ideal?

A ¿Qué comprendiste?

1. ¿Dónde están el piano y la computadora?
2. ¿Qué cuarto piensa Jorge va a ser su favorito?
3. ¿Qué está al lado de la sala?
4. ¿Por dónde entra Jorge a su casa ideal?
5. ¿Cómo va Jorge al comedor?
6. ¿Qué piensa tener en la cocina la madre de Jorge?
7. ¿Qué cuarto está al lado del gimnasio?
8. ¿Cómo es la casa?

B Charlando

1. ¿Son diferentes la casa ideal de Jorge y tu casa? Explica.
2. ¿Vives ahora en tu casa ideal?
3. ¿Qué cuartos tiene tu casa ideal?
4. ¿Dónde te gustaría vivir? ¿Por qué?

a escribir

Estrategia

Estrategia para escribir: *connecting phrases*

To avoid a choppy writing style, include some of the following transition words to make your sentences flow from one to another: *a causa de* (because of), *como* (since, like, as), *después* (later), *entonces* (then), *pero* (but), *por eso* (therefore), *sin embargo* (however), *también* (also), *y* (and). These words will act as the glue that binds together the ideas in a paragraph as a connected unit.

A. Design a basic floor plan of *la casa de mis sueños* and label the rooms and contents in Spanish. Be creative! You may also want to add color and graphics to your floor plan to make your drawing visually appealing.

B. Write one or two paragraphs in Spanish to describe your *casa ideal*. Tell how large the house is, where it is located, the number and type of rooms it has, the number of windows and doors it has, where the rooms are located (i.e., *en la planta baja, al lado de la cocina*) and any other details you wish to include. Be sure to use some transition words to make your sentences flow more smoothly.

Planta 1er. Piso

Planta 2o. Piso

 La casa de mis sueños está en Cartagena. Como tiene cuatro pisos, es muy grande....

repaso

Now that I have completed this chapter, I can...

- ✔ talk about everyday activities.
- ✔ talk about the future.
- ✔ express opinions.
- ✔ state wishes and preferences.
- ✔ identify items in the kitchen and at the dinner table.
- ✔ express quantity.
- ✔ state location.
- ✔ write a letter.
- ✔ describe a household.
- ✔ express feelings.

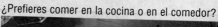

¿Prefieres comer en la cocina o en el comedor?

I can also...

- ✔ talk about life in Venezuela and Colombia.
- ✔ discuss typical foods from Venezuela.
- ✔ identify and describe the rooms of my house.
- ✔ recognize words in context to help improve my speaking ability.
- ✔ recognize when to use *pedir* or *preguntar* to ask for something.

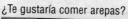

¿Te gustaría comer arepas?

Los pasatiempos

CAPÍTULO 7

Argentina

In this chapter you will be able to:

- indicate a length of time
- talk about everyday activities
- offer an invitation
- apologize and make excuses
- discuss pastime activities
- talk about how often something is done
- state what is happening right now
- describe the seasons and weather
- use ordinal numbers

265

Quiero poner el televisor

¡Pepe...!

Vidas nuevas

la telenovela

el partido

el equipo

ARGENTINA

MAMÁ:	¡Pepe...! ¿**Cuánto tiempo hace que**° ves televisión? Ya es la hora de *Vidas*° *nuevas*, mi **telenovela** favorita. Son **casi**° las tres.
JOSÉ:	No, **todavía**° no. Tengo unos **minutos**. Son las tres menos nueve y los **equipos** de Argentina y Estados Unidos juegan un partido de fútbol....
MAMÁ:	Cuando quiero **poner**° el **televisor** para ver mi **programa** favorito, no **puedo.**
JOSÉ:	Mamá, salgo a las cuatro **después del**° partido y **esta noche** no voy a **volver**° hasta las nueve. ¿No **recuerdas**° que el mes que viene es mi cumpleaños? Los televisores no **cuestan** mucho dinero. Me puedes **dar**° uno, ¿no? ¡Ja, ja, ja!

¿Cuánto tiempo hace que...? *How long have you been...?* **Vidas** *Lives* **casi** *almost* **todavía** *yet* **poner** *to turn on* **después del** *after* **volver** *to return* **recuerdas** *you remember* **dar** *give*

Conexión *cultural*

¡Gol! ¡Qué buen partido de fútbol!

El fútbol is a very popular sport in Argentina and in most other Spanish-speaking countries. It is one of the most preferred pastimes for people of all ages: nearly everyone has *la fiebre del gol* (goal fever).

¿Qué comprendiste?

1. ¿Cómo llama la madre a José?
2. ¿Qué programa ve José?
3. ¿Qué equipos juegan en el partido de fútbol?
4. ¿Qué quiere ver la madre? ¿Cómo se llama el programa?
5. ¿A qué hora empieza la telenovela?
6. ¿Qué quiere José para su cumpleaños?

Charlando

1. ¿Te gusta ver televisión?
2. ¿Te gusta ver telenovelas? ¿Cuáles?
3. ¿Cuántos programas de televisión ves en un día?
4. ¿Cuántos televisores hay en tu casa? ¿Dónde están?
5. ¿Qué vas a hacer esta noche?

DESDE ESTE LUNES
DOMINGO 23:30 hrs.

FUTGOL

¡TODA LA EMOCION DE LOS GOLES! Junto a Alberto Foulkous y Néstor Bella

"Que viva el Fútbol"

Conexión *Cultural*

Un gaucho en Las Pampas.

La Argentina

Argentina is the largest Spanish-speaking country in the world. The country occupies an area about one-third the size of the United States and extends from the frigid regions near the South Pole to the northern tropical regions of the central part of South America.

The southern plains of Patagonia are the center of the sheep-raising industry. In the central plains, *las pampas,* there are large cattle ranches *(estancias)* where cowboys known as *gauchos* tend the herds of cattle. Argentina produces beef that is sold and shipped throughout the world.

The country also offers many beautiful lakes and forests. The plentiful national parks and ski resorts, such as Bariloche, are popular with tourists throughout the world. In addition, some of the finest beaches in the world are located along Argentina's extensive coastline.

Buenos Aires es la capital de Argentina.

The capital, Buenos Aires, is located on the shores of the *Río de la Plata* estuary (the point where the tide meets a river current). This modern city combines skyscrapers *(rascacielos),* lovely plazas and parks, excellent food and interesting old buildings into what is often called the "Paris of the Spanish-speaking world." The population blends just about every ethnic and racial group imaginable and includes large populations from Germany, Italy, Great Britain, Poland and numerous other countries.

Argentina is fascinating for its variety. In cosmopolitan Buenos Aires, you may dance the tango in the colorful neighborhood called *La Boca,* or you may be invited to sip a wonderful tea-like hot drink called *mate.* You may find yourself alone at the top of a mountain (Aconcagua), skiing the famous slopes of the Andes, viewing the breathtaking Iguazú waterfalls or walking along the streets of the largest Spanish-speaking city south of the equator (Buenos Aires). You also may join the Argentine people in the enjoyment of their national sport—*el fútbol.*

¿Verdad o Falso?

1. La Argentina es el país más grande de gente de habla hispana.
2. Los gauchos viven en las estancias de las pampas.
3. A los turistas no les gusta pasar tiempo en los parques nacionales.
4. Bariloche es "El París del mundo hispano."
5. El baile famoso de la Argentina es el tango.
6. *Mate* es un programa famoso de la televisión en la Argentina.
7. El deporte nacional de la Argentina es el fútbol.

casa Blanc
DE BUENOS A
SHOW DE TANGO
FOLKLORE

Argentina en Sudamérica

3 Cruzando fronteras

Create a map of Argentina, its surrounding countries and bodies of water. Locate and label as many of the geographical features mentioned in the *Conexión cultural* as you can.

IDIOMA

El presente de los verbos con el cambio

o → ue y *u → ue*

As you have already learned, some verbs may require a change from *e → ie* or *e → i* in all forms of their present-tense stem except for *nosotros* and *vosotros*. Similarly, some verbs require the change *o → ue* (*poder*) or *u → ue* (*jugar*) in all forms of their present-tense stem except for *nosotros* and *vosotros*. These stem changes do not interfere with regular verb endings.

poder	
puedo	podemos
puedes	podéis
puede	pueden

jugar	
juego	jugamos
juegas	jugáis
juega	juegan

*Mi equipo favorito **juega** al fútbol mañana a las tres.*
*Yo no **puedo** ir, pero voy a ver el partido en la televisión.*

Other *o → ue* stem-changing verbs include *costar (ue)*, *recordar (ue)* and *volver (ue)*.

*¿Cuánto **cuesta** un televisor nuevo?*
***Recuerda** poner el televisor a las tres.*
*David y Rosa **vuelven** a casa para ver su programa favorito.*

¿Puedes jugar al tenis?

¿Recuerdas cómo bailar el tango?

4 Las actividades preferidas

Completa las siguientes oraciones con la forma apropiada de los verbos.

1. A Mónica no le gusta la televisión. Ella *(jugar)* al tenis con sus amigos.
2. Enrique *(poder)* ver televisión todas las tardes.
3. Ella todavía no *(tener)* un televisor nuevo.
4. Roberto va a una tienda donde los televisores no *(costar)* mucho.
5. Mario y yo no *(jugar)* al tenis, nosotros preferimos jugar al fútbol.
6. Gloria *(pensar)* que el fútbol es divertido.
7. Sonia y Rocío no *(volver)* a jugar partidos de fútbol.
8. Nosotros *(poder)* jugar otro deporte.
9. ¿Qué *(poder)* jugar yo?

RIO NEGRO, martes 6 de mayo

DEPORTES

Súper Equipo

5 ¿Puedes?

Working with a partner, take turns inviting one another to do various activities. You may refuse or accept each invitation, giving an excuse if you refuse or changing the suggested time if you accept.

> jugar al fútbol
> A: ¿Puedes jugar al fútbol hoy?
> B: Lo siento, pero no puedo. Tengo prisa. Son casi las nueve.
> B: No puedo hoy, pero puedo jugar después de las clases mañana.

1. venir a comer con nosotros a las 6:30
2. jugar al tenis el domingo
3. ir al cine pasado mañana
4. leer la carta de tu amigo más tarde
5. hablar por teléfono con mi prima el sábado
6. ver mis fotos de Argentina y Chile ahora

¿Puedes ir al cine hoy?

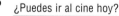

Los pasatiempos

A. jugar al ajedrez

B. jugar a las damas

C. jugar al básquetbol

D. jugar a las cartas

E. jugar al fútbol americano

F. jugar al volibol

G. jugar a las maquinitas

H. dibujar

I. hacer aeróbicos

J. leer el periódico

6 ¿Quién juega?

Tell what the following people are doing, according to the letter that corresponds to the preceding illustrations.

☞ Uds. (D)
Uds. juegan a las cartas.

1. ellos (B)
2. esas chicas (F)
3. ella (I)
4. Inés y David (A)
5. ella (C)
6. esos chicos (E)
7. tú (J)
8. ese chico (G)
9. Julio (H)

¿Te gusta jugar a las damas?

Conexión Cultural

Damas y caballeros

The games *ajedrez* (chess) and *damas* (checkers) are two of the world's oldest pastimes. Perhaps you have enjoyed playing one or both of these games yourself. Do not be confused, however, when you see the word *Damas* (Ladies) on the door of a public restroom not very far from another door labeled *Caballeros* (Gentlemen). Remember what you have learned: The meaning of any word may vary according to the context in which the word is used.

¿Damas o caballeros?

7 Los pasatiempos

Working in groups of four, prepare a brief summary of activities that members of your group do. First, pair up with one person in the group and find out which activities shown in the illustration *Los pasatiempos* your partner does. Next, find out another of your partner's pastimes that was not shown in the illustration. Then return to your group and report what you found out about your partner, taking notes as your classmates report their findings. Finally, one person from your group reports the information to the entire class.

A: ¿Juegas a las damas?
B: Sí, (No, no) juego a las damas. ¿Y tú?

8 ¿A qué hora vuelven?

Working with a partner, take turns asking and telling in Spanish when these people will be returning from various places (i.e., *el partido, el cine, la casa de un amigo o una amiga*). Use a different place and time for each sentence.

A: ¿A qué hora vuelve José del partido de fútbol americano?
B: José vuelve a las nueve y media.

José

1. Catalina

2. Ana y Pedro

3. Uds.

4. tú y yo

5. ellas

6. tú

9 Quiero comprar un televisor

Completa el siguiente párrafo con la forma apropiada de uno de los siguientes verbos: *poder, costar, jugar, preferir, recordar, ver.*

Así es la nueva Televisión

Me gustaría (1) comprar un televisor inmenso, uno de esos televisores que ocupan toda una pared. Yo no (2) tener ese televisor todavía porque (3) mucho dinero y porque mi casa no es grande. A mí me gusta (4) los programas de deportes. A mi padre le gustaría tener un televisor grande cuando (5) los Piratas de Pittsburgh, su equipo favorito. Pero también (6) que a mi hermana le gusta ver las telenovelas. A mí no me gustan las telenovelas y en ese momento (7) ir al cine o estar con mis amigos, especialmente si (8) al béisbol.

El tiempo libre

mes año minuto hora segundo siglo cuarto de hora día semana media hora

10 ¿Qué comprendiste?

1. ¿Cuántas horas hay en un día?
2. ¿Cuántos cuartos de hora hay en una hora?
3. ¿Cuántos segundos hay en un minuto?
4. ¿Cuántas semanas hay en un año?
5. ¿Cuántos años hay en un siglo?

Manténgase al día en las noticias, leyendo la mejor información nacional e internacional en:

SIGLO VEINTIUNO

11 Charlando

1. ¿Por cuánto tiempo hablas español en la clase de español? ¿Y en un día? ¿Y en una semana?
2. ¿Por cuánto tiempo ves televisión en una semana? ¿Qué programas ves?
3. ¿Por cuánto tiempo juegas a los deportes en una semana? ¿Cuáles? ¿Con quién?
4. ¿Cuánto tiempo libre tienes en una semana? ¿Qué haces?

Algo más

Expresiones con *hace*

To describe an action that began in the past and has continued into the present, use ***hace*** + a time expression + ***que*** + the present tense of a verb.

Hace cinco minutos que veo televisión.

I have been watching television for five minutes. (Five minutes ago I started watching television.)

Reverse the order of *hace* and the time expression if a form of *¿cuánto?* introduces the question.

¿Cuánto tiempo hace que ves televisión?

How long have you been watching television?

Look at the following:

¿Cuánto tiempo hace que no juegas al volibol?
Hace mucho tiempo que no juego.
¿Cuánto hace?
Hace un año, más o menos.

¿Cuánto tiempo hace que juegas al volibol?

12 ¿Hace mucho tiempo?

Tell how long the following activities have been taking place.

 jugamos al volibol/un año
Hace un año que jugamos al volibol.

1. papá lee el periódico/media hora
2. jugamos al ajedrez/treinta segundos
3. mi sobrina dibuja una casa/un cuarto de hora
4. Uds. juegan a las maquinitas/veinte minutos
5. vivo aquí/quince años
6. haces aeróbicos/una hora
7. juegan al béisbol en los Estados Unidos/más de un siglo

13 ¿Cuánto tiempo hace?

With a partner, take turns asking and answering the following questions. Then summarize your partner's answers for each question.

> A: ¿Juegas al básquetbol?
> B: Sí, juego al básquetbol.
> A: *(Write: **B** juega al básquetbol.)*

1. ¿Sabes jugar al ajedrez o a las damas?
2. ¿Cuánto tiempo hace que no juegas al ajedrez? ¿Y a las damas?
3. ¿Lees muchas revistas?
4. ¿Cuánto tiempo hace que no lees una revista?
5. ¿Sabes dibujar?
6. ¿Cuánto tiempo hace que no haces un dibujo? ¿Y un mapa?
7. ¿Te gusta ver televisión? ¿Te gustan las telenovelas?
8. ¿Cuánto tiempo hace que no ves una telenovela?
9. ¿Cuánto tiempo hace que no escribes una carta?
10. ¿Cuánto tiempo hace que estudias español?

14 Hacer una entrevista

Prepare five or six questions similar to the questions in the preceding activity. Then working with a partner, take turns interviewing one another about your pastimes.

¿Cuánto tiempo hace que no vas a un concierto?

Para hablar del tiempo

¿Cuándo?
ayer, hoy y mañana
mañana (por la mañana/
   por la tarde/por la noche)
a las siete de la noche (7:00 P.M.)
esta (mañana/tarde/noche)
la semana que viene
los lunes
en mayo
todavía no
ya fue

¿Cuánto?
a veces
muchas veces
dos veces (a la semana)
una vez (al día)
todos los días
(casi) nunca
(casi) siempre

15 ¿Qué haces tú?

Contesta las siguientes preguntas en español.

1. ¿Cuándo ves televisión?
2. ¿Cuándo juegas al béisbol?
3. ¿Cuántas veces a la semana tienes tarea?
4. ¿Cuántas veces al año juegas a las cartas?
5. ¿Cuántas veces al mes lees el periódico?
6. ¿Cuántas veces al año juegas a las damas?
7. ¿Cuándo dibujas?
8. ¿Cuándo recuerdas el cumpleaños de tu madre o tu padre?

16 ¿Y tú?

Working with a partner, take turns asking and answering five questions from the preceding activity. You may also create your own questions if you wish.

A: ¿Cuándo vas al cine?　　　　B: ¿Cuántas veces al mes vas al cine?
B: Voy al cine esta noche.　　　A: Voy al cine dos veces al mes.

Alquilamos una película

PILAR: José, ¿estás **durmiendo?**°
JOSÉ: No, estoy **viendo** el partido de fútbol de mis equipos favoritos, Boca e Independiente. ¿Por qué?
PILAR: Porque quiero ir a **alquilar**° una película. ¿Quieres venir?
JOSÉ: **¿Ahora mismo?**° ¿Me **permites** unos minutos? Este partido termina pronto y podemos ir después.

PILAR: De acuerdo. **Antes de** salir, debes **apagar**° el televisor. El **control remoto** está sobre la mesa.
JOSÉ: Sí, claro.
PILAR: Aquí tengo una **lista** de las películas nuevas. La voy a **poner**° en mi mochila. No quiero ver las **mismas**° películas del mes pasado.
JOSÉ: Muy bien. ¡Qué **estupendo**° partido!

durmiendo *sleeping* alquilar *to rent* Ahora mismo *Right now* apagar *turn off* poner *to put* mismas *same* estupendo *wonderful*

17 **¿Qué comprendiste?**

1. ¿Está José durmiendo?
2. ¿Qué quiere Pilar?
3. ¿Puede José ir ahora mismo? ¿Por qué?
4. ¿Qué debe hacer José antes de salir?
5. ¿Quién tiene una lista de las películas nuevas? ¿Por qué la tiene?
6. ¿Dónde la va a poner?

 18 **Charlando**

1. ¿Ves televisión cuando vas a dormir?
2. ¿Tus padres te permiten alquilar películas de video?
3. ¿Dónde alquilas tú películas de video?
4. ¿Cuántas veces a la semana alquilas una película de video?
5. ¿Alquilas películas musicales? Explica.
6. ¿Alquilas la misma película más de una vez?

PELICULAS

VIDEO DELIVERY

Para ver su película preferida no tiene que salir de casa. Con solo llamar al → consigue los títulos de actualidad ¡Inscríbase ya! ...y obtenga un descuento presentando este volante. LO ESPERAMOS!

Calle 119 No. 14-30
Tel. 215 03 47

El presente progresivo

To describe something that is occurring right now it is helpful to know how to form the *presente progresivo,* which consists of the present tense of *estar* plus a present participle *(gerundio).* Review the present tense of *estar* and learn how to form present participles in order to use this verb tense.

*¿Qué **están haciendo** Uds.?*
*Pues, Laura **está dibujando,** Jaime **está viendo** televisión y yo **estoy saliendo.***

What **are** (all of) you **doing?**
Well, Laura **is drawing,** Jaime **is watching** television and I **am leaving.**

Form the present participle of most verbs in Spanish by changing the infinitive endings *(-ar, -er, -ir)* to *-ando* for an *-ar* verb or to *-iendo* for an *-er* or an *-ir* verb.

-ar	-er	-ir
alquilar → alquilando	comer → comiendo	cumplir → cumpliendo
apagar → apagando	hacer → haciendo	salir → saliendo
jugar → jugando	poner → poniendo	vivir → viviendo

¡Algo grande está pasando!

19 ¿Qué están haciendo ahora?

Tell what the following people are doing right now, using the *presente progresivo* and the provided cues.

 nosotros/ver un partido
Nosotros estamos viendo un partido ahora.

1. Luis/alquilar una película estupenda de Argentina
2. mi padre y mi madre/salir de casa
3. Lucila/poner el televisor
4. Uds./apagar la luz de la cocina
5. mi hermano/buscar/el control remoto
6. tú/pensar en tus pasatiempos
7. yo/?

Estamos saliendo en moto.

20 Pasando el tiempo en un café

Imagine you are passing time at an outdoor café in Buenos Aires. Describe what you see from your table, using the *presente progresivo*.

 el chico/mirar a sus padres
El chico está mirando a sus padres.

Modelo

1. un señor/poner una mesa
2. los dos chicos/no/hablar
3. una chica/escribir una carta
4. la otra chica/dibujar
5. un muchacho/hablar por teléfono
6. unos hombres/jugar al ajedrez
7. un padre y una madre/comer con sus hijos
8. tú/salir

21 ¿Qué estás haciendo?

What would you most likely be doing right now if you were in the places mentioned in the sentences that follow?

> Estoy <u>comiendo</u> en un restaurante.

1. Estoy <u>(1)</u> televisión con mi familia en la sala de mi casa.
2. Estoy <u>(2)</u> una pregunta en la clase de español.
3. Estoy en una fiesta en mi casa porque estoy <u>(3)</u> años.
4. Estoy en la tienda de videos porque estoy <u>(4)</u> una película estupenda.
5. Estoy <u>(5)</u> tango en Buenos Aires, Argentina.

Están bailando tango en Buenos Aires, Argentina.

IDIOMA

Los gerundios con irregularidades

Some verbs that have a stem change in the present tense require a different stem change in the present participle. This second change is shown in parentheses after infinitives in this book. Three verbs that follow this pattern are *dormir (ue, u)*, *preferir (ie, i)* and *sentir (ie, i)*.

Elisa está leyendo un libro.

verbo	*presente*	*gerundio*
dormir (**ue, u**)	duermo	durmiendo
preferir (**ie, i**)	prefieren	prefiriendo
sentir (**ie, i**)	siento	sintiendo

but:

pensar (**ie**)	piensas	pensando
volver (**ue**)	vuelven	volviendo

Some verbs in Spanish have minor irregularities in their present participles. For example, the *i* in *-iendo* changes to *y* after most verb stems that end in a vowel and for the verb *ir*: *leer* (stem: *le*) → *leyendo*; *oír* (stem: *o*) → *oyendo*; *ir* → *yendo*. The present participle for the irregular verb *venir* requires a change in the stem from *e* to *i*: *venir* → *viniendo*. Finally, the present participle for *poder* involves a stem change from *o* to *u*: *pudiendo*.

¿Qué estás pensando?

22 Estoy....

Working with a partner, take turns asking and answering what you are doing right now, according to the illustrations.

A: ¿Qué estás haciendo?
B: Estoy jugando al fútbol.

1.　　　　　2.　　　　　3.　　　　　4.　　　　　5.

 23 ¿Qué están haciendo?

Working with a partner, use the following cues and take turns trying to reach various people on the phone.

Javier/correr en el parque
A: Hola. ¿Puedo hablar con Javier, por favor?
B: Lo siento. Javier está corriendo en el parque ahora mismo.

1. Eva/oír la radio
2. Ud. o su hija/salir
3. María/dormir
4. tu padre y tu madre/ir de compras
5. tu hermano/jugar a las cartas en la casa de su abuela
6. Ud./hablar por el otro teléfono

Repaso *rápido*

El complemento directo

You have already learned to use direct objects in Spanish to show the person or thing in a sentence that receives the action of the verb. Do you remember the direct object pronouns?

me	*me*	nos	*us*
te	*you* (tú)	os	*you* (vosotros,-as)
lo	*him, it, you* (Ud.)	los	*them, you* (Uds.)
la	*her, it, you* (Ud.)	las	*them, you* (Uds.)

No la veo.　　　I do not see **her.**
　　　　　　　　I do not see **it.** (*la lista de las películas nuevas*)
Nunca lo veo.　I never see **him.**
　　　　　　　　I never see **it.** (*el programa*)

24 ¿Qué hacen ahora mismo?

Tell what the following people are doing right now, using direct object pronouns.

1. Pilar/buscar/el control remoto
2. nosotros/leer/un libro sobre Buenos Aires ahora
3. Uds./escribir/la lista de películas nuevas
4. la señora Fernández/empezar/un viaje a Venezuela
5. yo/oír/la radio ahora

Algo más

Más sobre los pronombres de complemento directo

As you have seen, direct object pronouns usually precede conjugated verbs. However, you have some freedom to choose where to place object pronouns. Sometimes direct object pronouns are attached to the end of an infinitive.

La voy a terminar.
Voy a terminarla.

I am going to finish **it**. *(la tarea)*

Similarly, it is possible to attach an object pronoun to the end of a present participle. However, it is then necessary to add an accent mark to the present participle in order to maintain the original pronunciation of the present participle without the pronoun.

Lo estamos leyendo.
Estamos leyéndolo.

We are reading **it**. *(el periódico)*

Estamos leyéndolo.

25 ¿Están haciéndolo?

Imagine you and your friend are watching television and commenting on various characters and programs. Working in pairs, take turns asking and answering questions using the provided cues. Follow the model, attaching direct object pronouns to the verbs in each sentence.

Ella está cantando una canción de amor.

mi equipo favorito/jugar un partido importante

A: ¿Está jugando mi equipo favorito un partido importante?

B: Sí, está jugándolo.

1. el cantante/cantar una canción de amor
2. Mónica/dibujar un mapa en la servilleta
3. los hermanos/leer el diario de la hermana
4. Julia/oír la radio
5. nosotros/ver esta telenovela
6. tú/buscar el programa

Están viéndola.

26 Una vez más

Redo activity 25, attaching the direct object pronouns to the end of the present participle. Make any other appropriate changes.

Comparando el inglés con el español

You have learned to combine the present tense of *estar* with a present participle *(gerundio)* of a verb in Spanish to describe what is going on right now. This verb form is comparable to the *-ing* form of a verb in English. Notice, however, that words ending in *-ing* in English may require an infinitive in Spanish if the English word functions as a noun instead of a verb. Compare the following:

*Me gusta **jugar** al volibol.* I like **playing** volleyball. *(noun)*
***Nadar** es divertido.* **Swimming** is fun. *(noun)*

but:

*Estoy **jugando** al volibol.* I am **playing** volleyball. *(verb)*
*¿Estás **nadando?*** Are you **swimming?** *(verb)*

¿A quién le gusta jugar al volibol?

¿Estás nadando?

27 Mis pasatiempos favoritos

Prepare a list of at least eight pastimes in Spanish *(jugar al ajedrez, jugar al básquetbol)*. Then ask five people to rank the pastimes, with *1* being their favorite and *8* being their least favorite activity. Prepare a written summary of your findings. Follow the model.

¿Qué pasatiempos de mi lista son tus favoritos, en una escala de uno a ocho?

1. Me gusta oír música.
2. Me gusta leer el periódico.

1②3 4 5 6 7 8
1 2 3 4 5 6⑦8

A Miguel Indurain le gusta montar en bicicleta.

Mi pasatiempo favorito es jugar al béisbol.

28 ¿Qué están haciendo?

Mira a cuatro o cinco personas desde donde tú estás ahora. ¿Qué están haciendo?

Dos estudiantes están hablando con el profesor.

Autoevaluación. As a review and self-check, respond to the following:

1. Imagine that several friends have invited you to a soccer game. How would you tell your friends that you are unable to go tonight because you have to play volleyball with your team?
2. Name two of your favorite pastimes.
3. How long have you been studying Spanish?
4. Ask some friends how long they have done their favorite pastime.
5. Say five things people around you are doing right now.
6. A classmate asks if you have your Spanish book. Respond by saying that you are looking for it.
7. Name two or three interesting facts that you know about Argentina.

¡La práctica hace al maestro!

A Comunicación

Write the names in Spanish of at least five or six of your favorite pastimes. Next to the list, add columns telling where you participate in the activity, how long you have done the activity and with whom you do the activity. Then, working with a partner, take turns asking and answering questions about each other's pastimes.

A: ¿Cuál es tu pasatiempo favorito?
B: Mi pasatiempo favorito es jugar al volibol.
A: ¿Dónde juegas al volibol?
B: Juego en la playa.
A: ¿Cuánto tiempo hace que tienes este pasatiempo?
B: Hace dos años que tengo este pasatiempo.

B Conexión con la tecnología

Write an e-mail message in Spanish to a key pal describing what you are doing right now. Tell about some of your favorite pastimes (i.e., sports, extracurricular activities) and ask what activities are popular among teenagers in your key pal's school, community or country.

¿Cuál es tu pasatiempo favorito?

Estrategia

Para aprender mejor: *learning vocabulary*

In Spanish, the gender (whether a word is masculine or feminine) of some words must be learned because you will not always know which article to use just by looking at the word. For example, some words are masculine and are used with a masculine article even though they end in *-a: el día, el mapa, el problema, el programa.* Other words may be used with the masculine article *el* although the words are actually feminine: *el agua.* In addition, some words that end in *-a* are used with a masculine article when they refer to a male, but they are used with a feminine article when they refer to a female: *el artista/la artista, el dentista/la dentista, el pianista/la pianista, el turista/la turista.*

Pasatiempos
- los aeróbicos
- el ajedrez
- el básquetbol
- las cartas
- las damas
- el equipo
- el fútbol americano
- hacer aeróbicos
- la maquinita
- el pasatiempo
- el programa
- la telenovela
- el volibol

Expresiones de tiempo
- ahora mismo
- antes de
- ¿Cuánto (+ *time expression*) hace que (+ *present tense of verb*)...?
- después de
- esta noche
- hace (+ *time expression*) que

- el minuto
- mismo
- (*number +*) vez/veces al/a la (*time expression*)
- por la (mañana, tarde, noche)
- el segundo
- el siglo
- todavía

Verbos
- alquilar
- apagar
- costar (ue)
- dar
- dibujar
- dormir (ue, u)
- jugar (ue)
- permitir
- poder (ue, u)
- poner
- recordar (ue)
- volver (ue)

Expresiones y otras palabras
- americano,-a
- casi
- el control remoto
- estupendo,-a
- la lista
- mismo,-a
- remoto,-a
- el televisor
- la vida

Mi pasatiempo favorito es nadar.

Lección 14

¿Cómo son las estaciones en Chile?

la primavera

octubre noviembre

la flor

patinar

la competencia

dar un paseo

Me gusta ir a Viña del Mar en la **primavera,** en octubre o noviembre, porque puedo salir a patinar o a **dar un paseo por** la playa. También me gusta mucho montar en bicicleta y casi siempre soy la primera de las muchachas cuando hay **competencias.** Es mi **estación°** favorita y hay muchas **flores por todos lados.°**

estación *season* **por todos lados** *everywhere*

el verano hace sol

llueve

Voy a Arica.

En el verano, a mi familia le gusta ir a Arica para nadar porque allí casi nunca **llueve.** Siempre **hace sol.** Voy casi todos los años en febrero al Festival Internacional de la Canción en Viña del Mar. Si no puedo ir, **pongo** el televisor y lo veo en la sala de mi casa.

el otoño

No hace mucho calor.

El **otoño** es mi estación favorita porque en mayo **no hace mucho calor. En cambio°** mis padres prefieren la primavera, cuando tampoco hace mucho calor. En el otoño mi hermano y yo podemos jugar al fútbol y al tenis, pero también tenemos otros pasatiempos.

En cambio *On the other hand*

el invierno

nieva

hace frío   esquiar   patinar sobre hielo

Esquiar es mi deporte favorito. En el **invierno** siempre puedo ir a esquiar o a **patinar sobre hielo.** Bueno, casi siempre. A veces **hace frío** o **nieva** mucho. Mi familia y yo vivimos en Santiago, la **capital.** Los fines de semana nos gusta ir a Farellones. Este **lugar°** está a una hora más o menos de la capital. En agosto vamos a Portillo, que está más lejos. ¡Es un lugar **excelente** para esquiar!

lugar *place*

1 ¿Qué comprendiste?

1. ¿En qué estación están en octubre y noviembre en Chile?
2. ¿Por dónde le gusta a la chica dar un paseo en la primavera?
3. ¿En qué estación están en mayo en Chile?
4. ¿Cómo es Chile en mayo?
5. ¿En qué estación del año nieva?
6. ¿Qué le gusta hacer a la chica en el invierno?
7. ¿Qué lugar es excelente para esquiar?

Conexión Cultural

ALQUILER SKI SKI RENT

¿Puedes esquiar en verano?

In the Southern Hemisphere the seasons are the reverse of the seasons in the Northern Hemisphere. For this reason, people snow ski in Chile from June to August because it is winter there. Similarly, the summer months in Chile are December, January and February.

Puedo esquiar en junio en Chile.

2 Charlando

1. ¿Cuál es tu estación favorita? ¿Por qué?
2. ¿Hace frío o calor en tu ciudad? Explica.
3. ¿Te gusta hacer un deporte? ¿Cuál? ¿Cuándo?
4. ¿Te gusta esquiar o patinar en el invierno? ¿Dónde?
5. ¿Te gustaría dar un paseo? ¿Adónde?

Nos gusta esquiar. (Chile)

Chile es...

... **D**esierto de cuyas entrañas surgen ricos depósitos de cobre y nitrato entremezclados con oasis de generoso verdor. En la zona norte del país, el Desierto de Atacama se extiende por más de 1.000 kilómetros, donde podrá explorar un mundo antiguo y misterioso que la arqueología moderna sólo comienza a descubrir.

... **N**ieve que invita a practicar el ski desde junio a diciembre en los numeroso centros invernales con que cuenta el país.

Conexión Cultural

Chile

Chile is a long, narrow country located along the western coast of South America between the Andes Mountains (which serve as a border with Argentina) and the Pacific Ocean. It has an extensive seacoast that stretches from Peru all the way to Punta Arenas, the southernmost city in the world.

Many interesting islands also are part of Chile: the *Juan Fernández Islands,* where Robinson Crusoe lived for over four years; and Easter Island *(Isla de Pascua),* which is an island with a mysterious past and which is inhabited by people of Polynesian ancestry.

Chile is a Spanish-speaking country with approximately fourteen million people of mostly European descent. It is common to meet people with Italian, English or Irish ancestry, or to see names of streets or places that are obviously not of Spanish origin. For example, the southern city of Puerto Montt was for many years a German colony and the first liberator and ruler of Chile was named Bernardo O'Higgins.

The country has a prosperous economy and is a leading industrial nation in South America. Most of the citizens live in urban areas like the capital, Santiago, and are well educated. Chileans also have a strong literary tradition and are proud of their two Nobel prize-winning poets, Gabriela Mistral and Pablo Neruda.

Chile may seem to be a long distance from where you are reading this now. However, transportation today allows a traveler from the United States to reach most places in Chile in less than one day. Once there, you will discover a country of magnificent contrasts offering everything from snowy mountains to arid desert land and everything in between. In Chile visitors can experience a country lifestyle, or visit large, cosmopolitan cities like the capital, Santiago, which has skyscrapers *(rascacielos)* and the latest in modern-day conveniences, but which also faces many of the same problems as other urban areas throughout the world, such as air pollution *(contaminación ambiental).* Within short distances of Santiago, ski resorts like Portillo or Farellones in the Andes Mountains and resort beaches near Viña del Mar offer an escape from the pressures of modern life.

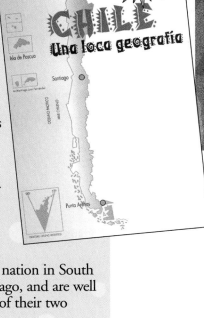

¿Te gustaría visitar la capital de Chile?

Isla de Pascua, Chile.

289

3 Chile

Answer the following questions about Chile. There may be some words that you do not know.

Los Andes están muy cerca de Santiago.

1. ¿Dónde está Chile?
2. ¿Cuál es la capital de Chile?
3. ¿Cuáles islas son de Chile?
4. ¿Cuál es la ciudad que está más al sur en Chile?
5. ¿Cómo se llaman los dos poetas chilenos que tienen premios Nobel?
6. ¿Qué tipo de edificios hay en la capital?
7. ¿Adónde puede ir uno a esquiar en Chile?
8. ¿Hace calor o frío ahora en Chile?

IDIOMA

El presente de los verbos *dar* y *poner*

You have already seen some verbs in Spanish that are regular in the present tense except for the *yo* form of the verbs: *hacer (yo hago), saber (yo sé), ver (yo veo), salir (yo salgo).* The verbs *dar* and *poner* also have irregular present-tense *yo* forms. In addition, the verb *dar* has an irregular *vosotros,-as* form.

dar		poner	
doy	damos	**pongo**	ponemos
das	**dais**	pones	ponéis
da	dan	pone	ponen

4 ¿Qué haces en el invierno?

Contesta las siguientes preguntas con la forma apropiada de los verbos indicados.

1. ¿Sales a patinar sobre hielo en el invierno?
   Sí, (1) todos los fines de semana a patinar sobre hielo. (salir)
2. ¿Qué haces cuando hace frío o nieva?
   (2) el televisor. (poner)
3. ¿Qué programa pones?
   (3) mi telenovela favorita. (poner)
4. ¿Por qué no das un paseo con nosotros?
   No (4) un paseo con Uds. porque hace mucho frío. (dar)
5. ¿Sabes que hay lugares excelentes para esquiar cerca de aquí?
   Sí, ya lo (5). (saber)
6. ¿Qué más haces en el invierno?
   (6) la tarea por la noche. (hacer)
7. ¿Ves televisión después de hacer la tarea?
   Sí, a veces (7) televisión después de hacer la tarea. (ver)

5 En la primavera

Completa el párrafo con las siguientes palabras: *alquilar, apago, cuesta, ponemos, pongo, doy, salgo, ver.*

Es primavera. Estoy en casa con mi hermana y nosotros (1) el televisor. Hoy no está lloviendo y en media hora (2) un paseo con mi amiga, Paloma. Me gustaría (3) una película, pero (4) dinero. Quiero (5) una película cómica en la televisión, pero no hay. Ahora están las telenovelas. ¿Qué hago? ¿(6) el televisor y (7) la radio? Yo no sé qué hacer. (8) a caminar ahora con Paloma.

Una carta electrónica

ELENA:	Carmen, ¿qué haces?
CARMEN:	Escribo una carta por correo electrónico que quiero **enviar**° a Chile.
ELENA:	**¿Todavía**° **continúas** con esa carta para Ricardo?
CARMEN:	Voy a **copiar** su dirección en mi cuaderno y estoy **lista.**°
ELENA:	De acuerdo. Vamos.
CARMEN:	Estoy apagando la computadora ahora mismo.

enviar *to send* **Todavía** *Still* **lista** *ready*

6 Amigos por correspondencia

Contesta las siguientes preguntas en español.

1. ¿Qué va a hacer Ricardo?
2. ¿Por qué todavía no puede esquiar Carmen?
3. ¿Qué envía Carmen a Ricardo?
4. ¿Adónde va a enviar la carta?
5. ¿Qué tiene que hacer Carmen para estar lista y salir?
6. ¿Te gusta enviar cartas por correo electrónico? ¿A quiénes?
7. ¿Copias las direcciones de correo electrónico de tus amigos? ¿Y los números de teléfono?

Algo más

¿Dónde pongo un acento?

Some verbs that end in *-uar* or *-iar* (*esquiar, enviar* and *continuar,* for example) require a written accent mark to indicate that a vowel should be stressed for all present-tense forms except for *nosotros*. You will have to learn which verbs follow this pattern since some verbs that end in *-uar* or *-iar* may not (such as the verb *copiar*).

esquiar: esquío, esquías, esquía, esquiamos, esquiáis, esquían

enviar: envío, envías, envía, enviamos, enviáis, envían

continuar: continúo, continúas, continúa, continuamos, continuáis, continúan

but:

copiar: copio, copias, copia, copiamos, copiáis, copian

Ellos esquían en Chile. ¿Y tú?

7 ¿Qué hacen estas personas?

Working with a partner, take turns asking and answering what these people are doing. Follow the model.

Miguel/esquiar en Portillo
A: ¿Qué hace Miguel?   B: Esquía en Portillo.

1. Laura/patinar en el parque
2. las chicas/dar un paseo en la playa
3. nosotros/esquiar de noche
4. Diego y Gloria/continuar en la competencia
5. tú/esquiar en Farellones
6. Andrés/salir a jugar al fútbol
7. yo/continuar esta actividad
8. Ramón y Daniel/enviar cartas a la familia
9. Javier/poner el televisor
10. Claudia/copiar el número de teléfono

¿Qué tiempo hace?

8 ¿Qué comprendiste?

1. ¿En qué estación hace frío?
2. ¿En qué mes llueve mucho?
3. ¿Cuándo hace mucho calor?
4. Cuando va a llover, ¿cómo está?
5. ¿Qué tiempo hace en primavera? ¿Y en verano? ¿Y en otoño? ¿Y en invierno?
6. ¿En qué meses hace frío en Chile?
7. ¿Qué deportes juegan en la primavera donde tú vives? ¿Y en el verano? ¿Y en el otoño? ¿Y en el invierno?

Conexión Cultural

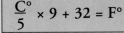

¿Qué temperatura hace?

In the United States you may be accustomed to using degrees Fahrenheit (grados Fahrenheit) to talk about the weather, whereas in many places throughout the Spanish-speaking world the temperature is given in degrees centigrade (grados centígrados). Therefore, learning to ask for and understand the temperature in Spanish implies you must learn to understand more than just the words that state the temperature. You must be able to use degrees centigrade. For example, the temperature at which water freezes is 0° in degrees centigrade and 32° in degrees Fahrenheit. You can make conversions using the following formula:

$$\frac{C°}{5} \times 9 + 32 = F°$$

¿Cuántos grados hace?

Tengo frío. Hace cinco grados centígrados.

CONEXIONES 9 Cruzando fronteras

Convert the temperatures from degrees centigrade to degrees Fahrenheit for the following cities in Chile. Then make up something about what the weather is like in the city.

 Balmaceda 25°
Hace 77 grados. Llueve.

1. Temuco	20°	5. Santiago	32°
2. La Serena	18°	6. Punta Arenas	15°
3. Arica	30°	7. Iquique	25°
4. Puerto Montt	20°	8. Concepción	21°

visita Chile

Arica
Iquique
Antofagasta
Copiapo
La Serena
Santiago
Concepción
Temuco
Puerto Montt
Punta Arenas

10 Hace....

Look at the illustration and describe what you see to a classmate. Be sure to tell what the weather is like, what season it is and anything else you can say in Spanish.

11 ¿Qué tiempo hace en...?

In groups of three or four, take turns describing the weather during one of the seasons without naming the season. Others in the group have two opportunities to guess which season you have described.

12 Comparaciones: ¿primavera en octubre?

Imagine you are communicating with a key pal through e-mail in South America. How might the weather be different? Working with a partner, one person states what the weather is like where he or she is, according to the cues. The second student then says the weather is the opposite where he or she is.

hacer sol
A: Aquí hace sol.
B: En cambio, aquí llueve.

1. hacer frío
2. hacer buen tiempo
3. estar soleado
4. hacer calor
5. nevar
6. hacer fresco
7. hay flores en julio
8. la temperatura máxima en el invierno es ?

AL MAL TIEMPO
BUENA CARA

UNETE A LA FUERZA
DEL NUCLEOMEXICO
NUCLEO RADIO MIL

NRM

Al mal tiempo, buena cara.

13 ¿Qué ves?

Indicate the letter of the illustration that matches each statement.

1. Ellos esquían.
2. Está soleado.
3. Él envía una carta.
4. Hace 32° F.
5. Está nublado.
6. Hace calor.
7. Está lista para esquiar.
8. Ella copia el número de teléfono.
9. Están en verano.
10. Todavía hay mucha nieve.

14 El tiempo de hoy

Imagine you are traveling in Chile with a friend. Working with a partner, take turns asking and answering the questions about the following weather forecast for various places you are planning to visit during your stay.

A: ¿Qué temperatura mínima hace en Arica hoy?

B: Hoy hace veinte grados centígrados.

1. ¿Qué temperatura mínima hace en Juan Fernández?
2. ¿Dónde hace mal tiempo hoy?
3. ¿Cómo está el día en Puerto Aysén?
4. ¿Hace sol en Balmaceda?
5. ¿Qué temperatura máxima hace en Valparaíso?
6. ¿Hace frío o calor en Arica?

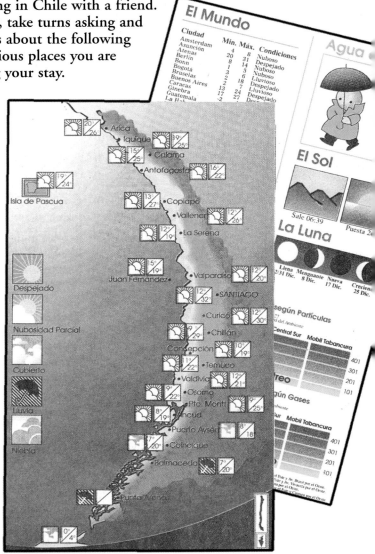

15 ¿Qué deportes haces?

Name which sports you would prefer to do, according to the indicated weather conditions.

 Hay mucha nieve.
Patino sobre hielo en el parque.

1. Hace mucho viento.
2. Está soleado/Hace mucho sol.
3. Está nublado.
4. Hace un poco de frío.
5. Hace buen tiempo.

6. Está lloviendo todo el día.
7. Hace fresco.
8. Hace un poco de calor.
9. No está nevando, pero va a nevar.

16 Las cuatro estaciones

Imagine each corner of the room represents one of the four seasons. (Your teacher will indicate which ones.) Choose the season you most prefer and go to that corner. Discuss with the other students there for five minutes in Spanish why each of you chose that season. All students in the group must write a list of the reasons of the other people in the group. In order to return to your seats, each student must state why a different student from the group prefers the season.

 A: ¿Por qué prefieres la primavera?
B: Mi cumpleaños es en abril.
A: *B* prefiere la primavera porque su cumpleaños es en abril.

¿Cuál estación prefieres? ¿Primavera?

17 ¿Cómo está el tiempo?

Working in pairs, take turns guessing when and in what kind of weather the following events might be occurring. Be creative!

 A: Estamos jugando al básquetbol en el parque.
B: Es sábado y no hace mucho calor.

1. Estoy jugando al tenis.
2. Nosotras esquiamos muy bien.
3. Alicia nada en la piscina.
4. Gerardo está listo para jugar al béisbol.
5. Eva está corriendo en el parque.
6. Tú estás jugando al fútbol.
7. Estoy patinando con Tara Lipinski.
8. Mis hermanas tienen práctica de básquetbol.

Está lloviendo.

Algo más

Para deportistas

To name the person who participates in a sport, add the endings *-ador, -adora* (*patinador* or *patinadora,* for example). Some other names for athletes include *esquiador(a), corredor(a), jugador(a).* Another ending that sometimes is used to name someone who participates in a particular activity is the suffix *-ista: el/la tenista, el/la basquetbolista, el/la futbolista.* (Note that the accent mark is not used on the newly formed word when these endings are added.)

Los corredores están listos.

18 ¿Quiénes son?

Describe the people in the previous activity, using the following words: *basquetbolista, beisbolista, corredor(a), deportista, esquiador(a), futbolista, nadador(a), patinador(a), tenista.*

Estamos jugando al básquetbol.
Somos basquetbolistas.

Una profesión de altura

Se requiere de buena salud, agilidad, habilidad, resistencia, sentido de equipo y solidaridad.

El basquetbol es un deporte de equipo. El buen jugador debe tener un sentido nato del juego, pero también debe adaptarse a las reglas tácticas establecidas por el entrenador. El basquetbolista profesional recibe una cantidad extra de dinero al firmar un contrato y un salario fijo. Pero, al igual que otros deportistas profesionales, debe pensar en otro oficio para cuando se retire porque, aunque el prestigio de las grandes figuras atrae a muchos, hay pocos puestos.

Oportunidades

El español y los deportes

You probably are familiar with a number of Spanish-speaking sports figures who learned English either before becoming famous or while traveling internationally as they participate in their sport. Knowing another language has helped them communicate with people they have met in their travels. What opportunities do you think might occur for you if you participate in sports and become really good? How might knowing Spanish help you if you are athletic? Can you think of ways Spanish might help if you were a member of a sports team that competes internationally?

Miguel Induráin es un ciclista famoso.

IDIOMA

Los números ordinales

The words *first, second, third* and so on are called ordinal numbers because they place things in order. Only the first ten ordinal numbers are used frequently in Spanish. They usually follow definite articles and precede nouns. Like other adjectives in Spanish you have learned, the ordinal numbers must agree in gender (masculine/feminine) and number (singular/plural) with the noun they modify.

> *¿Cuáles son los **primeros** corredores en terminar?*

When *primero* and *tercero* appear before a masculine singular noun, they are shortened to *primer* and *tercer*.

> *Pedro es el **primer** corredor en terminar.*
> *Antonio es el **tercer** corredor en terminar.*

Ordinal numbers ending in *-o, -a, -os, -as* or *-er* are abbreviated by placing those letters at the upper right-hand side of the number: *primero → 1°, primera → 1ª, primeros → 1ᵒˢ, primeras → 1ᵃˢ, primer → 1ᵉʳ, tercer → 3ᵉʳ*.

1 primero **2** segundo **3** tercero **4** cuarto **5** quinto **6** sexto **7** séptimo **8** octavo **9** noveno **10** décimo

19 La competencia

Indicate the final results of the boys' and girls' cross-country track meet using the following information.

 Pedro fue el <u>primer</u> corredor en terminar.

1. Elena fue la <u>(1)</u> corredora en terminar.
2. Antonio fue el <u>(2)</u> corredor en terminar.
3. Elena y Pedro fueron los <u>(3)</u> corredores en terminar.
4. Jaime fue el <u>(4)</u> corredor en terminar.
5. Elena y María fueron las <u>(5)</u> corredoras en terminar.
6. Catalina fue la <u>(6)</u> corredora en terminar.
7. Diego y Rosa fueron los <u>(7)</u> corredores en terminar.
8. Julio fue el <u>(8)</u> corredor en terminar.
9. Marta fue la <u>(9)</u> corredora en terminar.
10. Carlota fue la <u>(10)</u> corredora en terminar.
11. Luis fue el <u>(11)</u> corredor en terminar.
12. Andrés y Eva fueron los <u>(12)</u> corredores en terminar.

muchachos	muchachas
1° Pedro	1ª Elena
2° Jaime	2ª María
3° Antonio	3ª Inés
4° Carlos	4ª Catalina
5° Diego	5ª Rosa
6° Julio	6ª Julia
7° Roberto	7ª Marta
8° Andrés	8ª Eva
9° Luis	9ª Yolanda
10° Ramón	10ª Carlota

Conexión *cultural*

Los deportes olímpicos en el mundo hispano

Sports play an important role in the Spanish-speaking world. In addition to soccer and bicycling, you have learned several other sports that are quite popular. As you might guess, Spanish-speaking countries have won medals in several popular sports in the Olympics, including swimming and diving *(natación y clavado)*, boxing *(boxeo)*, weight lifting *(levantamiento de pesas)* and equestrian sports *(equitación)*. How much of the following did you know?

Sede Mar del Plata		
Deporte	**Fecha**	**Escenario**
Atletismo	17-18-19-21 22-24-25	Estadio de Atletismo (Parque Mun. Deportes)
Basquetbol		Estadio Polideportivo
Boxeo	19 al 25	Club Once Unidos
Canoa/kayak	17 al 26	Laguna de los Padres
Ciclismo	12 y 13	Velódromo
Esgrima	12 al 17 y 19	Kimberley
Esquí Náutico	12 al 17	Waterland
Fútbol	21 al 24 10-12 al 16-18 19-21-22-24	Estadio Ciudad Mar del Plata Estadio Necochea Estadio Tandil
Gimnasia Artística		
Gimnasia Rítmica	19 al 22	Gimnasio Chapadmalal
Hockey sobre césped		Gimnasio Chapadmalal
Judo	12 al 15-17 al 20-22 al 25	Parque de Deportes
Levant. de pesas	23 al 26	Estadio Chapadmalal
Lucha	12 al 16	Club Quilmes
Natación	21 y 22-24 y 25 12 al 17	Club Quilmes Complejo Natatorio

- First Spanish-speaking country to participate in the Olympics: Chile, 1896.
- First Hispanic Olympic medal winner: Ramón Fonst, Cuba, 1900.
- First Olympic Games to be held in a Spanish-speaking country: Mexico, 1968.
- Spanish-speaking country with most gold medal winners for one sport: Uruguay, eight athletes with two medals each in soccer.
- Country with the most gold medals: Cuba.
- Most recent Spanish-speaking nation to host the Olympics: Spain (Barcelona, 1992).

El estadio de los Juegos Olímpicos en Barcelona, España.

20 ¡Fútbol!

Diego's favorite sport in Chile is soccer. Unfortunately, this year at school he has been busy and has not been able to keep up on team standings. Tell him what position the teams are in, using the correct ordinal numbers.

Tabla de posiciones					
Equipos	**PJ**	**PG**	**PE**	**PP**	**Pts**
1. Colo Colo	45	35	10	0	80
2. Católica	45	29	5	11	63
3. Española	45	28	5	12	61
4. O'Higgins	45	15	5	25	35
5. Concepción	45	15	1	29	31
6. Palestino	45	15	0	30	30
7. La Serena	45	13	2	30	28
8. Cobreloa	45	11	4	30	26
9. Cobresal	45	9	3	33	21
10. Everton	45	7	5	33	19

1. La Serena es el <u>(1)</u> equipo.
2. La Católica es el <u>(2)</u> equipo.
3. El Everton es el <u>(3)</u> equipo.
4. El Palestino es el <u>(4)</u> equipo.
5. El Cobreloa es el <u>(5)</u> equipo.
6. La Española es el <u>(6)</u> equipo.
7. El Cobresal es el <u>(7)</u> equipo.
8 El O'Higgins es el <u>(8)</u> equipo.
9. El Concepción es el <u>(9)</u> equipo.
10. El Colo Colo todavía es el <u>(10)</u> equipo.

COLO COLO. recepción de héroes

21 ¿Cuál es el primero?

Working in pairs, practice the ordinal numbers by asking and answering questions based upon the following cues. Remember that on Spanish calendars the week begins on Monday.

> ¿Qué es primero, el huevo o la gallina?

5° día de la semana
A: ¿Cuál es el quinto día de la semana?
B: El quinto día de la semana es el viernes.

1. 1er mes del año
2. 2° día de la semana
3. los dos 1os meses del otoño en Chile

4. 6° mes del año
5. 7° día de la semana
6. 3er mes del año
7. 8° día de la semana

22 Los deportes de dos hermanos

These illustrations depict two brothers who always participate in different sports. Describe the illustrations, saying what each brother is doing, what the season is, what the weather is like and anything else you can say in Spanish.

En el primer dibujo es primavera. Hace viento. Uno de los hermanos está jugando al béisbol. El otro hermano está corriendo.

Autoevaluación. As a review and self-check, respond to the following:
1. What activities do you enjoy doing during each of the seasons?
2. What is the weather like where you live in the summer? Fall? Winter? Spring?
3. How would you ask what the temperature is today in Santiago, Chile?
4. Imagine you wish to send a letter by e-mail. Ask a friend how you can send your letter and where to copy the address.
5. Imagine you are recording finishing times at a school track meet and it is your job to rank the runners as they finish. Using the ordinal numbers, count the first ten runners to cross the line in order to tell each runner where they are ranked.
6. What well-known islands are part of Chile?
7. What two writers from Chile have won Nobel prizes?

¡La práctica hace al maestro!

A Comunicación

Present a weather forecast to your class in Spanish using any props, charts and maps you wish or ones that you create. Pattern it after television weather reports, but personalize it. (You may wish to add some humor or mention how the weather will affect tomorrow's big sporting event, for example.)

B Conexión con la tecnología

Using the Internet, visit a Web site that gives weather information for different cities around the world. Find the current weather conditions for several Spanish-speaking countries. Then write several paragraphs in Spanish to summarize what you find. Be sure to include the following information: identify the different symbols used to represent weather conditions, describe today's weather in several cities, give the current temperature, tell what season it is and predict what people are doing now due to the weather.

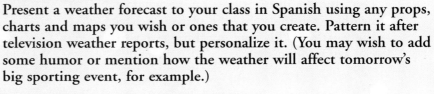

¿Qué haces en el invierno?

Vamos a la playa en el verano. (Viña del Mar, Chile)

VOCABULARIO

Está nublado hoy.

El tiempo
el cambio
está *(+ adjective)*
la estación
el fresco
el grado
hace *(+ weather expression)*
hay neblina/sol
el hielo
el invierno
la lluvia
máximo,-a
mínimo,-a
la neblina
la nieve
nublado,-a
el otoño
la primavera
¿Qué tiempo/temperatura
   hace?
el sol
soleado,-a
la temperatura
el tiempo
el viento

Para describir
buen
cuarto,-a
décimo,-a
excelente
listo,-a
mal
noveno,-a
octavo,-a
quinto,-a
segundo,-a
séptimo,-a
sexto,-a
tercero (tercer),-a
todavía

Deportistas
el basquetbolista, la
   basquetbolista
la competencia
el corredor, la corredora
el deportista, la deportista
el esquiador, la esquiadora
el futbolista, la futbolista
el jugador, la jugadora
el patinador, la patinadora
el tenista, la tenista

Verbos
continuar
copiar
enviar
esquiar
llover (ue)
nevar (ie)
patinar (sobre hielo)

Expresiones y otras palabras
la capital
dar un paseo
en cambio
la flor
el lugar
el paseo
por
por todos lados

¿Qué temperatura hace?

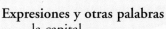

Plaza de la Constitución, Santiago, Chile.

a **leer**

~~Estrategia~~

Preparación

Estrategia para leer: *previewing*

Before beginning to read, try various activities to preview what a reading selection is about. For example, quickly looking over the reading that begins on this page will provide information that can make your efforts to read more productive.

Previewing Activities

✓ Read the title.
✓ Look for cognates.
✓ Skim the first paragraph.
✓ Skim the last paragraph.
✓ Ask yourself what the main points are.

Contesta las siguientes preguntas como preparación para la lectura.

1. ¿Cuál es el tema principal de esta lectura?
2. ¿Cuál es el deporte más popular en el mundo hispano?
3. ¿Cuántos cognados hay en la lectura *Los deportes más populares?* ¿Cuáles son?

Los deportes más populares

En el **mundo hispano** los deportes son importantes y son muy populares. El deporte más popular para la **gente** hispana es el fútbol. Todas las semanas cientos de miles de personas van a los estadios de fútbol en España y en la América Latina para ver los partidos. La

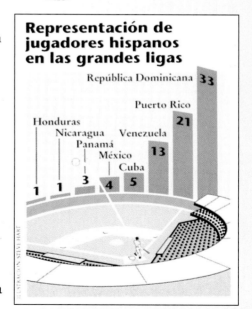

Representación de jugadores hispanos en las grandes ligas

República Dominicana **33**
Puerto Rico **21**
Venezuela **13**
Honduras **1**
Nicaragua **1**
Panamá **3**
México **4**
Cuba **5**

Copa Mundial de fútbol es el evento más importante en este deporte y es comparable con el *Super Bowl* o la **Serie Mundial** de béisbol en los Estados Unidos. **Sin embargo,** la Copa Mundial **se realiza** una vez cada cuatro años y países de todo el mundo participan en este gran espectáculo del deporte.

Otro deporte muy popular en los países de la región del Caribe es el béisbol, **especialmente** en Cuba, la República Dominicana y Puerto Rico. También es muy popular en México. Muchos jugadores de estos países juegan también en los Estados Unidos. **Algunos** de los jugadores más famosos de todos los tiempos son hispanos, como Pedro Martínez y Sammy Sosa (de la República Dominicana) y Roberto Clemente (de Puerto Rico).

Otros deportes muy populares en el Caribe, México, la América Central y la América del Sur son el **boxeo, llamado** también el deporte de las **narices chatas**, el **frontón**, el jai-alai y el **ciclismo**. Estos dos **últimos** también son muy populares en España, **junto con** el básquetbol (también llamado baloncesto).

Estos son los deportes más populares del mundo hispano, pero muchos otros son **practicados** también. Para la gente hispana, como para el mundo **entero,** practicar deportes es un buen pasatiempo porque representa la buena **salud** y vida activa.

más *most* **mundo hispano** *Hispanic world* **gente** *people* **Copa Mundial** *World Cup* **Serie Mundial** *World Series* **Sin embargo** *However* **se realiza** *takes place* **especialmente** *especially* **Algunos** *Some* **boxeo** *boxing* **llamado** *called* **narices chatas** *flat noses* **frontón** *a sport that is similar to squash or handball* **ciclismo** *cycling* **últimos** *last* **junto con** *along with* **practicados** *practiced* **entero** *whole* **salud** *health*

A ¿Qué comprendiste?

1. ¿Cómo son los deportes en el mundo hispano?
2. ¿Qué deporte ven millones de personas cada semana en los estadios?
3. ¿Cuál es el evento más importante en el fútbol?
4. ¿Qué deporte es muy popular en la región del Caribe?
5. ¿Qué otros deportes son populares en el mundo hispano?

B Charlando

1. ¿Juegas a uno de estos deportes? ¿A cuál? ¿Dónde? ¿Con quién?
2. ¿Cuál es tu deporte favorito?
3. ¿Cuánto tiempo hace que juegas ese deporte?
4. ¿Sabes algo de los deportes en el mundo hispano? ¿Qué sabes?
5. ¿Ves muchos deportes en la televisión? ¿Cuáles?

a escribir

Estrategia

Estrategia para escribir: *questioning*

Writing a composition requires several steps before arriving at a finished product. These steps are sometimes referred to as the writing process. After selecting a topic, coming up with ideas you want to include in the composition can be challenging. You have already learned one technique to overcome this difficulty: brainstorming for ideas. Another way to get started involves answering questions that will guide you in considering your theme from different points of view.

Prepare to write on the theme *Mi tiempo libre* **(My Free Time) by answering the questions shown below. Then select some of the ideas that you like and write a paragraph about your free time. Remember to incorporate some transition words** *(en cambio, entonces, pero)* **to tie your ideas together and make your composition flow smoothly.**

1. ¿Cuáles de estas actividades te gustan?

   practicar deportes
   hacer ejercicios
   montar en bicicleta
   hacer un picnic
   trabajar con la computadora
   tocar un instrumento musical

   ir a partidos de béisbol, fútbol, etc.
   montar a caballo
   ir de camping
   leer novelas y revistas
   ir a un concierto

   ir a fiestas con amigos
   ir al cine
   hablar por teléfono
   ir de compras
   ver la tele
   escuchar música

2. ¿Qué otras actividades te gusta hacer?

3. Completa estas frases para considerar unos aspectos diferentes de tu tiempo libre.

   A. En el verano, me gusta....
   B. En el invierno, me gusta....
   C. Cuando hace mal tiempo, yo....
   D. Cuando estoy enfermo/a, prefiero....
   E. Si estoy aburrido/a, yo....

   F. Cuando estoy solo/a, me gusta....
   G. Cuando estoy con mi familia, prefiero....
   H. Cuando estoy con mis amigos,....
   I. Si tengo dinero, me gusta....
   J. Cuando no tengo dinero, prefiero....

repaso

Now that I have completed this chapter, I can...
- ✓ indicate a length of time.
- ✓ talk about everyday activities.
- ✓ offer an invitation.
- ✓ apologize and make excuses.
- ✓ discuss pastime activities.
- ✓ talk about how often something is done.
- ✓ state what is happening right now.
- ✓ describe the seasons and weather.
- ✓ use ordinal numbers.

I can also...

- ✓ talk about life in Argentina and Chile.
- ✓ talk about pastimes and sports.
- ✓ talk about television and renting movies.
- ✓ write an e-mail message in Spanish.
- ✓ convert temperatures from degrees centigrade to degrees Fahrenheit.
- ✓ read a weather forecast in Spanish.

Nuestro pasatiempo favorito es correr.

Hace mucho frío en Patagonia, Chile.

¿Qué haces en casa?

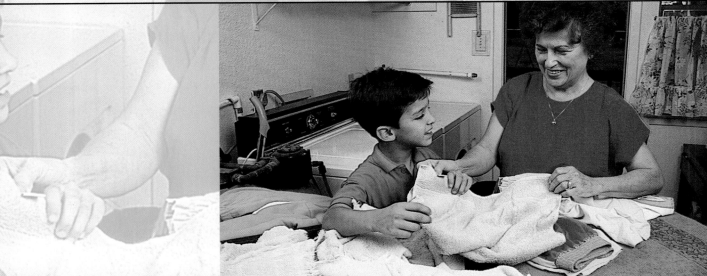

In this chapter you will be able to:

- talk about household chores
- talk about the recent past
- ask for and offer help
- discuss past actions and events
- write about everyday activities
- identify and describe foods
- discuss food preparation
- compare quantity, quality, age and size
- negotiate a price

Lección 15

Preparando una fiesta

*El club de ecología de un colegio en Madrid va a hacer **algo**° especial: va a dar una pequeña fiesta. Unas **personas** del club van a **preparar** una **paella.** Todos **llegan**° temprano a la casa de Paula para **adornar** y **arreglar**° la casa.*

PAULA: Para dar la fiesta en mi casa, primero tenemos que arreglar la casa. **Quizás**° debemos empezar **limpiando**° el piso de la cocina.

ANA: Bueno, entonces debemos hacer una lista de **quehaceres.**°

JAVIER: Está bien, pero vamos a **trabajar**° **juntos**° en cada **trabajo,** ¿no? Es más divertido.

PAULA: De acuerdo. Pero **sólo**° tenemos cuatro horas para terminar los quehaceres. ¡Vamos!

algo *something* **llegan** *arrives* **arreglar** *to arrange, to fix* **Quizás** *Perhaps* **limpiando** *cleaning*
quehaceres *chores* **trabajar** *to work* **juntos** *together* **sólo** *only*

1 ¿Qué comprendiste?

1. ¿Qué va a hacer el club de ecología?
2. ¿En casa de quién va a ser la fiesta?
3. ¿Por qué llegan todos temprano a la casa de Paula?
4. ¿Qué van a preparar?
5. ¿Qué deben hacer primero? ¿Y después?
6. ¿Qué dice Javier del trabajo?
7. ¿Cuánto tiempo tienen para terminar?

¿Te gustaría comer una paella?

Conexión cultural

La paella

Have you ever tasted *paella?* The dish is considered one of Spain's best-known contributions to international cuisine. *Paella* contains rice *(el arroz)* as its primary ingredient, but do not confuse *paella* with the side dish referred to in the United States as Spanish rice. Authentic *paella* is much more.

Paella can be prepared many different ways and even varies from one region to another in Spain. In addition to rice that is flavored with saffron *(el azafrán)*, the dish usually consists of some combination of meat *(la carne)*, seafood *(los mariscos)*, chicken *(el pollo)* and vegetables *(las verduras)*. *Paella* originated in Valencia, a rice-growing region on the eastern coast of southern Spain. The style of *paella* that bears the name *paella valenciana* contains chicken and various types of beef. *Paella marinera* is made with various types of seafood such as lobster *(la langosta)*, shrimp *(los camarones/las gambas)*, clams *(las almejas)* or mussels *(los mejillones)*.

Paella is one of the most popular foods in the Spanish diet. It is eaten at elaborate parties as well as for everyday meals, usually as a main course. At other times it is served as a *tapa* (an appetizer in Spain). If you have never tasted this wonderful treat, you have missed one of the most varied and enticing dishes to have originated in Spain.

2 La paella

Contesta en español las siguientes preguntas con oraciones completas.

1. ¿Cuál es el ingrediente principal de la paella?
2. ¿Dónde tiene su origen la paella?
3. ¿Qué otros ingredientes hay en la paella?
4. ¿Cuáles son dos ingredientes en la paella valenciana?
5. ¿Qué tiene la paella marinera?
6. ¿Es la paella una comida sólo para los domingos?

Arreglando la casa

PAULA: Mi cuarto es un **desastre.** Yo tengo que **subir** y **colgar** la **ropa** y hacer la **cama.** Toda la **gente°** puede **subir** sus **abrigos** a mi cuarto y **dejarlos°** allí.

ANA: **Traigo°** una **olla** grande de mi mamá para preparar la paella. Oye, yo **acabo de** leer la **receta.** ¿Quién va a **cocinar?**

JAVIER: ¡Yo! Bueno, si Paula me ayuda y tú me **prestas°** la receta.

ANA: ¡Claro! Puedes usarla.

ROSA: Y tú, Miguel, ¿qué vas a hacer?

MIGUEL: ¿Qué dices? No te **oigo.**

ROSA: Claro, con esa música no me puedes **oír.** Te pregunto ¿qué puedes hacer para ayudar?

MIGUEL: ¿Yo? Este..., por ejemplo puedo **sacar** la **basura.**

ROSA: ¡Qué **listo°** eres! Entonces tú y yo vamos al **supermercado.**

gente *people* **dejarlos** *leave them* **Traigo** *I bring* **prestas** *lend* **listo** *smart*

¿Qué comprendiste?

1. ¿Qué dice Paula de su cuarto?
2. ¿Qué tiene que hacer ella?
3. ¿Qué puede hacer la gente con sus abrigos?
4. ¿Quién lee la receta para la paella?
5. ¿A quién le presta Ana la receta?
6. ¿Quién es muy listo pero perezoso? Explica.
7. ¿Quiénes van a ir al supermercado?

Tengo que sacar la basura.

4 Charlando

1. ¿Es tu cuarto un desastre? Explica.
2. ¿Cuántas personas ayudan con los quehaceres en tu casa? ¿Quiénes?
3. ¿Hacen Uds. muchos quehaceres juntos? ¿Cuáles?

Repaso *rápido*

Los pronombres de complemento directo

You have already learned to use direct object pronouns in Spanish to show the person or thing in a sentence that receives the action of the verb. Remember that direct object pronouns can precede conjugated verbs, attach to the end of an infinitive or attach to the end of a present participle.

me	nos
te	os
lo	los
la	las

5 ¿Qué están haciendo ahora?

¿Cuáles son las dos maneras de decir la misma oración, usando un pronombre como complemento directo? Sigue el modelo.

  Estoy preparando *la comida*.
La estoy preparando./Estoy preparándola.

1. Estoy buscando *la receta*.
2. Estoy arreglando *las sillas de la sala*.
3. Estamos colgando *los abrigos*.
4. Miguel está sacando *la basura*.
5. Estamos adornando *el cuarto*.
6. Están cocinando *una paella marinera*.

El verbo *colgar*
The present tense of *colgar* (to hang) follows the pattern of other verbs that change from *o* → *ue*: *cuelgo, cuelgas, cuelga, colgamos, colgáis, cuelgan.*

6 Tus quehaceres

Trabajando en parejas, alterna con tu compañero/a preguntando y contestando las siguientes preguntas con los pronombres de complemento apropiados.

  ¿Arreglar la casa?
A: ¿Arreglas la casa?
B: Sí, (No, no) la arreglo.

1. ¿Hacer la cama?
2. ¿Poner la mesa?
3. ¿Preparar la comida?

4. ¿Limpiar la cocina los fines de semana?
5. ¿Colgar el abrigo?
6. ¿Sacar la basura?

Algo más

La expresión *acabar de*

Use a form of the verb *acabar* (to finish, to complete, to terminate) followed by *de* and an infinitive to indicate what has just occurred in the recent past.

acabar de	+	infinitive

Acabo de preparar la paella.   I have just prepared the paella.
Raúl acaba de limpiar el piso.   Raúl has just cleaned the floor.

7   Todos hacen algo

A los amigos de Paula les gusta ayudar. Completa las siguientes oraciones, diciendo qué acaban de hacer para ayudarla.

 ¿La mesa?/Luisa/poner hace cinco minutos
Luisa acaba de ponerla hace cinco minutos.

1. ¿Los abrigos?/
Diego/colgar

2. ¿Las camas?/Paula
y su hermana/
hacer ahora mismo

3. ¿El cuarto?/
Alejandro y yo/
arreglar juntos

4. ¿La sala?/
Rafael/adornar

5. ¿Los platos?/
yo/dejar en el
comedor

6. ¿Las ventanas?/
Eduardo/limpiar
hace media hora

7. ¿El pan?/Paco
y Silvia/ir a
comprar

8   Preparando una fiesta

  Imagine that you and a friend are organizing preparations for a party at your house and you would like to know if everyone is participating. Working with a partner, take turns asking and answering what the following people have just done, according to the cues.

Uds./preparar la comida
A: ¿Qué acaban de hacer Uds.?
B: Acabamos de preparar la comida.

1. Eva/llegar
2. José y Mónica/colgar la ropa
3. Blanca/limpiar las ventanas
4. tú/sacar la basura
5. Gloria/poner la mesa
6. Pablo/trabajar con Gloria
7. nosotros/arreglar la sala
8. yo/leer la lista de quehaceres

IDIOMA

El complemento indirecto

Just as the direct object in a sentence answers the question **who?** or **what?**, the indirect object is the person in a sentence **to whom** or **for whom** something is said or done.

Marta is talking **to whom?**
Marta is talking **to him.**

He is buying the book **for whom?**
He is buying the book **for her.**

Sometimes an indirect object pronoun *(pronombre de complemento indirecto)* is used in place of an indirect object. You have already learned to use indirect object pronouns with the verb *gustar.* They look the same as direct object pronouns except for *le* and *les.*

los pronombres de complemento indirecto			
me	*to me, for me*	**nos**	*to us, for us*
te	*to you, for you* (tú)	**os**	*to you, for you* (vosotros,-as)
le	*to you, for you* (Ud.) *to him, for him* *to her, for her*	**les**	*to you, for you* (Uds.) *to them, for them*

Mi abuela me hace el postre.

Indirect object pronouns follow the same rules for placement in a sentence that you learned for the direct object pronouns:

- They usually precede the conjugated form of the verb, but may also follow and be attached to an infinitive or a present participle. (Add an accent mark to the present participle in order to maintain the original pronunciation of the present participle.)

*Ana **me** va a dar la receta.*
*Ana va a dar**me** la receta.*

Ana is going to give **me** the recipe.

***Te** estoy hablando.*
*Estoy hablándo**te**.*

I am talking **to you.**

- Negative expressions (such as *nunca*) are placed before the indirect object pronouns.

*Nunca **nos** recogen la mesa.*

They **never** clear the table **for us.**

9 Ayudando en casa

Restate the following sentences by moving the italicized words and by making any other needed changes.

 ¿*Me* estás recogiendo la mesa?
¿Estás recogiéndo*me* la mesa?

1. ¿No *nos* puede Ud. adornar el cuarto?
2. Quizás *te* debo escribir una lista de quehaceres.
3. ¿Cuándo *me* puedes limpiar el piso?
4. *Les* estamos colgando la ropa.
5. Él nunca *le* puede arreglar la casa a ella.
6. ¿No *me* quieres comprar una olla grande para preparar paella?
7. Quizás Carlos *te* puede prestar la olla para la paella.

¿Te gustaría limpiar esta casa?

10 ¿Cuándo puedes...?

Imagine you must prepare the house for invited guests. Working with a partner, take turns asking one another when each of you will be able to help the other with various chores. The person responding should say he or she may be able to do the requested tasks at the indicated times.

arreglar el patio/por la tarde
A: ¿Cuándo me puedes arreglar el patio?
B: Quizás te puedo arreglar el patio por la tarde./Quizás puedo arreglarte el patio por la tarde.

1. sacar la basura/en un minuto
2. hacer la lista de quehaceres/en cinco minutos
3. preparar la paella/en una hora
4. poner la mesa/ahora mismo
5. adornar la sala/en media hora
6. tener todo listo/esta noche

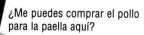

¿Me puedes comprar el pollo para la paella aquí?

11 Unos amigos quieren ayudarte

Varias (*several*) personas están ayudándote a preparar una fiesta en tu casa. Describe qué te están haciendo, según las ilustraciones.

 María me está colgando la ropa./María está colgándome la ropa.

María

1. Isabel y Pedro

2. Carlos

3. Elisa

4. Juan y Ricardo

5. Antonio y Paloma

Los quehaceres

colgar la ropa

arreglar el cuarto

poner las cosas en su lugar

cocinar/ preparar la comida

dirigir (el trabajo)

ir a buscar leche/pan

lavar

sacar la basura

poner la mesa

recoger la mesa

barrer

pasar la aspiradora

limpiar

dar de comer

Algo más

El cambio de g → j

You have seen several verbs that are regular in the present tense except for a minor stem change *(poder, jugar)* or a spelling change. These changes do not affect the verb's present-tense endings. Additionally, for verbs that end in *-ger* (such as *recoger*) or *-gir* (such as *dirigir*), the letter *g* changes to *j* before the letters *a* and *o* to maintain pronunciation: *Yo recojo la mesa muchas veces; yo dirijo los quehaceres.*

12 Charlando

1. ¿Haces algo para ayudar con los quehaceres de tu casa? Explica.
2. ¿Haces la cama todos los días? Explica.
3. ¿Siempre cuelgas la ropa o la dejas en el piso?
4. ¿Quién lava tu ropa? ¿La lavas tú?
5. ¿Quién va al supermercado a buscar leche y pan en tu casa?
6. ¿Cuántas veces a la semana recoges la mesa en tu casa?
7. ¿Quién dirige los quehaceres en tu casa?

13 ¿Qué debo hacer?

Indica *(Indicate)* cuáles son los quehaceres que debes hacer, según los dibujos.

    Debo lavar los platos.

¿Me puedes lavar la ropa?

 1.

 2.

3.

 4.

 5.

 6.

 7.

 8.

Algo más

It may be necessary to add *a Ud., a él, a ella* or *a* and a noun to a sentence in order to clarify the meaning of *le* or to add emphasis. It is likewise possible to add *a Uds., a ellos, a ellas* or *a* plus a plural noun or more than one noun to a sentence in order to clarify the meaning of *les* or to add emphasis.

Le escribo {
a Ud.
a él.
a ella.
a María.
a mi hermana.

Les escribo {
a Uds.
a ellos.
a ellas.
a María y a Mario.
a mis primos.

Le escribo a ella.

14 Toda la familia ayuda con los quehaceres

Nunca tenemos problemas en nuestra familia porque todos ayudan con los quehaceres. Completa las siguientes oraciones, siguiendo los modelos.

Tú me limpias mi cuarto a mí y yo <u>te limpio la cocina a ti.</u> (limpiar la cocina)

Nosotros les preparamos una fiesta a Uds. y Uds. <u>nos preparan una paella a nosotros.</u> (preparar una paella)

1. Tú me arreglas mi cuarto a mí y yo.... (colgar la ropa)
2. Nosotros les preparamos la comida a Uds. y Uds.... (limpiar el garage)
3. Tú me cuelgas la ropa a mí y yo.... (lavar la ropa)
4. Nosotros les compramos refrescos a Uds. y Uds.... (comprar el almuerzo)
5. Tú me recoges la mesa a mí y yo.... (sacar la basura)
6. Nosotros les damos una receta a Uds. y Uds.... (preparar la comida)

15 Mis quehaceres para esta semana

Imagine your parents have allowed you to invite some friends to your house next Saturday only if you do certain chores for the week between now and then. Make a list of what you must do, using the provided cues. Be sure to use the appropriate object pronouns in your sentences.

limpiar el baño/mi hermano
Le limpio el baño a mi hermano.

1. lavar las ollas/mi madre
2. colgar la ropa/mis hermanas menores
3. buscar la leche en la tienda/doña Esperanza
4. recoger la mesa/mi hermana mayor
5. barrer el piso de la cocina/mi madre

Le lavo los vasos a mi madre.

¿Me ayudas, por favor?

Working with a partner, take turns asking one another for help with the chores indicated in the illustrations. The person responding may agree or refuse to help.

A: ¿Me haces la cama?
B: Sí, (No, no) te hago la cama.

hacer la cama

1. subir la ropa
   a mi cuarto

2. pasar la aspiradora
   por la sala

3. recoger la
   mesa

4. limpiar las ventanas
   de mi cuarto

5. lavar el mantel

6. barrer el patio

7. poner los cubiertos
   en la mesa

8. prestar la olla
   para la paella

IDIOMA

El presente de los verbos *oír* y *traer*

The verbs *oír* (to hear, to listen) and *traer* (to bring) are irregular.

No te oigo.

oír		traer	
oigo	oímos	traigo	traemos
oyes	oís	traes	traéis
oye	oyen	trae	traen
gerundio: oyendo		gerundio: trayendo	

Ellos traen la paella.

17 En mi casa

Completa el siguiente párrafo con las formas correctas del verbo *oír*.

En mi casa a todos nos gusta oír la radio. Mi abuelo (1) las noticias todas las noches. Mi abuela (2) un programa de música española por las tardes. Mis hermanos (3) los deportes, cuando no pueden verlos en la televisión, como cuando estamos en el parque o en la playa. Son muy listos. Si están trabajando en el garaje, (4) música popular. Mamá y yo siempre (5) el reporte del tiempo para saber si va a llover. Yo (6) la radio cuando escribo cartas a mis amigos y también siempre estoy (7) música cuando hago la tarea. Y tú, ¿cuándo (8) la radio en tu casa?

18 ¿Qué traen a la fiesta?

Trabajando en parejas, alterna con tu compañero/a preguntando y contestando qué trae todo el mundo a la fiesta del club de ecología.

A: ¿Qué trae Julio?
B: Julio trae los discos compactos.

Julio

1. Ana

2. Fernando y Tomás

3. mi amiga y yo

4. Raúl

5. Carmen y Nora

6. Nicolás

7. la profesora

8. tú

Ellos traen la comida.

Después de la fiesta

PAULA: ¡Qué fiesta!
ANA: Sí. Fue una fiesta fantástica.
JAVIER: ¡Claro! **Trabajamos°** mucho preparándola.
ANA: Y a todos **les gustó°** mucho la paella que **preparasteis.°**

Trabajamos *we worked* **les gustó** *they liked* **preparasteis** *you prepared* (vosotros)

IDIOMA

El pretérito de los verbos regulares *-ar*

Use the preterite tense to discuss actions or events that were completed in the past. To form the preterite tense of a regular *-ar* verb, remove the last two letters from the infinitive and add the indicated endings.

lavar					
yo	lav**é**	I washed	nosotros nosotras	lav**amos**	we washed
tú	lav**aste**	you washed	vosotros vosotras	lav**asteis**	you washed
Ud. él ella	lav**ó**	you washed he washed she washed	Uds. ellos ellas	lav**aron**	you washed they washed they washed

Regular verbs that end in *-car (buscar, explicar, sacar, tocar)*, *-gar (apagar, colgar, jugar, llegar, pagar)* and *-zar (empezar)* require a spelling change in the *yo* form of the preterite in order to maintain the original sound of the infinitive.

infinitivo				pretérito
bus**car**	*c*	→	*qu*	yo bus**qué**
apa**gar**	*g*	→	*gu*	yo apa**gué**
empe**zar**	*z*	→	*c*	yo empe**cé**

19 ¿Qué preparaste para la fiesta?

Completa las siguientes oraciones con la forma correcta del pretérito para decir lo que pasó ayer.

1. Ayer yo *(cocinar)* en mi casa.
2. Tú me *(prestar)* una receta.
3. Yo *(trabajar)* en la cocina todo el día.
4. Ana me *(ayudar)* a hacer una paella.
5. Yo *(sacar)* el arroz esta vez.
6. Todos *(llegar)* temprano.
7. Después de comer, Pepe *(lavar)* los platos.
8. Él también *(limpiar)* la cocina.
9. Todos *(hablar)* bien de la comida.

20 ¿Yo?

Working in pairs, take turns asking if your partner has completed various chores. Your classmate should say that he or she did not do the task because someone else already did it. Follow the model.

 comprar la leche/Diego
A: ¿Compraste la leche?
B: No, yo no compré la leche porque Diego ya la compró.

1. colgar los abrigos/Felipe
2. preparar la comida/Javier y Paula
3. lavar la olla grande/Ana
4. buscar los platos/Alicia
5. limpiar el piso de la cocina/Rosa y Miguel
6. apagar la estufa/Julio
7. sacar la basura/Roberto

21 ¿Cocinaste ayer?

Completa el siguiente párrafo con la forma apropiada del pretérito de los verbos entre paréntesis.

Yo *(1. cocinar)* una paella ayer en mi casa para toda la familia. Mi hermana me *(2. ayudar)*. Yo *(3. empezar)* a preparar todo muy temprano. Primero yo *(4. buscar)* los ingredientes. Luego *(5. lavar)* la olla grande y *(6. sacar)* el arroz. Después *(7. preparar)* unos refrescos. Al terminar de cocinar, *(8. apagar)* la estufa y *(9. arreglar)* los cubiertos en la mesa. Entonces, *(10. llamar)* a todos a comer.

22 Mini-diálogos

Trabajando en parejas, escriban Uds. mini-diálogos según el modelo.

lavar/los platos sucios
A: ¿Lavaste los platos sucios?
B: Sí, (No, no) los lavé.

1. comprar/la leche
2. colgar/la ropa en tu cuarto
3. cocinar/el pollo para la paella
4. adornar/la casa
5. recordar traer/la olla grande

Nuestra PAELLA tiene 30 años ¡y cada día está mejor!

Conexión Cultural

España

Cádiz, España.

Spain has a long and fascinating history. For example, in northern Spain (Altamira) cave paintings have been found that date from between 25,000 and 10,000 B.C. Spain also has had many different occupants throughout history and each group of inhabitants has made important contributions to the country's rich and varied past.

More than 4,000 years ago the Iberians *(íberos)* invaded the area that would later be named the Iberian Peninsula, and which is shared today by both Portugal and Spain. In 1100 B.C. the Phoenicians *(fenicios),* from present-day Lebanon, founded cities where *Cádiz* and *Málaga* are located. Between 1000 and 500 B.C., the Celts *(celtas)* arrived from the north. They had blue eyes and blond hair, as do many of their Spanish descendants. The Greeks *(griegos),* who arrived between 800 and 700 B.C., and the Phoenicians imported olive trees and grapevines. As a result, the production of both olives *(aceitunas)* and grapes *(uvas)* remains important in Spain's economy today.

Las naranjas españolas vienen de los moros.

Other people made their way to Spain later, including the Carthaginians *(cartagineses),* from the area known today as Tunisia; the Romans *(romanos),* who introduced Latin, which would eventually evolve into Spanish; the Visigoths *(visigodos),* from the area known today as Germany; and the Arabs from northern Africa, also called Moors *(moros),* who introduced the cultivation of rice and oranges *(naranjas)* and turned first *Córdoba* and later *Granada* into important and prestigious cities at the political center of the Muslim *(musulmán)* kingdom in Spain.

In 1492 the Moors were defeated in Granada and expelled from power by Catholic monarchs Ferdinand *(Fernando)* and Isabella *(Isabel).* By this time, many elements in contemporary Spain had taken root and are still evident today.

Unas uvas españolas.

23 Cruzando fronteras

Conecta lógicamente la información sobre la historia de España de la columna I con la información de la columna II.

I	II
1. la Península Ibérica	A. rubios
2. los fenicios	B. Córdoba y Granada
3. los celtas	C. España y Portugal
4. los griegos y los fenicios	D. el latín
5. los romanos	E. Cádiz y Málaga
6. los moros	F. las aceitunas y las uvas

24 Surfeando la red

Visit your local library or search the Internet for a topic of Spain's history that interests you. Then give a report in Spanish to the entire class.

Granada, España.

Autoevaluación. As a review and self-check, respond to the following:

1. Name some chores you do to help around the house.
2. Name several ingredients in *paella*.
3. Imagine you are hosting a party for several friends at your house. Ask your sister or brother to do three or four things for you to help you get ready.
4. List five things you have just done or that you did already to prepare for the party.
5. Name some of the groups of people who have occupied Spain throughout its history.

¡La práctica hace al maestro!

A Comunicación

In groups of three, make a list of five chores that you all like to do and a second list of five chores that you do not like to do. Then each student pairs up with a student from another group to talk about each other's list.

Nos gusta.
preparar la comida
A: ¿Les gusta preparar la comida?
B: Sí, nos gusta prepararla.
A: A nosotros nos gusta también.

No nos gusta.
recoger la mesa

B Conexión con la tecnología

Search the Web for sites about Spanish cuisine using key words (cuisine, food, Spanish, paella, etc.). How many different recipes can you find? For example, how many ways can *paella* be prepared? How are the recipes different? List the ingredients. Can you locate any restaurants that serve *paella*? How much does it cost? Share your findings with the class.

En casa

- el abrigo
- la aspiradora
- la basura
- la cama
- la gente
- la leche
- la olla
- la paella
- pasar la aspiradora

Verbos

- acabar
- adornar
- arreglar
- barrer
- cocinar
- colgar (ue)
- dejar
- dirigir
- lavar
- limpiar
- llegar
- preparar
- prestar
- recoger
- sacar
- subir
- trabajar
- traer

Expresiones y otras palabras

- acabar de *(+ infinitive)*
- algo
- dar de comer
- el desastre
- junto,-a
- listo,-a
- quizás
- sólo
- el supermercado
- el trabajo

- la persona
- el quehacer
- la receta
- recoger la mesa
- la ropa

Acabamos de preparar la comida.

Lavamos el perro.

¿Colgaste la ropa?

En el supermercado

verduras y frutas

el pescado

1 libra = 16 oz

el pollo

el mercado

el chorizo

el pimiento

el aguacate

el tomate

el guisante

el ajo

la cebolla

maduro

la lata

no maduro

la lechuga

el arroz

JAIME: ¡Vamos a hacer una paella fantástica! Ya compré el **arroz,** que es **el ingrediente más importante de** la paella. ¿Qué más nos **hace falta?**

SILVIA: Vamos a ver. Aquí tengo la lista. Necesitamos **ajo fresco,°** un pollo y una **libra** de pescado.

JAIME: También vamos a necesitar unas **cebollas.**

SILVIA: Mira, aquí están los **tomates** para la ensalada. Hay que **escoger° los mejores,°** no muy **maduros.**

JAIME: ¿Qué tomates te **parecen** buenos?

SILVIA: Pues, aquellos tomates son **los peores de°** todos, y esos tomates son **mejores que°** estos tomates pero no están buenos todavía.

JAIME: Aquí están los **aguacates.** ¿**Te importa** cuál escojo?

SILVIA: No. Me parece que todos están buenos.

JAIME: ¿Debemos **llevar°** **lechuga** o hacemos la ensalada **sin°** lechuga?

SILVIA: No, ya la tengo. Ahora nos hacen falta las comidas en **lata:** los **pimientos** y los **guisantes.** ¡Ay, caramba! ¿Sabes qué **olvidamos° añadir°** a la lista? ¡El **chorizo!**

JAIME: Vamos al **mercado** a buscarlo y, luego, a prepararlo.

fresco *fresh* **escoger** *to choose* **los mejores** *the best* **los peores de** *the worst of* **mejores que** *better than* **llevar** *take, carry* **sin** *without* **olvidamos** *we forgot* **añadir** *to add*

1 ¿Qué comprendiste?

1. ¿Qué están haciendo Silvia y Jaime?
2. ¿Es el aguacate el ingrediente más importante de la paella? Explica.
3. ¿Qué les hace falta para hacer la paella?
4. ¿Cuánto pescado compran?
5. ¿Cómo le gustan a Silvia los tomates?
6. ¿Qué piensan comprar para la ensalada?
7. ¿Llevan lechuga los chicos?
8. ¿Compran pimientos y guisantes frescos?
9. ¿Qué olvidaron añadir a la lista?

¿Te gustan los aguacates?

2 Charlando

1. ¿Sabes cocinar? ¿Cuándo cocinaste por última vez?
2. ¿Cuándo vas al mercado?
3. Si vas, ¿es porque quieres ayudar o porque tienes que ir?
4. ¿Qué compras? ¿Llevas las cosas que tú necesitas o llevas cosas para tu familia?
5. ¿Prefieres escoger comidas frescas o en latas? ¿Por qué?
6. ¿Sabes cómo hacer una paella?

¿Vas de compras al supermercado?

Conexión *Cultural*

Receta de la paella valenciana

Está preparando una paella.

LA PAELLA
(ingredientes para seis personas)

1 pollo en **pedazos**	2 zanahorias
1 libra de pescado	3 tomates
1/2 chorizo en pedazos	1 lata de pimientos
1/2 libra de jamón en pedazos	1 taza de guisantes
1 lata de almejas	5 **hilos** de **azafrán**
2 tazas de arroz	4 tazas de agua
1 cebolla	2 **cucharadas** de aceite de oliva
2 **dientes** de ajo	sal y pimienta

En una olla grande, poner un poco de aceite y añadir el pollo, el chorizo, el jamón, la cebolla, el tomate, la zanahoria, el ajo y cocinar por diez minutos. Luego, añadir el arroz y el agua y cocinar por otros diez minutos con la olla **cubierta**. Después, añadir media taza de guisantes, el pescado, los pimientos, las almejas, el azafrán y sal y pimienta **al gusto** y cocinar por otros diez minutos. Para terminar, adornar con la otra **mitad** de los guisantes, otra lata de pimientos (opcional) y un poco de **perejil**. Llevar a la mesa en la olla.

pedazos *pieces* **dientes** *cloves* **hilos** *threads* **azafrán** *saffron* **cucharadas** *tablespoonfuls* **cubierta** *covered* **al gusto** *to taste* **mitad** *half* **perejil** *parsley*

Contesta las siguientes preguntas.
1. ¿Cuánto pescado tiene esta paella?
2. ¿Cuáles de los ingredientes en esta receta no son frescos?
3. ¿Qué verduras tiene la paella? ¿Qué carnes tiene?
4. Después de añadir el arroz, ¿cuánto tiempo hay que cocinar la paella?
5. ¿Con qué puedes adornar la paella?
6. ¿Te gustaría preparar una paella? ¿Por qué?
7. ¿Hay un restaurante en tu ciudad con paella en el menú? ¿Cuál?

UNA HISTORIA

El arroz

Este grano es el principal alimento de aproximadamente el 50% de la población mundial y es originario de la India. El 80% proviene de los países afectados por los monzones. Alejandro Magno lo llevó a Francia de su campaña en la India en el siglo III a. C., y los moros lo introdujeron en España en el siglo VIII. En este momento, Italia es el más grande productor de arroz en Europa. La primera plantación en América se hizo en el año 1685, exactamente en Carolina del Sur, en Estados Unidos. En la actualidad existen más o menos 2.500 especies de arroz, algunas rojas, azules o púrpuras y hay cultivos en todo el mundo.

CONEXIONES 3 · Cruzando fronteras

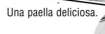

Una paella deliciosa.

Based upon what you have read about *la paella*, prepare a list of ingredients you would need to make a *paella.* Then write how much of each item you would need to make enough *paella* for three people. Finally, gather the ingredients and prepare your *paella.* How does it taste?

Algo más

Hacer falta, parecer e importar

The expressions *hacer falta* (to need), *parecer* (to seem) and *importar* (to matter) all use indirect object pronouns and follow a pattern like the one you learned for the verb *gustar*.

Me gusta la paella.	I like *paella*. (*Paella* is pleasing to me.)
Me hace falta un tomate.	I need a tomato.
Me parece buena la receta.	The recipe seems good to me.
No me importa si el ajo no es fresco.	It does not matter to me if the garlic is not fresh.

4 ¿Qué opinan?

Di lo que *le(s) gusta, le(s) hace falta, le(s) parece* o *le(s) importa* a cada una de las siguientes personas, según el modelo.

> a mí/parecer bien/ir/el mercado
> (A mí) Me parece bien ir al mercado.

1. a Silvia/no importar/ir/el supermercado
2. a Uds./hacer falta/la comida en lata
3. a Jaime/gustar más/ir/el mercado
4. a la señora Sánchez/gustar/cocinar/para su familia
5. a Diego y a Jorge/importar/comprar/los mejores aguacates
6. a Tomás/hacer falta/comprar/los tomates y el maíz
7. a los dos chicos/hacer falta/llevar el queso, las habichuelas y el café
8. a mí/importar/el precio

¿Qué te parecen estos tomates?

¿Te gusta el queso?

Mi casa es su casa.

IDIOMA

Para comparar

Comparatives are used to compare people or things. Use the following patterns to make comparisons in Spanish:

| *más/menos* | + | noun/adjective/adverb | + | *que* |

*Hay **más/menos** tomates
que uvas.*

There are **more/less (fewer)** tomatoes
than grapes.

| *tanto-a, -os, -as* | + | noun | + | *como* |

*Hay **tanto** chorizo **como** pollo
en esa paella.*

There is **as much sausage as** chicken
in that *paella*.

| *tan* | + | adjective/adverb | + | *como* |

*Estos tomates no están **tan**
maduros como esos tomates.*

These tomatoes are not
as ripe as those tomatoes.

| verb | + | *tanto como* |

*Jaime **cocina tanto como** Ana.*

Jaime **cooks as much as** Ana.

Another way to make comparisons is to single out a person, group, object or attribute as the best, most or least by using the following patterns:

| definite article (+ noun) | + | *más/menos* | + | adjective |

*El arroz es **el** ingrediente
más importante.*

Rice is **the most important**
ingredient.

| verb | + | *lo* | + | *más/menos* | + | adverb | + | *posible* |

*Debes prepararla **lo más**
temprano posible.*

You should prepare it **as early as**
possible.

Los mejores jamones están en este supermercado.

Some adjectives and adverbs may use these irregular comparative forms:

bueno,-a	→	mejor
bien	→	mejor
malo,-a	→	peor
mal	→	peor
grande	→	mayor/más grande
pequeño,-a	→	menor/más pequeño,-a
joven	→	menor/más joven
viejo,-a	→	mayor/más viejo,-a

*Ese supermercado es **bueno,** pero
aquel supermercado es **mejor** y
este supermercado es **el mejor**
de la ciudad.*

That supermarket is **good,** but that
supermarket over there is **better** and
this supermarket is **the best in the**
city.

- When referring to size, the comparative forms of *pequeño* and *grande* are *más pequeño* (smaller) and *más grande* (bigger). When referring to quantity, the comparative forms of *pequeño* and *grande* are *menor* (lesser, smaller, fewer) and *mayor* (greater, larger).

*Hay un **menor (mayor)** número de comidas en lata que de comidas frescas.*	There is a **smaller (greater)** number of canned foods than fresh foods.

- Use *más* or *menos* with forms of *grande, pequeño, joven* and *viejo* when referring to animals or objects.

*Es **el supermercado más grande** de mi ciudad.*	It is **the biggest** supermarket in my city.

- The words *mayor* (older) and *menor* (younger) are used to compare people's ages.

*Don Diego es **mayor que** doña Juana.*	Don Diego is **older than** doña Juana.

- Use *más de* or *menos de* and a number for stating there are "more than" or "fewer than" the number of items or people indicated.

*Veo **más de/menos de** diez estudiantes.*	I see **more than/fewer than** ten students.

5   ¿Cómo se comparan?

Imagine you are shopping for food items. Compare the following items, following the model and the cues given.

 esta lechuga/estar más fresco/esa lechuga
Esta lechuga está más fresca que esa lechuga.

1. los guisantes/ser más pequeño/las cebollas
2. este pescado/ser más grande/ese pescado
3. estos tomates/estar menos maduro/aquellos tomates
4. este aguacate/estar más maduro/ese aguacate
5. las comidas frescas/ser mejor/las comidas en lata
6. el mercado/estar más lejos/el supermercado
7. el ajo en lata/ser peor/ el ajo fresco
8. esta papa/ser más grande/ la otra

¿Los guisantes en lata son mejores que los frescos?

Este pescado es más grande que el otro.

6 Haciendo comparaciones

Make as many comparisons from the following information as you can.

Información: Los aguacates del supermercado son pequeños pero los aguacates del mercado son grandes.

Comparación 1: Los aguacates del supermercado no son tan grandes como los aguacates del mercado.

Comparación 2: Los aguacates del mercado son más grandes que los aguacates del supermercado.

Comparación 3: Los aguacates del supermercado son menos grandes que los aguacates del mercado.

1. Julia cocina todos los días y Marta cocina una vez a la semana.
2. Compran dos latas de guisantes y dos latas de pimientos.
3. Hay mucho arroz en una paella valenciana pero no hay mucho ajo.
4. Silvia puede preparar una paella valenciana en dos horas pero yo necesito tres horas para prepararla.
5. Jaime va al mercado dos veces al mes y Silvia va al mercado dos veces al mes.
6. Jaime tiene quince años, Silvia tiene dieciséis años y Mario tiene dieciocho años.
7. María tiene tres libras de pescado y Carlos tiene tres libras de pescado.

7 El más....

Working with a partner, take turns asking and answering questions based upon the cues. Follow the model.

el supermercado más grande
A: ¿Cuál es el supermercado más grande de la ciudad donde vives?
B: El supermercado más grande de la ciudad donde vivo es....

1. el supermercado más nuevo
2. el supermercado más viejo
3. el mejor restaurante
4. el peor restaurante

8 El mejor restaurante

Imagine you are the owner of a restaurant. What instructions might you give your employees during the week, according to the following cues?

llegar al restaurante/temprano
Debes llegar al restaurante lo más temprano posible.

1. sacar la basura/tarde
2. recoger las mesas/rápidamente
3. leer la receta/bien
4. preparar una paella valenciana/pronto
5. barrer el suelo/bien

HOTEL ESPAÑA
RESTAURANTE

Tel. (947) 20 63 40
Telefax 20 13 30

Paseo del Espolón, 32
09003 - BURGOS (España)

EL MENU
DUCAL

Conexión Cultural

¿Quieres comer churros con chocolate?

Imágenes de España

When you hear the word **Spain**, what images come to mind? Can you taste the *churro* pastry and hot chocolate in a *café* in Madrid? Do you feel the blistering hot sand of a Mediterranean beach beneath your feet? Can you smell the aroma of *paella* being cooked in the kitchen of a restaurant in Valencia? Do you see dancers and hear the sound of guitars and castanets in Granada? Spain incorporates all these images and much more.

El flamenco es un baile muy popular en España.

Una playa bonita en San Sebastian, España.

9 Imágenes de España

When you think about Spain, what do you associate with the country? Prepare a list of at least ten Spanish words that you associate with Spain. Try to include words that relate to Spain's history as well as to modern Spain.

En el mercado

el arroz
el café
el chocolate
el vinagre
el aceite
el pimiento
la lechuga
la zanahoria
la papa
el maíz
la papa
la naranja
el guisante
el plátano
la habichuela
la fresa
la uva
la manzana
los huevos
el helado
el pollo
la leche
el pescado
el jamón
la carne
la mantequilla
el queso

verduras y frutas

10 Charlando

1. ¿Llevas frutas y verduras cuando vas al mercado?
2. ¿Cuál es tu verdura preferida?
3. ¿Comes muchas frutas? ¿Cuáles prefieres? ¿Por qué?
4. ¿Qué verduras prefieres en una ensalada?
5. Para el Día de Acción de Gracias, ¿comes pollo, carne, pescado, jamón u otra comida?
6. ¿Qué helados te gustan?

¿Vas al mercado para comprar las frutas o las verduras?
(Mallorca, España)

11 ¿Qué es?

Match the items in column I with the items in column II.

I	II
1. la fresa	A. una verdura
2. la manzana	B. un sándwich
3. la habichuela	C. una ensalada
4. la lechuga con tomates, aceite y vinagre	D. una fruta más grande que una uva
5. el helado	E. una fruta tan grande como una uva
6. el pan con jamón y queso	F. un postre

12 ¿Cuál no está en su lugar?

Imagine you work in a supermarket and you are responsible for reorganizing the food shelves and produce sections after customers have moved the foods from their proper locations. Say which food item does not belong in each of the following groups.

1. leche	chorizo	queso	mantequilla
2. papa	aguacate	chocolate	cebolla
3. uva	manzana	plátano	habichuela
4. pollo	maíz	pescado	carne
5. naranja	fresa	uva	huevo
6. café	lechuga	tomate	zanahoria

Producto de Andalucía

MARMOLEJO

13 ¿Qué comida te gusta?

Trabajando en parejas, hagan preguntas para comparar siete comidas o bebidas *(drinks)* diferentes para saber cuál les gusta más.

A: ¿Te gusta la leche tanto como el agua mineral?
B: Sí, (No, no) me gusta la leche tanto como el agua mineral.

14 ¿Qué comes?

Working with a partner, take turns asking and answering at least seven questions about what you eat and drink. Follow the model.

A: ¿Qué comes más, carne o verduras?
B: Como más carne (verduras) que verduras (carne)./Como tanta carne como verduras.

¿Te gustan las frutas?

15 El menú del día

Trabajando en parejas, escriban un menú balanceado *(balanced)* con todas las comidas básicas para uno de los días del fin de semana. El menú debe incluir el desayuno *(breakfast)*, el almuerzo y la cena *(dinner)*.

16 Comparaciones en el mercado

Imagine you are at an open market standing in front of two vendors. Look at the illustration and make the following comparisons, according to the cues.

 plátanos/estar maduro
Los plátanos de doña Eva están más maduros que los plátanos de don Diego.

don Diego

doña Eva

1. manzanas/ser grande
2. naranjas/ser pequeño
3. fresas/ser pequeño
4. naranjas/ser mejor
5. doña Eva/ser joven
6. don Diego/estar cansado
7. uvas/ser mejor

Compramos las frutas en el mercado. (Barcelona, España)

¿Cuántos pimientos quieres comprar?

Buscando el mejor precio

SILVIA: Señora, ¿cuánto pide por esos huevos?

SEÑORA: Ciento noventa y cinco pesetas.

SILVIA: ¡Uy! Yo hablé con aquel señor y él los tiene por ciento cincuenta. Le doy ciento cuarenta y me los llevo.

SEÑORA: Señorita, le di° el mejor **precio.** No puedo.

SILVIA: Entonces, no los llevo, gracias.

SEÑORA: Bueno, está bien. Puede llevarlos por ciento cuarenta.

di *gave*

 ## ¿Qué comprendiste?

1. ¿Cuánto pide la señora por los huevos?
2. ¿Por qué precio los tiene el señor?
3. ¿Cuánto dice Silvia que le da por los huevos?
4. ¿Los da la señora por ciento cincuenta?

¿Cuánto pide la señora
por los pimientos?

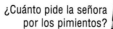

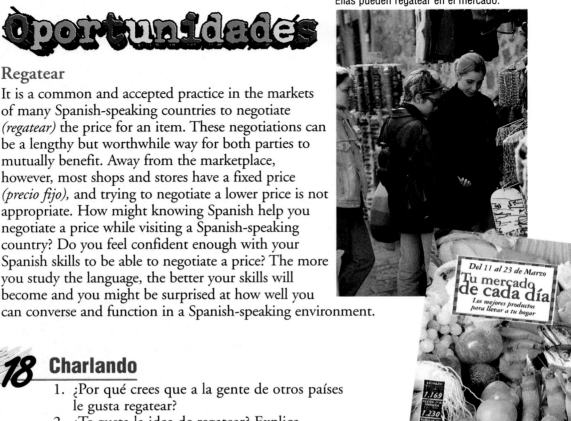

Ellas pueden regatear en el mercado.

Oportunidades

Regatear

It is a common and accepted practice in the markets of many Spanish-speaking countries to negotiate (*regatear*) the price for an item. These negotiations can be a lengthy but worthwhile way for both parties to mutually benefit. Away from the marketplace, however, most shops and stores have a fixed price (*precio fijo*), and trying to negotiate a lower price is not appropriate. How might knowing Spanish help you negotiate a price while visiting a Spanish-speaking country? Do you feel confident enough with your Spanish skills to be able to negotiate a price? The more you study the language, the better your skills will become and you might be surprised at how well you can converse and function in a Spanish-speaking environment.

Del 11 al 23 de Marzo
Tu mercado de cada día
Los mejores productos para llevar a tu hogar

PRYCA

18 Charlando

1. ¿Por qué crees que a la gente de otros países le gusta regatear?
2. ¿Te gusta la idea de regatear? Explica.
3. ¿Puedes regatear en las tiendas de la ciudad donde vives? Explica.
4. ¿Buscas siempre el mejor precio cuando compras algo? ¿El precio te importa?

Estrategia

Para aprender mejor: *survival skills*

Is there a flea market where you live? Go there and practice bargaining for items. Learning how to bargain will be beneficial if you travel to a Spanish-speaking country where you can combine your ability to bargain with your ability to speak Spanish.

19 Regateando

Imagine you are at an outdoor market shopping for ingredients to make a *paella*. Working with a partner, take turns playing the roles of the vendor and the client. Remember to bargain for items and agree on prices and quantities.

Repaso *rápido*

El pretérito de los verbos regulares *-ar*

Do you remember how to form the preterite tense of a regular *-ar* verb? Remove the last two letters from the infinitive and add the indicated endings.

lavar			
yo	lav**é**	nosotros nosotras	lav**amos**
tú	lav**aste**	vosotros vosotras	lav**asteis**
Ud. él ella	lav**ó**	Uds. ellos ellas	lav**aron**

Note: Regular verbs that end in *-car (buscar, explicar, sacar, tocar), -gar (apagar, colgar, jugar, llegar, pagar)* and *-zar (empezar)* require a spelling change in the *yo* form of the preterite.

20 La fiesta fue ayer

A Ana le gusta escribir en su diario. ¿Qué cosas puede ella escribir después de la fiesta del club de ecología? Usa el pretérito como en el modelo.

nosotros/no olvidar nada
Nosotros no olvidamos nada.

1. yo/empezar a preparar todo muy temprano
2. nosotros/comprar verduras frescas
3. yo/buscar los ingredientes de la receta
4. Javier/preparar la paella
5. Paula/ayudar a Javier a preparar la paella
6. yo/trabajar con Jaime todo el día
7. las muchachas/limpiar la casa
8. Jaime/buscar los tomates buenos

¿Lavaste el coche?

IDIOMA

El pretérito de *dar* y *estar*

The verbs *dar* and *estar* are irregular in the preterite tense.

Nos dieron tortilla española en la cafetería.

dar		estar	
di	dimos	estuve	estuvimos
diste	disteis	estuviste	estuvisteis
dio	dieron	estuvo	estuvieron

21 Todos dieron comida

Last week your school prepared a dinner for disadvantaged families. Working with a partner, take turns reporting what food items people donated for the dinner. Follow the model.

tú/unos huevos
A: ¿Qué diste tú?
B: Yo di unos huevos.

1. Antonio/dos libras de tomates y cinco aguacates
2. los hermanos García/tres libras de arroz
3. María/tres latas de guisantes
4. Dolores y Rafael/los ingredientes para hacer cien ensaladas
5. la profesora/cuatro libras de café
6. tú y yo/tres latas de guisantes y tres latas de pimientos
7. el señor y la señora Ramiro/cinco pollos
8. yo/tres libras de papas y una lata de maíz

22 ¿Cuándo estuvieron?

Di cuándo estuvieron las siguientes personas en el supermercado.

   Alfonso/el lunes pasado
Alfonso estuvo el lunes pasado.

1. Alejandro y Mario/el jueves
2. Jaime y Ana/anteayer
3. Ud./el sábado
4. las señoritas Peralta/esta mañana
5. mi madre/la semana pasada
6. tú/el fin de semana pasado
7. yo/ayer
8. Uds./el miércoles

23 Una fiesta en casa

Completa el siguiente párrafo con la forma apropiada del pretérito de los verbos entre paréntesis.

La semana pasada estuvimos en Barcelona.

El viernes pasado yo *(1. dar)* una fiesta en mi casa para el cumpleaños de mi padre. Casi toda mi familia y mis amigos *(2. estar)* allí. Mi tía Ana no *(3. estar)* y mis primos Orlando y Antonio tampoco *(4. estar)*. Todos nosotros *(5. estar)* muy contentos. Mi madre *(6. dar)* una comida excelente que a todos nos *(7. gustar)*. Luego, mis amigos Alberto y Esperanza *(8. dar)* un concierto fantástico. Ella *(9. cantar)* cinco canciones y él las *(10. tocar)* en el piano. Yo *(11. estar)* contento porque mi padre *(12. estar)* muy contento. Todos le *(13. dar)* muchos regalos *(gifts)* a él y él les *(14. dar)* las gracias a todos. La fiesta *(15. estar)* muy bien.

Autoevaluación. As a review and self-check, respond to the following:
1. Name several foods you might buy at a supermarket. Which ones could you also find at an outdoor market *(mercado al aire libre)*?
2. Name some of the ingredients and how much of each is needed in a recipe to make *paella* for six people.
3. Make several comparisons in Spanish to talk about foods you like and dislike.
4. Name two or three things that are the most, the best or the worst possible.
5. Imagine you keep a journal and every day you write where you went, where you were and other interesting information about what you did during the day. Make a brief list of five things that you would write about today in your journal.
6. After reading about Spain, what are three things you associate with the country?

¡La práctica hace al maestro!

 ## A Comunicación

Working with three or four classmates, create six to eight questions comparing different foods. You may ask about whether your classmates eat in restaurants as often as they eat at home, whether they pay more or less often than the people with whom they eat, what the best foods are and why, what price they pay for foods from different places and so forth. Take notes and report your findings to the class.

> A: ¿Cuál es la comida más popular en tu casa?
> B: La comida más popular en mi casa es la paella.

 ## B Conexión con la tecnología

Search the Web for a recipe *(receta)* that appeals to you for a main dish or dessert from one of the Spanish-speaking countries. Try the recipe at home. Finally, tell the class about your recipe: ingredients, preparation, how it tasted.

El flan es un postre muy popular en España.

FLAN DE QUESO

FLAN DE QUESO

INGREDIENTES
Para 6 personas
Un bote pequeño de
leche condensada,
2 vasos de leche,
1 tarrina de queso
Philadelphia,
4 cucharadas
de azúcar,
1 limón

PREPARACIÓN
1 hora

DIFICULTAD
Para principiantes

PRESENTACIÓN
Adornado con nata

CONSERVACIÓN
2 días

MODO DE HACERLO
■ Mezclar la leche condensada con la le-che, añadir el queso con el zumo y ralladura de medio limón. Remover hasta que todo esté bien unido. Agregar los huevos batidos.
■ Con el azúcar y el zumo del otro medio limón hacer un caramelo clarito. Bañar un molde de rosca de 20 cm. Llenar con la crema.
■ Tapar con papel de aluminio y cocer en el horno al baño María unos 45 minutos.
■ Desmoldarlo templado

VOCABULARIO

En el mercado

el aguacate
el ajo
el arroz
el café
la carne
la cebolla
el chocolate
el chorizo
la fresa
la fruta
el guisante
la habichuela
el helado
el huevo
el ingrediente
el jamón
la lata
la lechuga
la libra
el maíz
la manzana
el mercado
la papa
el pimiento
el plátano
el precio
el queso
el tomate
la uva
la verdura
el vinagre
la zanahoria

¿Quieres un helado?

Para describir

fresco,-a
maduro,-a
mayor
mejor
menor
peor

Verbos

añadir
escoger
importar
llevar
olvidar
parecer

Expresiones y otras palabras

el/la/los/las (+ *noun*)
  más/menos (+ *adjective*)
el/la/los/las mejor/mejores/
  peor/peores (+ *noun*)
hacer falta
lo más/menos (+ *adverb*)
  posible
más/menos (+ *noun/*
  adjective/adverb) que
sin
tan (+ *adjective/adverb*)
  como
tanto como
tanto,-a (+ *noun*) como

Este restaurante es el mejor.

María ayuda con los ingredientes de la comida.

a leer

Estrategia

Preparación

Estrategia para leer: *gathering meaning from context*

When reading in another language, you will often encounter words you do not know. Before looking in a dictionary, look for clues that tell you what a word means. For example, you have already learned to recognize some unknown words because they are cognates (e.g., *familia)* or because they are related to words you have already learned (e.g., *baile/bailar).* At other times it may be necessary to look at the words before and after an unknown word (the context) in order to guess its meaning. Looking for these contextual clues will help improve your reading skills and will also make reading more enjoyable because you spend less time looking up words in a dictionary.

¿Qué quieren decir las palabras *reunirse* y *aperitivos* en las siguientes oraciones?

1. Una vieja tradición española es **reunirse** con unos amigos en un café o un restaurante para hablar.
    - A. tener prisa
    - B. recordar hacer una cosa
    - C. tener una reunión con amigos
    - D. recoger la mesa

2. Muchas veces los españoles comen **aperitivos** con sus amigos antes de ir a casa para comer.
    - A. agua mineral
    - B. comida pequeña antes de una comida principal
    - C. plato grande de naranjas
    - D. mucha comida

Las tapas: una tradición española

A los españoles les gusta mucho pasar tiempo con sus amigos. Una vieja tradición española es la de reunirse con los amigos en un café o un restaurante para hablar y comer tapas (o aperitivos) antes de ir a casa para comer o **cenar** con la familia. Hay una razón muy práctica para comer tapas en España, ésta es que los españoles comen muy tarde (a las 2:00 o a las 3:00 de la tarde) y también cenan muy tarde (a las 9:00 o a las 10:00 de la noche).

Comer tapas es un pasatiempo divertido y social que no cuesta mucho dinero. Los precios son razonables porque los clientes pueden comprar una **ración** o media ración de las tapas que quieren comer.

Las tapas pueden ser fáciles de preparar. Pueden consistir en nada más que pan con jamón. Otras tapas son más complicadas y necesitan más preparación, como la **tortilla española**. Hoy día hay restaurantes en los Estados Unidos que sirven tapas.

Aquí está el menú del Restaurante Andalucía que te ofrece una buena variedad de tapas. ¿Cuál de estas tapas te gustaría comer?

Tapas frías:
- aceitunas
- jamón serrano
- patatas bravas
- atún con tomate
- tortilla española

Tapas calientes:
- chorizo
- croquetas de pollo
- empanadas
- sopa de ajo
- sardinas fritas

Restaurante Andalucía

atún *tuna*
empanadas *meat-filled pastry*

cenar *to eat supper* **ración** *serving* **tortilla española** *potato omelette*

¿Qué comprendiste?

1. ¿Qué son las tapas?
2. ¿Cuál es la tradición de comer tapas en España?
3. ¿Por qué es muy práctica esta tradición?
4. ¿Por qué no cuesta mucho dinero comer tapas?

Charlando

1. ¿Te gustan los aperitivos? ¿Los comes mucho? ¿Dónde? ¿Cuándo?
2. ¿Cuáles son las tapas del Restaurante Andalucía que te gustaría comer?
3. ¿Cuáles son las tapas del restaurante que no te gustaría comer?

¿Cuáles son las tapas?

a escribir

Estrategia

Estrategia para escribir: *using graphic organizers*

Before beginning the writing process, it can be useful to brainstorm ideas about your topic. If you are writing about subjects that are related in some way, a graphic organizer such as a Venn diagram will help you visualize different aspects of your theme. A Venn diagram, consisting of two intersecting circles, is especially good when your writing includes a comparison of what two subjects (such as people, places or events) have in common.

A. Imagine you and a friend want to have a party to celebrate a special event. At the top of a piece of paper write the name of the type of party you want (*cumpleaños, fiesta sorpresa, etc.*), and the date and the time the event will begin. Next, draw two intersecting circles (a Venn diagram). In one circle, list in Spanish the things you plan to do. In the second circle, list the things your friend plans to do. In the shared space, list the activities that the two of you plan to do together. Place each activity you think of in the appropriate area of the graphic. Be sure to include the *quehaceres* that must be completed both before and after the fiesta and list which *tapas* each person will bring and which ones you will make together.

| sacar la basura ir al supermercado | preparar una paella | llamar a la gente arreglar la casa |

B. Underneath the circles of the Venn diagram you prepared, write a paragraph in Spanish describing the party you are planning, who is invited and who is responsible for carrying out the preparations. Finally, add decorative graphics or artwork to make the paper visually interesting.

repaso

Now that I have completed this chapter, I can...
- ✓ talk about household chores.
- ✓ talk about the recent past.
- ✓ ask for and offer help.
- ✓ discuss past actions and events.
- ✓ write about everyday activities.
- ✓ identify and describe foods.
- ✓ discuss food preparation.
- ✓ compare quantity, quality, age and size.
- ✓ negotiate a price.

I can also...
- ✓ read about *paella* and its preparation.
- ✓ read about the history of Spain.
- ✓ talk about life in Spain.
- ✓ use survival skills.

Vamos de compras al mercado.

El señor Cárdenas es más viejo que nosotros.

En la tienda

9

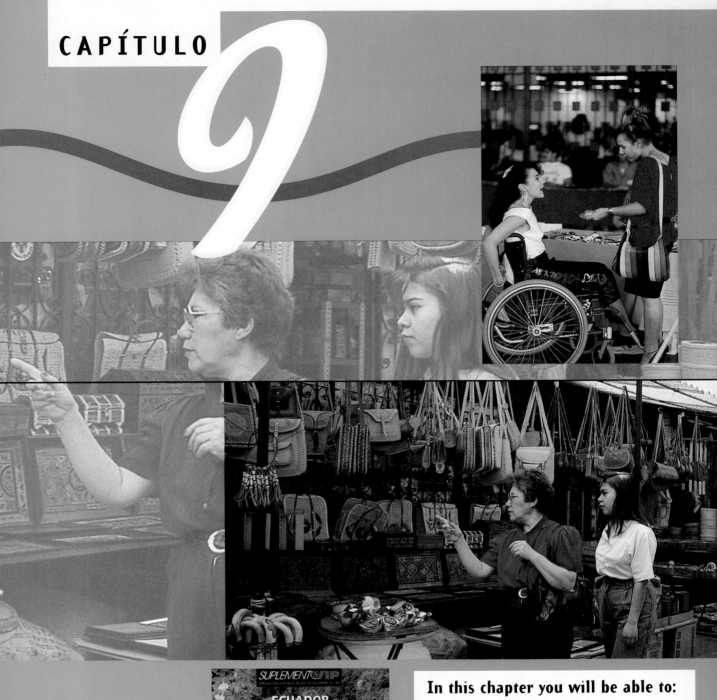

ECUADOR
Cuatro mundos en la mitad del mundo

In this chapter you will be able to:

- identify articles of clothing
- identify parts of the body
- describe clothing
- discuss size
- express past actions and events
- express negation or disagreement
- discuss price and payment
- write a summary

351

Lección 17

La ropa

PLAZA PAITILLA

Ropa para hombres

la camisa de algodón

el calcetín

la cabeza

el suéter

el brazo

el cuerpo

la mano

el dedo

la pierna

el dedo

el pie

el zapato

el traje

la corbata

la ropa interior

el pantalón

los colores

anaranjado

amarillo

rosado

blanco

azul

verde

café

negro

gris

rojo

Ropa para mujeres

el zapato de tacón

el zapato bajo

la bota

la ropa interior

las pantimedias

el vestido

la blusa de seda

la falda

Para todos

el traje de baño

la chaqueta

el sombrero

el guante

el anillo

el abrigo de lana

el impermeable

Algo más

¿Uso un artículo?

Use a definite article when naming colors in Spanish. A definite article is not usually required when a color describes an object because the color is an adjective.

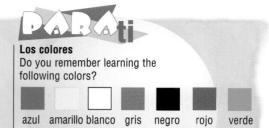
> *Me gusta **el** (color) anaranjado.*   I like orange.

but:

> *Compré una camisa azul ayer.*   I bought a blue shirt yesterday.

Sometimes, a word being described is omitted in order to avoid repeating a noun. In such cases the article remains and the adjective must agree with the noun that was omitted.

> *¿Prefieres el suéter verde o*   Do you prefer the green sweater
> *el (suéter) **rojo**?*   or **the red one?**

> *Compré la chaqueta azul,*   I bought the blue jacket,
> *no **la amarilla**.*   not **the yellow one.**

1 ¿Qué comprendiste?

Describe la ropa del dibujo anterior usando los colores.

1. la blusa
2. los zapatos
3. los calcetines
4. la camisa
5. la corbata
6. la falda
7. los pantalones

Pienso que debes comprar el rojo.

2 Charlando

1. ¿Tienes un color favorito para la ropa?
2. ¿Es de seda o de algodón tu camisa/blusa?
3. ¿Cuándo van tus amigas al colegio con zapatos de tacón?
4. ¿Quién va al colegio con corbata?
5. Describe la ropa de un chico o de una chica de tu colegio.

Conexión *Cultural*

Panamá

El Canal de Panamá.

You probably associate Panama with the canal *(el Canal de Panamá)* that divides the country in two. This small Spanish-speaking country not only connects the Atlantic and Pacific oceans, but Panama may also be considered the link between Central and South America, making the country an important crossroads for the world.

Panama's people *(los panameños)* have a varied background. When Rodrigo de Bastidas, Juan de la Cosa and Vasco Núñez de Balboa arrived in 1501, and when Columbus landed in Panama in 1502, the land was inhabited primarily by natives of two indigenous groups, the *cuna* and the *chocó.* Today Panama's citizens are descendants of these and other indigenous groups, Spanish conquistadors, African slaves and workers from China (who were involved in constructing the railroad in the mid-1800s), among others. Direct descendants of the *cuna* and *chocó* people still inhabit the San Blas archipelago.

Somos parientes de los cunas.

For the most part, Panama's geography consists of either mountains or lowland jungle. Most people live in cities of varying sizes along the canal. For example, Panama City *(Ciudad de Panamá),* the capital and largest city, with approximately 500,000 inhabitants, is located along the canal. Although Panama City is not as large as many other capitals, it has become one of the most important financial centers in Latin America, with more than ninety banks from around the world registered to do business.

Ciudad de Panamá, Panamá.

CONEXIONES 3 Cruzando fronteras

Completa lógicamente las oraciones con una de las siguientes respuestas: *más de; español; 500.000; más grande; Canal de Panamá; los cunas y los chocós; Ciudad de Panamá; Bastidas, la Cosa y Balboa.*

1. El (1) divide el país en dos.
2. Hablan (2) en Panamá.
3. La (3) es la capital de Panamá.
4. Unas (4) personas viven en la capital.
5. La capital es la ciudad (5) del país.
6. (6) llegaron en 1501.
7. Los descendientes de (7) viven todavía en el archipiélago de San Blas.
8. La capital tiene (8) noventa bancos internacionales.

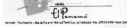

4 ¿Te gusta la ropa?

Trabajando en parejas, habla con tu compañero/a de la ropa del dibujo de la tienda de ropa en la Plaza Paitilla en Panamá. Señalen Uds. *(Point out)* con el dedo los artículos de ropa.

A: ¿Qué ropa del dibujo te gustaría comprar?
B: Me gustaría comprar un sombrero como este sombrero.

5 ¿Dónde lo pones?

Conecta lógicamente las palabras de la columna I con las palabras en la columna II.

I	II
1. la pierna	A. el sombrero
2. el brazo	B. el guante
3. la cabeza	C. el anillo
4. el dedo	D. la camisa
5. la mano	E. las pantimedias

¿Soy castaño o rubio?

Conexión Cultural

Palabras diferentes para decir lo mismo

In Spanish, you have seen that words used to name items can vary greatly from one country or region to the next. Even common articles of clothing are referred to in many different ways. The item you know as a *falda,* for instance, may be called a *saya* in the Caribbean or a *pollera* in parts of South America. In the Caribbean, *zapatos de tacón* are sometimes called simply *tacones.* In addition, an *abrigo* may be called a *sobretodo* in Chile, and many people use *almacén* instead of *tienda de ropa* to refer to the place where they shop for clothing.

Also notice that there are many different words to refer to the color brown. In countries that have been influenced by the French many people favor the word *marrón* for **brown.** Spaniards use *pardo.* In the Caribbean, *carmelita* and the expressions *color café* or *color tabaco* are used. In some countries the word for **brown** may vary according to what is being described. For example, the word *castaño* describes brown hair or brown eyes.

¿Te gusta esta pollera

Estrategia

Para comunicar mejor: *asking questions*

If you hear a new word in a conversation but do not understand what it means, do not be afraid to ask someone to fill you in. Many words in Spanish have different uses depending on the region or country where they are used. So the next time you hear a word or expression you are unsure of, do not be embarrassed; ask someone to explain it to you.

 6 ## Una variedad de ropa

Working in pairs, talk about the types of clothing you see around you. Begin by saying who owns the article of clothing. Your partner then must describe the material or color. Each student must name and describe at least five articles of clothing.

> **A:** Estoy mirando el suéter de Julia.
> **B:** Su suéter es rosado y es de lana.

Falda recta en falla $ 15.990
MULTIOFERTA $ 9.950

Falda pantalón escocesa $ 15.990
MULTIOFERTA $ 10.950

Pantalones tallas 28-40
MULTIOFERTA
Desde $ 5.990

En mi vida

Complete the following sentences with an appropriate adjective to describe some items in your life.

> Mi casa es <u>blanca</u>.

1. Tengo un abrigo <u>(1)</u>.
2. Mis zapatos son <u>(2)</u>.
3. Me gustan los pantalones <u>(3)</u>.
4. Quiero comprar dos camisas <u>(4)</u>.
5. Tengo mucha ropa <u>(5)</u>.

 8 ## ¿Qué vas a comprar?

Imagina que tienes $300. Haz una lista de la ropa que te gustaría comprar este sábado, añadiendo los colores que te gustan y los materiales (seda, algodón, lana).

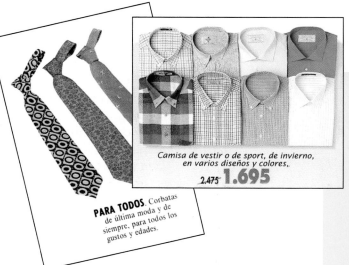

Camisa de vestir o de sport, de invierno, en varios diseños y colores.
2.475 **1.695**

PARA TODOS. Corbatas de última moda y de siempre, para todos los gustos y edades.

Julia compró ropa

Panamá, 15 de abril

Querida Elena,

Como te prometí,° te escribo para contarte° lo que compré en el centro comercial para mis vacaciones en la isla Contadora en Panamá. Primero, estuve en la Vía España donde no compré nada.° (¡Todo lo que venden° cuesta mucho!) Después, estuve por las tiendas del centro comercial, la Plaza Paitilla. Estuve allí por dos horas y media y compré tantas cosas que casi no me quedó° dinero. Compré un vestido azul de algodón para llevar° por la noche y, para tener algo° cómodo, compré un pantalón rosado. Como sabes, el rosado es mi color favorito porque me queda° bien. Luego, compré dos blusas de seda para combinar con el pantalón y un traje de baño. Pronto vas a verlo todo. ¿Qué compraste tú?

Debes escribirme pronto, antes de mi viaje a Contadora. Adiós.

Tu prima que te quiere,

Julia

prometí *I promised* **contarte** *to tell you* **nada** *nothing* **venden** *they sell* **quedó** *remained* **llevar** *to wear* **algo** *something* **me queda** *it suits me*

¿Te gustan los zapatos que compré?

9 ¿Qué comprendiste?

1. ¿Adónde va Julia durante sus vacaciones?
2. ¿Qué ropa venden en la Vía España?
3. ¿Dónde compró muchas cosas?
4. ¿Cómo es el vestido que compró?
5. ¿Qué más compró?
6. ¿Cuál es el color favorito de Julia? ¿Por qué?

10 Charlando

1. ¿Hablas de ropa con tus amigos/as? ¿Con tu familia? ¿De qué hablan?
2. ¿Qué ropa compras antes de ir de vacaciones?
3. ¿Te importa si la ropa cuesta mucho dinero?
4. ¿Qué colores te quedan bien?
5. ¿Qué ropa llevas cuando hace calor? ¿Cuando hace frío?

Pilar aconseja tel. 2873908

Querida Lectora:

Ya se que Usted es una mujer moderna que tiene decidido estar siempre a la moda, o "in" que llaman ahora. Entonces, lo que tiene que hacer es visitar el almacén **Juana Teresa** y actualizar su guardarropa con los más hermosos conjuntos, vestidos y suéteres en lana; conjuntos y blusas en chellis con diseños exclusivos; chaquetas, pantalones en paño, y sensacionales minifaldas en todos los materiales. En accesorios, ni hablar! Cinturones divinos, blusas, fantasías, vestidos de baño... Todo finísimo y de actualidad. **Juana Teresa** está esperándola en la Cl. 95 No. 13-82, tel 218 10 04.

11 ¿Qué debo llevar?

Imagínate en estas situaciones. ¿Qué vas a llevar? Escoge la palabra apropiada para completar lógicamente las siguientes oraciones.

 Si no hace frío no llevo un (falda, <u>suéter</u>, camisa).

1. Quiero llevar una (chaqueta, corbata, camisa) porque hace frío.
2. Hace mucho viento y no debo llevar el (sombrero, café, suéter).
3. El pantalón del (rosado, traje, falda) está sucio.
4. Ay, está nevando y no tengo (corbata, amarillo, botas).
5. Hace sol y calor. Debo llevar mi (suéter, traje de baño, falda) a la playa.
6. Me gusta caminar por la playa sin (zapatos, seda, gris).

12 Muy de moda

Working in pairs, talk about this fashion advertisement. Discuss what the people are wearing, the colors of each article of clothing and whether you like the item or not. Finally, take turns asking one another to identify the parts of the body shown in the illustration that you have learned in this lesson.

De estilo sofisticado y elegante

diseños con variedad

Proverbios y dichos

The degree to which clothes and fashion are important in our everyday lives varies from one person to another. A Spanish proverb says that it is not the clothes you wear that are important, but rather who you are. As the saying goes: *Aunque la mona se vista de seda, mona se queda* (Even though it may be wearing silk, the monkey is still a monkey).

Aunque la mona se vista de seda, mona se queda.

13 ¿Qué ropa necesitas?

Haz una lista de la ropa que necesitas para esquiar en la nieve y otra lista para pasar un día en la playa.

¿Qué ropa llevas cuando vas a esquiar?

¿Qué necesitas para ir a la playa?

14 ¿Cómo es la ropa?

In groups of three to five students, take turns asking one another about the color of a particular piece of clothing worn by someone in the group. The person asking then selects a student in the group to answer. The selected student must answer and then ask a different question of someone else in the group.

> ¿De qué color es el pantalón de Sara?
> Es azul.

Repaso rápido

El pretérito de los verbos regulares *-ar*

You have already learned how to form the preterite tense of a regular *-ar* verb to express simple past actions. Remove the last two letters from the infinitive and add the indicated endings.

El chico me vendió la fruta.

comprar			
yo	compré	nosotros nosotras	compramos
tú	compraste	vosotros vosotras	comprasteis
Ud. él ella	compró	Uds. ellos ellas	compraron

IDIOMA

El pretérito de los verbos regulares *-er* e *-ir*

To form the preterite tense of regular *-er* and *-ir* verbs, remove the last two letters from the infinitive. Then add the same set of endings for either type of verb.

vender	
vendí	vendimos
vendiste	vendisteis
vendió	vendieron

escribir	
escribí	escribimos
escribiste	escribisteis
escribió	escribieron

*¿Qué le **vendieron** a Julia en la Plaza Paitilla?*

What **did they sell** Julia at Plaza Paitilla?

*¿Le **escribió** Julia una carta a su prima?*	**Did** Julia **write** a letter to her cousin?

Stem changes that occur in the present tense for *-ar* and *-er* verbs do not occur in the preterite tense. However, *-ir* verbs that have a stem change in the present tense require a different stem change in the preterite tense for *Ud., él, ella, Uds., ellos* and *ellas*. This second change is shown in parentheses after infinitives in this book. Some verbs that follow this pattern include *dormir (ue, **u**), mentir (ie, **i**), pedir (i, **i**), preferir (ie, **i**), repetir (i, **i**)* and *sentir (ie, **i**).* The stem changes do not interfere with the verb endings.

dormir	
dormí	dormimos
dormiste	dormisteis
d**u**rmió	d**u**rmieron

pedir	
pedí	pedimos
pediste	pedisteis
p**i**dió	p**i**dieron

preferir	
preferí	preferimos
preferiste	preferisteis
pref**i**rió	pref**i**rieron

 ## 15 ¿Qué hiciste ayer?

State ten things you did or did not do yesterday, using each of the indicated verbs one time: *abrir, aprender, barrer, comer, correr, dormir, escribir, mentir, recoger, repetir, salir.*

 abrir
Abrí mi libro de español./No abrí la ventana de mi cuarto.

16 Trabajando en el centro comercial

Imagine you work in a clothing store at the mall and your boss has just returned from vacation. What questions might you have to answer? Working with a partner, play the part of the employee or the boss, based upon the provided cues. Follow the model.

 pedir más guantes de lana
A: ¿Pediste más guantes de lana?
B: Sí, (No, no) los pedí.

1. recoger las camisas
2. escoger las corbatas para los clientes
3. vender los nuevos suéteres cafés
4. aprender a arreglar los pantalones
5. barrer siempre la tienda por la mañana
6. añadir los sombreros nuevos a la ventana

¿Vendiste algunos zapatos de mujer hoy?

17 ¿Qué pasó ayer?

Haz ocho oraciones completas para decir qué pasó ayer, usando elementos de cada columna.

Yo estuve en el centro comercial.

I	II	III
Mario y ella	prometer	en el centro comercial
tú	vender	el precio dos veces
Uds.	estar	comprarte un anillo nuevo
yo	preferir	los abrigos de lana
Pilar	repetir	ayuda
tú y yo	pedir	a la tienda de ropa
Ud.	correr	ropa interior blanca
el señor Vega	dormir	toda la tarde

18 ¿Qué pasó en el centro comercial?

Working with a partner, take turns asking and answering what happened at the shopping center yesterday, according to the cues and the following illustrations.

A: ¿Qué pidió ver Paloma?
B: Paloma pidió ver unos zapatos de tacón rojos.   Paloma/pedir ver

1. Paula y su hermana/escoger

2. Carlos/preferir comprar

3. sus primos/ pedir ver

4. David/escoger

5. Juan y su hermano/volver para comprar

6. la prima de José/correr a comprar

IDIOMA

El pretérito de los verbo *ir* y *ser*

You have already seen forms of the preterite tense of *ser.* The irregular preterite-tense forms of *ir* (to go) and *ser* (to be) are identical.

ir/ser	
fui	fuimos
fuiste	fuisteis
fue	fueron

Fue una vacación fantástica. (San Blas, Panamá)

*¿Quién **fue** a la tienda ayer?*	Who **went** to the store yesterday?
*¿**Fueron** Uds. a la tienda?*	**Did** you **go** to the store?

but:

*¿Qué día **fue** ayer?*	What day **was** yesterday?
*Esos días **fueron** fantásticos.*	Those days **were** fantastic.

Fuimos de compras a una tienda del centro comercial.

Ellos fueron al centro de Panamá.

19 Fueron a comprar....

Imagina que tus amigos y tú fueron de compras al centro comercial el sábado pasado. Di lo que las siguientes personas fueron a comprar. Sigue el modelo.

 Felipe fue a comprar un pantalón café.

Felipe

1. Isabel
2. Cristina y Laura
3. tú
4. nosotros
5. yo

20 ¿Quién fue?

Working with a partner, take turns asking and answering who did the following, according to the cues.

prometer/llevarte al centro comercial/tu padre (mi abuela)
A: ¿Quién prometió llevarte al centro comercial? ¿Tu padre?
B: No, fue mi abuela.

1. prestarte/el dinero/Inés (Marta)
2. preguntarles/el precio de las botas/Isabel (yo)
3. vender/las corbatas de seda/la señora de la tienda (el señor)
4. comprarle/un anillo/Roberto (sus tíos)
5. pagar/la chaqueta/Mamá (tú)
6. pedir ayuda/ellos (nosotros)

21 De compras en la isla Contadora

Completa el siguiente párrafo con el pretérito de los verbos indicados para decir qué ropa compraron Julia y sus dos hermanas en la isla Contadora.

Primero yo *(1. escoger)* un traje de baño porque el que tengo no me queda bien. Lo *(2. comprar)* por poco dinero. Mis hermanas también *(3. comprar)* en la misma tienda unos vestidos de algodón muy bonitos. Cuando nosotras *(4. volver)* al centro comercial, yo *(5. ir)* a buscar otro traje de baño para mí. Ese día en la tienda, *(6. vender)* todos los trajes de baño rápidamente. Nosotras *(7. comprar)* el último. Me gustaría tener dos. Luego, mi tía Julia *(8. ir)* con nosotras de compras. Ella *(9. prometer)* comprarme ropa para mi cumpleaños y yo le *(10. pedir)* unos zapatos bajos, de color café. ¡Qué bonitos son! Nosotras *(11. estar)* comprando todo el día y *(12. llegar)* tarde al hotel, ¡cansadas pero contentas!

IDIOMA

Las expresiones afirmativas y negativas

You have learned to make a sentence negative by placing *no* before a verb.

No veo la corbata.   I do **not** see the tie.

Unlike English, in Spanish it is sometimes possible to use two negative expressions in the same sentence. The following chart contains a list of common negative expressions along with their affirmative counterparts.

Expresiones afirmativas	Expresiones negativas
sí *(yes)* **Sí,** ella quiere ir. Ella dice que **sí.**	**no** *(no)* **No,** él **no** quiere ir. Él dice que **no.**
algo *(something, anything)* ¿Quieres comprar **algo?** ¿Compraste **algo** para tu viaje?	**nada** *(nothing, anything)* **No** quiero comprar **nada.** **Nada** me gusta.
alguien *(somebody, anybody)* ¿Lo sabe **alguien?** **Alguien** debe saberlo.	**nadie** *(nobody, anybody)* **No** lo sabe **nadie.** **Nadie** lo sabe.
algún, alguna,-os,-as *(some, any)* ¿Le gusta **algún** pantalón? ¿Le gusta **alguna** falda? ¿Compras **algunos** calcetines? ¿Buscas **algunas** camisas?	**ningún, ninguna,-os,-as** *(none, not any)* No, **ningún** pantalón me gusta. No, **ninguna** me gusta. No, **no** compro **ningunos** calcetines. No, **no** busco **ningunas** camisas.
o... o *(either...or)* Puedes comprar **o** un abrigo **o** un sombrero.	**ni... ni** *(neither... nor)* **No** voy a comprar **ni** un abrigo **ni** un sombrero.
siempre *(always)* Él **siempre** lleva botas.	**nunca** *(never)* Ella **no** lleva botas **nunca.** Ella **nunca** lleva botas.
también *(also, too)* Ella viene hoy **también.** Ella **también** viene hoy.	**tampoco** *(neither, either)* Él **no** viene mañana **tampoco.** Él **tampoco** viene mañana.

¿Te gusta algún sombrero?

Note: The words *alguno,-a* (some, any) and *ninguno,-a* (none, not any) sometimes are used as pronouns.

*¿Va **alguno** o **alguna** de Uds. al centro comercial ahora?*   *No, **ninguno** de nosotros va al centro comercial ahora.*

When combining negative expressions in one sentence in Spanish, it is often possible to use one of the negative expressions before the verb and another negative expression (and sometimes even more than one) after the verb. However, *no, nada, nadie, nunca, tampoco* and forms of *ninguno* may be used alone, before the verb, without the word *no.*

No voy **nunca** *al centro.*	I **never** go downtown.
Nunca *voy al centro.*	

No estoy comprando	
nada *tampoco.*	I am **not** buying **anything either.**
Tampoco *estoy comprando* **nada.**	

When *nadie* or a form of *ninguno* are direct objects referring to people they require the personal *a.*

No veo **a nadie** *aquí.*	I don't see anyone here.
No veo **a ningún** *amigo aquí.*	I don't see any friends here.

22 Afirmativo o negativo

Completa lógicamente las siguientes oraciones, usando *algo, alguien, nada* o *nadie.*

1. ¿Va (1) con Uds.?
2. Sí, Paula va con nosotras porque quiere comprar (2).
3. ¿Ves a (3) en esa tienda de ropa?
4. No, no veo a (4).
5. ¿Hay (5) que te gustaría comprar?
6. No, no hay (6) que me gustaría comprar.
7. (7) debe ir con Uds.
8. No quiero ir con (8).
9. (9) te llama por teléfono.
10. Juana te quiere decir (10).

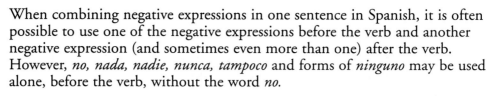

No hay ningunos
zapatos amarillos
en esta tienda.

23 ¡Digo que no!

Contesta las siguientes preguntas en forma negativa.

 ¿Qué quieres comprar?
No quiero comprar nada.

1. ¿Con quién fuiste de compras ayer?
2. Yo no voy al centro. ¿Y tú?
3. ¿Siempre vas de compras al centro de la ciudad?
4. ¿Te gustaría vender ropa interior o carros?
5. ¿Tus padres siempre te dan dinero para ir de compras?
6. ¿Compraste un suéter anaranjado o un suéter verde?
7. ¿Ves a algún amigo de Panamá?
8. ¿Viste alguna blusa de algodón?
9. ¿Quiénes de Uds. son de Panamá?

¿Ves algún suéter bonito?

24 Nadie lo hace

 Trabaja con tu compañero/a para hacer una lista de siete cosas que nadie hace nunca. Luego, deben leer la lista a la clase.

Nadie va de compras sin zapatos.

Autoevaluación. As a review and self-check, respond to the following:

1. Describe at least two of your favorite clothing items. What color are they? What material are they made of?
2. Imagine you are going on a winter ski trip. What kind of clothing will you need to bring? What will you need for a trip to the beach?
3. Name three things you did yesterday.
4. Name two places you went yesterday.
5. Make two affirmative and two negative statements about something that occurred yesterday.
6. Name three things you learned about Panama.

¡En esta tienda hay blusas, pantalones y chaquetas muy bonitas!

Este vestido rojo es mi favorito. ¡Siempre lo llevo!

¡La práctica hace al maestro!

A. Comunicación

Working with a partner, talk about the role that clothing plays in your life. Discuss such topics as the kind of clothing you like to wear and when, the colors you prefer and why, when and where you purchased some of your favorite clothing, which articles of clothing each of you purchased last week/month/year (naming a specific time) and so forth. Use the dictionary to look up any terms you do not know.

A: ¿Qué ropa llevas mucho?
B: Llevo esta camisa verde casi todas las semanas.
A: ¿La compraste en el centro comercial?
B: No. Nunca compro nada en el centro comercial. Prefiero las tiendas pequeñas.

B. Conexión con la tecnología

Search the Internet to find information about weather conditions throughout the world. Find out what the weather is like in Panama or a neighboring country. What is the temperature? Is it sunny or cloudy? Then consider what effect the weather has on our lives. For example, does the weather affect our clothing choices? How does the weather affect what we do? Summarize your findings about the weather in the place you researched, and try to guess what people there are wearing and what they may be doing.

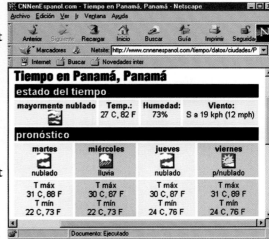

Para describir
algún, alguna
anaranjado,-a
café
ningún, ninguna
rosado,-a

Pronombres
algo
alguien
alguno,-a
nada
nadie
ninguno,-a

La ropa
el anillo
la blusa
la bota
el calcetín
la camisa
la chaqueta
la corbata
la falda
el guante
el impermeable
el pantalón
las pantimedias
la ropa interior
el sombrero
el suéter
el traje (de baño)
el vestido
el zapato (bajo/de tacón)

Partes del cuerpo
el brazo
la cabeza
el cuerpo
el dedo
la mano
el pie
la pierna

Verbos
combinar
contar (ue)
llevar
prometer
quedar
vender

Expresiones y otras palabras
el algodón
el centro comercial
el hombre
la lana
la mujer
ni... ni
o... o
quedarle bien a uno
la seda
las vacaciones

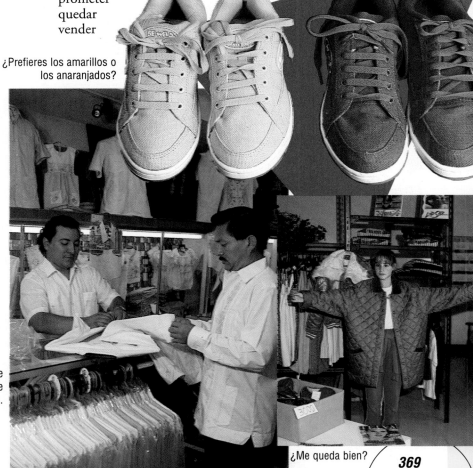

¿Prefieres los amarillos o los anaranjados?

El señor Ramos siempre compra camisas de algodón.

¿Me queda bien?

Lección 18

Un regalo para Carmencita

DIEGO: ¿Le gustaría a Carmencita el suéter rojo que vimos ayer?

PEDRO: Ese suéter es **demasiado°** **corto.**

DIEGO: ¿Y este suéter blanco?

PEDRO: Pues, no. Me parece **bastante°** **largo.**

DIEGO: ¡Qué **lindo°** es aquel **paraguas**! Es **perfecto** para ella.

PEDRO: Ella me dijo que le gustaría **recibir°** algo **personal.**

DIEGO: Sí, claro, un anillo o aquel **collarcito°** de **perlas.°**

PEDRO: ¡Qué cómico! Bueno, vamos al **departamento** donde venden **regalos.**
¿Quieres **usar** la **escalera automática?**

DIEGO: No, podemos ir más rápidamente en el **ascensor.** Allí está.

demasiado *too* **bastante** *rather, fairly* **lindo** *bonito* **recibir** *to receive* **collarcito** *little necklace*
perlas *pearls*

Algo más

Anita y Teresita.

Los diminutivos

In Spanish, it is often possible to indicate affection or to convey the idea that something is small simply by replacing the final vowel of a noun with the endings *-ito*, *-ita*, *-itos* and *-itas: Teresa (Teresita).* For nouns that end in a consonant, add the endings *-cito*, *-cita*, *-citos* or *-citas* to the complete word: *suéter (suétercito).*

Additional diminutive endings you may encounter include *-illo*, *-illa*, *-uelo*, *-uela*, *-ico* and *-ica.* Other words may require a spelling change: *poquito (poco).*

Although many exceptions exist for the diminutive forms, most are easily recognized: *papelito (papel), Miguelito (Miguel).* It is best to learn the variations as you encounter them since they can vary from country to country and even from one person to another within countries.

1 ¿Qué comprendiste?

Vamos al centro comercial a comprar regalos.

1. ¿Qué están buscando los dos chicos?
2. ¿Cómo es el suéter rojo? ¿Y el blanco?
3. Según Diego, ¿qué regalo es perfecto para Carmencita?
4. ¿Qué dijo Carmencita que le gustaría recibir?
5. ¿Qué dice Diego que Pedro puede comprarle a ella?
6. ¿A qué departamento quiere ir Pedro?
7. ¿Quiere Pedro tomar el ascensor?
8. ¿Qué prefiere usar Diego?

2 Charlando

1. ¿Es fácil o difícil para ti escoger un regalo para alguien?
2. Cuando compras un regalo, ¿vas con alguien a escogerlo? ¿Con quién vas?
3. ¿Te importa qué le parece el regalo a otra persona?
4. ¿Qué tipo de regalo prefieres recibir? ¿Algo personal?
5. En el centro comercial, ¿cómo vas de un piso a otro?

Voy a comprar esta blusa de seda. Es un regalo para mi mejor amiga.

Conexión Cultural

Ecuador

Ecuador is located along the Pacific Ocean on the western coast of South America, southwest of Colombia and north of Peru. The equator *(ecuador)* cuts through the northern half of the country only a few miles north of the nation's capital, Quito, which is located high in the Andes Mountains. A monument here marks the dividing point between the Northern and the Southern Hemisphere. The location is just one of many interesting features this small, Spanish-speaking country offers its own citizens and visitors alike.

Ecuador's most famous point of interest is probably the *Archipiélago de Colón,* which is located off the coast of Ecuador in the Pacific Ocean. You may know the archipelago by its more common name, the Galapagos Islands *(Islas Galápagos).* The islands were formed by volcanic eruptions. Today they have become a national park *(parque nacional)* consisting of more than 600 miles of coastline where an interesting mix of tropical and cold-climate animals *(animales)* and plants *(plantas)* live that cannot be found in any other part of the world.

Un animal que vive en las Islas Galápagos.

Ecuador once formed a part of the Incan Empire. When the Incan emperor Huayna Cápac died in the sixteenth century, he divided the empire between two sons: Atahualpa ruled the portion that was based in Quito, and Huáscar ruled the portion that was based in Cuzco, Peru. Huayna Cápac did not know, however, that the division would drastically weaken the empire and lead to its rapid conquest by the Spanish conquistadors. Ecuador remained Spanish until becoming the first South American nation to declare its independence in 1809. Not all remnants of Ecuador's indigenous past were destroyed, however. Remains of Ecuador's colorful past are still evident throughout the nation today.

ECUADOR

Islas Galápagos

Cruzando fronteras

Estos pájaros viven en las Islas Galápagos.

Contesta las siguientes preguntas sobre Ecuador.

1. ¿Qué divide el mundo en norte y sur?
2. ¿Cuál es la capital del Ecuador?
3. ¿En qué océano están las Islas Galápagos?
4. ¿Qué hay en las Galápagos ahora?
5. ¿Por qué son especiales los animales de las Islas Galápagos?
6. ¿De qué imperio famoso formó parte el Ecuador?
7. ¿En qué año declaró el Ecuador su independencia?

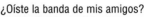
¿Oíste la banda de mis amigos?

El pretérito de *leer, oír, ver, decir, hacer* y *tener*

The preterite tenses of the verbs *leer, oír, ver, decir, hacer* and *tener* all have irregularities. For example, for *leer* and *oír*, an *i* between two vowels changes to a *y*. In addition, both *leer* and *oír* require additional accent marks to separate vowel sounds and to indicate how these words are pronounced. The preterite tense of the verb *ver* uses the regular *-er* verb endings, but without any accent marks.

leer	
leí	leímos
leíste	leísteis
leyó	leyeron

oír	
oí	oímos
oíste	oísteis
oyó	oyeron

ver	
vi	vimos
viste	visteis
vio	vieron

Learning the irregular preterite-tense stem of *decir (dij)*, *hacer (hic)* and *tener (tuv)* and the endings *-e, -iste, -o, -imos, -isteis* and *-ieron* will help you when you wish to use the preterite tense of these three irregular verbs. **Note:** The *c* in the preterite-tense stem for *hacer* changes to *z* in *hizo*; *dijeron* is an exception to the above because no *i* is required for the preterite ending.

decir	
dije	dijimos
dijiste	dijisteis
dijo	dijeron

hacer	
hice	hicimos
hiciste	hicisteis
hizo	hicieron

tener	
tuve	tuvimos
tuviste	tuvisteis
tuvo	tuvieron

¿Qué hiciste ayer?

Di seis cosas que hiciste o que no hiciste ayer, según las actividades indicadas.

 ver una película
Vi una película ayer./No vi una película ayer.

1. hacer una pregunta en español
2. leer el periódico
3. oír un disco compacto nuevo
4. tener que ir al dentista
5. decir la verdad todo el día
6. comprar un regalo perfecto para mi abuela

Yo hice....

Compré un regalo perfecto. (Mercado de Otavalo, Ecuador)

Trabajando en parejas, alterna con tu compañero/a para preguntar y contestar lo que hicieron o ayer o la semana pasada.

 A: ¿Qué hiciste el jueves?
B: Vi una película fantástica.

¿Qué dijiste?

Imagina que no oíste un comentario. Por ejemplo, ¿qué debes decir si estás oyendo varias conversaciones pero no puedes oír muy bien? Sigue el modelo.

 tu amiga
¿Qué dijo tu amiga? No la oí.

1. los muchachos
2. ese señor
3. ellas

4. tú
5. la mesera

¿Qué hicieron?

Haz oraciones completas en el pretérito usando la siguiente información y diciendo qué hicieron las personas indicadas.

mi mamá/leer una revista/y/oír un programa en la radio
Mi mamá leyó una revista y oyó un programa en la radio.

1. mi padre/tener que ir a la oficina/y/volver a casa muy cansado
2. nosotros/hacer una lista de regalos/pero/nunca comprar ningún regalo de la lista
3. mi hermanita/ver televisión/y/hacer su tarea
4. Uds./tener que estudiar para un examen/pero/hablar mucho de los deportes también
5. Elena/hacer aeróbicos/pero/ir a comer después a un restaurante con sus amigas
6. mi abuela/tener que ir de compras/pero/no comprar nada
7. nosotros/oír discos compactos nuevos/y/hablar de nuestras canciones favoritas

8 Un domingo por la tarde

¿Qué hicieron algunas personas el domingo por la tarde, según las ilustraciones?

 Algunas personas jugaron al básquetbol.

1.

2.

3.

4.

5.

6.

En el departamento de regalos

el bolso de material sintético

el perfume

la billetera

el cinturón de cuero

el pañuelo

la bufanda

el arete de plata

el guante

el pijama

el collar de perlas

la pulsera de oro

9 ¿Qué comprendiste?

Cinturón de piel.
1.975 **1.195**

1. ¿De qué materiales puede ser un bolso?
   ¿Un abrigo?
2. ¿Para qué es una billetera?
3. ¿Cuándo llevas bufanda y guantes?
4. ¿De qué puede ser un vestido?
5. ¿Qué puede ser de oro?
6. ¿Qué puede ser de perlas?
7. ¿De qué puede ser un anillo?
8. ¿Qué puede ser de seda?

10 Charlando

1. ¿Qué regalos te gusta comprar para tus
   amigos? ¿Y para tus amigas?
2. ¿Te gusta usar perfume o prefieres
   regalarlo a alguien?
3. ¿Es tu cinturón de material sintético?
4. ¿Llevas guantes al colegio? ¿Cuándo?
5. ¿Quién lleva aretes? ¿Cómo son?
6. ¿Tienes algo de oro, de plata o de
   perlas? ¿Qué es/son?
7. ¿Es tu paraguas un regalo, o lo
   compraste tú?

DEPORTIVOS Para los que tienen un espíritu deportivo, estos guantes ideales para una conducción cómoda, aparte de elegante,

Bolso, varios modelos.
1.995

11 ¿Qué les gustaría recibir?

Haz oraciones completas diciéndole a alguien qué
dijeron las siguientes personas que les gustaría recibir
para su cumpleaños.

 Rosita dijo que le gustaría recibir un
collar de perlas

Rosita

   1. Uds.

   2. tú

   mis
   3. hermanitas

4. mis tíos

   5. mis abuelas

6. nosotras

 cinturón
de cuero
7. yo

   8. mi abuelo

   9. mi mamá

12 Regalos para hombres o para mujeres

Con tu compañero/a, prepara tres listas de regalos, indicando si cada uno es para hombres, para mujeres o para hombres y mujeres. Uds. deben tener tres o cuatro regalos en cada columna.

Para hombres	Para mujeres	Para hombres y mujeres
?	?	?

¿En efectivo o a crédito?

Antonio y Dolores están en el centro comercial Unicentro, en Guayaquil, Ecuador. Dolores está ayudando a Antonio a escoger un lindo regalo.

DOLORES: Está bastante **barato.**

ANTONIO: De acuerdo. No está **caro,** porque **está en oferta** especial.

DOLORES: Vas a **ahorrar** dinero porque puedes comprar dos por el precio de uno.

ANTONIO: ¿Te parece que el **tamaño**° está bien? ¿Es buena la **calidad?**° ¿Piensas que puede ser más barato en otra tienda?

DOLORES: Ay, Antonio, ¡es difícil ir de compras **contigo!**° Vamos a la **caja** a **pagar.**° ¿Vas a pagar **en efectivo?**°

ANTONIO: No, voy a pagar **a crédito** porque no tengo **bastante**° dinero aquí.

tamaño *size* **calidad** *quality* **contigo** *with you* **pagar** *to pay* **en efectivo** *in cash* **bastante** *enough*

13 ¿Qué comprendiste?

1. ¿Dónde está el centro comercial Unicentro?
2. ¿Le parece a Antonio que la calidad del regalo es buena?
3. ¿Dónde pagan el regalo?
4. ¿Cómo pueden pagar?
5. ¿Por qué va a pagar a crédito Antonio?

14 Charlando

1. ¿Necesitas mucho tiempo para comprar algo?
2. ¿Sabes cuándo algo está en oferta especial? ¿Cómo lo sabes?
3. ¿En qué mes del año es más barata la ropa de verano?
4. ¿Qué es más importante para ti, la buena calidad o el buen precio?
5. ¿Cómo te gusta pagar?

15 ¿Qué puede ser el regalo?

En el diálogo anterior, Dolores y Antonio hablan de comprar un regalo, pero no dicen qué es. Trabajando en grupos de tres estudiantes, deben tratar de resolver *(to solve)* el misterio. Hagan una lista de regalos posibles de acuerdo con el diálogo anterior.

Oportunidades

En el mercado internacional

When you buy a product in a store, it may have come from just about anywhere in the world. People throughout the United States deal internationally with other countries and must use language skills to arrange for importing and exporting a wide variety of goods. Have you ever considered using your Spanish skills in international trade?

16 ¿Qué hiciste?

Imagina que fuiste a comprar algunos regalos en un centro comercial. ¿Cómo puedes completar las siguientes oraciones para decir que hiciste lo opuesto de las palabras indicadas?

No compré el pijama *caro,* preferí el pijama <u>barato</u>.

1. No lo *vendí,* lo <u>(1)</u>.
2. No fui a comprar una bufanda *fea,* fui a comprar una bufanda <u>(2)</u>.
3. No me gustó *el bolso de cuero,* me gustó <u>(3)</u>.
4. No pagué *a crédito* con mi tarjeta, pagué <u>(4)</u> en una de las cajas.
5. No compré ningún pañuelo *de mala calidad,* compré un pañuelo <u>(5)</u>.
6. No vi ningún cinturón de cuero demasiado *largo,* vi un cinturón de cuero demasiado <u>(6)</u>.
7. No *recibí* un regalo de mis papás, les <u>(7)</u> un regalo a mis papás.
8. No vi el collar *caro,* vi el collar <u>(8)</u>.

Repaso *rápido*

Las preposiciones

You have learned to use several prepositions in Spanish. Look at the following list and see how many you remember:

preposiciones	
a	hasta
con	para
de	por
desde	sin
en	sobre

Hay una iglesia en la Plaza de la Independencia. (Quito, Ecuador)

IDIOMA

¿Puedes ir al cine conmigo?

Usando las preposiciones

You have already seen prepositions used with prepositional pronouns. For example, the prepositional pronouns are used in combination with the preposition *a* to add emphasis or to clarify the meaning of a sentence: *A mí me gusta ahorrar dinero cuando voy de compras.* The following prepositional pronouns also may be used with the other prepositions you have learned.

los pronombres después de las preposiciones

sin **mí**	*without me*	sin **nosotros,-as**	*without us*
sin **ti**	*without you*	sin **vosotros,-as**	*without you*
sin **Ud.**	*without you*	sin **Uds.**	*without you*
sin **él**	*without him*	sin **ellos**	*without them*
sin **ella**	*without her*	sin **ellas**	*without them*

Two exceptions to the above are the words *conmigo* (with me), which is used instead of *con* followed by *mí*, and *contigo* (with you), which is used instead of *con* followed by *ti*.

*¿Puedes ir **conmigo** ahora?*   Can you go **with me** now?
*No, no puedo ir **contigo** ahora.*   No, I cannot go **with you** now.

17 ¿Puedes buscar un regalo conmigo?

Completa lógicamente el siguiente párrafo, escogiendo palabras de la siguiente lista: *conmigo, contigo, ella, mí, nosotros, ti.* Puedes usar las palabras más de una vez.

Querida Silvia,

El domingo es el cumpleaños de la abuela y tengo que comprar un lindo regalo para (1). Necesito tu ayuda otra vez. Ella no vive con (2) y quiero ir (3) porque tú sabes más sobre (4) que yo. Si voy (5) todo va a ser más fácil para (6). Por favor, ¿puedes venir (7)? De veras, sin (8) no voy a poder comprarle un buen regalo. Por favor, dime que sí.

Tu primo desesperado,
Pedro

18 ¡Te invito!

Trabajando en parejas, alterna con tu compañero/a para invitar y dar excusas diferentes para cada invitación.

el centro comercial
A: ¿Puedes venir conmigo al centro comercial?
B: No, no puedo ir contigo porque no tengo tiempo.

1. la tienda de música
2. el departamento de regalos
3. el cine
4. la cafetería
5. a comprar un lindo paraguas

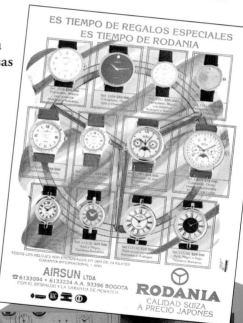

¿Puedes ir conmigo a comprar unos aretes en esta tienda?

19 Un día en el centro comercial

Escribe una conclusión lógica para la siguiente información. Usa las preposiciones y pronombres apropiados, siguiendo las indicaciones.

 Yo llegué al centro comercial a las seis y diez, tu amigo llegó a las seis menos diez y tú llegaste allí a las cinco y media. (yo/después de)
Conclusión: (Yo) Llegué después de Uds.

1. Mi amigo y yo compramos regalos el uno para el otro. Yo compré un regalo para mi amigo. (él/para)
2. Son las siete y mi amigo y yo estamos mirando anillos en el departamento de regalos y tú y tu amigo están mirando anillos en el mismo departamento. (Uds./al lado de)
3. Tú llegaste primero porque vives más cerca del centro comercial que yo. (yo/lejos de)
4. Tu amigo me dijo que vive en la Calle 6a, N° 248, y mi familia y yo vivimos en la Calle 6a, N° 241. (él/cerca de)
5. Yo voy a recibir un anillo de mi amigo y tú también vas a recibir un anillo de tu amigo. (nosotras/de)

¿Qué piensan de este sombrero?

Podemos comer en el centro comercial. ¡Ir de compras me da hambre!

20 ¿Quién fue contigo?

Tus amigos siempre quieren saber qué pasó. Trabajando en parejas, hagan Uds. mini-diálogos, tomando elementos de cada columna.

A: ¿Adónde fuiste ayer por la noche?
B: Fui al centro comercial.
A: ¿Quién fue contigo?
B: Mi amigo Luis.

I	II	III
después de la fiesta	la tienda	mi hermano
el viernes	la biblioteca	mi prima
el sábado por la mañana	el centro comercial	mis tíos
la semana pasada	la playa	mi amigo/a
ayer por la noche	de compras	nadie
antes de venir aquí	el supermercado	mis padres
el domingo por la tarde	el cine	mi novio/a

Algo más

Para hablar de dinero

¿Cuánto cuesta(n)?
Es demasiado caro.
Está en oferta especial.
El precio es muy alto.
Por ese dinero, la calidad no es mala.
Quiero ahorrar dinero.
Tengo bastante dinero.
Quiero pagar en efectivo.
Quiero comprarlo a crédito.
No tengo tarjeta de crédito.
Quiero usar mi tarjeta (de crédito).

Hay miles de ofertas en esta tienda de ropa.

21 En una tienda

Trabajando en parejas, deben preparar un diálogo de cinco o seis oraciones cada uno usando las expresiones de la sección Algo más de la página anterior. Uds. pueden hablar de lo que quieren comprar, el precio, la calidad, el tamaño y cómo lo van a pagar.

A: ¿Cuánto cuesta esta chaqueta?
B: Cuesta quinientos dólares.
A: Es demasiado cara.

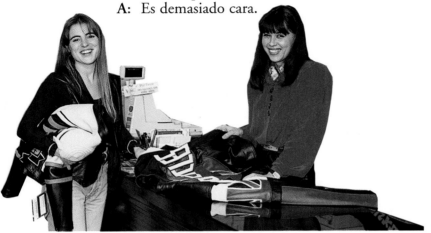

22 ¿Cuándo fuiste de compras?

Trabajando en parejas, alterna con tu compañero/a para preguntar y contestar cuándo fue la última vez que fueron de compras, qué compraron y para quién lo compraron.

A: ¿Cuándo fue la última vez que fuiste de compras?
B: Fui el sábado pasado.

Autoevaluación. As a review and self-check, respond to the following:
1. Name at least three things you read, heard or saw yesterday.
2. Imagine you are buying a gift for your best friend. Describe the item you purchased.
3. What gift would you like to receive for your birthday?
4. Name three items that can be made of gold, silver or pearl.
5. Do you pay cash for most items or do you use credit?
6. Imagine you are shopping in a Spanish-speaking country. How would you ask how much an item costs and if it is on sale?
7. Name three things you learned about Ecuador.

¡La práctica hace al maestro!

A Comunicación

Form groups of eight to ten. Each group then forms two circles, with four or five students in an inside circle facing the same number of students in an outside circle. Then take turns asking and answering what each of you bought the last time you went to a *centro comercial* and what each of you would like to buy when you return there. Take notes as your partner speaks. Then students in the outer circle move one to the right and begin a similar conversation with the new partner. Continue until you have spoken with everyone in the other circle. One person from each circle should report the findings to the class.

A: ¿Qué compraste la última vez que fuiste al centro comercial?

B: No compré nada.

B Conexión con la tecnología

You learned about creating a dialog journal in the section *A escribir* at the end of *Capítulo 2*. Create an electronic dialog journal entry to send to your teacher. Write about your last trip shopping for something that was important (clothing for yourself, a gift). Tell where you went, with whom you went, what you purchased, how much you paid and whom the gift was for. Include any other information you wish and e-mail the journal entry to your teacher.

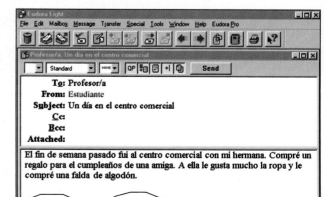

VOCABULARIO

Para describir
- automático,-a
- barato,-a
- bastante
- caro,-a
- corto,-a
- demasiado
- largo,-a
- lindo,-a
- perfecto,-a
- personal
- sintético,-a

En la tienda
- el arete
- el ascensor
- la billetera
- el bolso
- la bufanda
- la caja
- la calidad
- el cinturón
- el collar
- el crédito
- el cuero
- el departamento
- el efectivo
- la escalera automática
- el material
- la oferta
- el oro
- el pañuelo
- el paraguas
- el perfume
- la perla
- el pijama
- la plata
- la pulsera
- el regalo
- el tamaño
- la tarjeta (de crédito)

Verbos
- ahorrar
- pagar
- recibir
- usar

Expresiones y otras palabras
- a crédito
- conmigo
- contigo
- en efectivo
- estar en oferta

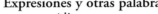

¡Mira! Este collar es muy barato.

¿Te gustan mis aretes?

Mi padre me dio este anillo para mi cumpleaños.

¿Cuánto cuesta? Prefiero pagar en efectivo.

a leer

Preparación

Estrategia para leer: *using visual format to predict meaning*

The style, format and other visual details of a reading can tell you a lot about its probable content. For instance, the format of a letter indicates if it is for business or if it is personal. Similarly, cartoons are easily recognized by the style of illustration and the content. Before actually reading a passage, look at the layout, artwork, pictures, titles and format of the writing for hints about its content and meaning.

Como preparación para la lectura, observa la forma, el arte y el título de esta lectura y contesta las siguientes preguntas.

1. En una encuesta, uno tiene que...
   A. escribir una carta.
   B. contestar unas preguntas.

2. La Plaza Paitilla es...
   A. un centro comercial de Panamá.
   B. un deporte de Panamá.

Encuesta de la Plaza Paitilla

ENCUESTA

Nombre y apellidos: _____

Dirección:_____

Ciudad: _____ País:_____

Sexo: ❑ M   ❑ F   Edad:_____

1. ¿Cuánto dinero tiene al mes para ir de compras?_____
2. ¿Cuántas veces a la semana viene a la Plaza Paitilla?_____
3. ¿Cuántas veces al mes viene a la Plaza Paitilla?_____
4. ¿Compra para Ud. o para su familia?_____
5. ¿A qué piso va primero?_____
6. ¿Qué compró hoy?_____
7. ¿A qué tipo de tienda va Ud. de compras con frecuencia?
   ❑ de ropa   ❑ de deportes   ❑ de revistas y libros
   ❑ de zapatos y botas   ❑ de música   ❑ de comida
8. ¿Compra Ud. ropa para personas de su familia?_____
9. ¿A quiénes les compra?_____
10. ¿Qué les compra?_____
11. Cuando un amigo o amiga cumple años, ¿qué le compra Ud.?
    ❑ ropa   ❑ discos   ❑ libros   ❑ chocolates   ❑ flores
12. ¿Qué ropa compra Ud. con más frecuencia?_____
13. ¿Qué ropa compra Ud. con menos frecuencia?_____
14. ¿En qué otros centros comerciales compra Ud.?_____

A ¿Qué comprendiste?

1. ¿Cuántas preguntas tiene la encuesta?
2. ¿Qué información personal te preguntan en la encuesta?
3. ¿Te preguntan tu número de teléfono?
4. ¿Pregunta la encuesta qué persona de tu familia compra más?
5. ¿En cuál de las preguntas tienes que decir si compraste algo ese día?
6. ¿Cuántos pisos tiene este centro comercial?

B Charlando

1. ¿Qué piensas de las encuestas?
2. ¿Preparaste alguna encuesta este año?
3. ¿Adónde vas de compras con más frecuencia?
4. ¿Cuáles son algunos de los regalos que prefieres dar a tus amigos/as?
5. ¿Qué centro comercial tiene encuestas donde vives?
6. ¿Dices la verdad cuando contestas una encuesta?

a escribir

Estrategia

Estrategia para escribir: *indicating sequence*

You have already learned to use transition words to make your writing flow smoothly. When you write about activities or events that have already taken place, transition words can indicate the sequence in which actions occurred. Some sequence words you may want to use in your writing include the following: *primero* (first), *luego* (later, then), *antes de* (before), *después de* (after), *finalmente* (finally).

A mall is more than just a convenient place to shop. Going to a *centro comercial* often can become a social event that offers shoppers an opportunity to spend time with friends and to meet new people. What does shopping at the mall mean to you? Write a short composition telling about your last visit to the mall *(Mi última visita al centro comercial)*. Include when you went, with whom you went, what places you visited, what you did, whom you met, what you bought and any other information you wish. Be sure to use connecting words for making smooth transitions and for telling the sequence of the events.

Un centro comercial en Argentina.

repaso

Now that I have completed this chapter, I can...

✓ identify articles of clothing.
✓ identify parts of the body.
✓ describe clothing.
✓ discuss size.
✓ express past actions and events.
✓ express negation or disagreement.
✓ discuss price and payment.
✓ write a summary.

Vendemos muchas camisas en la tienda donde trabajo.

I can also...

✓ talk about life in Panama and Ecuador.
✓ ask questions when I do not understand something.
✓ use affirmative and negative expressions in conversations.
✓ talk about personal taste in clothing.
✓ use diminutives to express affection or that something is small.

¿Necesitas algún cinturón o billetera?

De
vacaciones

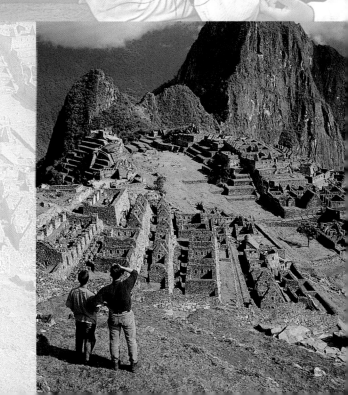

CAPÍTULO 10

GUATEMALA
Q.0.30

UNIVERSITARIOS
CENTROAMERICANOS Y DEL CARIBE
G U A T E M A L A

In this chapter you will be able to:

- express past actions and events
- discuss everyday activities
- talk about the future
- express emotion
- indicate wishes and preferences
- talk about the recent past
- make polite requests
- describe personal characteristics
- describe interpersonal relationships

391

¿Qué hiciste el fin de semana pasado?

¿Qué hiciste el fin de semana pasado?

MÉXICO

LOS INCAS
ARQUEOLOGÍA HOY
EL PERÚ
MÉXICO

JULIO: ¿Qué hiciste el fin de semana pasado, Ana?

ANA: ¡Ay, hombre! Trabajé en mi proyecto de historia. Tengo que presentarlo en dos días y todavía tengo mucho que hacer.

JULIO: Ah, ¿sí? ¿Cuál es el tema?

ANA: Bueno, sabes que me gustaría ser arqueóloga, ¿no? Entonces, mi proyecto es sobre el imperio inca y las culturas indígenas del Perú. Y tú, ¿qué hiciste el fin de semana pasado?

JULIO: Pues, el sábado, fui de compras. Compré unas cosas para las vacaciones con mi familia. Vamos a las playas de Cancún.

ANA: ¡Chévere, hombre! Y, ¿vas a visitar las ruinas de los mayas cerca de Cancún?

JULIO: No es mala idea si tenemos tiempo. Pero, durante mis vacaciones sólo quiero dormir hasta muy tarde, ir a la playa y bailar en los clubes por la noche. Pero, antes de mi viaje, ¿te gustaría hacer algo juntos?

ANA: Bueno, ¿qué te parece si vamos al cine este sábado?

PARA ti

Expresiones de emoción

¡Chévere!	*Great!*
¡Fantástico!	*Fantastic!*
¡Caramba!	*Darn!*

¿Qué comprendiste?

1. ¿Qué hizo Ana el fin de semana pasado?
2. ¿Cuándo tiene que presentar su proyecto de historia?
3. ¿Cuál es el tema de su proyecto?
4. ¿Adónde fue Julio el sábado?
5. ¿Adónde van Julio y su familia de vacaciones?
6. ¿Qué le gustaría a Julio hacer en sus vacaciones?

Charlando

1. ¿Qué hiciste el fin de semana pasado?
2. ¿Tienes que hacer proyectos? ¿En qué clases haces proyectos?
3. ¿Cuánto tiempo estudias los fines de semana?
4. Cuando haces planes para el fin de semana, ¿piensas primero en si tienes algo que estudiar? Explica.
5. ¿Adónde te gustaría ir de vacaciones?

¿Qué hiciste el fin de semana pasado?

En parejas, pregúntale a tu compañero/a si participó en las siguientes actividades el fin de semana pasado.

 hablar con tus amigos/as por teléfono
   A: ¿Hablaste con tus amigos/as por teléfono el fin de semana pasado?
   B: Sí, (No, no) hablé con mis amigos/as por teléfono.

1. estudiar para un examen
2. comer en un restaurante elegante
3. ir al cine con tus amigos
4. ver televisión
5. limpiar tu cuarto
6. dormir hasta muy tarde
7. leer el periódico
8. montar en bicicleta
9. pasar tiempo con tu familia
10. trabajar mucho

La encuesta

Trabajando en grupos, pregunten a sus compañeros de clase qué hicieron durante el fin de semana pasado. Una persona debe reportar los resultados de la encuesta a la clase.

¿Hablaste por teléfono el fin de semana pasado?

Conexión Cultural

El Perú

Una máscara de oro en el museo de Oro, Lima, Perú.

Peru is located on the Pacific Ocean along the western shores of South America. Situated between Ecuador and Chile, the region that became modern-day Peru formed the center point of the Incan Empire *(el imperio inca)*. Its rich gold and silver deposits quickly attracted the Spanish explorers in the sixteenth century. Although the Spanish introduced their language and religion, the influence of the Inca civilization is evident throughout the culture of Peru. Descendants of the indigenous peoples still populate the Andean highlands and the jungles of eastern Peru. Many of them do not speak Spanish and they continue to live as their ancestors did centuries ago.

In direct contrast to Peru's indigenous past is the country's contemporary capital, Lima. Thirty percent of Peru's population lives and works in this cosmopolitan city, making it the most important area of development in the country. However, remnants of the past can be found even in this modern city. One example is the University of San Marcos, which is one of the oldest universities in the world. Elsewhere, charming hand-carved wooden balconies *(balcones)* give a stately and historic atmosphere to many parts of Lima.

Una familia indígena en Cuzco, Perú.

Peru has experienced a long and varied past, including natural disasters and political turmoil. Three earthquakes in 1630, 1746 and 1970 devastated the population. The political and economic situation in the country continued to be turbulent until the 1990s when Alberto Fujimori was elected. He began programs to reduce Peru's tremendous inflation and privatize its economy. Although Fujimori's efforts brought about more stability, the economic hardships they imposed led to an escalation of violence from leftist guerrilla groups. In spite of this, however, the Peruvian people continue to handle the challenges of their economic and political problems. Today, stability and peace are evident to visitors and Peruvians alike.

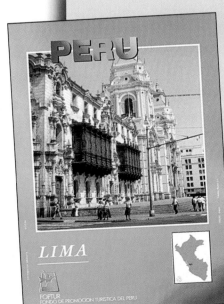

PERU

LIMA

FOPTUR
FONDO DE PROMOCIÓN TURÍSTICA DEL PERÚ

5 Cruzando fronteras

Para aprender sobre la cultura del Perú, debes ir a la biblioteca y buscar la siguiente información usando libros de referencia, mapas, la Internet, etc.

1. El lago más grande y alto en Sudamérica está entre Bolivia y el Perú y se llama (1).
2. Hiram Bingham, un arqueólogo de Yale, descubrió las ruinas de (2) en 1911.
3. Las dos lenguas oficiales del Perú son el español y (3).
4. El nombre oficial del dinero es (4).
5. Hoy la capital es Lima, pero antes, la capital de los incas fue (5).
6. Los animales que los incas montaron y usaron para trabajar fueron (6).
7. Los caballos famosos del Perú son (7).

Un barco en el Lago Titicaca.

Oportunidades

En otro país

Have you ever visited another country? What did you see? What did you do there? After studying Spanish for a year, you probably realize the many opportunities that are available to you to use your language skills. Have you ever considered attending school in a different country for a year? Studying and living in a Spanish-speaking country could increase the Spanish skills you have already begun to acquire this year.

Alejandra y Norma son estudiantes de Costa Rica.

¡Vamos a viajar a Perú!

Repaso *rápido*

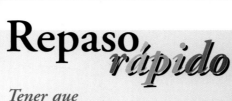

Tener que

You are already familiar with the phrase *tener que* to indicate a need to do something. Remember to use the expression *tener que* (+ infinitive) when you want to express what someone has to do.

*Julio **tiene que comprar** unas cosas para sus vacaciones en Cancún.*	Julio **has to buy** some things for his vacation in Cancún.

Estrategia

Para aprender mejor: *the importance of reviewing*

It is important to review what you have learned. No one remembers everything they have studied. You have made progress this year with Spanish, and reviewing will help keep everything fresh in your mind.

6 ¿Qué tienen que comprar para las vacaciones?

Trabajando en parejas, alterna con tu compañero/a en decir lo que Julio y su familia tienen que comprar para sus vacaciones.

A: ¿Qué tiene que comprar Rosa?
B: Rosa tiene que comprar un sombrero amarillo.

Rosa

1. su hermano

2. Julio

3. su hermana

4. Julio y su hermano

5. su papá

6. todos

7. su mamá

7 De compras

Trabajando en parejas, organiza las siguientes oraciones en orden lógico.

A. Me queda bien.
B. Entro en la tienda.
C. Lo llevo a la caja.
D. Tomo el ascensor.
E. Busco un suéter de mi tamaño.
F. ¿Cómo voy a pagar?
G. Veo unos suéteres en oferta especial.
H. Me gustaría comprar este suéter.
I. Voy a pagar en efectivo.

8 Nuestras clases favoritas

Usa esta encuesta para descubrir las clases favoritas de tus compañeros. Primero, completa la siguiente encuesta de las clases que hay en tu colegio. Escribe el número que representa tu opinión de las clases. Después, deben formar grupos de 4 o 5 para hablar de los resultados. Finalmente, deben contestar las siguientes preguntas y reportar los resultados a la clase.

1. ¿Cuáles son las clases favoritas de tu grupo?
2. ¿Por qué son muy populares?
3. ¿Cuáles son las clases menos favoritas de tu grupo?
4. ¿Por qué no son muy populares estas clases?

0 = No sé. No tengo una opinión.
1 = Es horrible. No me gusta para nada.
2 = Es aburrida. No me gusta mucho.
3 = Es regular. Me gusta un poco.
4 = Es excelente. Me gusta mucho

UNA ENCUESTA - LAS CLASES FAVORITAS

1.	el español	0	1	2	3	4
2.	el inglés	0	1	2	3	4
3.	las matemáticas (álgebra, geometría, etc.)	0	1	2	3	4
4.	la historia	0	1	2	3	4
5.	las ciencias (biología, química, etc.)	0	1	2	3	4
6.	los estudios sociales	0	1	2	3	4
7.	la computación (las computadoras)	0	1	2	3	4
8.	la educación física	0	1	2	3	4
9.	la educación doméstica (cocinar, etc.)	0	1	2	3	4
10.	la música (banda, orquesta, coro, etc.)	0	1	2	3	4
11.	el arte	0	1	2	3	4
12.	(¿otras?) _____	0	1	2	3	4

9 A escribir

Escribe uno o dos párrafos en español sobre tu vida escolar este año. En tu composición, debes describir tu rutina diaria, hablar de tus clases favoritas y las actividades que más te gustan. Luego, escribe una oración en el pasado describiendo un evento especial que ocurrió durante el año.

Conexión *Cultural*

La arqueología de las civilizaciones indígenas

The Incas, the Mayans and the Aztecs all built upon the accumulated knowledge of many outstanding civilizations that preceded them. For instance, take the Moche (*moche,* in Spanish) of the coastal valleys of northern Peru. By the first century they were able to feed large numbers of people by collecting food and handmade goods for redistribution by the state, a practice that was used later by the Incas. The concept was important because it allowed skilled artisans freedom to create remarkable artwork instead of having to labor in the fields.

By the ninth century the Moche Empire had mysteriously disappeared. In the twelfth century the powerful Incas arrived from the Andes Mountains and established an empire centered in Cuzco, Peru. The Incas were warriors seeking to conquer other people. They incorporated the ideas of the cultures they conquered and gradually imposed the Quechua language to unite their extensive empire. Incan rulers claimed to be direct descendants of the sun, so they had their artisans construct temples to the sun and moon. The Incan Empire flourished due to heavy taxation.

However, when Francisco Pizarro and the Spanish conquistadors arrived in *Birú (Perú)* in 1524, the Incan Empire had been weakened by two warring heirs, thus beginning the decline of their empire.

Once more, as has occurred so many times throughout history, the conquerors themselves were doomed to be conquered.

Río Bec
La Gran Aventura
Eco-Arqueológica
del...

MUNDO MAYA
Encuentro con la Naturaleza, el Hombre y el Tiempo

TIPS PARA VISITAR SITIOS ARQUEOLÓGICOS

1. No extraer nada del sitio arqueológico.
2. No caminar sobre las piedras, pueden estar resbalosas.
3. Al fotografiar pinturas, murales o esculturas, no utilizar flash.
4. No alimentar a los pájaros o a los animales, ya que –por ejemplo, las iguanas– dañan las estructuras de los sitios.
5. Respetar las restricciones en el uso de tripiés.
6. Procurar visitar los sitios muy temprano o en las tardes, cuando el sol no es tan fuerte.
7. Llevar agua para beber; el calor y la caminata pueden ser difíciles.
8. Utilizar cremas protectoras para que los rayos solares no dañen su piel.
9. Llevar zapatos cómodos.
10. Respetar las restricciones sobre el ascenso a los edificios.
11. No escribir en las piedras.
12. No arrojar monedas a los monumentos o pozos.
13. No tirar basura.
14. No vender o adquirir piezas arqueológicas; en México, hacerl es un delito federal.

Machu Picchu es una gran ciudad de los incas.

Unos arqueólogos están trabajando.

10 Los moches y los incas

Contesta las siguientes preguntas.

1. ¿Quiénes usaron originalmente el sistema inca de coleccionar y distribuir la comida?
2. ¿Cómo se llamó la capital del imperio inca en el siglo XII?
3. ¿Qué lengua hablaron todos los indígenas del imperio inca?
4. ¿En honor de qué construyeron los incas unos templos?

Proverbios y dichos

Every day you are faced with decisions. Just as Julio had an opportunity to visit Mayan ruins while his family was on vacation, you also are faced with decisions about when to take advantage of an opportunity and when to let the opportunity pass. However, when a really good opportunity presents itself, do not be slow to act. As the Spanish proverb says *Ocasión perdida, no vuelve más en la vida* (Opportunity seldom knocks twice).

Ocasión perdida, no vuelve más en la vida.

11 ¿Eres artista?

Crea un collage que represente una conexión cultural con alguno de los países de habla hispana que estudiaste durante el año.

Autoevaluación. As a review and self-check, respond to the following:

1. Use the preterite tense to state in Spanish eight things you did this year.
2. State three things you learned about Peru.
3. Name five opportunities you have because you know Spanish.
4. What three things do you have to do this week? During the summer?
5. Why is it important to review what you have learned?
6. Summarize the results of the survey you did about favorite classes for Activity 8.
7. What do you want to do this summer?
8. Name a cultural group that is native to Central, North or South America. State two things you know about the group.

Lima, Perú.

¡La práctica hace al maestro!

A Comunicación

Working in pairs, take turns interviewing one another about your lives at school. You may use some of the questions below combined with at least four original questions. They may be about classes this year, classes for next year, school-related activities, daily schedules, etc. Be imaginative! Take notes about what is being said and prepare a written report about your interview.

1. ¿Qué clases son fáciles para ti? ¿Cuáles son difíciles?
2. ¿Qué clases pueden ser importantes en tu vida?
3. ¿En qué clases tienes que hacer proyectos?
4. ¿Prefieres trabajar sólo o en grupo en la clase?
5. ¿Qué te gusta de la escuela? ¿Qué no te gusta?
6. ¿Participas en los clubes de la escuela? ¿En cuáles?
7. ¿Participas en los programas de deportes de la escuela? ¿En cuáles?
8. ¿Es importante aprender algo sobre otras culturas y otras personas? ¿Por qué sí o por qué no?

B Conexión con la tecnología

Prepare an electronic survey like the survey you completed in this lesson about *clases favoritas*. Send the survey to another classroom (in your school or in another school), asking the students to answer via the Internet. Share the results with your classmates, comparing and contrasting those with the results of your class survey.

¿Qué te gusta de la escuela?

¿Qué recuerdas?

4.

1.

2.

5.

3.

Lección 20

El correo electrónico

ANA: Oye, Julio. ¿Sabes qué? Acabo de recibir unas cartas por correo electrónico de una chica de Guatemala. Ella es mi amiga por correspondencia.

JULIO: ¡Chévere, Ana! Y, ¿qué te dice? ¿Algo interesante de Guatemala?

ANA: Bueno, sí. Le escribí a ella de mi proyecto del imperio inca del Perú. Entonces, me escribió sobre todas las ruinas del imperio maya que están por muchas partes de México y Guatemala. Me gustaría mucho ver las ruinas de Tikal en Guatemala. Son increíbles, ¿no es verdad?

JULIO: ¡Claro, Ana! ¿Sabes algo? Ahora, a mí también me gustaría visitar unas ruinas mayas.

ANA: Bueno, hombre. No hay problema. Puedes visitar las ruinas de Chichén Itzá durante tu viaje a México. Las pirámides allí son fantásticas y no están muy lejos de Cancún.

JULIO: Muy buena idea, Ana. Y, especialmente para ti, vas a poder ver mis fotos de las ruinas mayas después del viaje. ¿Quién sabe? Quizás vas a ser una arqueóloga famosa algún día.

La vieja ciudad de Tikal está en Guatemala.

Chichén Itzá, México.

1 ¿Qué comprendiste?

1. ¿Qué acaba de recibir Ana?
2. ¿Quién es la chica de Guatemala?
3. ¿Cuál es el tema de las cartas de correo electrónico?
4. ¿Dónde están las ruinas mayas de Tikal?
5. ¿Qué le gustaría visitar a Julio?
6. ¿Qué puede ver Ana después del viaje de Julio a Chichén Itzá?

2 Charlando

1. ¿Piensas hacer un viaje durante tus vacaciones? ¿Adónde te gustaría ir?
2. ¿Te gustaría visitar unas ruinas indígenas? ¿Dónde?
3. Cuando estás de vacaciones, ¿sacas muchas fotos? ¿De qué?

cultur

CHICHEN ITZA
CUOTA DE RECUPERACION

N$ 5.60   № 027041

¡Hay muchas escaleras en el Castillo de Chichén Itzá!

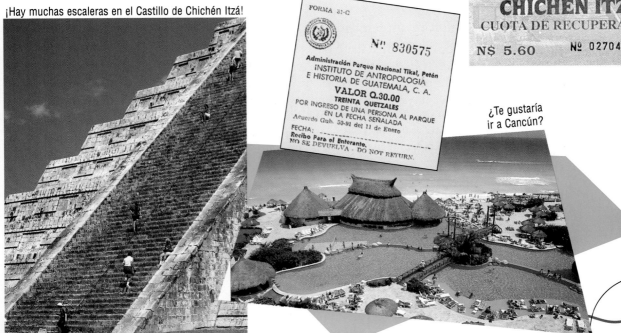

FORMA 31-C

№ 830575

Administración Parque Nacional Tikal, Petén
INSTITUTO DE ANTROPOLOGIA
E HISTORIA DE GUATEMALA, C. A.
VALOR Q.30.00
TREINTA QUETZALES
POR INGRESO DE UNA PERSONA AL PARQUE
EN LA FECHA SEÑALADA
Acuerdo Gub. 50-91 del 11 de Enero
FECHA:
Recibo Para el Enterante,
NO SE DEVUELVA - DO NOT RETURN.

¿Te gustaría ir a Cancún?

Conexión *cultural*

Guatemala

Picturesque natural sites, such as *el lago Atitlán,* abound in the Central American country of Guatemala. Its capital, Guatemala City *(Ciudad de Guatemala),* offers all the conveniences of modern-day life. However, one aspect of Guatemala that fascinates anyone who visits the country is that Guatemala is the land of the Maya Indian civilization.

¡Qué colores!

TIKAL

Although the ancient Mayan civilization disappeared mysteriously, traces of the advanced Mayan culture remain today. The Mayans had an extensive knowledge of astronomy, mathematics and architecture. Tikal, the greatest of the Mayan cities, was founded around 700 B.C. The Mayan languages (mainly *quiché*) and traditions are still very much alive among the Mayans in today's Guatemala. The colors and patterns of the traditional ceremonial costumes that Mayan descendants wear are visible evidence of one tradition that has been passed on for many years from one generation to the next.

In 1524, Pedro de Alvarado conquered for Spain the area that has become present-day Guatemala, thus beginning Guatemala's colonial period. The cities of *Antigua, Chichicastenango, Huehuetenango* and *Quetzaltenango* still contain remnants of this period of time. Guatemala City was founded in 1776, and in 1821 the region declared its independence from Spain.

Today Guatemala offers a mix of old and new, rustic and urban. The modern capital is the commercial, industrial, educational and governmental center of the country. However, Guatemala's rich farmland serves as the main source of income for the country's 9.2 million inhabitants, just as it has for centuries.

El lago Atitlán.

La Catedral, Ciudad de Guatemala.

3 Guatemala

Di si las siguientes oraciones sobre Guatemala son verdaderas (V) o falsas (F).

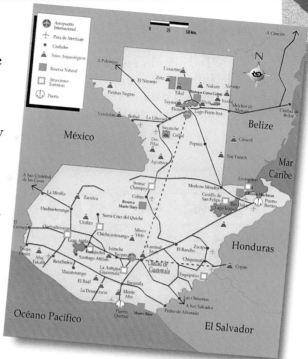

1. La capital de Guatemala, la Ciudad de Guatemala, es muy moderna.
2. Guatemala es un centro de la civilización Atitlán.
3. Los mayas estudiaron la astronomía, las matemáticas y la arquitectura.
4. La ciudad más famosa del imperio maya es Chichicastenango.
5. Pedro de Alvarado fue el conquistador de la zona que hoy es Guatemala.
6. Antigua es una ciudad colonial.

4 Conexión con la tecnología: ¿te gustaría hacer un viaje?

Piensa en algún lugar en el mundo hispano que te gustaría visitar. ¿Qué te gustaría ver o hacer allí? Busca información sobre el lugar en la Internet. Luego, debes planear un itinerario con fechas, hoteles, restaurantes, lugares interesantes para visitar, precios, etc. Prepara un póster de viaje para el lugar y presenta la información a la clase.

¿Adónde te gustaría viajar?

5 Una entrevista: los planes para el verano

Trabajando en parejas, pregúntale a tu compañero/a la siguiente información en combinación con unas preguntas originales sobre sus planes para el verano. Después de la entrevista, escribe un párrafo sobre los planes de tu compañero/a este verano.

1. ¿Qué trabajo te gustaría hacer este verano?

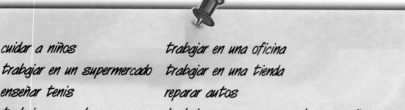

cuidar a niños   trabajar en una oficina

trabajar en un supermercado   trabajar en una tienda

enseñar tenis   reparar autos

trabajar en un banco   trabajar en un campamento para niños

trabajar en un restaurante   ser salvavidas de una piscina o de una playa

trabajar en un hotel   pintar casas

2. ¿Qué otro trabajo te gustaría hacer?
3. ¿En cuáles de los trabajos tienes experiencia? ¿Cuánta experiencia tienes?
4. ¿Cuáles de los trabajos no te gustaría hacer? ¿Por qué no?
5. ¿Vas a hacer un viaje durante las vacaciones? ¿Adónde?
6-10. ¿...?

Yo cuido a mi hermanita.

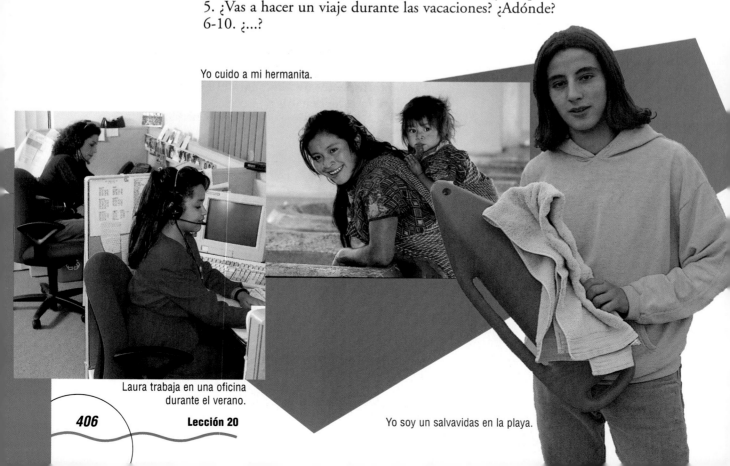

Laura trabaja en una oficina durante el verano.

Yo soy un salvavidas en la playa.

Oportunidades

Carreras en las que se puede usar el español

You are already aware that knowing how to communicate in a foreign language can enhance your career *(carrera)* opportunities. The following are some interesting careers requiring foreign language expertise that you may want to consider investigating:

Yo hablo español en mi trabajo. Soy agente de viajes.

Domestic Market

 bilingual administrative assistant

border patrol agent

court interpreter

language teacher

hotel sales manager

imported clothing merchandiser

customer service representative

Foreign Market

international financial manager

international marketing manager

lawyer

foreign diplomat

foreign broadcaster

journalist

travel agent

---

6 Tu carrera ideal

Numera del 1 al 12 las siguientes carreras en el orden de tu preferencia. La número 1 debe ser la más interesante para ti y la número 12 la menos interesante. Luego, en grupos de tres, compara el orden de las carreras de cada persona. Explica por qué ciertas carreras son más populares que otras. Considera el salario, los beneficios, las condiciones de trabajo, las horas de trabajo, la demanda, etc. Reporta los resultados del grupo a la clase.

agricultor(a)	artista	arquitecto/a
banquero/a	cocinero/a	veterinario/a
programador(a)	enfermero/a	maestro/a
hombre/mujer de negocios	ingeniero/a	médico/a

Pilar es una artista.

No soy banquero, soy médico.

Cruzando fronteras

Lee el siguiente párrafo sobre la combinación de la ecología con la cultura en un centro para turistas. Después, contesta las preguntas.

El proyecto del Mundo Maya

El Mundo Maya es un proyecto regional en la América Central que busca integrar en un área de unas 1.500 **millas** todos los elementos arqueológicos y las **riquezas** naturales del territorio maya, para crear un centro ecológico y cultural para el turismo internacional. Esta región pasa por cinco países: empieza en México, en la península de Yucatán, pasa por los estados de Chiapas, Tabasco, Campeche, Yucatán y Quintana Roo y continúa hasta Belice, Guatemala, Honduras y El Salvador.

La región maya fue muy importante en su tiempo. Hoy sigue siendo muy importante para el mundo moderno por sus grandes riquezas naturales, **arqueológicas**, culturales y coloniales, que son únicas en el mundo. En la ruta de esta región hay mucho para preservar, las pirámides y los templos mayas, las **selvas tropicales**, los **pájaros** (hay más de 20.000 flamencos de color rosa en la región), el **arrecife** de coral más grande del continente americano (en Belice), los observatorios mayas de astronomía, la acrópolis de Tikal, la ciudad de Antigua en Guatemala y **pueblos** donde todavía hay tradiciones mayas de hace 3.000 años.

¿Te gustaría visitar el Mundo Maya algún día?

millas *miles* **riquezas** *riches* **arqueológicas** *archeological* **selvas tropicales** *tropical jungles* **pájaros** *birds* **arrecife** *reef* **pueblos** *towns*

GUATEMALA
Naturaleza

RÍO LAS ESCOBAS/TUCÁN

MUNDO MAYA
Encuentro con la Naturaleza, el Hombre y el Tiempo

MUNDO MAYA

BELIZE   EL SALVADOR   GUATEMALA
HONDURAS   MÉXICO

¿Te gustaría viajar al Mundo Maya?

Este mono vive en la selva tropical.

Mayan World Airlines

Unos flamencos de color rosa.

1. ¿Qué es el Mundo Maya?
2. ¿Qué puede ver uno allí?
3. ¿Qué países forman parte del Mundo Maya?
4. ¿Por qué es importante la región?
5. ¿Qué hay para preservar en la ruta de esta región?

Los mayas usaron este observatorio para ver las estrellas. (Chichén Itzá, México)

Unas mujeres y unas niñas en las montañas de Guatemala.

Una calle en Antigua, Guatemala.

8 Amigos por correspondencia

Lee la información de esta revista sobre diferentes personas hispanas y contesta las siguientes preguntas.

Marcela Granados
16 años, Retorno Platino #179, Fracc. Valle Dorado, Ensenada, B.C., México C.P. 22890

pasatiempos: tener amigos por correspondencia, jugar softbol, oír música, estar con mis amigos, ver juegos de beisbol.

Adriana Rivero Vargas
14 años, José María Olloqui 184-202, Col. del Valle, México, D.F. C.P. 03100

pasatiempos: pintar cerámica, coleccionar postales, libros, ir al cine o al boliche y hacer chocolates.

Juan Carlos Mejía
16 años, Apartado Postal 326, Tuxla Gutiérrez, Chiapas, México, C.P. 29000

pasatiempos: intercambiar postales, estampillas, escuchar música, jugar fútbol y patinar.

Luz Gutiérrez
14 años, Jr. España #503, La Perla Alta, Callao 04, Lima, Perú

pasatiempos: oír música, hacer amigos, practicar deportes, escribir poemas, leer *Tú* y contestar mi correspondencia.

Mónica Moncada
16 años, Urb. Pirineos 1 Calle 02, #63, Lote E, San Cristóbal, Edo. Tachira, Venezuela

pasatiempos: patinar, nadar, coleccionar todo lo referente a Michael Jackson, comer pizza, salir con mis amigos y conocer otras culturas.

Ciber@migos

Luisa Guzmán V.
13 años
lguzman@mv.net.gt

pasatiempos: leer, patinar, oír música, conocer gente y lugares, bailar.

Gloria María Castañón
14 años
gloria@avan.net

pasatiempos: modelar, patinar, ver televisión, leer la revista *Tú*, comer, ir al cine y hacer muchos amigos.

Lisa Guerra Torres
16 años
lguerra@coqui.net

pasatiempos: salir con mis amigos, ir al cine, hablar por teléfono, conocer nuevos amigos, ver televisión, leer *Tú*.

Kasuko Nomura
14 años
infa@lacochinita.com.mx

pasatiempos: jugar solitario, meterme al Internet y escuchar música.

Me llamo Luisa Guzmán. Busco una amiga por correo electrónico.

1. ¿De dónde son ellos?
2. ¿Qué información personal dan?
3. ¿Cuáles de los pasatiempos son más populares para ellos?
4. ¿Quiénes buscan amigos por correo electrónico?

9 ¿Te gustaría tener un amigo por correspondencia?

Contesta las siguientes preguntas que podrías preguntarle a un nuevo amigo o amiga de otro país.

1. ¿Cómo te llamas?
2. ¿Cuántos años tienes?
3. ¿Cuál es tu dirección?
4. ¿Cuáles son tus pasatiempos favoritos? ¿Qué te gusta hacer?

10 ¿Qué buscas en tu amigo/a ideal?

¿Cuáles de estas características son importantes para ti en tu amigo/a ideal? Incluye otras características originales también.

honesto/a   aventurero/a   ambicioso/a
inteligente   independiente   romántico/a
cómico/a   organizado/a   CREATIVO/A
generoso/a   sentimental   popular
divertido/a   responsable   tranquilo/a
guapo/a   sincero/a   extrovertido/a
rico/a   tímido/a

Mis amigos son muy cómicos.

11 Relaciones personales

En parejas, cada persona debe describir a su amigo/a ideal. Explica por qué sus características son importantes para ti.

 Mi amigo/a ideal tiene que ser puntual porque no me gusta esperar mucho.

12 En resumen

Escribe una composición sobre tu mejor amigo/a. Describe los aspectos de su personalidad, su apariencia física y las actividades que Uds. hacen juntos. Puedes incluir una foto de él o ella para añadir interés a la composición.

13 ¿Eres poeta?

Escribe un poema o una canción en español sobre algún tema que aprendiste este año. Después, puedes leer tu poema o cantar tu canción para la clase.

Autoevaluación. As a review and self-check, respond to the following:
1. How would you say you have just received an e-mail letter from a friend in Guatemala?
2. Where is *Tikal*?
3. What two things would you like to see in Guatemala?
4. Name a Spanish-speaking part of the world you would like to visit. Why would you like to go there?
5. Name three careers that may be open to you because you know Spanish.
6. What do you know about the *Mundo Maya*?
7. Describe your ideal friend.
8. Tell what you are going to do this summer. Say where you are going to go, whom you are going to be with and what you are going to do there.

¡La práctica nace al maestro!

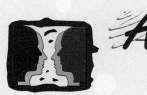

A Comunicación

Working in groups of three, discuss in Spanish a report that the three of you are going to prepare for a presentation to the class. Begin by deciding upon a theme that deals with something from this lesson *(el Mundo Maya, Guatemala, etc.).* Then discuss each person's contribution, trying to use as many new expressions as you can. Be sure to note what everyone offers to do.

A: ¿Sobre qué podemos escribir este proyecto?
B: Bueno, yo deseo escribir sobre....
C: Perdón. ¿Puedes repetir lo que vas a hacer, por favor?

B Conexión con la tecnología

As an e-mail project, work in small groups of three to five students researching a group or culture that is native to your state or region. Determine the name of the group, where they lived, economic activities, number of inhabitants and where any ruins or remains may be found. Try to find out what the civilization's art was like, and try to obtain an example. Share the results with another group (a class in another region of the world, for example) and request the same information about ancient civilizations that inhabited their region of the world.

¿Qué venden en el mercado de Chichicastenango, Guatemala?

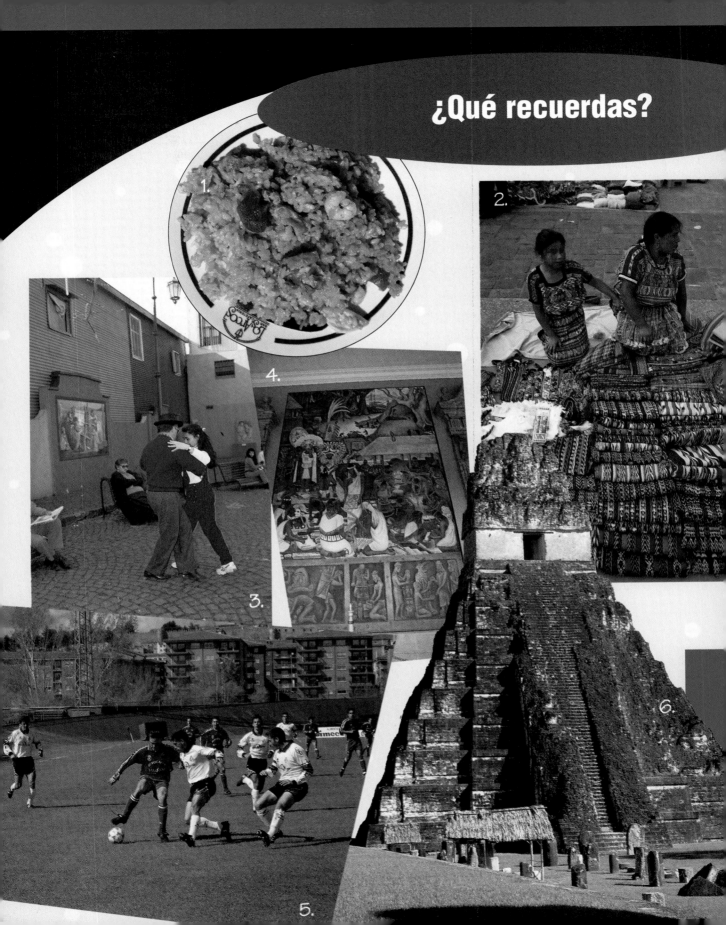

1.

2.

3.

4.

5.

6.

a leer

Estrategia

Preparación

Estrategia para leer: *identifying the main idea of each paragraph*

When a reading is longer, consisting of several paragraphs, it helps to break it down into individual paragraphs and identify the main idea of each one. A well-written reading selection usually begins with an introductory paragraph *(párrafo introductorio)* that identifies the central idea. Following the introduction are additional paragraphs supporting the main theme. The final paragraph usually contains a conclusion summarizing the central idea.

Como preparación para la lectura, decide cuál de las siguientes ideas representa el primer párrafo, el segundo y el tercero.

A. Los Pasofinos son caballos muy populares en Norteamérica hoy.
B. Los Pasofinos tienen muchas características muy buenas.
C. Los españoles introdujeron su lengua, su religión y los caballos al nuevo mundo.

El Pasofino es un caballo superior.

Los Pasofinos: caballos de los conquistadores

Cuando los españoles **conquistaron** el imperio inca del Perú, tomaron muchos de los **recursos naturales** del nuevo mundo, como el **oro** y la **plata**. También, los españoles introdujeron entre muchas cosas el español, el catolicismo y el caballo—un animal nuevo.

El Perú está **aislado** por el Océano Pacífico y por los Andes. Por esta razón, esos caballos originales continúan con un **linaje** muy puro. Y, hoy, son los famosos caballos Pasofinos del Perú. A los peruanos les gustan mucho los Pasofinos porque son bonitos, elegantes, inteligentes y muy **mansos**. Montar un Pasofino es muy fácil porque son los caballos más **suaves** de todo el mundo. Su forma de trotar es muy suave y se llama "**el paso llano**." Estos animales son **magníficos**.

Por todas estas razones, hoy en día los Pasofinos son muy populares en los EE.UU. En todo el mundo hay sólo 18.000 Pasofinos y más de 10.000 de ellos viven en Norteamérica. En los EE.UU. hay clubes para los **aficionados** de los Pasofinos. Si quieres saber más sobre los Pasofinos y los clubes, puedes buscarlo en el Internet.

conquistaron *conquered* **recursos naturales** *natural resources* **oro** *gold* **plata** *silver* **aislado** *isolated* **linaje** *lineage* **mansos** *gentle* **suaves** *smooth* **el paso llano** *the even step* **magníficos** *magnificent* **aficionados** *fans*

A ¿Qué comprendiste?

1. ¿Qué tomaron los españoles del nuevo mundo?
2. ¿Qué introdujeron los españoles al nuevo mundo?
3. ¿Cuáles son las características de los Pasofinos?
4. ¿Dónde hay muchos clubes para los aficionados de los Pasofinos?

B Charlando

1. ¿Sabes montar a caballo?
2. ¿Hay Pasofinos cerca de donde tú vives?
3. ¿Te gustaría montar un Pasofino?
4. ¿Qué animales te gustan? ¿Por qué?

a escribir

Estrategia

Estrategia para escribir: *defining your purpose for writing*

Before you begin a writing assignment, it is a good idea to identify your purpose. Then keep your purpose in mind throughout the writing process as you brainstorm your topic, formulate your rough draft and edit your finished product.

The purpose of this writing assignment is to describe yourself using the format of an acrostic poem. In an acrostic poem, certain letters of each line spell out the letters of a specific word the author has in mind.

Use the letters of your name or nickname, in their correct order, as your acrostic word. Design the pattern for placing a letter of your name in each line. For instance, you might choose to highlight the first letter of each line, the first letter of the last word in each line, etc.

Then, in the lines, include some personal information you have learned this year to describe your personality, your appearance and your preferences. Also, work in some information about what you are going to do in the future. Be sure to make the letters of your acrostic word stand out in the poem (as was done in the poem on this page). Finally, you may wish to accompany your poem with artwork or graphics to make it more visually appealing.

Juego al tenis, al golf, y mucho más.
Soy un aventurero, alto y fuerte.
Quiero jugar al fútbol profesional algún día.
La música clásica, no me gusta.

repaso

Now that I have completed this chapter, I can...

- ✔ express past actions and events.
- ✔ discuss everyday activities.
- ✔ talk about the future.
- ✔ express emotion.
- ✔ indicate wishes and preferences.
- ✔ talk about the recent past.
- ✔ make polite requests.
- ✔ describe personal characteristics.
- ✔ describe interpersonal relationships.

Puedes buscar mucha
información usando el Internet.

I can also...

- ✔ tell what has to be done.
- ✔ talk about life in Peru and Guatemala.
- ✔ research a topic in the library and on the Internet.
- ✔ name some personal benefits to learning Spanish.
- ✔ recognize some benefits of reviewing what I have already learned.
- ✔ recognize the importance of reviewing what I have learned.
- ✔ discuss the importance and influence of some indigenous cultures.
- ✔ identify some careers that use Spanish.
- ✔ express myself artistically about what I have learned in Spanish class.

¿Te gustaría ser artista?

Appendices

Appendix A

Grammar Review

Definite articles

	Singular	Plural
Masculine	el	los
Feminine	la	las

Indefinite articles

	Singular	Plural
Masculine	un	unos
Feminine	una	unas

Adjective/noun agreement

	Singular	Plural
Masculine	El chico es alto.	Los chicos son altos.
Feminine	La chica es alta.	Las chicas son altas.

Pronouns

Singular	Subject	Direct object	Indirect object	Object of preposition
1st person	yo	me	me	mí
2nd person	tú	te	te	ti
	Ud.	lo/la	le	Ud.
3rd person	él	lo	le	él
	ella	la	le	ella
Plural				
1st person	nosotros	nos	nos	nosotros
	nosotras	nos	nos	nosotras
2nd person	vosotros	os	os	vosotros
	vosotras	os	os	vosotras
3rd person	Uds.	los/las	les	Uds.
	ellos	los	les	ellos
	ellas	las	les	ellas

Interrogatives

qué	*what*
cómo	*how*
dónde	*where*
cuándo	*when*
cuánto, -a, -os, -as	*how much, how many*
cuál/cuáles	*which (one)*
quién/quiénes	*who, whom*
por qué	*why*
para qué	*why, what for*

Demonstrative adjectives

Singular		Plural	
Masculine	**Feminine**	**Masculine**	**Feminine**
este	esta	estos	estas
ese	esa	esos	esas
aquel	aquella	aquellos	aquellas

Possessive adjectives

Singular	Singular nouns	Plural nouns
1st person	mi hermano mi hermana	mis hermanos mis hermanas
2nd person	tu hermano tu hermana	tus hermanos tus hermanas
3rd person	su hermano su hermana	sus hermanos sus hermanas

Plural	Singular nouns	Plural nouns
1st person	nuestro hermano nuestra hermana	nuestros hermanos nuestras hermanas
2nd person	vuestro hermano vuestra hermana	vuestros hermanos vuestras hermanas
3rd person	su hermano su hermana	sus hermanos sus hermanas

Appendix B

Verbs

Present tense (indicative)

Regular present tense		
hablar *(to speak)*	hablo hablas habla	hablamos habláis hablan
comer *(to eat)*	como comes come	comemos coméis comen
escribir *(to write)*	escribo escribes escribe	escribimos escribís escriben

Preterite tense (indicative)

hablar *(to speak)*	hablé hablaste habló	hablamos hablasteis hablaron
comer *(to eat)*	comí comiste comió	comimos comisteis comieron
escribir *(to write)*	escribí escribiste escribió	escribimos escribisteis escribieron

Present participle

The present participle is formed by replacing the *-ar* of the infinitive with *-ando* and the *-er* or *-ir* with *-iendo*.

hablar comer vivir	hablando comiendo viviendo

Progressive tenses

The present participle is used with the verbs *estar, continuar, seguir, andar* and some other motion verbs to produce the progressive tenses. They are reserved for recounting actions that are or were in progress at the time in question.

Present tense of stem-changing verbs

Stem-changing verbs are identified in this book by the presence of vowels in parentheses after the infinitive. If these verbs end in *-ar* or *-er*, they have only one change. If they end in *-ir*, they have two changes. The stem change of *-ar* and *-er* verbs and the first stem change of *-ir* verbs occur in all forms of the present tense, except *nosotros* and *vosotros*.

cerrar (ie) *(to close)*	e → ie	cierro	cerramos
		cierras	cerráis
		cierra	cierran

Verbs like **cerrar**: calentar *(to heat)*, comenzar *(to begin)*, despertar *(to wake up)*, despertarse *(to awaken)*, empezar *(to begin)*, encerrar *(to lock up)*, nevar *(to snow)*, pensar *(to think)*, recomendar *(to recommend)*, sentarse *(to sit down)*

contar (ue) *(to tell)*	o → ue	cuento	contamos
		cuentas	contáis
		cuenta	cuentan

Verbs like **contar**: acordar *(to agree)*, acordarse *(to remember)*, almorzar *(to have lunch)*, colgar *(to hang)*, costar *(to cost)*, demostrar *(to demonstrate)*, encontrar *(to find, to meet someone)*, probar *(to taste, to try)*, recordar *(to remember)*

jugar (ue) *(to play)*	u → ue	juego	jugamos
		juegas	jugáis
		juega	juegan

perder (ie) *(to lose)*	e → ie	pierdo	perdemos
		pierdes	perdéis
		pierde	pierden

Verbs like **perder**: defender *(to defend)*, descender *(to descend, to go down)*, encender *(to light, to turn on)*, entender *(to understand)*, extender *(to extend)*, tender *(to spread out)*

volver (ue) *(to return)*	o → ue	vuelvo	volvemos
		vuelves	volvéis
		vuelve	vuelven

Verbs like **volver**: devolver *(to return something)*, doler *(to hurt)*, llover *(to rain)*, morder *(to bite)*, mover *(to move)*, resolver *(to resolve)*, soler *(to be in the habit of)*, torcer *(to twist)*

pedir (i, i) *(to ask for)*	e → i	pido	pedimos
		pides	pedís
		pide	piden

Verbs like **pedir**: conseguir *(to obtain, to attain, to get)*, despedirse *(to say good-bye)*, elegir *(to choose, to elect)*, medir *(to measure)*, perseguir *(to pursue)*, repetir *(to repeat)*

sentir (ie, i)	e → ie	siento	sentimos
(to feel)		sientes	sentís
		siente	sienten

Verbs like **sentir**: advertir *(to warn)*, arrepentirse *(to regret)*, convertir *(to convert)*, convertirse *(to become)*, divertirse *(to have fun)*, herir *(to wound)*, invertir *(to invest)*, mentir *(to lie)*, preferir *(to prefer)*, requerir *(to require)*, sugerir *(to suggest)*

dormir (ue, u)	o → ue	duermo	dormimos
(to sleep)		duermes	dormís
		duerme	duermen

Another verb like **dormir**: morir *(to die)*

Present participle of stem-changing verbs

Stem-changing verbs that end in *-ir* use the second stem change in the present participle.

dormir (ue, u)	durmiendo
seguir (i, i)	siguiendo
sentir (ie, i)	sintiendo

Preterite tense of stem-changing verbs

Stem-changing verbs that end in *-ar* and *-er* are regular in the preterite tense. That is, they do not require a spelling change, and they use the regular preterite endings.

pensar (ie)	
pensé	pensamos
pensaste	pensasteis
pensó	pensaron

volver (ue)	
volví	volvimos
volviste	volvisteis
volvió	volvieron

Stem-changing verbs ending in *-ir* change their third-person forms in the preterite tense, but they still require the regular preterite endings.

sentir (ie, i)	
sentí	sentimos
sentiste	sentisteis
sintió	sintieron

dormir (ue, u)	
dormí	dormimos
dormiste	dormisteis
durmió	durmieron

Verbs with irregularities

The following charts provide some frequently used Spanish verbs with irregularities.

buscar *(to look for)*	
preterite	busqué, buscaste, buscó, buscamos, buscasteis, buscaron
Similar to:	explicar *(to explain)*, sacar *(to take out)*, tocar *(to touch, to play an instrument)*

dar *(to give)*	
present	doy, das, da, damos, dais, dan
preterite	di, diste, dio, dimos, disteis, dieron

decir *(to say, to tell)*	
present	digo, dices, dice, decimos, decís, dicen
preterite	dije, dijiste, dijo, dijimos, dijisteis, dijeron
present participle	diciendo

enviar *(to send)*	
present	envío, envías, envía, enviamos, enviáis, envían
Similar to:	esquiar *(to ski)*

estar *(to be)*	
present	estoy, estás, está, estamos, estáis, están
preterite	estuve, estuviste, estuvo, estuvimos, estuvisteis, estuvieron

hacer *(to do, to make)*	
present	hago, haces, hace, hacemos, hacéis, hacen
preterite	hice, hiciste, hizo, hicimos, hicisteis, hicieron

ir *(to go)*	
present	voy, vas, va, vamos, vais, van
preterite	fui, fuiste, fue, fuimos, fuisteis, fueron
present participle	yendo

leer *(to read)*

preterite	leí, leíste, leyó, leímos, leísteis, leyeron
present participle	leyendo

llegar *(to arrive)*

preterite	llegué, llegaste, llegó, llegamos, llegasteis, llegaron
Similar to:	colgar *(to hang)*, pagar *(to pay)*

oír *(to hear, to listen)*

present	oigo, oyes, oye, oímos, oís, oyen
preterite	oí, oíste, oyó, oímos, oísteis, oyeron
present participle	oyendo

poder *(to be able)*

present	puedo, puedes, puede, podemos, podéis, pueden
preterite	pude, pudiste, pudo, pudimos, pudisteis, pudieron
present participle	pudiendo

poner *(to put, to place, to set)*

present	pongo, pones, pone, ponemos, ponéis, ponen
preterite	puse, pusiste, puso, pusimos, pusisteis, pusieron

querer *(to love, to want)*

present	quiero, quieres, quiere, queremos, queréis, quieren
preterite	quise, quisiste, quiso, quisimos, quisisteis, quisieron

saber *(to know)*

present	sé, sabes, sabe, sabemos, sabéis, saben
preterite	supe, supiste, supo, supimos, supisteis, supieron

salir *(to go out, to leave)*

present	salgo, sales, sale, salimos, salís, salen

ser (to be)	
present	soy, eres, es, somos, sois, son
preterite	fui, fuiste, fue, fuimos, fuisteis, fueron

tener (to have)	
present	tengo, tienes, tiene, tenemos, tenéis, tienen
preterite	tuve, tuviste, tuvo, tuvimos, tuvisteis, tuvieron

traer (to bring)	
present	traigo, traes, trae, traemos, traéis, traen
preterite	traje, trajiste, trajo, trajimos, trajisteis, trajeron
present participle	trayendo

venir (to come)	
present	vengo, vienes, viene, venimos, venís, vienen
preterite	vine, viniste, vino, vinimos, vinisteis, vinieron
present participle	viniendo

ver (to see, to watch)	
present	veo, ves, ve, vemos, veis, ven
preterite	vi, viste, vio, vimos, visteis, vieron

Appendix C

Numbers

Cardinal numbers 0-1.000

0—cero	13—trece	26—veintiséis	90—noventa
1—uno	14—catorce	27—veintisiete	100—cien/ciento
2—dos	15—quince	28—veintiocho	200—doscientos,-as
3—tres	16—dieciséis	29—veintinueve	300—trescientos,-as
4—cuatro	17—diecisiete	30—treinta	400—cuatrocientos,-as
5—cinco	18—dieciocho	31—treinta y uno	500—quinientos,-as
6—seis	19—diecinueve	32—treinta y dos	600—seiscientos,-as
7—siete	20—veinte	33—treinta y tres, etc.	700—setecientos,-as
8—ocho	21—veintiuno	40—cuarenta	800—ochocientos,-as
9—nueve	22—veintidós	50—cincuenta	900—novecientos,-as
10—diez	23—veintitrés	60—sesenta	1.000—mil
11—once	24—veinticuatro	70—setenta	
12—doce	25—veinticinco	80—ochenta	

Ordinal numbers

1—primero,-a (primer)	6—sexto,-a
2—segundo,-a	7—séptimo,-a
3—tercero,-a (tercer)	8—octavo,-a
4—cuarto,-a	9—noveno,-a
5—quinto,-a	10—décimo,-a

Appendix D

Syllabification

Spanish vowels may be weak or strong. The vowels *a*, *e* and *o* are strong, whereas *i* (and sometimes *y*) and *u* are weak. The combination of one weak and one strong vowel or of two weak vowels produces a diphthong, two vowels pronounced as one.

A word in Spanish has as many syllables as it has vowels or diphthongs.

> al gu nas
> lue go
> pa la bra

A single consonant (including *rr*) between two vowels accompanies the second vowel and begins a syllable.

> a mi ga
> fa vo ri to
> ca rro

Two consonants (except for the letter combinations *ch* and *ll*) are divided, the first going with the previous vowel and the second going with the following vowel.

> an tes
> quin ce
> ter mi nar

A consonant plus *l* or *r* is inseparable except for *rl*, *sl* and *sr*.

> ma dre
> pa la bra
> com ple tar
> Car los
> is la

If three consonants occur together, the last, or any inseparable combination, accompanies the following vowel to begin another syllable.

> es cri bir
> som bre ro
> trans por te

Prefixes should remain intact.

> re es cri bir

Appendix E

Accentuation

Words that end in *a, e, i, o, u, n* or *s* are pronounced with the major stress on the next-to-the-last syllable. No accent mark is needed to show this emphasis.

> octubre
> refresco
> señora

Words that end in any consonant except *n* or *s* are pronounced with the major stress on the last syllable. No accent mark is needed to show this emphasis.

> escribir
> papel
> reloj

Words that are not pronounced according to the above two rules need a written accent mark.

> lógico
> canción
> después
> lápiz

An accent mark may be necessary to distinguish identical words with different meanings.

> dé/de
> qué/que
> sí/si
> sólo/solo

An accent mark is often used to divide a diphthong into two separate syllables.

> día
> frío
> Raúl

Vocabulary Spanish/English

All active words introduced in *Somos así EN SUS MARCAS* appear in this end vocabulary. The number or letter following an entry indicates the lesson in which an item is first actively used. Additional words and expressions are included for reference and have no number. Obvious cognates and expressions that occur as passive vocabulary for recognition only have been excluded from this end vocabulary.

Abbreviations:

d.o. direct object	*i.o.* indirect object	*pl.* plural
f. feminine	*m.* masculine	*s.* singular

A

a to, at, in *4; a caballo* on horseback *5; a crédito* on credit *18; a la(s)...* at... o'clock *4; a pie* on foot *5; a propósito* by the way *1; ¿a qué hora?* at what time? *4; a veces* sometimes, at times *10; a ver* let's see, hello (telephone greeting)

abierto,-a open *7*

abran: see *abrir*

el **abrazo** hug *12*

abre: see *abrir*

la **abreviatura** abbreviation

el **abrigo** coat *15*

abril April *10*

abrir to open *9; abran (Uds.* command); *abre (tú* command) open

la **abuela** grandmother *7*

el **abuelo** grandfather *7*

aburrido,-a bored, boring *8*

acabar to finish, to complete, to terminate *15; acabar de* (+ infinitive) to have just *15*

el **aceite** oil *11*

la **aceituna** olive

el **acento** accent *1*

la **acentuación** accentuation

aclarar to make clear, to explain

la **actividad** activity *9*, exercise

el **acuerdo** accord; *de acuerdo* agreed, okay *6*

adiós good-bye *1*

el **adjetivo** adjective; *adjetivo posesivo* possessive adjective

¿adónde? (to) where? *5*

adornar to decorate *15*

el **adverbio** adverb

los **aeróbicos** aerobics *13*

la **agencia** agency; *agencia de viajes* travel agency

agosto August *10*

el **agricultor** farmer

el **agua** *f.* water *6; agua mineral* mineral water *6*

el **aguacate** avocado *16*

ahora now *6; ahora mismo* right now *13*

ahorrar to save *18*

el **ajedrez** chess *13*

el **ajo** garlic *16*

al to the *5; al lado de* next to, beside *12*

alegre happy, merry, lively

el **alfabeto** alphabet

el **álgebra** algebra

algo something, anything *15*

el **algodón** cotton *17*

alguien someone, anyone, somebody, anybody *17*

algún, alguna some, any *17*

alguno,-a some, any *17*

allá over there *10*

allí there *4*

la **almeja** clam

el **almuerzo** lunch *4*

aló hello (telephone greeting) *4*

alquilar to rent *13*

alterna alternate (*tú* command)

alto,-a tall, high *8*

amable kind, nice *7*

amarillo,-a yellow *4*

ambiguo,-a ambiguous

la **América** America; *América Central* Central America; *América del Sur* South America

americano,-a American *13; el fútbol americano* football *13*

el **amigo, la amiga** friend *3; amigo/a por correspondencia* pen pal

el **amor** love *9*

anaranjado,-a orange (color) *17*

andino,-a Andean, of the Andes Mountains

el **anillo** ring *17*

anteayer the day before yesterday *10*

anterior preceding

antes de before *13*

añade: see *añadir*

añadir to add *16; añade (tú* command) add

el **año** year *10; Año Nuevo* New Year's Day *10; ¿Cuántos años tienes?* How old are you? *1; tener* (+ number) *años* to be (+ number) years old *9*

apagar to turn off *13*

el **apartamento** apartment

el **apellido** last name, surname

el **apodo** nickname

aprender to learn

apropiado,-a appropriate

apunta: see *apuntar*

apuntar to point; *apunta (tú command)* point (at); *apunten (Uds. command)* point (at)

apunten: see *apuntar*

apurado,-a in a hurry *7*

aquel, aquella that (far away) *11*

aquellos, aquellas those (far away) *11*

aquí here *1; Aquí se habla español.* Spanish is spoken here.

el **árbol** tree; *árbol genealógico* family tree

el **arete** earring *18*

la **Argentina** Argentina *1*

arreglar to arrange, to straighten, to fix *15*

el **arroz** rice *16*

el **arte** art *4*

el **artículo** article

el **artista** artist

el **ascensor** elevator *18*

la **asignatura** subject

la **aspiradora** vacuum *13; pasar la aspiradora* to vacuum *15*

el **Atlántico** Atlantic Ocean

la **atracción** attraction

el **autobús** bus *5*

automático,-a automatic *18; la escalera automática* escalator *18*

la **avenida** avenue *6*

aventurero,-a adventurous

el **avión** airplane *5*

¡ay! oh! *3*

ayer yesterday *10*

la **ayuda** help

ayudar to help *11*

el **azafrán** saffron

los **aztecas** Aztecs

el **azúcar** sugar *11*

azul blue *4*

B

bailar to dance *8*

bajo,-a short (not tall), low *8; planta baja* floor level *12*

balanceado,-a balanced

el **baloncesto** basketball

el **banco** bank *5*

el **baño** bathroom *12; traje de baño* swimsuit *17*

barato,-a cheap *18*

el **barco** boat, ship *5*

barrer to sweep *15*

el **barril** barrel

basado,-a based

el **básquetbol** basketball *13*

el **basquetbolista, la basquetbolista** basketball player *14*

bastante rather, fairly, sufficiently; enough, sufficient *18*

la **basura** garbage *15*

la **bebida** drink

el **béisbol** baseball *8*

la **biblioteca** library *5*

la **bicicleta** bicycle, bike *5*

bien well *2*

bienvenido,-a welcome

la **billetera** wallet *18*

la **biología** biology *4*

blanco,-a white *4*

la **blusa** blouse *17*

la **boda** wedding

el **bolígrafo** pen *3*

Bolivia Bolivia *1*

el **bolso** handbag, purse *18*

bonito,-a pretty, good-looking, attractive *7*

borra: see *borrar*

el **borrador** eraser *3*

borrar to erase; *borra (tú command)* erase; *borren (Uds. command)* erase

borren: see *borrar*

la **bota** boot *17*

el **brazo** arm *17*

buen good (form of *bueno* before a *m., s.* noun) *14*

bueno well, okay (pause in speech) *6;* hello (telephone greeting)

bueno,-a good *8; buena*

suerte good luck; *buenas noches* good night *2; buenas tardes* good afternoon *2; buenos días* good morning *2*

la **bufanda** scarf *18*

buscar to look for *9*

C

el **caballero** gentleman

el **caballo** horse *5; a caballo* on horseback *5*

la **cabeza** head *17*

cada each, every *12*

café brown (color) *17*

el **café** coffee *16*

la **cafetería** cafeteria *5*

la **caja** cashier's desk *18*

el **calcetín** sock *17*

el **calendario** calendar

la **calidad** quality *18*

caliente hot *7*

la **calle** street *6*

el **calor** heat *12; hace calor* it is hot *14; tener calor* to be hot *12*

calvo,-a bald *8*

la **cama** bed *15*

el **camarón** shrimp

el **cambio** change *14; en cambio* on the other hand *14*

caminar to walk *5*

el **camión** truck *5;* bus (Mexico); *en camión* by truck *5*

la **camisa** shirt *17*

la **canción** song *9*

canoso,-a white-haired *8*

cansado,-a tired *7*

el **cantante, la cantante** singer *6*

cantar to sing *8*

la **cantidad** quantity

la **capital** capital *14*

el **capitán** captain

el **capítulo** chapter

la **característica** characteristic, trait; *características de personalidad* personality traits; *características físicas* physical traits

¡caramba! wow! *9*

cariñoso,-a affectionate *7*

el **carnaval** carnival

la **carne** meat *16*

caro,-a expensive *18*

la **carrera** career

el **carro** car *5; en carro* by car *5*

la **carta** letter *12,* playing card *13*

la **casa** home, house *7; en casa* at home

el **casete** cassette *9*

casi almost *13*

catorce fourteen *1*

la **cebolla** onion *16*

celebrar to celebrate *10*

el **centavo** cent

el **centro** downtown, center *6; centro comercial* shopping center, mall *17*

cerca (de) near *5*

cero zero *1*

cerrado,-a closed *7*

cerrar (ie) to close *11; cierra (tú command)* close; *cierren (Uds. command)* close

el **cesto de papeles** wastebasket, wastepaper basket *3*

chao bye

la **chaqueta** jacket *17*

charlando talking, chatting

la **chica** girl *3*

el **chico** boy *3,* man, buddy

Chile Chile *1*

el **chisme** gossip *12*

el **chocolate** chocolate *16*

el **chorizo** sausage (seasoned with red peppers) *16*

cien one hundred *2*

la **ciencia** science

ciento one hundred (when followed by another number) *10*

cierra: see *cerrar*

cierren: see *cerrar*

cinco five *1*

cincuenta fifty *2*

el **cine** movie theater *5*

el **cinturón** belt *18*

la **ciudad** city *6*

la **civilización** civilization

¡claro! of course! *5*

la **clase** class *4*

el **clima** climate

el **coche** car; *en coche* by car

la **cocina** kitchen *11*

cocinar to cook *15*

el **cognado** cognate

el **colegio** school *4*

colgar (ue) to hang *15*

el **collar** necklace *18*

Colombia Colombia *1*

la **colonia** colony

el **color** color *4*

combinar to combine *17*

el **comedor** dining room *11*

comer to eat *6; dar de comer* to feed *15*

cómico,-a comical, funny *8*

la **comida** food *6,* dinner

como like, since, as

¿cómo? how?, what? *1; ¿Cómo?* What (did you say)? *4; ¿Cómo está (Ud.)?* How are you (formal)? *2; ¿Cómo están (Uds.)?* How are you *(pl.)? 2; ¿Cómo estás (tú)?* How are you (informal)? *2; ¡Cómo no!* Of course! *6; ¿Cómo se dice...?* How do you say...? *3; ¿Cómo se escribe...?* How do you write (spell)...? *1; ¿Cómo se llama (Ud./él/ella)?* What is (your/his/her) name? *1; ¿Cómo te llamas?* What is your name? *3*

cómodo,-a comfortable *12*

el **compañero, la compañera** classmate, partner *9*

comparando comparing

la **competencia** competition *14*

completa: see *completar*

completar to complete; *completa (tú command)* complete

la **compra** purchase *8; ir de compras* to go shopping *8*

comprar to buy *8*

comprender to understand *6; comprendo* I understand *3*

comprendo: see *comprender*

la **computadora** computer (machine) *4*

la **computación** computer science *4*

con with *1; con (mucho) gusto* I would be (very) glad to *2; con permiso* excuse me (with your permission), may I *2*

el **concierto** concert *6*

la **conjunción** conjunction

conmigo with me *18*

conseguir (i, i) to obtain, to attain, to get

la **contaminación** contamination, pollution; *contaminación ambiental* environmental pollution

contar (ue) to tell (a story) *17; cuenta (tú command)* tell; *cuenten (Uds. command)* tell

contento,-a happy, glad *7; estar contento,-a (con)* to be satisfied (with) *7*

contesta: see *contestar*

contestar to answer *8; contesta (tú command)* answer; *contesten (Uds. command)* answer

contesten: see *contestar*

el **contexto** context

contigo with you (*tú*) *18*

continúa: see *continuar*

continuar to continue *14; continúa (tú command)* continue; *continúen (Uds. command)* continue

continúen: see *continuar*

la **contracción** contraction

el **control remoto** remote control *13*

copiar to copy *14*

la **corbata** tie *17*

correcto,-a right, correct

el **corredor, la corredora** runner *14*

el **correo** mail; *correo electrónico* e-mail

correr to run *12*

la **cortesía** courtesy

corto,-a short (not long) *18*

la **cosa** thing *11*

la **costa** coast

Costa Rica Costa Rica *1*

costar (ue) to cost *13*

crear to create

el **crédito** credit *18; a crédito* on credit *18; la tarjeta de crédito* credit card *18*

creer to believe

el **crucero** cruise ship

cruzar to cross

el **cuaderno** notebook *3*

¿cuál? which?, what?, which one? *(pl. ¿cuáles?)* which ones? *4*

la **cualidad** quality

cuando when *12*

¿cuándo? when? *5*

¿cuánto,-a? how much? *4 (pl. ¿cuántos,-as?)* how many? *4; ¿Cuántos años tienes?* How old are you? *1; ¿Cuánto* (+ time expression) *hace que* (+ present tense of verb)...? How long...? *13*

cuarenta forty *2*

el **cuarto** quarter *2*, room, bedroom *12; cuarto de baño* bathroom; *menos cuarto* a quarter to, a quarter before *2; y cuarto* a quarter after, a quarter past *2*

cuarto,-a fourth *14*

cuatro four *1*

cuatrocientos,-as four hundred *10*

Cuba Cuba *1*

los **cubiertos** silverware *11*

la **cuchara** tablespoon *11*

la **cucharita** teaspoon *11*

el **cuchillo** knife *11*

cuenta: see *contar*

el **cuero** leather *18*

el **cuerpo** body *17*

cuidar to take care of

el **cumpleaños** birthday *10; ¡Feliz cumpleaños!* Happy birthday! *10*

cumplir to become, to become (+ number) years old, to reach *10; cumplir años* to have a birthday *10*

la **dama** lady

las **damas** checkers *13; damas* women's restroom

dar to give *13; dar de comer* to feed *15; dar un paseo* to take a walk *14; dé* (*Ud.* command) give

de from, of *1; de acuerdo* agreed, okay *6; ¿de dónde?* from where? *1; ¿De dónde eres?* Where are you from? *1; ¿De dónde es (Ud./él/ella)?* Where are you (formal) from?, Where is (he/she/it) from? *3; de la mañana* in the morning, A.M. *2; de la noche* at night, P.M. *2; de la tarde* in the afternoon, P.M. *2; de nada* you are welcome, not at all *2; de todos los días* everyday *11; ¿de veras?* really? *10; ¿Eres (tú) de...?* Are you from...? *1*

dé: see *dar*

deber should, to have to, must, ought (expressing a moral duty) *11*

décimo,-a tenth *14*

decir to tell, to say *12; ¿Cómo se dice...?* How do you say...? *3; di (tú* command) say, tell; *díganme (Uds.* command) tell me; *dime (tú* command) tell me; *¿Qué quiere decir...?* What is the meaning (of)...? *3; querer decir* to mean *12; quiere decir* it means *3; se dice* one says *3*

el **dedo** finger, toe *17*

dejar to leave *15*

del of the, from the *5*

delgado,-a thin *8*

demasiado too (much) *18*

la **democracia** democracy

el **dentista, la dentista** dentist *5*

el **departamento** department *18*

el **deporte** sport *9*

el **deportista, la deportista** athlete *14*

desaparecido,-a missing

el **desastre** disaster *15*

el **desayuno** breakfast

describe *(tú* command) describe

desde since, from *12*

desear to wish

el **deseo** wish

la **despedida** farewell

después afterwards, later, then *11; después de* after *13*

di: see *decir*

el **día** day *4; buenos días* good morning *2; de todos los días* everyday *8; todos los días* every day *9*

el **diálogo** dialog

diario,-a daily

dibuja: see *dibujar*

dibujar to draw, to sketch *13; dibuja (tú* command) draw; *dibujen (Uds.* command) draw

dibujen: see *dibujar*

el **dibujo** drawing, sketch *12*

diciembre December *10*

el **dictado** dictation

diecinueve nineteen *1*

dieciocho eighteen *1*

dieciséis sixteen *1*

diecisiete seventeen *1*

diez ten *1*

la **diferencia** difference

diferente different

difícil difficult, hard *8*

diga hello (telephone greeting)

dígame tell me, hello (telephone greeting)

díganme: see *decir*

dime: see *decir*

el **dinero** money *9*

la **dirección** address *4; dirección de correo electrónico* e-mail *4*

el **director, la directora** director

dirigir to direct *15*

el **disco** disc *4,9*, record; *disco compacto* CD-ROM *4*, audio compact disc, audio CD *9*

el **diskette** diskette *4*
divertido,-a fun *7*
doce twelve *1*
el **doctor, la doctora** doctor
el **dólar** dollar
domingo Sunday *4; el domingo* on Sunday
don title of respect used before a man's first name *5*
donde where *12*
¿dónde? where? *1; ¿de dónde?* from where?; *¿De dónde es (Ud./él/ella)?* Where are you (formal) from?, Where is (he/she/it) from? *3*
doña title of respect used before a woman's first name *5*
dormir (ue, u) to sleep *13*
dos two *1*
doscientos,-as two hundred *10*
Dr. abbreviation for *doctor*
Dra. abbreviation for *doctora*
dulce sweet *8*
durante during

E

e and (used before a word beginning with *i* or *hi*) *12*
la **ecología** ecology
el **Ecuador** Ecuador *1*
la **edad** age
el **edificio** building *6*
la **educación física** physical education
el **efectivo** cash *18; en efectivo* in cash *18*
egoísta selfish *8*
el **ejemplo** example; *por ejemplo* for example
el the *(m., s.) 3*
él he *3;* him (after a preposition) *8; Él se llama....* His name is.... *3*
eléctrico,-a electric
El Salvador El Salvador *1*
ella she *3;* her (after a preposition) *8; Ella se llama....* Her name is.... *3*
ellos,-as they *3;* them (after a preposition) *8*

el **empatados:** see *empate*
el **empate** tie; *los partidos empatados* games tied
empezar (ie) to begin, to start *11*
en in, on, at *4; en* (+ vehicle) by (+ vehicle) *5; en cambio* on the other hand *14; en casa* at home; *en efectivo* in cash *18; en resumen* in short
encantado,-a delighted, the pleasure is mine *5*
encender (ie) to light, to turn on (a light) *11*
encontrar (ue) to find
la **encuesta** survey, poll
enero January *10*
el **énfasis** emphasis
enfermo,-a sick *7*
la **enfermera, la enfermero** nurse
la **ensalada** salad *6*
enseñar to teach, to show
entonces then *9*
entrar to go in, to come in *9*
entre between, among
la **entrevista** interview
enviar to send *14*
el **equipo** team *13*
equivocado mistaken; *número equivocado* wrong number *4*
eres: see *ser*
es: see *ser*
la **escalera** stairway, stairs *12; escalera automática* escalator *18*
la **escena** scene
escoger to choose *16; escogiendo* choosing
escogiendo: see *escoger*
escriban: see *escribir*
escribe: see *escribir*
escribir to write *12; ¿Cómo se escribe...?* How do you write (spell)...? *1; escriban* (Uds. command) write; *escribe* (tú command) write; *se escribe* it is written *1*
el **escritorio** desk *3*
escucha: see *escuchar*

escuchar to listen (to); *escucha* (tú command) listen; *escuchen* (Uds. command) listen
escuchen: see *escuchar*
la **escuela** school *5*
ese, esa that *11*
eso that (neuter form)
esos, esas those *11*
el **espacio** space
España Spain *1*
el **español** Spanish (language) *4*
español, española Spanish
especial special *11*
especializado,-a specialized
el **espectáculo** showcase
la **esposa** wife, spouse *7*
el **esposo** husband, spouse *7*
el **esquiador, la esquiadora** skier *14*
esquiar to ski *14*
está: see *estar*
la **estación** season *14*
el **estadio** stadium
el **Estado Libre Asociado** Commonwealth
los **Estados Unidos** United States of America *1*
están: see *estar*
estar to be *4; ¿Cómo está (Ud.)?* How are you (formal)? *2; ¿Cómo están (Uds.)?* How are you (pl.)? *2; ¿Cómo estás (tú)?* How are you (informal)? *2; está* you (formal) are, he/she/it is *2; está nublado,-a* it's cloudy *14; está soleado,-a* it's sunny *14; están* they are *2; estar contento,-a (con)* to be satisfied (with) *7; estar en oferta* to be on sale *18; estar listo,-a* to be ready *14; estás* you (informal) are *2; estoy* I am *2*
estás: see *estar*
este well, so (pause in speech)
este, esta this *11; esta noche* tonight *13*
el **estéreo** stereo *9*

estos, estas these *11*
estoy: see *estar*

la **estructura** structure

estudia: see *estudiar*

el **estudiante, la estudiante** student *3*

estudiar to study *4; estudia* (*tú* command) study; *estudien* (*Uds.* command) study

estudien: see *estudiar*

el **estudio** study

la **estufa** stove *11*

estupendo,-a wonderful, marvellous *13*

el **examen** exam, test *9*

excelente excellent *14*

el **éxito** success

explica: see *explicar*

la **explicación** explanation

explicar to explain; *explica* (*tú* command) explain

el **explorador, la exploradora** explorer

la **exportación** exportation

exportador, exportadora exporting

expresar to express

la **expresión** expression

la **extensión** extension

F

fácil easy *8*

la **falda** skirt *17*

falso,-a false

la **familia** family *7*

famoso,-a famous

fantástico,-a fantastic, great *5*

el **favor** favor; *por favor* please *2*

favorito,-a favorite *6*

febrero February *10*

la **fecha** date *10*

felicitaciones congratulations

feliz happy (*pl. felices*) *10; ¡Feliz cumpleaños!* Happy birthday! *10*

femenino,-a feminine

feo,-a ugly *8*

el **ferrocarril** railway, railroad

la **fiesta** party *5*

la **filosofía** philosophy

el **fin** end *9; fin de semana* weekend *9*

la **física** physics *11*

la **flauta** flute

la **flor** flower *14*

la **florcita** small flower

la **forma** form

la **foto(grafía)** photo *7*

la **frase** phrase, sentence

el **fregadero** sink *11*

la **fresa** strawberry *16*

el **fresco** cool *14; hace fresco* it is cool *14*

fresco,-a fresh, chilly *16*

los **frijoles** beans *6*

el **frío** cold *7; hace frío* it is cold *14; tener frío* to be cold *12*

frío,-a cold *7*

la **fruta** fruit *16*

fue: see *ser*

fueron: see *ser*

fuerte strong

el **fútbol** soccer *9; fútbol americano* football *13*

el **futbolista, la futbolista** soccer player *14*

el **futuro** future

G

la **gana** desire *12; tener ganas de* to feel like *12*

ganados: see *ganar*

ganar to win; *los partidos ganados* games won

el **garaje** garage *12*

el **gato, la gata** cat *9*

el **género** gender

generoso,-a generous *8*

la **gente** people *15*

la **geografía** geography

la **geometría** geometry

el **gerundio** present participle

el **gesto** gesture

el **gimnasio** gym

el **gobernador, la gobernadora** governor

gordo,-a fat *8*

la **grabadora** tape recorder (machine) *9*

gracias thanks *2; muchas gracias* thank you very much *2*

el **grado** degree *14*

gran big (form of *grande* before a *m., s.* noun)

grande big *6*

gris gray *4*

el **grupo** group; *grupo musical* musical group

el **guante** glove *17*

guapo,-a good-looking, attractive, handsome, pretty *7*

Guatemala Guatemala *1*

el **guía, la guía** guide

Guinea Ecuatorial Equatorial Guinea *1*

el **guisante** pea *16*

la **guitarra** guitar *9*

gusta: see *gustar*

gustar to like, to be pleasing to *8; me/te/le/nos/vos/les gustaría...* I/you/he/she/it/we/they would like... *12*

gustaría: see *gustar*

el **gusto** pleasure *5; con (mucho) gusto* I would be (very) glad to *2; el gusto es mío* the pleasure is mine *5; ¡Mucho gusto!* Glad to meet you! *1; Tanto gusto.* So glad to meet you. *5*

H

la **habichuela** green bean *16*

la **habitación** room, bedroom

el **habitante, la habitante** inhabitant

habla: see *hablar*

hablar to speak *4; habla* (*tú* command) speak; *hablen* (*Uds. command*) speak; *Se habla español.* Spanish is spoken.

hablen: see *hablar*

hace: see *hacer*

hacer to do, to make *6; ¿Cuánto* (+ time expression) *hace que* (+ present tense of verb)...? How long...? *13; hace buen (mal) tiempo* the weather is nice (bad) *14;*

hace fresco it is cool *14;*
hace frío (calor) it is cold
(hot) *14; hace* (+ time
expression) *que* ago *13;*
hace sol it is sunny *14;*
hace viento it is windy *14;*
hacer aeróbicos to do
aerobics *13; hacer falta* to
be necessary, to be lacking
16; hacer un viaje to take a
trip *9; hacer una pregunta*
to ask a question *6; hagan*
(*Uds.* command) do,
make; *haz* (*tú* command)
do, make; *haz el papel* play
the part; *hecha* made

hagan: see *hacer*

el **hambre** *f.* hunger *12; tener*
hambre to be hungry *12*

hasta until, up to, down to
1; hasta la vista so long,
see you later; *hasta luego*
so long, see you later *1;*
hasta mañana see you
tomorrow *2; hasta pronto*
see you soon *2*

hay there is, there are *4; hay*
neblina it is misting *14;*
hay sol it is sunny *14*

haz: see *hacer*

hecha: see *hacer*

el **helado** ice cream *16*

la **hermana** sister *7*

el **hermano** brother *7*

el **hielo** ice *14; patinar sobre*
hielo to ice-skate *14*

la **hija** daughter *7*

el **hijo** son *7*

la **historia** history *4*

la **hoja** sheet; *hoja de papel*
sheet of paper

hola hi, hello *1*

el **hombre** man *17*

Honduras Honduras *1*

la **hora** hour *2; ¿a qué hora?* at
what time? *4; ¿Qué hora*
es? What time is it? *2*

el **horario** schedule *4*

horrible horrible *8*

el **hotel** hotel *5*

hoy today *6*

el **huevo** egg *16*

I

la **idea** idea *10*

ideal ideal *8*

ignorar to not know

imagina: see *imaginar*

la **imaginación** imagination

imaginar to imagine;
imagina (*tú* command)
imagine

el **impermeable** raincoat *17*

importante important *8*

importar to be important, to
matter *16*

la **impresora (láser)** (laser)
printer *4*

los **incas** Incas

incluir to include

indefinido,-a indefinite

la **independencia** independence

indica: see *indicar*

la **indicación** cue

indicado,-a indicated

indicar to indicate; *indica* (*tú*
command) indicate

indígena native

el **informe** report

el **inglés** English (language) *4*

el **ingrediente** ingredient *16*

inicial initial

inmenso,-a immense

la **inspiración** inspiration

inteligente intelligent *8*

interesante interesting *8*

interrogativo,-a interrogative

el **invierno** winter *14*

la **invitación** invitation

invitar to invite

ir to go *5; ir a* (+ infinitive)
to be going to (do
something) *6; ir de*
compras to go shopping *8;*
¡vamos! let's go! *5; ¡vamos a*
(+ infinitive)! let's (+
infinitive)! *6; vayan* (*Uds.*
command) go to; *ve* (*tú*
command) go to

la **isla** island

J

el **jamón** ham *16*

la **jirafa** giraffe

joven young *10*

---

el **juego** game

jueves Thursday *4; el jueves*
on Thursday

el **jugador, la jugadora**
player *14*

jugar (ue) to play *8, 13;*
jugar a (+ sport/game) *8*

el **jugo** juice *6*

julio July *10*

junio June *10*

junto,-a together *15*

L

la the (*f., s.*) *3;* her, it, you
(*d.o.*) *9; a la...* at...o'clock *4*

el **lado** side *12; al lado (de)* next
to, beside *12; por todos*
lados everywhere *14*

la **lámpara** lamp *11*

la **lana** wool *17*

la **langosta** lobster

el **lápiz** pencil (*pl. lápices*) *3*

largo,-a long *18*

las the (*f., pl.*) *3;* them, you
(*d.o.*) *9; a las...*
at...o'clock *4*

la **lástima** shame; *¡Qué lástima!*
What a shame! *9*

la **lata** can *16*

el **lavaplatos** dishwasher
(machine) *11*

lavar to wash *15*

le (to, for) him, (to, for) her,
(to, for) it, (to, for) you
(formal)(*i.o.*) *5*

lean: see *leer*

la **lección** lesson

la **leche** milk *15*

la **lechuga** lettuce *16*

la **lectura** reading

lee: see *leer*

leer to read *6; lean* (*Uds.*
command) read; *lee* (*tú*
command) read

lejos (de) far (from) *5*

la **lengua** language

lento,-a slow *8*

les (to, for) them, (to, for)
you (*pl.*)(*i.o.*) *5*

la **letra** letter

levantarse to get up, to rise;
levántate (*tú* command)

get up; *levántense (Uds. command)* get up

levántate: see *levantarse*

levántense: see *levantarse*

la **libertad** liberty, freedom

la **libra** pound *16*

la **libre** free *7*

la **librería** bookstore *9*

el **libro** book *3*

el **líder** leader

limitar to limit

limpiar to clean *15*

limpio,-a clean *7*

lindo,-a pretty *18*

la **lista** list *13*

listo,-a ready *14*, smart *15; estar listo,-a* to be ready *14; ser listo,-a* to be smart *15*

la **literatura** literature

llama: see *llamar*

llamar to call, to telephone *9; ¿Cómo se llama (Ud./él/ella)?* What is (your/his/her) name? *3; ¿Cómo te llamas?* What is your name? *1; llamaron* they called (preterite of *llamar); me llamo* my name is *1; se llaman* their names are; *te llamas* your name is *1; (Ud./Él/Ella) se llama....* (Your [formal]/His/Her) name is.... *3*

llamaron: see *llamar*

llamas: see *llamar*

llamo: see *llamar*

llegar to arrive *15; llegó* arrived (preterite of *llegar)*

llegó: see *llegar*

llevar to take, to carry *16;* to wear *17*

llover (ue) to rain *14*

la **lluvia** rain *14*

lo him, it, you *(d.o.) 9; lo que* what, that which *12; lo siento* I am sorry *2*

loco,-a crazy *7*

lógicamente logically

lógico,-a logical

los the *(m., pl.) 3;* them, you *(d.o.) 9*

luego then, later, soon *1; hasta luego* so long, see you later *1*

el **lugar** place *14*

lunes Monday *4; el lunes* on Monday

la **luz** light *(pl. luces) 11*

M

la **madre** mother *7*

maduro,-a ripe *16*

el **maestro** teacher, master; *La práctica hace al maestro.* Practice makes perfect.

el **maíz** corn *16*

mal badly *2;* bad *14*

la **maleta** suitcase *9*

malo,-a bad *8*

la **mamá** mother, mom

la **manera** manner, way

la **mano** hand *17*

el **mantel** tablecloth *11*

la **mantequilla** butter *11*

la **manzana** apple *16*

mañana tomorrow *2; hasta mañana* see you tomorrow *2; pasado mañana* the day after tomorrow *10*

la **mañana** morning *2; de la mañana A.M.,* in the morning *2; por la mañana* in the morning *13*

el **mapa** map *3*

la **maquinita** little machine, video game *13*

mariachi popular Mexican music and orchestra

el **marisco** seafood, shellfish

martes Tuesday *4; el martes* on Tuesday

marzo March *10*

más more, else *7; el/la/los/las (+ noun) más (+ adjective)* the most (+ adjective) *16; lo más (+ adverb) posible* as (+ adverb + noun) as possible *16; más (+ noun/adjective/adverb) que* more (+ noun/adjective/adverb) than *16*

masculino,-a masculine

las **matemáticas** mathematics *4*

el **material** material *18*

máximo,-a maximum *14*

maya Mayan

los **mayas** Mayans

mayo May *10*

mayor older, oldest *10,* greater, greatest *16*

la **mayúscula** capital letter *1*

me (to, for) me *(i.o.) 8;* me *(d.o.) 9; me llaman* they call me; *me llamo* my name is *1*

la **medianoche** *Es medianoche.* It is midnight. *2*

el **médico, la médica** doctor *5*

medio,-a half; *y media* half past *2*

el **medio** means

el **mediodía** noon; *Es mediodía.* It is noon. *2*

mejor better *16; el/la/los/las mejor/mejores (+ noun)* the best (+ noun) *16*

menor younger, youngest *10,* lesser, least *16*

menos minus, until, before, to (to express time) *2,* less *11; el/la/los/las (+ noun) menos (+ adjective)* the least (+ adjective + noun) *16; lo menos (+ adverb) posible* as (+ adverb) as possible *16; menos (+ noun/adjective/adverb) que* less (+ noun/adjective/adverb) than *16; por lo menos* at least

mentir (ie, i) to lie

la **mentira** lie *12*

el **menú** menu *6*

el **mercado** market *16*

el **merengue** merengue (dance music)

el **mes** month *10*

la **mesa** table *11; poner la mesa* to set the table *11; recoger la mesa* to clear the table *15*

el **mesero, la mesera** food server *6*

el **metro** subway *5*

mexicano,-a Mexican

México Mexico *1*

mi my *3; (pl. mis)* my *7*

mí me *8; (after a preposition) 8*

el **miedo** fear *12; tener miedo de* to be afraid of *12*

el **miembro** member, part

mientras que while

miércoles Wednesday *4; el miércoles* on Wednesday

mil thousand *10*

mínimo,-a minimum *14*

la **minúscula** lowercase

el **minuto** minute *13*

mío,-a my, mine; *el gusto es mío* the pleasure is mine *5*

mira: see *mirar*

mirar to look (at) *8; mira (tú command)* look *4; mira* hey, look (pause in speech); *miren (Uds. command)* look; *miren* hey, look (pause in speech)

miren: see *mirar*

mismo right (in the very moment, place, etc.) *13; ahora mismo* right now *13*

mismo,-a same *13*

el **misterio** mystery

la **mochila** backpack *3*

el **modelo** model

moderno,-a modern

el **momento** moment *6*

el **mono** monkey

montar to ride *9*

moreno,-a brunet, brunette, dark-haired, dark-skinned *8*

la **moto(cicleta)** motorcycle *5*

la **muchacha** girl, young woman *5*

el **muchacho** boy, guy *5*

muchísimo very much, a lot

mucho much, a lot, very, very much *3*

mucho,-a much, a lot of, very *6; (pl. muchos,-as)* many *6; con (mucho) gusto* I would be (very)

glad to *2; muchas gracias* thank you very much *2; ¡Mucho gusto!* Glad to meet you! *1*

la **mujer** woman *17*

el **mundo** world; *todo el mundo* everyone, everybody

la **muralla** wall

el **museo** museum *6*

la **música** music *4*

muy very *2*

N

la **nación** nation

nacional national

nada nothing *17; de nada* you are welcome, not at all *2*

nadar to swim *8*

nadie nobody *17*

la **naranja** orange *6*

la **Navidad** Christmas *10*

la **neblina** mist *14; hay neblina* it is misting *14*

necesitar to need *4*

negativo,-a negative

el **negocio** business; *hombre de negocios* businessman; *mujer de negocios* businesswoman

negro,-a black *4*

nervioso,-a nervous *7*

nevar (ie) to snow *14*

ni not even *10; ni...ni* neither...nor *17*

Nicaragua Nicaragua *1*

la **nieta** granddaughter *7*

el **nieto** grandson *7*

la **nieve** snow *14*

ningún, ninguna none, not any *17*

ninguno,-a none, not any *17*

no no *1*

la **noche** night *2; buenas noches* good night *2; de la noche* P.M., at night *2; esta noche* tonight *13; por la noche* at night *12*

el **nombre** name

el **norte** north

nos (to, for) us *(i.o.) 8;* us *(d.o.) 9*

nosotros,-as we *3;* us (after a preposition) *8*

la **noticia** news

novecientos,-as nine hundred *10*

noveno,-a ninth *14*

noventa ninety *2*

la **novia** girlfriend

noviembre November *10*

el **novio** boyfriend

nublado,-a cloudy *14; está nublado* it is cloudy *14*

nuestro,-a our *7*

nueve nine *1*

nuevo,-a new *3; el Año Nuevo* New Year's Day *10*

el **número** number *4; número de teléfono/de fax/de teléfono celular* telephone/fax/cellular telephone number *4, número equivocado* wrong number *4*

nunca never *3*

O

o or *4; o...o* either...or *17*

la **obra** work, play

ochenta eighty *2*

ocho eight *1*

ochocientos,-as eight hundred *10*

octavo,-a eighth *14*

octubre October *10*

ocupado,-a busy, occupied *7*

ocupar to occupy

la **odisea** odyssey

la **oferta** sale *18; estar en oferta* to be on sale *18*

oficial official

la **oficina** office *5*

oigan hey, listen (pause in speech)

oigo hello (telephone greeting)

oír to hear, to listen (to) *8; oigan* hey, listen (pause in speech); *oigo* hello (telephone greeting); *oye* hey, listen (pause in speech) *6*

la **olla** pot, saucepan *15*

olvidar to forget 16

la **omisión** omission

once eleven 1

el **opuesto** opposite

la **oración** sentence

el **orden** order

la **organización** organization

el **órgano** organ

el **oro** gold 18

os (to, for) you (Spain, informal, *pl., i.o.*), you (Spain, informal, *pl., d.o.*)

el **otoño** autumn 14

otro,-a other, another *(pl. otros,-as)* 7; *otra vez* again, another time 11

oye hey, listen (pause in speech) 6

P

el **Pacífico** Pacific Ocean

el **padre** father 7; *(pl. padres)* parents

la **paella** paella (traditional Spanish dish with rice, meat, seafood and vegetables) 15

pagar to pay 18

la **página** page 3

el **país** country

la **palabra** word 3; *palabra interrogativa* question word; *palabras antónimas* antonyms, opposite words

el **pan** bread 11

Panamá Panama 1

la **pantalla** screen 4

el **pantalón** pants 17

las **pantimedias** pantyhose, nylons 17

el **pañuelo** handkerchief, hanky 18

la **papa** potato 16

el **papá** father, dad

los **papás** parents

el **papel** paper 3, role; *haz el papel* play the role; *la hoja de papel* sheet of paper

para for, to, in order to 7

el **paraguas** umbrella 18

el **Paraguay** Paraguay 1

parecer to seem 16

la **pared** wall 3

la **pareja** pair, couple

el **pariente, la pariente** relative 7

el **parque** park 5

el **párrafo** paragraph

la **parte** part

el **partido** game, match 8; *partidos empatados* games tied; *partidos ganados* games won; *partidos perdidos* games lost

pasado,-a past, last 10; *pasado mañana* the day after tomorrow 10

pásame: see *pasar*

pasar to pass, to spend (time) 9, to happen, to occur; *pásame* pass me 11; *pasar la aspiradora* to vacuum 15; *¿Qué te pasa?* What is wrong with you?

el **pasatiempo** pastime, leisure activity 13

la **Pascua** Easter

el **paseo** walk, ride, trip 14; *dar un paseo* to take a walk 14

el **patinador, la patinadora** skater 14

patinar to skate 14; *patinar sobre ruedas* in-line skate 8; *patinar sobre hielo* to ice-skate 14

el **patio** courtyard, patio, yard 12

pedir (i, i) to ask for, to order, to request 12; *pedir perdón* to say you are sorry 12; *pedir permiso (para)* to ask for permission (to do something) 12; *pedir prestado,-a* to borrow 12

la **película** movie, film 9

pelirrojo,-a red-haired 8

pensar (ie) to think, to intend, to plan 11; *pensar de* to think about (i.e., to have an opinion) 11; *pensar en* to think about (i.e., to focus one's thoughts on) 11; *pensar*

en (+ infinitive) to think about (doing something)

peor worse 16; *el/la/los/las peor/peores* (+ noun) the worst (+ noun) 16

pequeño,-a small 12

perder (ie) to lose; *los partidos perdidos* games lost

perdidos: see *perder*

perdón excuse me, pardon me 2; *pedir perdón* to say you are sorry 12

perezoso,-a lazy

perfecto,-a perfect 18

el **perfume** perfume 18

el **periódico** newspaper 3

el **periodista, la periodista** journalist, reporter

el **período** period

la **perla** pearl 18

el **permiso** permission, permit 13; *con permiso* excuse me (with your permission), may I 2; *pedir permiso (para)* to ask for permission (to do something) 12

permitir to permit 13

pero but 6

el **perro, la perra** dog 9

la **persona** person 15

personal personal 18; *el pronombre personal* subject pronoun

el **Perú** Peru 1

el **pescado** fish 6

el **petróleo** oil

el **piano** piano 8

el **pie** foot 17; *a pie* on foot 5

la **pierna** leg 17

el **pijama** pajamas 18

la **pimienta** pepper (seasoning) 11

el **pimiento** bell pepper 16

pintar to paint

la **pirámide** pyramid

la **piscina** swimming pool 12

el **piso** floor 12; *el primer piso* first floor 12

la **pista** clue

la **pizarra** blackboard 3

la **planta** plant 12; *planta baja* ground floor 12

la **plata** silver *18*

el **plátano** banana *16*

el **plato** dish, plate *11; plato de sopa* soup bowl *11*

la **playa** beach *7*

la **plaza** plaza, public square *6*

poco,-a not very, little *12; un poco* a little (bit) *9*

poder (ue) to be able *13*

políticamente politically

el **pollo** chicken *6*

poner to put, to place, to turn on (an appliance) *13; poner la mesa* to set the table *11*

popular popular *7*

un **poquito** a very little (bit) *11*

por for *7*, through, by *12*, in *13*, along *14; por ejemplo* for example; *por favor* please *2; por la mañana* in the morning *13; por la noche* at night *12; por la tarde* in the afternoon *13; por teléfono* by telephone, on the telephone *12; por todos lados* everywhere *14*

¿por qué? why? *5*

porque because *5*

la **posibilidad** possibility

la **posición** position, place

el **póster** poster

el **postre** dessert *11*

la **práctica** practice *9; La práctica hace al maestro.* Practice makes perfect.

el **precio** price *16*

preferir (ie, i) to prefer *11*

la **pregunta** question *6; hacer una pregunta* to ask a question *6*

preguntar to ask *6*

la **preparación** preparation

preparar to prepare *15*

el **preparativo** preparation

la **preposición** preposition

la **presentación** introduction

presentar to introduce, to present; *le presento a* let me introduce you (formal, *s.*) to *5; les presento a* let me

introduce you (*pl.*) to *5; te presento a* let me introduce you (informal, *s.*) to *5*

presente present

presento: see *presentar*

prestado,-a on loan *12; pedir prestado,-a* to borrow *12*

prestar to lend *15*

la **primavera** spring *14*

primer first (form of *primero* before a *m., s.* noun) *12; el primer piso* first floor *12*

primero,-a first *10*

primero first (adverb) *9*

el **primo, la prima** cousin *7*

principal main

la **prisa** rush, hurry, haste *12; tener prisa* to be in a hurry *12*

el **problema** problem *5*

el **produce** produces

el **producto** product

el **profesor, la profesora** teacher *3; el profe* teacher

el **programa** program, show *13*

prometer to promise *17*

el **pronombre** pronoun; *pronombre personal* subject pronoun

el **pronóstico** forecast

pronto soon, quickly *2; hasta pronto* see you soon *2*

la **pronunciación** pronunciation

el **propósito** aim, purpose; *a propósito* by the way *1*

próximo,-a next

la **publicidad** publicity

público,-a public

la **puerta** door *3*

Puerto Rico Puerto Rico *1*

pues thus, well, so, then (pause in speech) *6*

la **pulsera** bracelet *18*

el **punto** point

la **puntuación** punctuation

el **pupitre** desk *3*

Q

que that, which *9; lo que* what, that which *12; más (+ noun/adjective/ adverb) que* more

(+ noun/adjective/ adverb) than *16; que viene* upcoming, next *9*

¡qué (+ adjective)! how (+ adjective)! *7*

¡qué (+ noun)! what a (+ noun)! *9*

¿qué? what? *3; ¿a qué hora?* at what time? *4; ¿Qué comprendiste?* What did you understand?; *¿Qué hora es?* What time is it? *2; ¿Qué quiere decir...?* What is the meaning (of)...? *3; ¿Qué tal?* How are you? *2; ¿Qué te pasa?* What is wrong with you?; *¿Qué temperatura hace?* What is the temperature? *14; ¿Qué (+ tener)?* What is wrong with (someone)? *12; ¿Qué tiempo hace?* How is the weather? *14*

quedar to remain, to stay *17; quedarle bien a uno* to fit, to be becoming *17*

el **quehacer** chore *15*

querer (ie) to love, to want, to like *11; ¿Qué quiere decir...?* What is the meaning (of)...? *3; querer decir* to mean *12; quiere decir* it means *3; quiero* I love *7*; I want *5*

querido,-a dear *10*

el **queso** cheese *16*

¿quién? who? *3; (pl. ¿quiénes?)* who? *5*

quiere: see *querer*

quiero: see *querer*

la **química** chemistry

quince fifteen *1*

quinientos,-as five hundred *10*

quinto,-a fifth *14*

quisiera would like

quizás perhaps *15*

R

la **radio** radio (broadcast) *8; el radio* radio (apparatus)

rápidamente rapidly *10*

rápido,-a rapid, fast *8*

el **rascacielos** skyscraper

el **ratón** mouse (pl. *ratones*) *4*

la **razón** reason

real royal

la **realidad** reality

la **receta** recipe *15*

recibir to receive *18*

recoger to pick up *15; recoger la mesa* to clear the table *15*

recordar (ue) to remember *13*

redondo,-a round

el **refresco** soft drink, refreshment *6*

el **refrigerador** refrigerator *11*

el **regalo** gift *18*

regañar to scold

regatear to bargain, to haggle

la **regla** ruler *3*

regresar to return, to go back

regular average, okay, so-so, regular *2*

relacionado,-a related

el **reloj** clock, watch *3*

remoto,-a remote *13*

repasar to reexamine, to review

el **repaso** review

repetir (i, i) to repeat *12; repitan (Uds.* command) repeat; *repite (tú* command) repeat

repitan: see *repetir*

repite: see *repetir*

reportando reporting

la **República Dominicana** Dominican Republic *1*

resolver (ue) to resolve, to solve

responder to answer

la **respuesta** answer

el **restaurante** restaurant *6*

el **resultado** result

el **resumen** summary; *en resumen* in short

la **reunión** meeting

la **revista** magazine *3*

rico,-a rich

el **riel** rail

el **ritmo** rhythm

rojo,-a red *4*

la **ropa** clothing *15; ropa interior* underwear *17*

rosado,-a pink *17*

rubio,-a blond, blonde *8*

la **rutina** routine

S

sábado Saturday *4; el sábado* on Saturday

saber to know *6; sabes* you know *6; sé* I know *3*

sabes: see *saber*

el **sacapuntas** pencil sharpener *3*

sacar to take out *15; sacar fotos* to take photographs

la **sal** salt *11*

la **sala** living room *12*

salir to go out *7*

la **salsa** salsa (dance music)

el **saludo** greeting

el **salvavidas** lifeguard

la **sangre** blood

el **santo** saint's day; *Todos los Santos* All Saints' Day

el **saxofón** saxophone

se *¿Cómo se dice...?* How do you say...? *3; ¿Cómo se escribe...?* How do you write (spell)...? *1; ¿Cómo se llama (Ud./él/ella)?* What is (your/his/her) name? *3; se considera* it is considered; *se dice* one says *3; se escribe* it is written *1; Se habla español.* Spanish is spoken.; *se llaman* their names are; *(Ud./Él/Ella) se llama....* (Your [formal]/His/Her) name is.... *3*

sé: see *saber*

sea: see *ser*

la **sed** thirst *12; tener sed* to be thirsty *12*

la **seda** silk *17*

seguir (i, i) to follow, to continue, to keep on; *sigan (Uds.* command) follow; *sigue (tú* command) follow

según according to

el **segundo** second *14*

segundo,-a second *13*

seis six *1*

seiscientos,-as six hundred *10*

selecciona select (*tú* command)

la **selva** jungle; *selva tropical* tropical rain forest

la **semana** week *9; él fin de semana* weekend *9; Semana Santa* Holy Week

sentarse (ie) to sit (down); *siéntate (tú* command) sit (down); *siéntense (Uds.* command) sit (down)

sentir (ie, i) to be sorry, to feel sorry, to regret *11; lo siento* I am sorry *2*

señalar to point to, to point at, to point out; *señalen (Uds.* command) point to

señalen: see *señalar*

el **señor** gentleman, sir, Mr. *2*

la **señora** lady, madame, Mrs. *2*

la **señorita** young lady, Miss *2*

septiembre September *10*

séptimo,-a seventh *14*

ser to be *3; eres* you are *1; ¿Eres (tú) de...?* Are you from...? *1; es* you (formal) are, he/she/it is *2; es la una* it is one o'clock *2; Es medianoche.* It is midnight. *2; Es mediodía.* It is noon. *2; fue* you (formal) were, he/she/it was (preterite of *ser) 10; ¿Qué hora es?* What time is it? *2; sea* it is; *son* they are *2; son las* (+ number) it is (+ number) o'clock *2; soy* I am *1*

serio,-a serious

la **servilleta** napkin *11*

sesenta sixty *2*

setecientos,-as seven hundred *10*

setenta seventy *2*

sexto,-a sixth *14*

si if *9*

sí yes *1*

siempre always *6*

siéntate: see *sentarse*

siéntense: see *sentarse*

siento: see *sentir*

siete seven *1*

sigan: see *seguir*

el **siglo** century *13*

los **signos de puntuación** punctuation marks

sigue: see *seguir*

siguiente following; *lo siguiente* the following

la **silabificación** syllabification

el **silencio** silence

la **silla** chair *3*

el **símbolo** symbol

similar alike, similar

simpático,-a nice, pleasant *5*

sin without *16*

sintético,-a synthetic *18*

la **situación** situation

sobre on, over *4*, about; *patinar sobre hielo* to ice skate *14*; *patinar sobre ruedas* to in-line skate *8*

la **sobrina** niece *7*

el **sobrino** nephew *7*

el **sol** sun *14*; *hace sol, hay sol* it is sunny *14*

solamente only

soleado,-a sunny *14*; *está soleado* it is sunny *14*

solo,-a alone

sólo only, just *15*

el **sombrero** hat *17*

son: see *ser*

el **sondeo** poll

el **sonido** sound

la **sopa** soup *11*

la **sorpresa** surprise *9*

soy: see *ser*

Sr. abbreviation for *señor* *2*

Sra. abbreviation for *señora* *2*

Srta. abbreviation for *señorita* *2*

su, sus his, her, its, your *(Ud./Uds.),* their *7*

suave smooth, soft

el **subdesarrollo** underdevelopment

subir to climb, to go up, to go upstairs, to take up, to bring up, to carry up *15*

el **suceso** happening

sucio,-a dirty *7*

el **sueño** sleep *12*; *tener sueño* to be sleepy *12*

el **suéter** sweater *17*

el **supermercado** supermarket *15*

el **sur** south

el **sustantivo** noun

T

tal such, as, so; *¿Qué tal?* How are you? *2*

el **tamal** tamale

el **tamaño** size *18*

también also, too *5*

el **tambor** drum

tampoco either, neither *4*

tan so *9*; *tan (+ adjective/adverb) como (+ person/item)* as (+ adjective/adverb) as (+ person/item) *16*

tanto,-a so much *5*; *tanto,-a (+ noun) como (+ person/item)* as much/many (+ noun) as (+ person/item) *16*; *tanto como* as much as *16*; *Tanto gusto.* So glad to meet you. *5*

la **tapa** tidbit, appetizer

la **tarde** afternoon *2*; *buenas tardes* good afternoon *1*; *de la tarde* P.M., in the afternoon *2*; *por la tarde* in the afternoon *13*

la **tarea** homework *8*

la **tarjeta** card *18*; *tarjeta de crédito* credit card *18*

el **taxi** taxi *5*

la **taza** cup *11*

te (to, for) you *(i.o.) 5*; you *(d.o.) 9*; *¿Cómo te llamas?* What is your name? *1*; *te llamas* your name is *1*

el **teatro** theater *6*

el **teclado** keyboard *4*

el **teléfono** telephone *4*; *el número de teléfono* telephone number *4*; *por teléfono* by the telephone, on the telephone *12*

la **telenovela** soap opera *13*

la **televisión** television *8*; *ver (la) televisión* to watch television *8*

el **televisor** television set *13*

el **tema** theme, topic

la **temperatura** temperature *14*; *¿Qué temperatura hace?* What is the temperature? *14*

temprano early *10*

el **tenedor** fork *11*

tener to have *9*; *¿Cuántos años tienes?* How old are you? *1*; *¿Qué (+ tener)?* What is wrong with (person)? *12*; *tener calor* to be hot *12*; *tener frío* to be cold *12*; *tener ganas de* to feel like *12*; *tener hambre* to be hungry *12*; *tener miedo de* to be afraid *12*; *tener (+ number) años* to be (+ number) years old *9*; *tener prisa* to be in a hurry *12*; *tener que* to have to *11*; *tener sed* to be thirsty *12*; *tener sueño* to be sleepy *12*; *tengo* I have *1*; *tengo (+ number) años* I am (+ number) years old *1*; *tiene* it has; *tienes* you have *1*

tengo: see *tener*

el **tenis** tennis *8*

el **tenista, la tenista** tennis player *14*

tercer third (form of *tercero* before a *m., s.* noun) *14*

tercero,-a third *14*

terminar to end, to finish *4*

ti you (after a preposition) *8*

la **tía** aunt *7*

el **tiempo** time *7*; weather *14*, verb tense; *Hace buen (mal) tiempo.* The weather is nice (bad). *14*; *¿Qué tiempo hace?* How is the weather? *14*

la **tienda** store *6*

tiene: see *tener*

tienes: see *tener*

el **tío** uncle *7*

típico,-a typical

el **tipo** type, kind

la **tiza** chalk *3*

toca: see *tocar*

el **tocadiscos** audio compact disc player *9*

tocar to play (a musical instrument) *8*, to touch; *toca* (*tú* command) touch; *toquen* (*Uds.* command) touch

todavía yet *13*, still *14*

todo,-a all, every, whole, entire *7*; *de todos los días* everyday *11*; *por todos lados* everywhere *14*; *todo el mundo* everyone, everybody; *todos los días* every day *9*

todos,-as everyone, everybody

tolerante tolerant

tomar to take *5*, to drink, to have *6*

el **tomate** tomato *16*

tonto,-a silly *8*

el **tópico** theme

toquen: see *tocar*

trabajar to work *15*; *trabajando en parejas* working in pairs

el **trabajo** work *15*

traer to bring *15*

el **traje** suit *17*; *traje de baño* swimsuit *17*

el **transporte** transportation *5*

tratar (de) to try (to do something)

trece thirteen *1*

treinta thirty *2*

el **tren** train *5*

tres three *1*

trescientos,-as three hundred *10*

triste sad *7*

el **trombón** trombone

la **trompeta** trumpet

tu your (informal) *4*; (*pl. tus*) your (informal) *7*

tú you (informal) *1*

la **tumba** tomb

el **turista, la turista** tourist

U

u or (used before a word that starts with *o* or *ho*) *12*

Ud. you (abbreviation of *usted*) *2*; you (after a preposition) *8*; *Ud. se llama....* Your name is.... *3*

Uds. you (abbreviation of *ustedes*) *2*; you (after a preposition) *8*

último,-a last

un, una a, an, one *3*

único,-a only, unique *7*

la **universidad** university

uno one *1*

unos, unas some, any, a few *3*

el **Uruguay** Uruguay *1*

usar to use *18*

usted you (formal, *s.*) *2*; you (after a preposition) *8*

ustedes you (*pl.*) *2*; you (after a preposition) *8*

la **uva** grape *16*

V

las **vacaciones** vacation *17*

¡vamos! let's go! *5*; *¡vamos a (+ infinitive)!* let's (+ infinitive)! *6*

varios,-as several

el **vaso** glass *11*

vayan: see *ir*

ve: see *ir*

veinte twenty *1*

veinticinco twenty-five *2*

veinticuatro twenty-four *2*

veintidós twenty-two *2*

veintinueve twenty-nine *2*

veintiocho twenty-eight *2*

veintiséis twenty-six *2*

veintisiete twenty-seven *2*

veintitrés twenty-three *2*

veintiuno twenty-one *2*

vender to sell *17*

Venezuela Venezuela *1*

vengan: see *venir*

venir to come *10*; *vengan* (*Uds.* command) come

la **ventana** window *3*

ver to see, to watch *6*; *a ver* let's see, hello (telephone greeting) *ver (la) televisión* to watch television *8*

el **verano** summer *7*

el **verbo** verb

verdad true

la **verdad** truth *12*

¿verdad? right? *5*

verde green *4*

la **verdura** greens, vegetables *16*

ves: see *ver*

el **vestido** dress *17*

la **vez** time (*pl. veces*) *10*; *a veces* at times, sometimes *10*; (number +) *vez/veces al/a la* (+ time expression) (number +) time(s) per (+ time expression) *13*; *otra vez* again, another time *11*

viajar to travel *11*

el **viaje** trip *9*; *hacer un viaje* to take a trip *9*; *la agencia de viajes* travel agency

la **vida** life *13*

viejo,-a old *10*

el **viento** wind *14*; *hace viento* it is windy *14*

viernes Friday *4*; *el viernes* on Friday

el **vinagre** vinegar *16*

la **vista** view; *hasta la vista* so long, see you later

vivir to live *7*

el **vocabulario** vocabulary

la **vocal** vowel; *vocales abiertas* open vowels; *vocales cerradas* closed vowels

el **volibol** volleyball *13*

volver (ue) to return, to go back, to come back *13*

vosotros,-as you (Spain, informal, *pl.*) *2*

la **voz** voice (*pl. voces*) *8*

vuestro,-a,-os,-as your (Spain, informal, *pl.*)

Y

y and *1*; *y cuarto* a quarter past, a quarter after *2*; *y media* half past *2*

ya already *11*; *¡ya lo veo!* I see it!

yo I *1*

Z

la **zanahoria** carrot *16*

el **zapato** shoe *17*; *zapato bajo* flats *17*; *zapato de tacón* high-heel shoe *17*

Vocabulary English/Spanish

A

a un, una *2; a few* unos, unas *2; a lot (of)* mucho *6,* muchísimo

about sobre

accent el acento *1*

activity actividad *9*

to **add** añadir *16*

address la dirección *4*

aerobics los aeróbicos *13; to do aerobics* hacer aeróbicos *13*

affectionate cariñoso,-a *7*

afraid asustado,-a; *to be afraid of* tener miedo de *12*

after después de *13*

afternoon la tarde *2; good afternoon* buenas tardes *1; in the afternoon* de la tarde *2; por la tarde 9*

afterwards después *13*

again otra vez *11*

age la edad

agency la agencia; *travel agency* agencia de viajes*

to **ago** hace *(+ time expression)* que *13*

agreed de acuerdo *6*

airplane el avión *5; by airplane* en avión *5*

algebra el álgebra

all todo,-a *7*

almost casi *13*

alone solo,-a

along por *14*

already ya *11*

also también *5*

always siempre *6*

American americano,-a *13*

an un, una *3*

and y *1; e (used before a word beginning with* i *or* hi*) 12*

another otro,-a *3; another time* otra vez *8*

answer la respuesta

to **answer** contestar *8*

any unos, unas *3; alguno,-a, algún, alguna 15*

anybody alguien *17*

anyone alguien *17*

anything algo *17*

apartment el apartamento

apple la manzana *16*

April abril *10*

Argentina la Argentina *1*

arm el brazo *17*

to **arrange** arreglar *15*

to **arrive** llegar *15*

art el arte *4*

artist el artista, la artista

as tal *2,* como; *as possible* lo más/menos *(+ adverb)* posible *16; as (+ adjective/adverb) as (+ person/item)* tan *(+ adjective/adverb)* como *(+ person/item) 16; as much/many (+ noun) as (+ person/item)* tanto,-a *(+ noun)* como *(+ person/item) 16; as much as* tanto como *16*

to **ask** preguntar *6; to ask a question* hacer una pregunta *6; to ask for* pedir *(i, i) 12;* pedir permiso (para) *to ask for permission (to do something) 12*

at en; *at home* en casa *18; at night* de la noche *2,* por la noche *12; at...o'clock* a la(s)... *4; at times* a veces *10; at what time?* ¿a qué hora? *4*

athlete el deportista, la deportista *14*

to **attain** conseguir *(i, i)*

attractive bonito,-a, guapo,-a *7*

August agosto *10*

aunt la tía *7*

automatic automático,-a *18*

autumn el otoño *14*

avenue la avenida *6*

average regular *2*

avocado el aguacate *16*

B

backpack la mochila *3*

bad malo,-a *8*

bald calvo,-a *8*

banana el plátano *16*

bank el banco *5*

to **bargain** regatear

baseball el béisbol *8*

basketball el básquetbol *13,* el baloncesto; *basketball player* el basquetbolista, la basquetbolista *14*

bathroom el baño *12,* el cuarto de baño

to **be** ser *3; to be able to* poder *(ue) 13; to be afraid of* tener miedo de *12; to be hot* tener calor *12; to be hungry* tener hambre *12; to be important* importar *16; to be in a hurry* tener prisa *12; to be lacking* hacer falta *16; to be necessary* hacer falta *16; to be (+ number) years old* tener *(+ number)* años *9; to be pleasing to* gustar *8; to be ready* estar listo,-a *14; to be satisfied (with)* estar contento,-a (con) *7; to be sleepy* tener sueño*

12; *to be smart* ser listo,-a 15; *to be sorry* sentir 11; *to be thirsty* tener sed 12

beach la playa 7

beans los frijoles 6

because porque 5

to **become** cumplir 10; *to become (+ number) years old* cumplir 10

bed la cama 15

bedroom el cuarto 12, la habitación

before antes de 13

to **begin** empezar *(ie)* 11

to **believe** creer

belt el cinturón 18

beside al lado (de) 12

best mejor 16; *the best (+noun)* el/la/los/las mejor/mejores (+ *noun*) 16

better mejor 16

between entre

bicycle la bicicleta 5

big grande 6, gran *(form of grande before a m., s. noun)*

bike la bicicleta 5

biology la biología 4

birthday el cumpleaños 10; *Happy birthday!* ¡Feliz cumpleaños! 10; *to have a birthday* cumplir años 10

black negro,-a 4

blackboard la pizarra 3

blond, blonde rubio,-a 8

blouse la blusa 17

blue azul 4

boat el barco 5

body el cuerpo 17

Bolivia Bolivia 1

book el libro 3

bookstore la librería 9

boot la bota 17

bored aburrido,-a 8

boring aburrido,-a 8

to **borrow** pedir prestado,-a 12

boy el chico 3, el muchacho 5

boyfriend el novio

bracelet la pulsera 18

bread el pan 11

breakfast el desayuno

to **bring** traer 15

to **bring up** subir 15

brother el hermano 7

brown café *(color)* 17

brunet, brunette moreno,-a 8

building el edificio 6

bus el autobús 5

busy ocupado,-a 7

but pero 6

butter la mantequilla 11

to **buy** comprar 8

by por 7; *by (+ vehicle)* en (+ *vehicle*) 5; *by telephone* por teléfono 12; *by the way* a propósito

C

cafeteria la cafetería 5

calendar el calendario

to **call** llamar 9

can la lata 16

capital la capital 14

car el carro 5, el coche; *by car* en carro 5, en coche

card la tarjeta 18; *credit card* tarjeta de crédito 18; *playing card* la carta 13

carrot la zanahoria 16

to **carry** llevar 16; *to carry up* subir 15

cash el efectivo 18; *in cash* en efectivo 18

cassette el casete 9

cat el gato, la gata 9

CD-ROM disco compacto

to **celebrate** celebrar 10

center el centro 6; *shopping center* centro comercial 17

century el siglo 13

chair la silla 3

chalk la tiza 3

change el cambio 14

cheap barato,-a 18

checkers las damas 13

cheese el queso 16

chemistry la química

chess el ajedrez 13

chicken el pollo 6

Chile Chile 1

chilly fresco,-a 14

chocolate el chocolate 16

to **choose** escoger 16

chore el quehacer 15

Christmas la Navidad 10

city la ciudad 6

clam la almeja

class la clase 4

classmate el compañero, la compañera 9

clean limpio,-a 7

to **clean** limpiar 15

to **climb** subir 15

clock el reloj 3

to **close** cerrar *(ie)* 11

closed cerrado,-a 7

clothing la ropa 15

cloudy nublado,-a 14; *it is cloudy* está nublado 14

coat el abrigo 15

coffee el café 16

cold frío,-a 7; el frío 7; *it is cold* hace frío 14; *to be cold* tener frío 12

Colombia Colombia 1

color el color 14

to **combine** combinar 17

to **come** venir 10; *to come back* volver *(ue)* 13; *to come in* entrar 9

comfortable cómodo,-a 12

comical cómico,-a 8

compact disc el disco compacto 4; *audio compact disc, audio CD 9*; *CD-ROM 4*; *audio compact disc player* el tocadiscos 9

competition la competencia 14

to **complete** completar, acabar *15*
computer la computadora *4*
computer science la computación *4*
concert el concierto *6*
congratulations felicitaciones
to **continue** continuar *14*, seguir *(i, i)*
to **cook** cocinar *15*
cool el fresco *14*; *it is cool* hace fresco *14*
to **copy** copiar *14*
corn el maíz *16*
to **cost** costar *(ue)* *13*
Costa Rica Costa Rica *1*
cotton el algodón *17*
country el país
couple la pareja
courtyard el patio *12*
cousin el primo, la prima *7*
crazy loco,-a *7*
to **create** crear
credit el crédito *18*; *credit card* la tarjeta de crédito *18*; *on credit* a crédito *18*
to **cross** cruzar
Cuba Cuba *1*
cup la taza *11*

D

dad el papá
to **dance** bailar *8*
dark obscuro,-a; *dark-haired, dark-skinned* moreno,-a *8*
date la fecha *10*
daughter la hija *7*
day el día *4*; *every day* todos los días *11*; *the day after tomorrow* pasado mañana *10*; *the day before yesterday* anteayer *10*
dear querido,-a *10*
December diciembre *10*
to **decorate** adornar *15*
degree el grado *14*
delighted encantado,-a *5*
dentist el dentista, la dentista *5*

department el departamento *18*
desire la gana *12*
desk el escritorio, el pupitre *3*; *cashier's desk* la caja *18*
dessert el postre *11*
difficult difícil *8*
dinner la comida
to **direct** dirigir *15*
director el director, la directora
dirty sucio,-a *7*
disaster el desastre *15*
disc el disco *4, 7*
dish el plato *11*
dishwasher el lavaplatos *11*
diskette el diskette *4*
to **do** hacer *6*; *to do aerobics* hacer aeróbicos *13*
doctor el médico, la médica *5*, el doctor, la doctora
dog el perro, la perra *9*
dollar el dólar
Dominican Republic la República Dominicana *1*
door la puerta *3*
downtown el centro *6*
to **draw** dibujar *13*
drawing el dibujo *12*
dress el vestido *17*
drink el refresco *6*, la bebida
to **drink** tomar *6*
drum el tambor
during durante

E

e-mail dirección de correo electrónico *4*
each cada *12*
early temprano *10*
earring el arete *4*
Easter la Pascua
easy fácil *8*
to **eat** comer *6*
Ecuador el Ecuador *1*
egg el huevo *16*
eight ocho *1*

eight hundred ochocientos,-as *10*
eighteen dieciocho *1*
eighth octavo,-a *14*
eighty ochenta *2*
either tampoco *4*; *either...or* o...o *17*
electric eléctrico,-a *11*
elevator el ascensor *18*
eleven once *1*
El Salvador El Salvador *1*
else más *7*
end el fin *9*
to **end** terminar *4*
English el inglés *(language)* *4*
enough bastante *18*
to **erase** borrar
eraser el borrador *3*
escalator la escalera automática *12*
every todo,-a *7*, cada *12*; *every day* todos los días *9*
everybody todo el mundo, todos,-as
everyday de todos los días *11*
everyone todo el mundo, todos,-as
everywhere por todos lados *14*
exam el examen *9*
example el ejemplo; *for example* por ejemplo
excellent excelente *14*
excuse me perdón, con permiso *2*
expensive caro,-a *18*
to **explain** explicar, aclarar
explanation la explicación

F

fairly bastante
family la familia *7*; *family tree* el árbol genealógico
famous famoso,-a
fantastic fántastico,-a *5*
far (from) lejos (de) *5*
fast rápido,-a *8*
fat gordo,-a *8*

father el padre *7*
favorite favorito,-a *6*
fear el miedo *12; to be afraid of* tener miedo de *12*
February febrero *10*
to **feed** dar de comer *15*
to **feel like** tener ganas de *12*
to **feel sorry** sentir *(ie) 11*
fifteen quince *1*
fifth quinto,-a *14*
fifty cincuenta *2*
film la película *9*
to **find** encontrar *(ue)*
finger el dedo *17*
to **finish** terminar *4*, acabar *15*
first primero,-a *10*, primer *(form of* primero *before a m., s. noun) 12*, primero *(adverb) 10; first floor* el primer piso *12*
fish el pescado *6*
to **fit** quedarle bien a uno *17*
five cinco *1*
five hundred quinientos,-as *10*
to **fix** arreglar *15*
floor el piso *12; first floor* el primer piso *12; ground floor* la planta baja *12*
flower la flor *14*
flute la flauta
to **follow** seguir *(i, i); the following* lo siguiente
food la comida *6; food server* el mesero, la mesera *6*
foot el pie *17; on foot* a pie *5*
football el fútbol americano *13*
for por, para *7; for example* por ejemplo *2*
to **forget** olvidar *16*
fork el tenedor *11*
forty cuarenta *2*
four cuatro *1*
four hundred cuatrocientos,-as *10*
fourteen catorce *1*
fourth cuarto,-a *14*
free libre *7*
fresh fresco,-a *16*

Friday viernes *4; on Friday* el viernes
friend el amigo, la amiga *3*
from de *1*, desde *12; from the* de la/del *(de + el) 5; from where?* ¿de dónde? *1*
fruit la fruta *16*
fun divertido,-a *7*
funny cómico,-a *8*

G

game el partido *8*, el juego
garage el garaje *12*
garbage la basura *15*
garlic el ajo *16*
generous generoso,-a *8*
geography la geografía
geometry la geometría
to **get** conseguir *(i, i)*
gift el regalo *18*
girl la chica *3*, la muchacha *5*
girlfriend la novia
to **give** dar *13*
glad contento,-a *3; Glad to meet you!* ¡Mucho gusto! *1; I would be (very) glad to* con (mucho) gusto *1; So glad to meet you.* Tanto gusto. *1*
glass el vaso *8*
glove el guante *17*
to **go** ir *5; let's go!* ¡vamos! *5; to be going to (do something)* ir a *(+ infinitive) 6; to go back* regresar, volver *(ue) 13; to go in* entrar *9; to go out* salir *7; to go shopping* ir de compras *8; to go up* subir *15; to go upstairs* subir *15*
gold el oro *18*
good bueno,-a *8*, buen *(form of* bueno *before a m., s. noun) 14; good afternoon* buenas tardes *2; good luck* buena suerte; *good morning* buenos días *2; good night* buenas noches *2*

good-bye adiós *1*
good-looking guapo,-a *7*, bonito,-a *7*
gossip el chisme *12*
granddaughter la nieta *7*
grandfather el abuelo *7*
grandmother la abuela *7*
grandson el nieto *7*
grape la uva *16*
gray gris *4*
great fantástico,-a *5*
greater mayor *16*
greatest mayor *16*
green verde *4*
green bean la habichuela *16*
greens la verdura *16*
group el grupo; *musical group* grupo musical
Guatemala Guatemala *1*
guitar la guitarra *9*
guy el muchacho *5*
gym el gimnasio

H

half medio,-a; *half past* y media *2*
ham el jamón *16*
hand la mano *17; on the other hand* en cambio *14*
handbag el bolso *18*
handkerchief el pañuelo *18*
handsome guapo,-a *7*
to **hang** colgar *(ue) 15*
to **happen** pasar
happy contento,-a *7*, feliz *(pl. felices) 10*, alegre; *Happy birthday!* ¡Feliz cumpleaños! *10*
hard difícil *8*
hat el sombrero *17*
to **have** tomar *6*, tener *9; to have a birthday* cumplir años *10; to have just* acabar de *(+ infinitive) 15; to have to* deber, tener que *11*
he él *3*
head la cabeza *17*

to **hear** oír *8*
heat el calor *12*
hello hola *1*; *hello (telephone greeting)* aló *4*, diga, oigo
help la ayuda
to **help** ayudar *11*
her su, sus *7*; la *(d.o.) 9*; le *(i.o.) 1*; *(after a preposition)* ella *8*
here aquí *1*
hey mira, miren, oye, oigan
hi hola *1*
him lo *(d.o.) 9*; le *(i.o.) 5*; *(after a preposition)* él *8*
his su, sus *7*
history la historia *4*
hockey el hockey
home la casa *7*; *at home* en casa
homework la tarea *8*
Honduras Honduras *1*
horrible horrible *8*
horse el caballo *5*; *on horseback* a caballo *5*
hot caliente *7*; *it is hot* hace calor *14*; *to be hot* tener calor *12*
hotel hotel *5*
hour la hora *2*
house la casa *7*
how? ¿cómo? *1*; *How are you?* ¿Qué tal? *2*; *How are you (formal)?* ¿Cómo está (Ud.)? *2*; *How are you (informal)?* ¿Cómo estás (tú)? *2*; *How are you (pl.)?* ¿Cómo están (Uds.)? *2*; *How do you say...?* ¿Cómo se dice...? *3*; *How do you write (spell)...?* ¿Cómo se escribe...? *1*; *How is the weather?* ¿Qué tiempo hace? *14*; *How long...?* ¿Cuánto (+ time expression) hace que (+ present tense of verb)...?*

13; *how many?* ¿cuántos,-as? *4*; *how much?* ¿cuánto,-a? *4*; *How old are you?* ¿Cuántos años tienes? *1*
how (+ adjective)! ¡qué (+ adjective)! *7*
hug el abrazo *12*
hunger el hambre *f. 12*
hungry: to be hungry tener hambre *12*
hurry la prisa *12*; *in a hurry* apurado,-a *7*; *to be in a hurry* tener prisa *12*
husband el esposo *7*

I

I yo *1*
ice el hielo *14*; *to ice skate* patinar sobre hielo *14*
ice cream el helado *16*
idea la idea *10*
ideal ideal *8*
if si *9*
to **imagine** imaginar
important importante *8*
in en *4*, por *7*
ingredient el ingrediente *16*
in order to para *7*
intelligent inteligente *8*
to **intend** pensar *(ie) 11*
interesting interesante *8*
to **introduce** presentar *5*; *let me introduce you (formal, s.) to* le presento a *5*; *let me introduce you (informal, s.) to* te presento a *5*; *let me introduce you (pl.) to* les presento a *5*
invitation la invitación
to **invite** invitar
island la isla
it la *(d.o.)*, lo *(d.o.) 9*
its su, sus *7*

J

jacket la chaqueta *17*
January enero *10*
juice jugo *6*
July julio *10*
June junio *10*
just sólo

K

to **keep on** seguir *(i,i)*
keyboard el teclado *4*
kind amable *7*, el tipo
kitchen la cocina *11*
knife el cuchillo *11*
to **know** saber *6*

L

lady la señora, Sra. *2*, la dama; *young lady* la señorita *2*
lamp la lámpara *11*
language la lengua, el idioma
last pasado,-a *10*, último,-a
later luego *1*, después *11*; *see you later* hasta luego *1*, hasta la vista
lazy perezoso,-a
to **learn** aprender
leather el cuero *18*
to **leave** dejar *15*
leg la pierna *17*
to **lend** prestar *15*
less menos *11*; *less (+ noun/adjective/adverb) than* menos (+ noun/adjective/adverb) que *16*; *the least (+ adjective + noun)* el/la/los/las (+ noun) menos (+ adjective) *16*
let's (+ infinitive)! ¡vamos a (+ infinitive)! *6*
let's go! ¡vamos! *5*
letter la carta *12*, la letra; *capital letter* la mayúscula *1*; *lowercase letter* la minúscula

lettuce la lechuga *16*
library la biblioteca *5*
lie la mentira *12*
to lie mentir *(ie, i)*
life la vida *13*
light la luz *(pl. luces) 11*
to light encender *(ie) 11*
like como
to like gustar *8*; querer *11*; *I/you/he/she/it/we/they would like...* me/te/le/nos/os/les gustaría... *12*
list la lista *13*
to listen (to) oír *8*, escuchar
little poco,-a *12*; *a little (bit)* un poco *5*; *a very little (bit)* un poquito *9*
to live vivir *7*
living room la sala *12*
lobster la langosta
long largo,-a *18*
to look (at) mirar *8*; *to look for* buscar *5*
to lose perder *(ie)*
love el amor *9*
to love querer *11*
lunch el almuerzo *4*

M

machine la máquina; *little machine* la maquinita *13*
magazine la revista *3*
to make hacer *6*
mall el centro comercial *17*
man el hombre *17*
many mucho,-a *6*
map el mapa *3*
March marzo *10*
market el mercado *16*
match el partido *8*
material el material *18*
mathematics las matemáticas *4*
to matter importar *16*
maximum máximo,-a *14*
May mayo *10*

me me *(i.o.) 8*; me *(d.o.) 9*; *they call me* me llaman; *(after a preposition)* mí
to mean querer decir *12*; *it means* quiere decir *3*; *What is the meaning (of)...?* ¿Qué quiere decir...? *3*
meat la carne *16*
menu el menú *6*
Mexico México *1*
midnight la medianoche *2*; *It is midnight.* Es medianoche. *2*
milk la leche *15*
mine mío,-a; *the pleasure is mine* el gusto es mío *5*
minimum mínimo,-a *14*
minus menos *2*
minute el minuto *13*
Miss la señorita, Srta. *2*
mist la neblina *14*
mistaken equivocado
modern moderno,-a
mom la mamá
moment el momento *6*
Monday lunes *4*; *on Monday* el lunes
money el dinero *9*
month el mes *10*
more más *7*; *more (+ noun/adjective/adverb) than* más (+ noun/adjective/adverb) que *16*
morning la mañana *2*; *good morning* buenos días *2*; *in the morning* de la mañana *2*, por la mañana *13*
most: *the most (+ adjective + noun)* el/la/los/las *(+ noun)* más *(+ adjective) 16*
mother la madre *7*
motorcycle la moto(cicleta) *5*
mouse ratón *(pl. ratones) 4*
movie la película *9*; *movie theater* el cine *5*

Mr. el señor, Sr. *2*
Mrs. la señora, Sra. *2*
much mucho,-a, mucho *6*; *very much* muchísimo
museum el museo *6*
music la música *4*
must deber *11*
my mi *3*, *(pl. my)* mis *7*; *my name is* me llamo *1*

N

name el nombre; *last name* el apellido; *my name is* me llamo *1*; *their names are* se llaman; *What is your name?* ¿Cómo te llamas? *3*; *What is (your/his/her) name?* ¿Cómo se llama (Ud./él/ella)? *1*; *(Your [formal]/His/Her) name is....* (Ud./Él/Ella) se llama.... *3*; *your name is* te llamas *1*
napkin la servilleta *11*
near cerca (de) *5*
necklace el collar *18*
to need necesitar *4*
neither tampoco *4*; *neither...nor* ni...ni *17*
nephew el sobrino *7*
nervous nervioso,-a *7*
never nunca *3*
new nuevo,-a *3*; *New Year's Day* el Año Nuevo *10*
news la noticia
newspaper el periódico *3*
next próximo,-a, que viene *9*; *next to* al lado (de) *12*
Nicaragua Nicaragua *1*
nice simpático,-a *5*, amable *7*; *the weather is nice* hace buen tiempo *14*
nickname el apodo
niece la sobrina *7*
night la noche *2*; *at night* de la noche *2*, por la noche *12*; *good night* buenas noches *2*

nine nueve *1*

nine hundred novecientos,-as *10*

nineteen diecinueve *1*

ninety noventa *2*

ninth noveno,-a *14*

no no *1*

nobody nadie *17*

none ninguno,-a, ningún, ninguna *17*

noon el mediodía; *It is noon.* Es mediodía. *2*

north el norte

not: not any ninguno,-a, ningún, ninguna *17*; *not even* ni *10*; *not very* poco,-a *12*

notebook el cuaderno *3*

nothing nada *17*

November noviembre *10*

now ahora *4*; *right now* ahora mismo *13*

number el número *4*; *telephone/fax/cellular telephone number* número de teléfono/de fax/de teléfono celular *4*; *wrong number* número equivocado *4*

O

to **obtain** conseguir *(i, i)*

occupied ocupado,-a *7*

to **occur** pasar

o'clock a la(s)... *4*; *it is (+number) o'clock* son las *(+number) 2*; *it is one o'clock* es la una *2*

October octubre *10*

of de *1*; *of the* de la/del (de + el) *1*

of course! ¡claro! *5*, ¡Cómo no! *6*

office la oficina *5*

official oficial

oh! ¡ay! *3*

oil el aceite *11*, el petróleo

okay de acuerdo *6*, regular *2*; *(pause in speech)* bueno *6*

old viejo,-a *10*; *How old are you?* ¿Cuántos años tienes? *1*; *to be (+ number) years old* tener *(+ number)* años *9*

older mayor *10*

oldest el/la mayor *10*

on en *4*, sobre *4*; *on credit* a crédito *18*; *on foot* a pie *5*; *on loan* prestado,-a *12*; *on the other hand* en cambio *14*; *on the telephone* por teléfono *12*

one un, una, uno *3*

one hundred cien *2*; *(when followed by another number)* ciento *10*

onion la cebolla *16*

only único,-a *7*, sólo *15*, solamente

open abierto,-a *7*

to **open** abrir *9*

or o *4*, u *(used before a word that starts with o or ho) 12*; *either...or* o...o *17*

orange la naranja *6*; anaranjado,-a *(color) 17*

to **order** pedir *(i, i) 12*

organ el órgano

other otro,-a *7*

ought deber *11*

our nuestro,-a *7*

over sobre *4*; *over there* allá *10*

P

paella la paella *15*

page la página *3*

pair la pareja

pajamas el pijama *18*

Panama Panamá *1*

pants el pantalón *17*

pantyhose las pantimedias *17*

paper el papel *3*; *sheet of paper* la hoja de papel

Paraguay el Paraguay *1*

pardon me perdón *2*

parents los padres *3*, los papás

park el parque *5*

partner el compañero, la compañera *9*

party la fiesta *5*

to **pass** pasar *9*; *pass me* pásame *11*

past pasado,-a *10*; *half past* y media *2*

pastime el pasatiempo *13*

patio el patio *12*

to **pay** pagar *18*

pea el guisante *16*

pearl la perla *18*

pen el bolígrafo *3*

pencil el lápiz *(pl.* lápices) *3*; *pencil sharpener* el sacapuntas *3*

people la gente *15*

pepper la pimienta *(seasoning) 11*; *bell pepper* el pimiento *16*

perfect perfecto,-a *18*

perfume el perfume *18*

perhaps quizás *15*

permission el permiso *13*; *to ask for permission (to do something)* pedir permiso (para) *12*

permit el permiso *13*

to **permit** permitir *13*

person la persona *13*

personal personal *18*

Peru el Perú *1*

philosophy la filosofía

photo la foto(grafía) *7*

physics la física *11*

piano el piano *8*

to **pick up** recoger *15*

pink rosado,-a *17*

place el lugar *14*, la posición

to **place** poner *13*

to **plan** pensar *(ie) 11*

plant la planta *12*

plate el plato *11*

to **play** jugar *(ue) 8, 13*; *(a musical instrument)* tocar *8*; *(+ a sport/game)* jugar a *8*

player el jugador, la jugadora *14*
playing card la carta *13*
plaza la plaza *6*
pleasant simpático,-a *5*
please por favor *2*
pleasure el gusto *5*; *the pleasure is mine* encantado,-a, el gusto es mío *5*
plural el plural
point el punto
to **point** apuntar; *to point to (at, out)* señalar
politically políticamente
pollution la contaminación ambiental
popular popular *7*
pot la olla *15*
potato la papa *16*
pound la libra *16*
practice la práctica *9*
to **prefer** preferir *(ie, i) 11*
to **prepare** preparar *15*
pretty bonito,-a *3*, guapo,-a *3*, lindo,-a *16*
price el precio *16*
printer (laser) la impresora (láser) *4*
problem el problema *5*
program el programa *13*
to **promise** prometer *17*
public público,-a; *public square* la plaza *6*
Puerto Rico Puerto Rico *1*
purchase la compra *8*
purpose el propósito
purse el bolso *18*
to **put** poner *11*

Q

quality la calidad *18*
quarter el cuarto *2*; *a quarter after, a quarter past* y cuarto *2*; *a quarter to, a quarter before* menos cuarto *2*

question la pregunta *6*; *to ask a question* hacer una pregunta *6*
quickly pronto *2*

R

radio (broadcast) la radio *8*; *radio (apparatus)* el radio
rain la lluvia *14*
to **rain** llover *(ue) 14*
raincoat el impermeable *17*
rapid rápido *8*
rapidly rápidamente *10*
rather bastante *18*
to **reach** cumplir *10*
to **read** leer *6*
reading la lectura
ready listo,-a *14*; *to be ready* estar listo,-a *14*
really? ¿de veras? *10*
to **receive** recibir *18*
recipe la receta *15*
record el disco; *record player* el tocadiscos *9*
red rojo,-a *4*
red-haired pelirrojo,-a *8*
refreshment el refresco *6*
refrigerator el refrigerador *4*
to **regret** sentir *(ie, i) 11*
regular regular *2*
relative el pariente, la pariente *7*
to **remain** quedar *17*
to **remember** recordar *(ue) 13*
remote remoto,-a *13*; *remote control* el control remoto *13*
to **rent** alquilar *13*
to **repeat** repetir *(i, i) 12*
report el informe
reporter el periodista, la periodista
to **request** pedir *(i, i) 12*
to **resolve** resolver *(ue)*
restaurant el restaurante *6*
to **return** volver *(ue) 7*, regresar
to **review** repasar

rice el arroz *16*
ride el paseo *14*
to **ride** montar *9*
right correcto,-a; *right now* ahora mismo *13*
right? ¿verdad? *5*
ring el anillo *17*
ripe maduro,-a *16*
room el cuarto *12*; *dining room* el comedor *11*; *living room* la sala *12*
ruler la regla *3*
to **run** correr *12*
runner el corredor, la corredora *14*
rush la prisa *12*

S

sad triste *7*
saint's day día del santo; *All Saints' Day* Día de todos los Santos
salad la ensalada *6*
sale la oferta *18*; *to be on sale* estar en oferta *18*
salt la sal *11*
same mismo,-a *13*
satisfied: to be satisfied (with) estar contento,-a (con) *7*
Saturday sábado *4*; *on Saturday* el sábado
saucepan la olla *15*
sausage el chorizo *(seasoned with red peppers) 16*
to **save** ahorrar *18*
saxophone el saxofón
to **say** decir *12*; *How do you say...?* ¿Cómo se dice...? *3*; *one says* se dice *3*; *to say you are sorry* pedir perdón *12*
scarf la bufanda *18*
schedule el horario *4*
school el colegio *4*, la escuela *5*
science la ciencia
to **scold** regañar

screen la pantalla *4*

season la estación *14*

second el segundo *14*; segundo,-a *13*

to see ver *6*; *I see it!* ¡ya lo veo!; *let's see* a ver; *see you later* hasta la vista, hasta luego *1*; *see you soon* hasta pronto *2*; *see you tomorrow* hasta mañana *2*; *you see* ves

to seem parecer *16*

selfish egoísta *8*

to sell vender *17*

to send enviar *14*

sentence la oración, la frase

September septiembre *10*

seven siete *1*

seven hundred setecientos,-as *10*

seventeen diecisiete *1*

seventh séptimo,-a *14*

seventy setenta *2*

several varios,-as

shame la lástima; *What a shame!* ¡Qué lástima! *9*

she ella *3*

sheet la hoja; *sheet of paper* hoja de papel

ship el barco *5*

shirt la camisa *17*

shoe el zapato *17*; *high-heel shoe* zapato de tacón *17*; *low-heel shoe* zapato bajo *15*

short bajo,-a *(not tall) 8*, corto,-a *(not long) 18*; *in short* en resumen

should deber *11*

show el programa *13*

to show enseñar

shrimp el camarón

sick enfermo,-a *7*

side el lado *12*

silk la seda *17*

silly tonto,-a *8*

silver la plata *18*

silverware los cubiertos *11*

since desde *12*, como

to sing cantar *8*

singer el cantante, la cantante *6*

sink el fregadero *11*

sir el señor, Sr. *2*

sister la hermana *7*

six seis *1*

six hundred seiscientos,-as *10*

sixteen dieciséis *1*

sixth sexto,-a *14*

sixty sesenta *2*

size el tamaño *18*

to skate patinar *14*; *to ice-skate* patinar sobre hielo *14*; *to in-line skate* patinar sobre ruedas *8*

skater el patinador, la patinadora *14*

sketch el dibujo *12*

to sketch dibujar *13*

to ski esquiar *14*

skier el esquiador, la esquiadora *14*

skirt la falda *17*

skyscraper el rascacielos

sleep el sueño *12*

to sleep dormir *(ue, u) 13*

slow lento,-a *8*

small pequeño,-a *12*

smart listo,-a *15*; *to be smart* ser listo,-a *15*

smooth suave

snow la nieve *14*

to snow nevar *(ie) 14*

so tal, tan *9*

soap opera la telenovela *13*

soccer el fútbol *9*; *soccer player* el futbolista, la futbolista *14*

sock el calcetín *17*

soft suave; *soft drink* el refresco *6*

so long hasta luego *1*

to solve resolver *(ue)*

some unos, unas *3*; alguno,-a, algún, alguna *17*

somebody alguien *17*

someone alguien *17*

something algo *17*

sometimes a veces *10*

son el hijo *7*

song la canción *9*

soon luego *1*, pronto *2*; *see you soon* hasta pronto *2*

sorry: **I am sorry** lo siento *2*; *to feel sorry* sentir *(ie, i) 11*; *to say you are sorry* pedir perdón *12*

so-so regular *2*

soup la sopa *11*; *soup bowl* el plato de sopa *11*

south el sur

Spain España *1*

Spanish el español *(language)* *4*, español, española

to speak hablar *4*

special especial *11*

to spend (time) pasar *9*

sport el deporte *9*

spouse esposo,-a *7*

spring la primavera *14*

stadium el estadio

stairway la escalera *12*

to start empezar *(ie) 11*

to stay quedar *17*

stereo el estéreo *9*

still todavía *14*

store la tienda *6*

stove la estufa *11*

to straighten arreglar *15*

strawberry la fresa *16*

street la calle *6*

strong fuerte

student el estudiante, la estudiante *3*

study el estudio

to study estudiar *4*

subject la asignatura *15*

subway el metro *5*

such tal

sufficient bastante *18*

sufficiently bastante

sugar el azúcar *11*

suit el traje *17*

suitcase la maleta *9*

summer el verano *7*

sun el sol *14*

Sunday domingo *4*; *on Sunday* el domingo

sunny soleado,-a *14*; *it is sunny* está soleado *14*, hay sol *14*, hace sol *14*

supermarket el supermercado *15*

surprise la sorpresa *9*

sweater el suéter *17*

to **sweep** barrer *15*

sweet dulce *8*

to **swim** nadar *8*

swimming pool la piscina *12*

swimsuit el traje de baño *17*

synthetic sintético,-a *18*

T

table la mesa *11*; *to clear the table* recoger la mesa *15*; *to set the table* poner la mesa *11*

tablecloth el mantel *11*

tablespoon la cuchara *11*

to **take** tomar *5*, llevar *16*; *to take a trip* hacer un viaje *9*; *to take out* sacar *15*; *to take up* subir *15*

tall alto,-a *8*

tape recorder la grabadora *9*

to **teach** enseñar

teacher el profesor, la profesora *3*

team el equipo *13*

teaspoon la cucharita *11*

telephone el teléfono *4*; *by the telephone, on the telephone* por teléfono *12*; *telephone number* el número de teléfono *4*; *cellular telephone number* el número de teléfono celular

to **telephone** llamar *9*

television la televisión *8*; *to watch television* ver (la) televisión *8*

television set el televisor *13*

to **tell** decir *12*; *(a story)* contar *(ue) 17*; *tell me* dígame (Ud. *command*)

temperature la temperatura *14*; *What is the temperature?* ¿Qué temperatura hace? *14*

ten diez *1*

tennis el tenis *8*

tennis player el tenista, la tenista *14*

tenth décimo,-a *14*

to **terminate** acabar *15*

test el examen *9*

than: more (+ noun/adjective/adverb) than más *(+ noun/adjective/adverb)* que *16*

thanks gracias *2*; *thank you very much* muchas gracias *2*

that que *9*, ese, esa *11*, *(far away)* aquel, aquella *11*, *(neuter form)* eso; *that which* lo que *12*

the el *(m., s.) 3*, la *(f., s.) 3*, las *(f., pl.) 3*, los *(m., pl.) 3*; *to the* al *5*

theater el teatro *6*

their su, sus *7*

them les *(i.o.) 5*; los/las *(d.o.) 9*; *(after a preposition)* ellos,-as *8*

theme el tema, el tópico

then luego *1*, después *11*, entonces *9*; *(pause in speech)* pues *6*

there allí *4*; *there is, there are* hay *4*; *over there* allá *10*

these estos, estas *11*

they ellos,-as *3*; *they are* son *3*; *they were* fueron

thin delgado,-a *8*

thing la cosa *11*

to **think** pensar *(ie) 11*; *to think about (i.e., to have an opinion)* pensar de *11*; *to think about (i.e., to focus one's thoughts)* pensar en *11*; *to think about (doing something)* pensar en *(+ infinitive)*

third tercero,-a, tercer *(form of* tercero *before a m., s. noun) 14*

thirst la sed *12*; *to be thirsty* tener sed *12*

thirteen trece *1*

thirty treinta *2*

this este *(m., s.)*, esta *(f., s.) 11*

those esos, esas *11*, *(far away)* aquellos, aquellas *11*

thousand mil *10*

three tres *1*

three hundred trescientos,-as *10*

through por *12*

Thursday jueves *4*; *on Thursday* el jueves

thus pues *6*

tie la corbata *17*

time el tiempo *7*, la vez *(pl.* veces*) 10*; *at times, sometimes* a veces *10*; *at what time?* ¿a qué hora? *4*; *(number +) time(s) per (+ time expression) (number +)* vez/veces al/a la *(+ time expression) 13*; *What time is it?* ¿Qué hora es? *2*

tired cansado,-a *7*

to a *4*

today hoy *6*

toe el dedo *17*

together junto,-a *7*

tomato el tomate *16*

tomorrow mañana *2*; *see you tomorrow* hasta mañana *2*; *the day after tomorrow*

pasado mañana *10*
tonight esta noche *13*
too también *5*, *too (much)*
   demasiado *18*
to **touch** tocar
train el tren *5*
transportation el transporte *5*
to **travel** viajar *11*
tree el árbol; *family tree* árbol
   genealógico
trip el paseo *14*, el viaje *9*; *to*
   take a trip hacer un viaje *9*
trombone el trombón
truck el camión
trumpet la trompeta
truth la verdad *12*
to **try (to do something)** tratar
   (de)
Tuesday martes *4*; *on Tuesday*
   el martes
to **turn off** apagar *13*
to **turn on** encender *(ie) 11*; *to*
   turn on (an appliance)
   poner *13*
twelve doce *1*
twenty veinte *1*
twenty-eight veintiocho *2*
twenty-five veinticinco *2*
twenty-four veinticuatro *2*
twenty-nine veintinueve *2*
twenty-one veintiuno *2*
twenty-seven veintisiete *2*
twenty-six veintiséis *2*
twenty-three veintitrés *2*
twenty-two veintidós *2*
two dos *1*
two hundred doscientos,-as *10*

U

ugly feo,-a *8*
umbrella el paraguas *18*
uncle el tío *7*
to **understand** comprender *6*
underwear la ropa interior *17*
unique único,-a *7*
United States of America los
   Estados Unidos *1*

university la universidad
until hasta *1*, *(to express time)*
   menos *2*
upcoming que viene *9*
Uruguay el Uruguay *1*
us nos *(i.o.) 8*; nos *(d.o.) 9*;
   (after a preposition)
   nosotros *8*
to **use** usar *18*

V

vacation las vacaciones *17*
vacuum la aspiradora *13*; *to*
   vacuum pasar la
   aspiradora *15*
vegetable la verdura *16*
Venezuela Venezuela *1*
verb el verbo
very muy, mucho,-a *6*; *not*
   very poco,-a *12*; *very*
   much muchísimo
video game la maquinita *13*
vinegar el vinagre *16*
voice la voz *(pl.* voces) *8*
volleyball el volibol *13*

W

walk el paseo *14*; *to take a*
   walk dar un paseo *14*; *to*
   walk caminar *5*
wall la pared *3*, la muralla
wallet la billetera *18*
to **want** querer *11*
to **wash** lavar *15*
wastebasket el cesto de papeles
   3; *wastepaper basket* el
   cesto de papeles *3*
watch el reloj *3*
to **watch** ver *6*; *to watch*
   television ver (la)
   televisión
water el agua *f. 8*; *mineral*
   water agua mineral *6*
way la manera; *by the way* a
   propósito *1*
we nosotros *3*
to **wear** llevar *17*

weather el tiempo *14*; *How is*
   the weather? ¿Qué tiempo
   hace? *14*; *the weather is*
   nice (bad) hace buen
   (mal) tiempo *14*
Wednesday miércoles *4*; *on*
   Wednesday el miércoles
week la semana *9*
weekend el fin de semana *9*
welcome bienvenido,-a; *you*
   are welcome de nada *2*
well bien *2*; *(pause in speech)*
   bueno, este, pues *6*
what a (+ noun)! ¡qué
   (+ *noun*)! *9*
what? ¿qué? *3*, ¿cuál? *4*; *at*
   what time? ¿a qué hora? *4*;
   What is the meaning
   (of)...? ¿Qué quiere
   decir...? *3*; *What is the*
   temperature? ¿Qué
   temperatura hace? *14*;
   What is wrong with
   (someone)? ¿Qué (+
   tener)? *12*; *What is wrong*
   with you? ¿Qué te pasa?;
   What is your name?
   ¿Cómo te llamas? *3*; *What*
   is (your/his/her) name?
   ¿Cómo se llama
   (Ud./él/ella)? *1*; *What*
   time is it? ¿Qué hora es? *2*
when cuando *12*
when? ¿cuándo? *5*
where donde *12*
where? ¿dónde? *1*; *from*
   where? ¿de dónde? *1*; *(to)*
   where? ¿adónde? *5*;
   Where are you
   (formal) from?, *Where*
   is (he/she/it) from?
   ¿De dónde es
   (Ud./él/ella)? *3*
which que *9*; *that which* lo
   que *12*
which? ¿cuál? *4*; *which one?*
   ¿cuál? *4*; *which ones?*

¿cuáles? *4*

white blanco,-a *4*

white-haired canoso,-a *8*

who? ¿quién? *3, (pl.)*
¿quiénes? *5*

why? ¿por qué? *5*

wife la esposa *7*

to **win** ganar; *games won* los
partidos ganados

wind el viento *14; it is windy*
hace viento *14*

window la ventana *3*

winter el invierno *14*

to **wish** desear

with con *1; with me*
conmigo *18; with you*
(tú) contigo *18*

without sin *16*

woman la mujer *17; women's
restroom* damas

wonderful estupendo,-a *13*

wool la lana *17*

word la palabra *3*

work el trabajo *15*, la obra

to **work** trabajar *15*

world el mundo

worse peor *16*

worst: the worst (+ noun)
el/la/los/las peor/peores *16*

wow! ¡caramba! *9*

to **write** escribir *12; How do you
write...?* ¿Cómo se
escribe...? *1; it is written*
se escribe *1*

Y

yard el patio *12*

year el año *10; New Year's
Day* el Año Nuevo *10; to
be (+ number) years old*
tener (+ number) años *9*

yellow amarillo,-a *15*

yes sí *1*

yesterday ayer *10; the day
before yesterday* anteayer *10*

yet todavía *13*

you tú *(informal) 1*, usted
(Ud.) *(formal, s.) 2*,
ustedes (Uds.) *(pl.) 2*,
vosotros,-as *(Spain,
informal, pl.) 2; (after a
preposition)* ti *8*, usted

(Ud.), ustedes (Uds.),
vosotros,-as *2*; la, lo,
(d.o.) 9, las, los, *(d.o.) 9*,
te *(d.o.) 11*, os *(Spain,
informal, pl., d.o.)*, le
(formal, i.o.), les *(pl.,
i.o.) 1*, os *(Spain,
informal, pl., i.o.)*, te
(i.o.) 5; Are you from...?
¿Eres (tú) de...? *1; you
are* eres *1; you (formal)
are* es *2; you (pl.) were*
fueron

young joven *10; young lady*
la señorita *2; young
woman* la muchacha *5*

younger menor *10*

youngest el/la menor *10*

your tu *(informal) 4*, tus
(informal, pl.) 7, su, sus
(Ud./Uds.) 7, vuestro,-a,
-os,-as *(Spain, informal, pl.)*

Z

zero cero *1*

Index

Credits

Acknowledgments

The authors wish to thank the many people of the Caribbean Islands, Central America, South America, Spain and the United States who assisted in the photography used in the textbook and videos. Also helpful in providing photos and materials were the Argentina Government Tourist Office, *Servicio Nacional de Turismo-Chile (SERNATUR),* Consulate General of Costa Rica, *Corporación nacional de turismo-Colombia, Corporación Ecuatoriana Turismo (CETUR),* Guatemala Tourist Office, Consulate General of the Dominican Republic, Dominican Republic Tourist Office, Mexican Government Tourism Offices, *Ministerio de Turismo de Nicaragua,* Peruvian Tourist Board (FOPTUR), Puerto Rico Tourism Company, the Tourist Office of Spain and the Consulate General of Venezuela.

The authors also express their gratitude to Michael C. Kustermann for assistance with obtaining pictures of license plates that appear in the textbook.

Finally, we would like to thank these publishers, authors and holders of copyrights for permission to include the following copyrighted material in *Somos así EN SUS MARCAS:*

Bilingual Press/Editorial Bilingüe, Arizona State University, Tempe, AZ, *Coplas 1* and *9* from *Puentes y Fronteras/Bridges and Borders* by Gina Valdés (1996).

Instituto Nacional de Bellas Artes y Literatura, *"Dream of a Sunday Afternoon in the Alameda." (Sueño de una tarde dominical en la Alameda Central.)* © Diego Rivera; *"Without Hope." (Sin esperanza.)* © Frida Kahlo; *"Self-Portrait with Monkey." (Autorretrato con chango.)* © Frida Kahlo.

Banco de México Fiduciario en el Fideicomiso relativo a los Museos Diego Rivera y Frida Kahlo, Av. 5 de Mayo No. 2. Col. Centro, 06059, México, D.F., *"Dream of a Sunday Afternoon in the Alameda." (Sueño de una tarde dominical en la Alameda Central.)* © Diego Rivera; *"Without Hope." (Sin esperanza.)* © Frida Kahlo; *"Self-Portrait with Monkey." (Autorretrato con chango.)* © Frida Kahlo.

Pedro Martínez autograph courtesy of the Boston Red Sox.

The following focus group participants and survey respondents contributed insights, comments and suggestions that served as a foundation for the publication of *Somos así:*

Pamela Alspach, Triad Local High School, North Lewisburg, Ohio; *Louis Amici,* Kennedy-Kenrick Catholic High School, Norristown, Pennsylvania; *Konnie K. Anderson,* Canby High School, Canby, Minnesota; *Amy C. Badger,* Drayton Hall Middle School, Charleston, South Carolina; *Jane Taylor Bartram,* Buffalo High School, Kenova, West Virginia; *Victor D. Bastek,* Ridgefield Memorial High School, Ridgefield, New Jersey; *Elizabeth Beckmann,* Guthrie Center High School, Guthrie Center, Iowa; *Maria T. Benivegna,* Belleville East High School, Belleville, Illinois; *Wallis S. Berry,* Wando High School, Mt. Pleasant, South Carolina; *Matthew L. Blake,* Porter-Gaud School, Charleston, South Carolina; *Diane Blue,* Pemberton Township High School, Pemberton, New Jersey; *Desiree Boeck,* Columbus High School, Waterloo, Iowa; *Clare A. Bohannon,* Jersey Community High School, Jerseyville, Illinois; *Matt Boyd,* Porter-Gaud School, Charleston, South Carolina; *Ronald Butler,* Miami Sunset Senior High School, Miami, Florida; *Merri-Sue Cardwell,* East Jordan High School, East Jordan, Michigan; *Kristie Carlson,* Prospect High School, Mt. Prospect, Illinois; *Selmira Carvajal,* Glades Middle School, Miami, Florida; *Katherine Catterton,* Wando High School, Mt. Pleasant, South Carolina; *Vikki Caudill,* St. Teresa High School, Decatur, Illinois; *Thomas A. Chaffee,* Portville Central School, Portville, New York; *Diana Chase,* Howell High School, Farmingdale, New Jersey; *Leila A. Chun,* Northeast Middle School, Baltimore, Maryland; *Alfred R. Crudale,* Toll Gate High School, Warwick, Rhode Island; *Eileen K. Denstad,* Caledonia High School, Caledonia, Minnesota; *Daniel DeVries,* Miami Killian Senior High School, Miami, Florida; *Donna Timmel Díaz,* St. Martin's School, Buffalo, New York; *Karen Dibiase,* Pilgrim High School, Warwick, Rhode Island; *Victoria Dilorenzo,* Amherst Central School, Amherst, New York; *Cecilia Doris,* Northern Highlands Regional High School, Allendale, New Jersey; *Magaly Ehmann,* Amherst Central High School, Amherst, New York; *Barbara Fagan,* Claysburg-Kimmel High School, Claysburg, Pennsylvania; *Rosemary Farioli,* Central Academy, Springfield, Massachusetts; *Greg Farlow,* Alvirne High School, Hudson, New Hampshire; *Rick A. Fenstermaker,* Brookville Area High School, Brookville, Pennsylvania; *Mary G. Fisher,* Cornell High School, Cornell, Wisconsin; *John Fitzer,* Delano High School, Delano, Minnesota; *Jane*